...S GRAMMATICAUX

...LEXICOLOGIQUES

...CONSTRUCTION

...LA GRAMMAIRE FRANÇAISE

...B. OLIVIER.

Bien penser, bien parler, bien agir.

PARIS
 TOURNAI

LIBRAIRIE DE H. CASTERMAN,
Rue Bonaparte, 66. Rue aux Rats, 11

H. CASTERMAN
ÉDITEUR.

EXERCICES GRAMMATICAUX

ET LEXICOLOGIQUES:

EXERCICES GRAMMATICAUX

ET LEXICOLOGIQUES

BASÉS SUR LES DIFFÉRENTES BRANCHES DE L'INSTRUCTION

COMPLÉMENT PRATIQUE DE LA GRAMMAIRE FRANÇAISE

A L'USAGE DES ÉCOLES PRIMAIRES ET MOYENNES

Par Th. OLIVIER.

Bien penser, bien parler, bien agir.

PARIS

LIBRAIRIE DE P. LETHIELLEUX,
Rue Bonaparte, 66.

TOURNAI

LIBRAIRIE DE H. CASTERMAN,
Rue aux Rats, 12.

H. CASTERMAN

ÉDITEUR.

1860

PROPRIÉTÉ.

PRÉFACE.

Épargner le temps des élèves et les ressources des familles ;
établir clairement les rapports de l'instruction avec la pratique du travail ; concilier les besoins multiples de l'époque
avec cette simplicité patriarcale qui, de tout temps, a été
l'ame d'une bonne éducation : tel est le vœu qui s'exprime
de toutes parts sous tant de formes diverses ; tel est le but
vers lequel tendent avec ardeur tous ceux qui s'occupent
d'instruction publique.

Le problème à résoudre pourrait se formuler ainsi : ren-
fermer toutes les branches de l'instruction dans l'enseignement du langage ; étendre l'enseignement du langage à toutes
les branches de l'instruction. Cette méthode est celle de l'enseignement maternel, dont l'enseignement de l'école, ainsi
que le dit avec tant de justesse le P. Girard, ne doit être que
la continuation et le développement. C'est en révélant à son
jeune élève l'existence des choses, que la mère lui apprend à
parler ; c'est en lui apprenant à parler, qu'elle lui révèle
l'existence des choses. Et toutes les idées qu'elle lui donne,
elle les enveloppe dans la grande idée religieuse, qui, rapportant toutes choses au sentiment vrai et élevé de la personnalité humaine, imprime à l'enseignement maternel un
caractère d'unité aussi doux qu'il est vigoureux. L'école doit
conserver ce caractère, et, en développant les différentes
branches de l'instruction, elle doit se garder d'en affaiblir
l'ensemble ; en achevant de dessiner ce que l'enseignement
maternel a ébauché, elle doit craindre d'effacer ou d'obscur-

cir des traits precieux et délicats qui donnent au tableau le sens et la vie.

Si l'on considère les différentes branches dont l'instruction se compose, on voit que l'enseignement de chacune d'elles exige une expression pure, précise et sagement colorée, et que toute leçon dont elles forment le sujet est en même temps une leçon de langue.

Si, d'un autre côté, l'on considère en lui-même l'enseignement de la langue, on trouve qu'il exige un fond d'idées et de termes sur lesquels il puisse s'exercer, et que, pour ne pas manquer de matériaux, pour ne pas s'exercer à vide, toute leçon de langue devient forcément une leçon sur quelqu'une des différentes branches de l'instruction; dont le langage est le lien commun.

Est-il donc bien difficile de réaliser dans la méthode cette condition que la nature elle-même et la nécessité pratique ont imposée de tout temps? Non, sans doute. Il suffit d'envisager les choses assez largement et d'assez haut. Et cette largeur, cette hauteur de vue, n'offre rien d'inabordable dès qu'on se tient dans le sens de l'esprit maternel, rappelant continuellement l'élève au sentiment de lui-même, et imprimant à l'ensemble des connaissances un caractère d'unité harmonieuse.

C'est dans cet esprit, qui assure la simplicité de l'enseignement en même temps que sa richesse et sa vie, que nous avons rédigé nos exercices pratiques sur la grammaire. Voici notre plan. Dans une première partie, qui est le fondement des autres, nous donnons à l'élève une idée des êtres, de leurs attributs et de leurs actes; et, tout en s'exerçant à la lecture, il se trouve amené naturellement à formuler une multitude de propositions simples, à se rendre compte de leurs éléments constitutifs, ainsi que du rôle qu'y remplissent les principales parties du discours, le *nom*, le *verbe* et l'*adjectif*. L'idée du *pronom* lui est présentée, dans cette première partie, en même temps que celle de la *personne*. Il y trouve aussi des exemples très-simples de l'emploi de la préposition *de* et de la conjonction *et*. Dans la deuxième partie, il s'occupe spécialement des rapports qui unissent les mots entre eux comme compléments les uns des autres, et des *prépositions* qui servent à exprimer certains de ces rapports ; les *adverbes*, qui peuvent se décomposer en une préposition suivie d'un autre mot, trouvent ici leur place. Dans la troisième, il voit les propositions reliées entre elles par les *conjonctions* et les pronoms relatifs, mieux nommés *adjectifs conjonctifs*, et il achève de se rendre compte de l'emploi des pronoms. Enfin, dans la quatrième, nous réunissons les difficultés spéciales à la langue, qui n'auront pas été suffisamment éclaircies dans les trois premières, et nous achevons de rattacher le recueil d'exercices au cours théorique de grammaire.

Dans le cours théorique, il nous a fallu présenter l'une après l'autre les dix parties du discours, comme on le fait ordinairement, afin que l'élève trouve au chapitre relatif à chacune d'elles l'ensemble des notions théoriques qui y ont rapport, et qu'il puisse toujours s'y reporter au besoin. Nous avons eu soin, d'ailleurs, d'y faire sentir l'importance, la prépondérance du *verbe*, tant dans nos considérations préliminaires que dans le chapitre spécialement destiné à ce mot par excellence ; nous avons montré comment la présence du verbe donne naissance à une *proposition*, et il n'a pas été difficile à l'élève de comprendre comment, de l'enchaînement des propositions entre elles, résulte le *discours*.

Dans ces exercices pratiques, destinés à animer en quelque sorte du souffle de la vie la théorie grammaticale, et à poser devant l'esprit le discours vivant, tel qu'il sort du fond de la pensée avant que la théorie n'en ait rendu compte, nous avons dû suivre un ordre plus serré et plus synthétique. Cet ordre qui semblerait, au premier abord, étranger à celui de la grammaire théorique, se combine pourtant heureusement avec lui ; et, dans les mains de l'instituteur, cette combinaison peut produire d'excellents résultats pour le développement de l'esprit de l'élève, en faisant marcher parallèlement, autant que la pratique le demande, ce que l'instruction théorique oblige à séparer.

Avec notre méthode, nous avons pu nous dispenser de donner un *corrigé* pour le maître. Nous nous sommes abstenu aussi de diviser trop arbitrairement la matière en un certain nombre de leçons, ce nombre pouvant varier suivant une foule de circonstances et de dispositions que l'instituteur doit apprécier. En lui ouvrant, sur les différentes connaissances humaines, de vastes perspectives où se pressent, dans l'ordre que la nature même leur assigne, les matériaux qu'il n'a plus qu'à choisir, nous lui donnons toute facilité pour organiser ses leçons suivant les circonstances particulières où il peut se trouver.

Faisons observer, en terminant ces considérations préliminaires, que le fond de nos exercices grammaticaux, s'élargissant et s'approfondissant par lui-même à mesure que l'étude avance, devient la base naturelle des exercices de syntaxe qui doivent succéder à ceux de grammaire et en être la continuation. Il devient aussi une source abondante de compositions, ouverte devant l'imagination de l'élève et du maître, et à laquelle chacun peut rapporter, comme à un centre de ralliement, les notions diverses qu'il puise dans ses lectures.

EXERCICES GRAMMATICAUX

ET LEXICOLOGIQUES.

PREMIÈRE PARTIE.

Êtres, — attributs, — proposition.

NOTIONS FONDAMENTALES.

DIEU ET LA CRÉATION.

1. Dieu, l'Être par excellence, est le principe de toute vie.
C'est à lui que tous les êtres doivent leur existence ; il les a
tous tirés du néant.

Dieu est un pur esprit. Il a créé le monde par sa parole (1).

EXERCICE (2).

Nous voyons les principes du langage remonter au principe
souverain de toutes choses, à Dieu, qui a créé le monde par sa
parole et qui l'entretient par son intelligence toute-puissante.

---

(1) Le texte qui sert de base à nos exercices, et qui a pour objet
d'exposer, dans leur ordre naturel, toutes les connaissances qui
constituent le fond de l'instruction, pourra être employé tantôt comme
lecture, tantôt comme exercice de mémoire ou comme sujet de copie
sans faute. Il sera même avantageux, dans certains cas, d'en faire
l'objet d'une explication développée, dont l'instituteur trouvera aisément
la substance dans la suite du livre.

(2) Les considérations ici présentées paraîtront peut-être trop abstraites pour être mises au commencement du cours. Mais si l'on considère que les principes qu'elles exposent sont fondamentaux, qu'on doit
y revenir sans cesse, et que la suite des exercices n'en est que le développement continu, de plus en plus clair, on cessera de s'en effrayer.
Vu leur importance, il sera utile d'en faire apprendre par cœur les
points les plus essentiels, ou même de les donner à copier. On implan-
tera ainsi solidement dans l'esprit, au moment où il s'ouvre sur l'étude
de la langue, une notion juste de la proposition, de ses éléments, et de
leur analyse logique. Si, croyant simplifier l'étude, on laisse d'abord
cette notion à l'écart, on se trouve arrêté par de grandes difficultés lors-

Dieu est le premier *nom*. Il est *nom propre*, parce qu'il n'existe qu'un seul Dieu. Pour le même motif, il est toujours au *singulier*.

Le mot ÊTRE, qui s'applique à tout ce qui existe, et avant tout à Dieu, de qui tous les êtres tiennent l'existence, est le premier *nom commun*, comprenant tous les autres. Il est au singulier quand on ne parle que d'un seul être, au pluriel quand on parle de plusieurs.

ÊTRE est aussi le premier *verbe*, servant spécialement à affirmer l'existence des êtres et de leurs attributs : *Dieu est. — Dieu est bon.*

Les attributs de Dieu nous offrent les premiers *adjectifs : Dieu est bon. — Dieu est infini. — Dieu est éternel.*

On voit donc se présenter ici tout naturellement les trois principales espèces de mots, ou *parties du discours :* le *nom*, le *verbe* et l'*adjectif*. On voit, en même temps, comment le verbe, affirmant l'existence du sujet que le nom désigne, est le mot par excellence, celui qui donne la vie au discours. Le mot latin *verbum* exprime à la fois l'idée de *parole*, de *mot* et de *verbe* ; et, dans sa plus haute acception, on l'emploie pour désigner la parole de Dieu et Dieu même : preuve frappante de l'importance du verbe dans le discours.

L'affirmation de l'existence d'un être, à un point de vue quelconque, s'appelle une *proposition. Dieu est bon, Dieu est éternel*, sont des propositions où l'existence de Dieu est affirmée aux points de vue de sa bonté et de son éternité. On appelle *sujet* de la proposition, l'être ou les êtres dont le verbe affirme l'existence ; et *attribut*, ce qui, dans cette affirmation, est *attribué* au sujet. Toute proposition renferme un *sujet*, un *verbe* et un *attribut*.

Dans ces propositions : *Dieu peut tout ce qu'il veut ; — Dieu veut le bien ; —* les mots *peut, veut*, affirment l'existence de Dieu, puisque pour *pouvoir*, pour *vouloir*, il faut *être*. Ces mots sont donc verbes. Mais ils contiennent, outre l'affirmation de l'existence du sujet, un *attribut* qu'ils affirment lui convenir : *vouloir*, c'est ÊTRE *voulant ; pouvoir*, c'est ÊTRE *pouvant*. C'est pourquoi on les appelle *verbes attributifs*, comme renfermant en eux la double idée du verbe et de l'attribut. On les appelle aussi *verbes adjectifs*. Tous les verbes sont adjectifs ou attributifs, excepté le verbe *être*, qu'on appelle *verbe substantif*.

Quand on dit : *Dieu* NE VEUT PAS *le mal*, c'est comme si on disait : *Dieu* EST *ne voulant pas le mal*. Les mots *ne pas*, rendent ici l'attribut *négatif*, c'est-à-dire que, par la *négation* qu'ils expriment, le verbe, en affirmant l'existence du sujet, affirme que

---

que la nécessité oblige ensuite à l'aborder : car l'esprit de l'élève, habitué à n'y pas songer pendant l'acquisition de ses connaissances grammaticales, se trouve alors pris au dépourvu. La simplicité, on ne saurait trop le redire, n'exclut pas la solidité de l'instruction. Simplicité et solidité sont, au contraire, la condition l'une de l'autre ; l'instruction ne saurait rien gagner à laisser pendant un certain temps dans l'ombre les principes qui la dominent, et qui rallient ses différentes parties entre elles.

l'idée exprimée par l'attribut ne lui convient pas. La proposition est, en ce cas, appelée *négative*.

Si l'on dit : *Dieu peut-il le mal ?* on présente la proposition sous une forme *interrogative*.

La réponse à cette question est *non*, puisque Dieu ne peut que ce qu'il veut, et qu'il ne veut pas le mal. Le mot *non*, mis ici pour *Dieu ne peut pas le mal*, équivaut donc à une proposition entière négative. Le mot *oui*, exprimant l'opposé de *non*, équivaut à une proposition entière affirmative.

Quant aux mots *le bien*, *le mal*, qui, dans les propositions ci-dessus, *complètent* l'idée exprimée par l'attribut, leur rôle, dans ces propositions, est celui de *compléments*. Nous étudierons plus tard les différentes espèces de compléments. Il importe néanmoins de fixer, dès à présent, notre attention sur les compléments du genre de ceux-ci, qui expriment l'*objet* sur lequel se porte l'action exprimée par le verbe et faite par le *sujet*. C'est ce qu'on appelle *complément direct* ou *régime direct* du verbe, et ce que certains auteurs désignent simplement sous le nom d'*objet*, par opposition à celui de *sujet*.

Ces considérations fondamentales étant posées, suivons la série des êtres de la Création et de leurs attributs. Nous verrons apparaître en foule les noms, les adjectifs, les verbes, et la matière de nombreuses propositions se présenter à notre esprit.

—

L'UNIVERS, LA TERRE, L'HOMME.

2. Le Créateur a tout fait de rien. Il a établi dans le monde un ordre admirable, qu'il conserve par sa divine Providence.

L'ordre du monde se distingue en *matériel*, visible aux sens, et *immatériel*, que l'esprit seul peut saisir. L'ordre matériel est subordonné à l'ordre immatériel, et no peut s'expliquer que par lui.

L'ensemble du monde visible constitue ce que nous appelons l'*univers*. L'univers comprend les astres et la terre, où le Créateur a placé l'homme, lequel, à la fois corps et esprit, possède une âme raisonnable créée à l'image de Dieu.

Le premier homme a reçu de Dieu le nom d'Adam, et la première femme, celui d'Eve.

3. L'homme, ayant perdu l'innocence par le péché, est devenu sujet à la misère et à la mort. La loi du travail et du sacrifice lui a été imposée afin qu'il puisse expier sa faute pendant le temps de sa vie terrestre, et obtenir le bonheur de participer à la gloire de Dieu dans le ciel, avec les esprits bienheureux. Il a fallu que Dieu lui-même se fît homme pour racheter les hommes du péché, pour leur ouvrir la voie du salut.

4. Dans l'accomplissement de sa destinée en ce monde, l'homme a besoin de considérer ce qu'il est, ce qu'il doit faire, et comment son œuvre doit s'unir à celles de ses semblables dans l'œuvre de Dieu. Il étudiera donc les lois de sa *nature*, à laquelle se rapporte la nature entière qui l'environne; celles de son *industrie*, c'est-à-dire de l'ensemble des travaux qui mettent en œuvre les ressources que le Créateur lui a données; et enfin celles de la *société*, par laquelle toutes les œuvres humaines s'enchaînent entre elles pour s'associer à l'œuvre divine.

EXERCICE.

Avant de parcourir les notions qui se rangent sous les trois grands titres : *nature, industrie, société*, et les termes qui servent à énoncer tout ce qui s'y rapporte, reconnaissons les principaux noms, verbes et adjectifs qui se rattachent spécialement aux notions générales que nous venons d'exposer sur la création, sur l'univers et sur l'homme.

Noms. — Dieu. Créateur. Providence. Sauveur. Rédempteur. Etre. Principe. Vie. Existence. Essence. Substance. Esprit. Parole. Création. Néant. Tout. Rien. Monde. Ordre. Univers Corps. Terre. Ciel. Temps. Eternité. Ange. Archange. Homme. Femme. Adam. Eve. Innocence. Péché. Misère. Mort. Travail. Sacrifice. Expiation. Rédemption. Salut. OEuvre. Destinée. Nature. Industrie, Société.

Adjectifs. — Bon. Infini. Eternel. Tout-Puissant. Divin. Matériel. Immatériel. Universel. Terrestre. Céleste. Bienheureux. Humain. Masculin. Féminin. Innocent. Coupable. Pécheur. Mortel. Vivant. Mort.

Verbes. — Etre. Pouvoir. Vouloir. Créer. Vivre. Mourir. Pécher. Expier. Travailler. Sacrifier. Sauver.

(L'histoire sainte offre ici une ample matière aux développements de l'instruction. Elle montre comment l'ensemble de toutes les connaissances humaines se trouve renfermé, à son origine, dans les vérités primitives que Dieu a révélées à l'homme. Plus loin, les différents genres de connaissances se présenteront successivement dans leur ordre naturel, avec les nombreux termes qui y appartiennent. Dans aucun d'entre eux, les notions fondamentales ne peuvent être perdues de vue sans que la science humaine ne s'obscurcisse, quelque riche qu'elle puisse être)

Nous voyons apparaître les deux genres, *masculin* et *féminin*, dans les noms qui désignent l'homme et la femme. Observons que, par analogie, le langage a donné l'un ou l'autre de ces deux genres aux divers noms désignant les êtres. Il est donc à propos de s'exercer, dès à présent, à reconnaître le genre des différents

noms, en même temps que leur emploi au singulier et au pluriel (1).
Les exercices les plus simples sur le genre et le nombre des *adjectifs*, viennent se joindre d'eux-mêmes à ceux-ci. Les exercices sur
le genre et le nombre des noms deviennent aussi naturellement
des exercices sur l'*article*, mot qui se place devant tout nom français lorsque ce nom désigne un être, lorsqu'il est employé dans la
signification réellement *substantive*, et non comme accessoire d'un
autre mot. Dans ces exercices, il conviendra de rapprocher de
l'article *le*, *la*, *les*, l'article partitif pluriel *des*, dont on rendra
compte plus loin, et l'adjectif indéfini *un*, que certains auteurs
assimilent à l'article, comme singulier de *des* pris dans le sens
partitif.

Il sera facile de former un certain nombre de propositions, à
l'aide de ces notions fondamentales et des termes qui s'y rapportent.
Exemples : *Dieu est bon.* — *Dieu a créé le monde.* — *Adam et Ève
étaient innocents.* — *L'homme est mortel*, etc.

---

(1) Nous renvoyons, pour ces exercices, aux exemples et aux explications qui suivent les notions relatives à la nature physique. Les termes
recueillis jusqu'ici ayant en général un sens profond, qui oblige à y
revenir à propos des différents ordres d'idées, il est évident qu'on ne
peut s'arrêter trop longtemps à leur définition et à leur analyse première, non plus qu'à leur emploi en propositions ; il ne s'agit, pour le
moment, que de bien préciser leur place dans l'esprit. La même remarque s'applique aux autres termes fondamentaux que nous rencontrerons.

LIVRE PREMIER.

De la Nature.

5. La nature de l'homme est double, puisqu'il est à la fois *corps* et *esprit*. Par son corps, il est en rapport avec les autres corps qui l'environnent; par son esprit, il est en rapport avec Dieu même, qui a voulu l'associer à son œuvre. Nous avons donc à considérer en lui la vie du corps et celle de l'esprit. En étudiant la vie de son corps, l'homme se trouve porté à observer les corps qui sont en dehors de lui; en étudiant la vie de son esprit, il rapporte naturellement l'ordre corporel à l'ordre spirituel qui doit le dominer.

Jetons un rapide coup d'œil sur les notions de l'ordre corporel, puis sur celles de l'ordre spirituel. Nous considèrerons ensuite particulièrement la *personne* humaine, en qui se réunissent la vie du corps et celle de l'esprit, et qui résume en soi le monde, dont l'homme est comme l'abrégé harmonieux.

EXERCICE.

Nous trouvons encore ici une idée fondamentale, celle de *personne*, sur laquelle il est nécessaire d'arrêter dès à présent l'attention, en la rapprochant de celle de *chose*, qui lui est corrélative.

Dieu a créé l'homme capable de *volonté*, de *discernement*, et intérieurement *libre* dans le choix de ses actes et de ses pensées, dont il est par conséquent *responsable*. C'est là ce qui constitue le caractère de la *personnalité*. Tout ce qui n'a pas ce caractère est appelé *chose*. Les choses prennent rang par rapport aux personnes, et l'homme dispose des choses en ayant égard aux personnes, dont le caractère de personnalité doit toujours être respecté par lui. Ce principe bien entendu est le fondement de l'ordre en ce monde, et il donne la clef de toutes les difficultés qui s'y rencontrent.

Les substantifs *personne* et *chose*, ainsi que les adjectifs *personnel*, *impersonnel*, *libre*, *spontané*, *responsable*, *irresponsable*, seront employés ici dans quelques exemples; on fera citer à l'élève quelques substantifs représentant des personnes, et d'autres représentant des choses de différents ordres, et l'on en formera quelques propositions.

Plus loin, cette double idée de *personne* et de *chose* recevra son entier développement, lorsque les différentes notions relatives au corps et à l'âme auront été passées en revue.

CHAPITRE PREMIER.

DE LA VIE DU CORPS.

6. Le corps de l'homme est une *masse* matérielle, ayant un *poids*, un *volume*, une *forme*, et occupant un *espace*. A ce titre, il est soumis aux lois générales qui régissent la *matière*, et il appartient à ce qu'on appelle la nature *physique*.

C'est, de plus, un *organisme*, c'est-à-dire un composé *d'organes*, qui travaillent à le *nourrir*, à le *développer*. Comme tel, il est soumis aux lois de la nature *organique*, qui comprend les *végétaux* et les *animaux*, lesquels se nourrissent comme lui.

Enfin, comme être *animé*, il possède des puissances de *locomotion*, qui le rendent capable de se mouvoir par lui-même; des *sens*, qui lui font apercevoir les corps extérieurs, et un *instinct* conservateur, qui le porte à éviter ce qui lui nuit et à rechercher ce qui lui est utile. A ce titre, il s'élève, ainsi que les *animaux*, au-dessus de la nature simplement organique des végétaux.

Pour bien connaître le corps de l'homme, il faut donc le considérer au triple point de vue de la vie physique, de la vie organique et de la vie animale (1).

---

(1) Ce paragraphe, comme tous ceux qui contiennent des généralités essentielles, offre une réunion de termes scientifiques qu'il est impossible d'éviter si l'on veut que les choses soient bien à leur place. Ces termes demandent quelques explications, que le maître trouvera abondamment dans la suite du livre. Ce seront principalement de tels passages, qu'il importera de faire copier avec exactitude; le temps qu'on y aura employé ne sera point perdu, puisqu'on y aura trouvé un point de ralliement pour les nombreux détails qui suivent, et sur lesquels l'esprit glisse plus légèrement. Observons ici que notre petit livre de lecture intitulé *Encyclopédie de l'enfance*, prépare l'esprit des élèves à ces sujets d'étude.

Voici quelques exemples d'explications à donner :

La *matière* est ce qui est appréciable à nos sens, ce que nous pouvons toucher, voir, entendre, sentir.— Un *corps* est un composé de matière. — Il existe des corps qui se nourrissent en absorbant la substance d'autres corps, et la transformant en leur propre substance : cette transformation s'opère au moyen *d'organes* ; c'est pourquoi on les appelle corps *organisés* ou *organiques*. Les végétaux et les animaux, qui vivent ainsi de substances absorbées par eux, sont des corps organiques. — Les

EXERCICE.

On s'appliquera, avant d'aller plus loin, à bien distinguer les trois idées de *matière*, d'*organisme* et d'*animal*, qui, réunies dans le corps humain, s'appliquent particulièrement aux différents corps de la nature, suivant leur degré d'élévation dans l'ordre de la création. L'élève se familiarisera avec les termes qui correspondent à ces idées, et il apprendra à en bien reconnaître la signification.

NOMS. — Matière. Masse. Poids. Volume. Forme. Espace. — Organisme. Organe. Nutrition. Développement. Végétal. Végétation. — Animal. Locomotion. Sens. Instinct.

ADJECTIFS. — Physique. Inorganique. — Organique. Organisé. Nutritif. Végétal. Végétatif. — Animal. Animé. Locomoteur. Sensorial. Sensitif. Sensible. Instinctif.

VERBES. — Peser. — Nourrir. Végéter. — Agir. Sentir.

La signification de ces différents termes sera rendue sensible par des propositions qu'on pourra varier, et dont voici quelques exemples : — La terre est une matière. — La plante est un organisme, une matière organisée. — L'animal est un organisme animé. — La terre pèse ; le végétal pèse et se nourrit ; l'animal pèse, se nourrit, sent et se meut.

Au-dessus de ces diverses propositions, ayant rapport à la vie du corps, on en placera quelques-unes comme celle-ci : *l'homme veut, l'homme pense, l'homme a une intention*, — qui, rappelant l'idée supérieure de *personnalité* en commençant à la développer, empêcheront que l'esprit ne se perde dans les analogies qu'il peut rencontrer entre l'homme et les choses.

Nous allons maintenant réunir en un tableau rapide tout ce qui appartient à la vie physique ; puis nous recueillerons les termes qui s'y rapportent spécialement, et nous indiquerons en une seule fois les différents exercices dont ils doivent devenir la base. Ces exercices seront applicables aux termes tirés de l'ordre organique et animal, ainsi qu'à tous ceux que nous avons rencontrés jusqu'ici. On conçoit qu'ils pourront devenir de plus en plus variés, à mesure que l'on avancera dans les matières qui en fournissent les sujets.

---

corps qui ne sont pas organisés sont appelés *inorganiques* : tels sont les métaux, les pierres, l'air, la terre, etc. Les corps organisés, en se décomposant lorsque la vie a cessé en eux, retournent à l'état inorganique, à la terre. Les animaux possèdent, outre la faculté de se nourrir, celle de se mouvoir, de changer de place, de saisir et de repousser les objets ; c'est ce qu'on appelle la *locomotion*, de deux mots latins qui signifient *changement de place*. — La quantité de matière que contient un corps s'appelle sa *masse*. L'espace qu'il occupe constitue son *volume*. Les volumes ont des *formes*, qui diffèrent ou se ressemblent entre elles.

Au reste, il n'est pas nécessaire d'appuyer plus que de raison sur les explications. Que l'on se contente d'avoir nettement indiqué la place des choses et des idées ; l'avenir bien préparé fera le reste.

I. DE LA VIE PHYSIQUE.

7. La matière dont le corps de l'homme est formé, participe de toutes les propriétés de la matière brute, les seules que possèdent les corps qui composent ce qu'on a appelé le RÈGNE MINÉRAL. La matière qui constitue les végétaux et les animaux, participe également de ces propriétés; et elle les conserve après que la vie animale et organique a cessé en eux : c'est ainsi que le corps de l'homme, comme tout ce qui vit à la surface de la terre, retourne à la terre.

8. La première des propriétés qu'on observe dans toute espèce de corps, est la *pesanteur*. Tout corps *pèse*, c'est-à-dire est attiré par la *terre*, qui présente une masse immense de matière.

Les astres sont aussi de grandes masses de matière, dont beaucoup surpassent considérablement la terre en volume, quoiqu'ils nous paraissent petits à cause de leur éloignement. Nous ne pouvons les toucher; mais nous pouvons constater, par notre vue aidée du calcul et du raisonnement, qu'ils s'attirent entre eux comme la terre attire les corps qui tombent, et que c'est par cette attraction réciproque, appelée *gravitation*, que s'opère leur mouvement et celui de la terre.

9. Les corps célestes ou astres, répandus dans l'espace à de très-grandes distances, forment pour notre œil une sorte de voûte immense qu'on appelle *firmament*, et à laquelle on donne aussi le nom de *ciel*. Le firmament est comme parsemé d'*étoiles*, qu'on aperçoit pendant la nuit, mais qu'on ne peut voir pendant le jour à cause de la lumière du *soleil*, qui est plus rapproché de nous.

Les étoiles forment entre elles des figures qu'on appelle *constellations*. Douze de ces constellations ont reçu le titre de *signes du zodiaque*. Ce sont : le *Bélier*, le *Taureau*, les *Gémaux*, le *Cancer*, le *Lion*, la *Vierge*, la *Balance*, le *Scorpion*, le *Sagittaire*, le *Capricorne*, le *Verseau*, les *Poissons*. Nous citerons encore, parmi les constellations, *Orion*, la plus brillante de toutes; la *grande Ourse* et la *petite Ourse*, dont l'étoile polaire fait partie.

Les principales étoiles ont aussi reçu des noms particuliers. Parmi les plus brillantes, on remarque *Sirius*, *Castor*,

Aldébaran, *Procyon*, *Régulus*, etc. *L'étoile polaire* a une importance toute spéciale par sa position, qui nous indique le nord.

10. Le *jour* et la *nuit* sont produits par le mouvement de rotation que la terre accomplit sur elle-même en vingt-quatre heures, et qui présente successivement ses différents points à la lumière du soleil. Ce mouvement est appelé *mouvement diurne*, du mot latin *dies*, jour. Les *heures*, les *minutes* et les *secondes*, sont les divisions du jour et de la nuit.

Le milieu du jour s'appelle *midi*; le milieu de la nuit, *minuit*. On appelle *aube* ou *aurore*, la première clarté qui paraît avant le lever du soleil; *crépuscule*, celle qui reste après son coucher; et *brune*, la demi-obscurité qui précède immédiatement la nuit.

11. Tout en exécutant son mouvement journalier sur elle-même, la terre décrit un cercle allongé autour du soleil dans l'espace d'un *an*; c'est ce qu'on appelle son *mouvement annuel*. Les différentes positions que la terre prend dans l'année par rapport au soleil, donnent lieu aux *saisons* et aux *climats*. Nous avons dans notre climat quatre saisons, qui sont : le *printemps*, l'*été*, l'*automne*, l'*hiver*.

12. L'*an* ou *année* se divise en douze mois, auxquels on a donné les noms de *janvier*, *février*, *mars*, *avril*, *mai*, *juin*, *juillet*, *août*, *septembre*, *octobre*, *novembre*, *décembre*. Le mois se divise en *semaines*, composées de sept jours, qui ont reçu les noms de *dimanche*, *lundi*, *mardi*, *mercredi*, *jeudi*, *vendredi*, *samedi*. La division du temps est l'objet du *calendrier* Ce mot vient du mot *calendes*, qui désignait, chez les Romains, le premier jour de chaque mois.

On appelle *lustre* une période de cinq ans, et *siècle*, une période de cent ans.

13. La terre, considérée parmi les corps célestes, est une *planète*. On l'appelle ainsi d'un mot grec qui signifie *errer*, à cause du mouvement qu'elle décrit autour du soleil. La *lune* est une planète secondaire, qui tourne autour de la terre pendant que celle-ci tourne autour du soleil.

Il existe d'autres planètes, qui tournent, comme la terre, autour du soleil, et dont quelques-unes ont une ou plusieurs lunes qui les accompagnent. Certaines planètes sont beaucoup plus grosses que la terre; mais leur grande distance nous les fait paraître petites, de même que les étoiles, qui sont encore plus éloignées. Les planètes diffèrent des étoiles, en ce que celles-ci sont fixes et lumineuses par elles-mêmes, comme le soleil, tandis que les planètes se meuvent dans l'espace, et ne sont lumineuses que parce qu'elles réfléchissent la lumière du soleil.

Ces planètes ont reçu des astronomes les noms suivants, empruntés à la mythologie : *Mercure*, *Vénus*, *Mars*, *Vesta*, *Junon*, *Cérès*, *Pallas*, *Jupiter*, *Saturne*, *Uranus*.

14. On appelle *comètes* des astres qui traînent à leur suite une sorte de chevelure ou de queue lumineuse, et qui ne reparaissent qu'à des intervalles très-éloignés.

15. La science qui traite du mouvement de la terre et des astres, s'appelle *astronomie*. On appelle *cosmographie* la description de l'univers. La description de la terre s'appelle *géographie*.

16. Dans notre planète, il faut distinguer la *terre* proprement dite, *l'eau* qui la couvre en partie, et *l'air* qui l'enveloppe de tous côtés en formant ce qu'on appelle *l'atmosphère*.

17. L'eau, s'élevant en vapeurs dans l'air, forme des *brouillards* ou des *nuages*.

Les brouillards, se refroidissant, produisent la *rosée*; si le froid va jusqu'à les glacer, ils produisent le *grésil* ou la *gelée blanche*.

Les nuages, en redevenant liquides, retombent en pluie. Si l'eau qui tombe se congèle, on a la *grêle* ou la *neige*.

L'*orage*, le *tonnerre*, la *foudre*, l'*éclair*, sont produits par les nuages ; ce sont des effets de l'*électricité*, dont nous parlerons plus loin.

La pluie, la grêle, l'orage, et tout ce qui se passe dans les hauteurs de l'atmosphère, s'appellent des *météores*. La science qui traite des météores prend le nom de *météorologie*.

18. L'eau répandue sur la terre forme l'océan, les *mers*, les *lacs*, les *fleuves*, les *rivières*, les *ruisseaux*.

Les fleuves, les rivières, les ruisseaux, tombant tout à coup d'un lieu élevé, forment les *cataractes*, les *cascades*.

L'abondance des pluies et la fonte rapide des neiges donnent naissance à ce qu'on appelle des *torrents* ou des *ravines*.

L'eau, en se congelant, devient *glace*. Il y a des mers dont l'eau est glacée, et qu'on appelle *mers glaciales*. Les fragments de glace s'appellent *glaçons*.

Lorsque la chaleur succède brusquement au froid, les fleuves glacés se dégèlent avec rapidité, et roulent des glaçons énormes qui entraînent tout sur leur passage : c'est ce qu'on appelle *débâcle*.

On appelle *détroit* une portion de mer resserrée entre deux terres. Lorsque la mer s'enfonce dans les terres, elle forme un *golfe*. On appelle *baie* un petit golfe, et *anse* ou *crique* une petite baie. Une *rade* est une étendue de mer où les navires se trouvent à l'abri de la violence des vents.

Deux fois par jour, l'océan monte vers la terre, et se retire régulièrement; c'est ce qu'on appelle *flux* et *reflux*, ou *marée haute* et *marée basse*.

19. On nomme *continent* ou *terre ferme*, une grande étendue de terre qui n'est pas occupée par les eaux. On nomme *île* toute terre complètement entourée d'eau, et *presqu'île*, celle qui ne tient au continent que par une partie resserrée appelée *isthme*. Un *îlot* est une petite île. Un *archipel* est une réunion d'îles voisines les unes des autres.

Les terres qui bordent la mer s'appellent *rives*, *rivages*, *côtes*. On appelle *plage* un rivage plat, et *grève*, toute surface unie et sablonneuse sur le bord de la mer ou d'une rivière. Les terres qui bordent les fleuves, les rivières, les ruisseaux, s'appellent *rives*.

On appelle *montagnes* ou *monts* les élévations considérables de terrain; *collines*, *côteaux*, *côtes*, les élévations moindres. La partie la plus élevée d'une montagne prend le nom de *sommet* ou de *cime*. Les pentes qui descendent du sommet s'appellent *versants*. Les *vallées*, les *vallons*, sont les enfoncements qui séparent les montagnes, les collines; les *ravins*, les *fondrières*, sont les creux formés par les torrents et les ravines.

Le sommet des hautes montagnes est couvert de neige, dont la chute produit les *avalanches*. On y trouve aussi des amas de glace appelés *glaciers*, qui fondent en été et alimentent alors les fleuves.

Les *volcans* sont des montagnes dont le sommet jette du feu et des cendres par une ouverture appelée *cratère*. Les matières en fusion qui coulent sur les flancs des volcans prennent le nom de *lave*.

Les *rocs*, les *rochers*, les *roches*, sont des élévations pierreuses. Certains rochers formant des côtes escarpées, s'appellent *falaises*. Ceux qui se trouvent dans la mer à fleur d'eau s'appellent *écueils*, et ceux que les eaux couvrent entièrement, *récifs*.

On donne le nom de *plaines* aux terrains dont la surface offre peu ou point d'inégalités. Les *marais*, les *marécages*, sont des terrains mous et humides, ordinairement couverts d'eaux, et où l'on ne peut trouver pied. Les *déserts* sont d'immenses plaines de sable. On appelle *oasis* une étendue de terrain fertile au milieu des sables du désert. Les *landes* et les *bruyères* sont aussi des plaines de sable, mais d'une étendue moins grande. On donne le nom de *steppes*, en Russie, et celui de *savanes*, en Amérique, à de vastes étendues de terrain, plus ou moins propre à la végétation. Les *dunes* sont de petites montagnes de sable apportées par la mer sur ses rivages.

20. Les continents, les îles, les régions et les contrées diverses, ainsi que les mers, les fleuves, les rivières, les montagnes, etc, ont reçu différents noms, d'après leur situation, leur forme, les noms de ceux qui les ont découverts, ou diverses autres circonstances tirées de l'ordre naturel, industriel ou social.

Les terres connues forment trois continents : l'un, appelé *ancien continent*, parce qu'il est le plus anciennement connu, comprend les trois parties du monde nommées *Europe*, *Asie* et *Afrique*. Le second, appelé *nouveau continent* ou *nouveau monde*, comprend l'*Amérique*. Enfin la *Nouvelle-Hollande*, île immense qui, avec un grand nombre d'autres îles, forme la cinquième partie du monde, appelée *Océanie*, mérite aussi le nom de continent.

Les principales mers du globe sont : l'océan *Atlantique*, l'océan *Pacifique*, l'océan *Indien* et les mers *Glaciales*.

Les principales îles sont, outre la *Nouvelle-Hollande* qui est un véritable continent, la *Nouvelle-Zélande*, la *Nouvelle-Guinée*, les îles de *Madagascar* et de *Ceylan*, les îles de *Java*, *Sumatra* et *Bornéo*, appelées *îles de la Sonde* ; celles qui forment l'empire du *Japon* ; la *Nouvelle-Zemble*, *Cuba*, *Saint-Domingue*, les îles *Britanniques*, la *Sicile*, la *Sardaigne*, la *Corse*, *Candie*, *Rhodes*, etc.

Parmi les archipels, nous citerons ceux des *Antilles*, des *Moluques*, des *Célèbes*, de la *Sonde*, de la mer *Égée* et des îles *Ioniennes*.

Parmi les presqu'îles, l'*Espagne*, appelée *péninsule Ibérique*; l'*Italie*, appelée *péninsule Italique*; la *Crimée*, appelée autrefois *Chersonnèse Taurique* (*Chersonnèse*, en grec, signifie *presqu'île* ou *péninsule*); la *Morée*, appelée autrefois *Péloponèse*; l'*Arabie*, l'*Hindoustan* et la presqu'île de *Malacca*. L'Afrique est une immense presqu'île, qui ne tient au continent que par l'*isthme de Suez*.

Parmi les isthmes, nous citerons encore l'isthme de *Panama*, qui joint les deux moitiés de l'Amérique, et l'isthme de *Corinthe*, qui joint la presqu'île de Morée au continent.

Les fleuves les plus importants sont : le fleuve des *Amazones* et le *Mississipi*, en Amérique; l'*Indus*, le *Gange*, les grands fleuves de la Chine et de la Sibérie, en Asie; le *Nil* et le *Sénégal*, en Afrique; le *Danube*, le *Rhin*, le *Volga*, le *Tage*, en Europe.

Parmi les lacs, on remarque ceux appelés mer *Caspienne* et mer d'*Aral*, en Asie; le lac *Ontario* et le lac *Érié* en Amérique; les lacs de *Genève* et de *Constance* en Suisse; les lacs de *Como* et *Majeur* en Italie.

Les détroits les plus connus sont : la *Manche*, entre la France et l'Angleterre; le détroit de *Gibraltar*, entre l'Espagne et l'Afrique; celui de *Messine*, entre la Sicile et l'Italie; ceux des *Dardanelles* et de *Constantinople*, entre la Turquie d'Europe et la Turquie d'Asie; le détroit d'*Ienikale*, à l'entrée de la mer d'Azof; celui de *Bab-el-Mandeb*, à l'entrée de la mer Rouge; le détroit de *Magellan*, entre l'île appelée *Terre de feu* et l'extrémité méridionale du continent américain.

Citons, parmi les golfes, le golfe de *Venise* ou *mer Adriatique*; les golfes de *Bothnie* et de *Finlande*; la mer *Rouge*, le golfe *Persique*, la *baie de Hudson*

Parmi les caps, le cap *Nord*, en Europe; le cap de *Bonne-Espérance*, en Afrique; le cap *Comorin*, en Asie; le cap *Horn* ou *des Tempêtes*, en Amérique.

Les montagnes les plus célèbres sont : les *Alpes*, qui défendent l'accès de l'Italie au nord; les *Pyrénées*, qui séparent la France de l'Espagne; les monts *Ourals*, qui séparent la Russie d'Europe de la Russie d'Asie; l'*Himalaya*, la plus haute montagne du globe, entre la Chine et le Thibet; les

Andes ou *Cordillières*, qui traversent l'Amérique méridionale du nord au sud, et qui sont, après l'Himalaya, les plus hautes que l'on connaisse. Parmi les volcans, nous citerons le *Vésuve* et l'*Etna*, tous deux situés dans le royaume de Naples (1).

21. Considérons maintenant notre globe quant à sa structure intime, c'est-à-dire quant à la disposition des différents genres de matière dont il est formé.

On présume qu'à une certaine profondeur, les matières dont se compose le globe terrestre sont en feu, et que la partie extérieure seule de ce globe est refroidie et solidifiée. Cette sorte de croûte extérieure de la terre forme des couches diversement disposées, qu'on nomme *terrains*, et dont l'étude constitue la science appelée *géologie*.

22. Ainsi, sous la couche peu profonde que l'on cultive, et qu'on appelle *humus* ou *terre végétale*, on trouve des couches d'*argile*, de *marne*, de *plâtre*, de *calcaire*, de *silex*, de *grès*, de *granit*, etc.

On donne le nom de terrains d'*alluvion* à ceux qui se composent de matières déposées par les eaux, qui se sont ensuite retirées.

On appelle *schistes*, les substances minérales disposées de telle sorte qu'on les réduit facilement en éclats ou feuilles minces; l'*ardoise* est une espèce de schiste.

23. La *houille* est une substance composée de matières végétales altérées par le temps. Il en est de même de la *tourbe*, qu'on trouve dans certains fonds marécageux. Le *bitume*, le *succin* ou *ambre jaune*, le *napthe* et le *pétrole*, ont une origine semblable.

24. L'eau qui tombe dans les lieux élevés et qui pénètre la terre, filtre à travers des couches minérales qui la clarifient,

___

(1) Cette énumération succincte, où nous n'avons cité que les noms propres qui se présentent en quelque sorte d'eux-mêmes à la mémoire, s'enrichira naturellement de tout ce qui compose l'instruction géographique des élèves. Observons, en passant, que la géographie offre un intérêt tout particulier comme point de ralliement des diverses connaissances. Elle se présente d'abord au point de vue descriptif et topographique ; on peut ensuite y rattacher successivement les productions des trois règnes de la nature, les notions sur l'esprit des peuples, sur leurs travaux, leur commerce, et sur les institutions sociales, à mesure que ces matières se présentent. De là une grande aisance pour varier les exercices, tout en résumant les connaissances acquises.

puits, par certaines dispositions des terrains, vient [illegible]
jaillir sous forme de *source* dans des lieux plus bas. C[illegible]
qu'on rencontre aussi de l'eau en creusant des puits; [illegible]
ainsi encore que les différentes excavations, [illegible]
carrières, se remplissent d'eau, venue des lieux plu[s illegible]

Les eaux qui contiennent en dissolution bea[ucoup de]
matière calcaire, forment, en filtrant goutte à goutt[e illegible]
cavités appelées *grottes* ou *cavernes*, des dépôts qu'on [illegible]
stalactites et *stalagmites*, et qui prennent les for[mes illegible]
curieuses.

25. Lorsqu'on creuse des puits profonds, [illegible]
partir des *galeries* ou corridors souterrains pour [illegible]
minéraux que la terre contient, on a ce que l'on [illegible]
mine. Les mines d'où l'on extrait la houille s'[appellent houil-]
lères. Les terrains marécageux qui donnent la tour[be s'ap-]
pellent *tourbières*.

Les métaux se trouvent rarement en nature dans [illegible]
Le plus souvent on les y rencontre en diverses com[binaisons]
plus ou moins impures appelées *minerais*. Les [minerais peu-]
vent être disposés en *amas* ou en *filons*, sorte de [illegible]
allongées.

26. On appelle *aérolithes*, des pierres tombées du ciel [illegible]
qui semblent être les débris de quelque planète bris[ée illegible]

27. Les divers minéraux, envisagés dans leurs cara[ctères]
distinctifs, sont l'objet de la *minéralogie*. Les uns [ont le]
caractère métallique; les autres, le caractère pierreux ou
terreux.

28. Parmi les pierres, nous mentionnerons particulièrement celles qui ont pour base la *silice*, l'alumine et la
chaux.

29. Le *granit*, le *porphyre*, le *grès*, le *sable*, la *pierre à
feu*, le *cristal de roche* ou *quarts hyalin*, les *opales*, les
pierres appelées *agathes*, *calcédoines*, *cornalines*, etc., sont
des variétés de la *silice*.

30. Dans l'*amiante*, le *talc*, le *mica*, le *grenat*, la silice se
trouve unie à l'alumine. L'*amiante* offre une particularité bien
remarquable : c'est que cette substance minérale peut se filer
et se tisser comme certaines substances organiques, de sorte
qu'on en compose des toiles incombustibles. Le *mica* forme
des schistes qu'on peut dédoubler en feuilles extrêmement

minces, transparentes comme le verre, mais qui ne sont pas cassantes et qui résistent, comme l'amiante, à l'action du feu. Le *talc* forme une poudre onctueuse, qu'on emploie quelquefois pour faciliter le glissement. Quant au *grenat*, il est remarquable par sa grande dureté. Lorsqu'il est transparent, on en fait des bijoux et des vases précieux. C'est cette pierre que les anciens nommaient *escarboucle*.

31. L'alumine, qui existe en abondance dans les argiles, se trouve presque pure dans les magnifiques pierres appelées *rubis*, *saphyrs*, *émeraudes*, *topazes*, *améthystes*, qu'il ne faut pas confondre avec certaines variétés colorées du cristal de roche qui y ressemblent par leurs nuances, et qu'on appelle des mêmes noms.

32. L'alumine est unie à une certaine proportion de silice dans la *lazulite* ou *pierre d'azur*, et dans la *spinelle*, qui rivalise parfois avec le rubis.

33. Observons, à propos des pierres précieuses, que le *diamant*, si recherché en bijouterie, et dont la dureté l'emporte sur celle de toutes les autres pierres, est d'une composition bien différente. Sa matière est la même que celle du charbon, cristallisée; aussi a-t-on pu le brûler par un haut degré de chaleur.

34. Ce qu'on appelle *émeri*, est une poudre fine de pierres de même nature que le rubis, mais non transparentes, qu'on emploie, à raison de sa grande dureté, pour polir les pierres précieuses, à l'exception du diamant qui se polit avec sa propre poudre.

35. Les *calcaires*, ou pierres à base de chaux, ont moins de dureté que les pierres à base de silice ou d'alumine. Parmi eux on distingue les différentes espèces de *marbres* et de *pierres de taille;* la *craie*, ainsi que le *spath d'Islande*, transparent comme le cristal, et qui forme des veines brillantes dans les pierres calcaires.

36. Divers minerais sont revêtus de colorations magnifiques qui les font rechercher. Tels sont la *malachite*, minerai de cuivre, et la *pierre hématite*, minerai de fer d'une belle coloration rouge.

37. Les productions minérales sont diversement réparties dans les différentes régions du globe. Tandis que l'Europe abonde en minerai de fer, l'Amérique possède de riches mines d'or et d'argent. Le mercure ou *vif-argent* est une des

richesses minérales de l'Espagne. La calamine, minerai de zinc, est abondante en Allemagne et en Belgique. L'Asie produit le diamant et les autres pierres précieuses. Les différentes sortes de marbre, de grès, de granit, de porphyre ; etc. , sont aussi plus ou moins particulières à certaines régions. Toutes les mers du globe contiennent en abondance le *sel*, qu'on en extrait par divers procédés. La Pologne est célèbre par ses belles mines de sel cristallisé, appelé *sel gemme*. Les plus riches mines de houille connues se trouvent en Angleterre et en Belgique ; les tourbières les plus considérables, en Hollande, etc. , etc.

38. La minéralogie ne considère les minéraux que pour les caractères extérieurs qu'ils ont reçus de la nature et qui les font reconnaître. Mais il importe aussi d'étudier l'action que leurs différentes matières exercent les unes sur les autres : c'est l'objet de la *physique*, qui étudie non-seulement l'action des minéraux, mais encore celle de tous les autres corps considérés quant à la matière dont ils sont formés. On appelle *chimie* la science qui traite de la décomposition des corps en leurs derniers éléments, nommés *atomes*, et qui considère l'action de ces atomes entre eux. La physique et la chimie, quoique distinctes l'une de l'autre, ont cependant des rapports intimes, et ne forment en quelque sorte qu'une seule science, dont les lois et les effets se tiennent et s'enchaînent.

39. Ce qu'on observe avant tout dans les corps, ce sont leurs différences d'*état*. Ainsi, l'on distingue les *solides*, dont les parties constituantes ont entre elles une grande cohésion ; les *liquides*, où cette cohésion, beaucoup moindre, leur permet de couler, de s'épancher, de se diviser avec la plus grande facilité ; les *gaz*, qui n'offrent, pour ainsi dire, aucune cohésion, et sont en quelque sorte insaisissables comme l'air, mélange de deux gaz appelés *oxygène* et *azote*. Un même corps peut passer par les trois états, solide, liquide et gazeux ; c'est ainsi que l'eau se transforme en *glace* ou en *vapeur*.

40. Les corps présentent différentes propriétés physiques, dont la plus importante est la *pesanteur*, c'est-à-dire cette tendance à *tomber*, qui provient de l'attraction que la terre exerce sur eux. L'air lui-même pèse, comme les solides et les

liquides; et on le prouve par diverses expériences. C'est le poids de l'air qui presse sur le mercure du baromètre, et le fait monter.

41. Parmi les propriétés physiques des corps, nous citerons encore l'*élasticité*, qui est la tendance à reprendre leur forme lorsqu'ils sont comprimés. C'est l'élasticité qui fait la force des arcs et des différents ressorts; c'est elle qui fait rebondir les boules qu'on jette contre une surface résistante ; c'est elle qui donne tant de puissance à la vapeur comprimée. Observons ici que les vapeurs et les gaz sont les corps les plus élastiques.

42 C'est à la physique que se rapportent les phénomènes si remarquables de la *chaleur*, de la *lumière*, du *son* et de l'*électricité*.

43. Le défaut de chaleur donne le *froid;* son degré élevé donne le *feu*. la *flamme*.

44. La lumière donne lieu aux *couleurs*, à la *réflexion* par les *miroirs*, à la *réfraction*, et à divers autres phénomènes compris dans cette partie de la science qu'on appelle *optique*.

Parmi les phénomènes de la réfraction, un des plus curieux est la décomposition de la lumière en couleurs brillantes par les corps transparents, ainsi qu'on l'observe avec les bulles de savon et les cristaux taillés à facettes. En faisant passer les rayons solaires à travers un prisme triangulaire de cristal, on obtient un assemblage de sept couleurs dites *primitives*, qu'on appelle *spectre solaire*. Ces couleurs sont : le *rouge*, l'*orangé*, le *jaune*, le *vert*, le *bleu*, l'*indigo*, le *violet*. Elles sont les mêmes que celles de l'*arc-en-ciel* ou *iris*, qui n'est, en effet, qu'un phénomène de réfraction dans l'eau des nuages.

Le *noir* est l'absence de toute couleur ; le *blanc* est la réunion de toutes les couleurs, comme on peut s'en assurer en faisant tourner rapidement un disque de carton où sont peintes les sept couleurs primitives. Dans ce mouvement rapide, le disque paraît blanc, toutes les couleurs s'étant fondues en une seule.

45. Le *son* résulte de la vibration des corps dans l'air. On y distingue le *timbre* ou qualité du son; le *diapason*, degré plus ou moins grave ou aigu. Le *bruit* est un son dont le timbre est sourd et confus.

46. L'*électricité*, dont le *tonnerre* offre, dans la nature, un exemple saisissant, est un état particulier des corps,

qui se manifeste par des secousses et des étincelles. Elle résulte du frottement des corps, notamment de ceux qui sont résineux ou vitreux. Certains corps, tels que les métaux, ont la propriété de prendre et de *conduire* l'électricité. C'est sur cette propriété qu'est fondée la construction des *paratonnerres*, pointes métalliques qui communiquent avec la terre par une chaîne également métallique; ils conduisent vers les nuages l'électricité terrestre, qui va neutraliser celle de la foudre.

Le *galvanisme* est un genre d'électricité qui se manifeste par *courants*, et se produit par le contact des corps, notamment par celui du zinc et du cuivre. Cette électricité se transmet sans se perdre, à de longues distances, par un fil métallique.

47. Le *magnétisme*, effet propre au fer et à deux autres métaux, le nickel et le cobalt, consiste dans l'attraction que l'aimant exerce sur ces métaux. Combiné avec l'électricité galvanique, il a donné lieu à des applications fécondes, parmi lesquelles le *télégraphe électrique* tient le premier rang.

48. On a donné le nom d'*hydraulique* à cette partie de la physique qui traite de l'équilibre et du mouvement des liquides. Les effets de l'hydraulique ne sont autres que ceux de la pesanteur. C'est par leur poids que les liquides s'écoulent le long des pentes; c'est aussi par leur poids qu'ils jaillissent dans l'air, lorsqu'une masse liquide qui vient d'un lieu élevé trouve une ouverture d'écoulement dans un lieu plus bas, comme nous le remarquons dans les *jets d'eau*. Le poids du liquide qui est en haut presse alors sur celui qui est en bas, et le force à monter. L'eau qui vient de la terre monte de la même manière dans les puits; elle arrive des lieux élevés, en traversant certains terrains, qui forment sa route à la manière des tubes d'un jet d'eau, et se trouve poussée par celle qui la suit. Elle peut même jaillir à une certaine hauteur lorsqu'elle vient d'un lieu assez élevé.

49. Les corps, considérés au point de vue *chimique*, se distinguent en corps *simples*, ou *éléments*, et en corps *composés*. Les corps simples se divisent en *métaux* et en *métalloïdes*.

50. Les métaux se font reconnaître à un éclat particulier, qu'on appelle *métallique*. Les plus connus sont : l'*argent*, l'*or*, le *platine*, remarquables par leur inaltérabilité, et par

le grand poids des deux derniers ; le *mercure*, le seul métal qui soit liquide à la température ordinaire ; le *cuivre*, le plus sonore des métaux ; le *zinc*, l'*étain*, le *plomb*, métaux faciles à travailler, qui servent à de nombreux usages industriels ; le *fer*, le plus utile de tous les métaux, par les instruments qu'il donne au travail ; le *cobalt* et le *chrôme*, dont les composés donnent de belles couleurs ; l'*antimoine*, employé dans la fabrication des caractères d'imprimerie, et dont le médicament vomitif appelé *émétique* est un composé.

51. Les principaux métalloïdes sont : l'*oxygène*, gaz qui donne à l'air ses qualités pour la respiration et la combustion ; l'*azote*, autre gaz qui concourt avec l'oxygène à la formation de l'air ; l'*hydrogène*, gaz inflammable qui entre avec l'oxygène dans la composition de l'eau, et dont la légèreté est telle, qu'on s'en sert pour élever les ballons ; le *chlore*, gaz irritant, d'une odeur caractéristique, qui sert à décolorer et à désinfecter ; le *carbone*, qu'on trouve pur dans le diamant et presque pur dans le charbon ; le *soufre*, qui brûle avec une flamme bleue et une odeur suffocante, et qui est commun dans les terres volcaniques ; le *phosphore*, si connu par sa propriété de briller dans l'obscurité et de s'enflammer au simple contact de l'air, ce qui oblige à le conserver dans l'eau : l'*iode*, remarquable en ce qu'il se vaporise avec une magnifique couleur violette. sans passer par l'état liquide, et qui est employé dans l'art de la *photographie ;* le *fluor*, corps extrêmement corrosif, dont un composé, l'*acide fluorhydrique*, attaque le verre, ce qui le fait employer dans la gravure sur cette substance ; l'*arsenic*, poison des plus dangereux, mais utile dans l'industrie.

52. Les corps composés se distinguent en *acides*, *oxydes* et *sels*. On appelle *alcalis* certains oxydes qui ont des propriétés particulières et très-remarquables qui leur font jouer un grand rôle dans la chimie.

53. Les corps que le chimiste emploie plus spécialement pour agir sur les autres corps, sont appelés *réactifs*. Les principaux réactifs sont la *potasse*, la *soude*, l'*ammoniaque*, et certains *acides*.

54. Nous devons encore ici une mention particulière à la *chaux*, à l'*alumine* et à la *silice*, composés très-importants de métaux qu'on voit rarement à l'état pur, et qu'on appelle *calcium*, *aluminium* et *silicium*. Chacun connaît la chaux et

ses nombreux usages; elle est la base des pierres dites *calcaires* et des marbres. L'*alumine* est celle des *argiles*, dont on fait la poterie, ainsi que d'un sel important appelé *alun*. La silice et l'alumine, combinées à une haute chaleur avec certains oxydes, donnent divers produits importants, tels que les *porcelaines*, *émaux*, *faïences*, *verres*, *cristaux*, etc.

55. Dans les paragraphes qui précèdent, nous avons pris une idée des *forces* renfermées dans la matière, forces par lesquelles elle change d'état, se maintient dans l'état où elle se trouve, et donne lieu aux phénomènes si variés de la nature physique. Mais il importe aussi de considérer les *formes* qu'elle prend, et qui influent considérablement sur l'action des forces.

56. La matière dont les corps se composent constitue des *volumes*, ayant trois *dimensions*, qui sont la *longueur*, la *largeur* et l'*épaisseur*, qu'on appelle aussi, dans certains cas, *profondeur*. Ces dimensions sont susceptibles d'être *mesurées*. Les volumes affectent différentes *figures* plus ou moins régulières, pouvant être ramenées à certains types fondamentaux, qui sont : la *sphère*, le *cylindre*, le *cône*, le *cube*, le *prisme*, la *pyramide*.

57. La terre et les astres ont la forme de sphères ou de boules immenses; la nature nous présente dans les cristaux les types plus ou moins purs du cube, du prisme, de la pyramide. On appelle *fragment* toute portion plus ou moins irrégulière d'un volume. Les fragments très-petits forment une *poudre*; la poudre très-fine s'appelle *poussière* : on réserve particulièrement ce dernier nom au sable que le vent emporte.

58. Les volumes se terminent par des *surfaces*, qui sont *planes* ou *courbes*. La surface plane s'appelle aussi simplement un *plan*.

59. Les surfaces se terminent par des *lignes*, qui sont *droites* ou *courbes*. Les lignes, en se rencontrant, forment des *angles*. La rencontre de deux lignes s'appelle *point*. Une multitude de lignes peuvent se rencontrer en un seul point, puisque la ligne n'a ni largeur, ni épaisseur, et que le point n'a aucune dimension.

60. On appelle lignes *parallèles* celles qui ne se rencontrent jamais, quoique situées dans un même plan.

La ligne qui, tombant sur une autre, ne penche ni à droite ni à gauche, est dite *perpendiculaire* à cette autre ligne, et celle-ci lui est également perpendiculaire. Les angles formés par les perpendiculaires sont appelés *angles droits*. Tout angle ayant une ouverture moins grande que celle de l'angle droit est un *angle aigu*; tout angle ayant une ouverture plus grande est un *angle obtus*.

Toutes les lignes qui forment des angles aigus ou obtus sont *obliques* entre elles.

61. Les lignes, enfermant entre elles une étendue plus ou moins grande, forment des *figures* dont la plus simple est le *triangle*, ainsi nommé parce qu'il a trois angles. Les lignes qui forment ces angles sont appelées les trois *côtés* du triangle. Chacun des côtés d'un triangle peut en être appelé la *base*, et dans ce cas l'angle opposé est appelé le *sommet* du triangle.

62. Les figures de plus de trois côtés s'appellent *polygones*. Toute ligne tirée d'un angle à l'autre d'un polygone est une *diagonale*.

Les polygones peuvent affecter une multitude de formes, régulières ou irrégulières. Parmi les polygones, on distingue le *parallélogramme*, le *rectangle*, le *carré*, le *trapèze*, le *pentagone*, l'*hexagone*, l'*octogone*. Tout polygone peut être décomposé en triangles.

63. Les formes, avons-nous dit, ont une grande influence sur les forces. Ainsi, l'évaporation d'un liquide est d'autant plus active, qu'il étale une plus grande surface; de là les variétés de construction de divers ustensiles domestiques et industriels. La disposition des métaux en boule y rend plus facile l'accumulation de l'électricité; leur disposition en pointe facilite, au contraire, son émission : de là la construction des paratonnerres. Le cristal décompose la lumière en sept couleurs primitives, s'il est taillé à faces non parallèles; il la laisse passer blanche, s'il est taillé à faces parallèles. Le miroir concave grossit les objets, le miroir convexe les rapetisse. Les substances en poudre sont plus facilement attaquées par les agents chimiques; elles le sont plus difficilement lorsqu'elles se trouvent en grosses masses, etc.

64. Les différents points du globe terrestre peuvent être réunis en idée par des lignes, formant des triangles que l'on

rapporté sur le papier en dimensions réduites, ce qui permet de construire aisément ce qu'on appelle le *plan* des lieux, et, par suite, les *cartes géographiques*. La science qui calcule les triangles s'appelle *trigonométrie*, de deux mots grecs signifiant *mesure des triangles*; et l'on appelle *triangulation* d'un pays l'opération qui consiste à en rapporter ainsi les différents points sur le papier. A l'aide de la trigonométrie, on peut mesurer avec facilité les distances et les hauteurs des points inaccessibles.

Les triangles tracés sur la sphère terrestre sont nécessairement formés de lignes courbes, et on les appelle *triangles sphériques*, quoique, sur le papier, dont la surface est plane, on doive les tracer rectilignes. On se fait aisément une idée des triangles sphériques en les considérant sur les petites sphères qui servent à étudier la géographie.

L'art de lever les plans est celui du *géomètre*. De là le nom de *géométrie* donné en général à toute la science qui traite des lignes, des surfaces, des formes et des figures.

65. La terre étant une sphère qui tourne sur elle-même, on a appelé son *axe* la ligne imaginaire sur laquelle elle tourne; les deux extrémités opposées de cet axe sont appelées les deux *pôles* : l'un a reçu le nom de pôle *nord* ou pôle *boréal*; l'autre, celui de pôle *sud* ou pôle *austral*. De là, les quatre points cardinaux, qui sont : le *Nord* ou *Septentrion*, du côté du pôle boréal; le *Sud* ou *Midi*, du côté du pôle austral; l'*Est* ou *Orient*, qui est à droite lorsque nous regardons vers le Nord, et qu'on appelle aussi *Levant*, parce que c'est de ce côté que nous voyons se lever le soleil; enfin l'*Ouest*, *Occident* ou *Couchant*, qui est au côté opposé, et où nous voyons se coucher le soleil, par suite du mouvement tournant de la terre, d'Occident en Orient.

66. Toute ligne qui fait le tour du globe en passant par les deux pôles, est appelée *méridien*, et forme un grand cercle. La ligne qui fait le tour du globe à distance égale des deux pôles, en coupant perpendiculairement tous les méridiens, s'appelle *équateur*. C'est aussi un grand cercle. On appelle *parallèles*, en géographie, des lignes circulaires tracées autour du globe parallèlement à l'équateur jusqu'aux pôles. Parmi ces cercles, on en distingue deux, l'un au-dessus l'autre au-dessous de l'équateur, qu'on appelle *tropiques*, et deux autres, vers les pôles, qu'on appelle *cercles polaires*.

Ces cercles marquent cinq zónes, qui sont la *zóne torride*, les deux *zónes tempérées* et les deux *zónes glaciales*.

Les parallèles sont encore appelés *degrés de latitude*, et les méridiens *degrés de longitude*. On comprend que, ces degrés étant numérotés sur la carte du globe, il suffit d'indiquer la latitude et la longitude d'une localité pour en préciser la situation, puisqu'elle doit se trouver exactement au point de rencontre du parallèle et du méridien que les chiffres indiquent.

67. Les deux moitiés de la terre, supposée partagée par l'équateur ou par un méridien, sont appelées *hémisphères*, ce qui signifie *moitiés de sphère*. Si l'on considère la terre partagée en deux par l'équateur, on aura un *hémisphère boréal* et un *hémisphère austral ;* si on la considère partagée par un méridien quelconque, on aura un *hémisphère oriental* et un *hémisphère occidental*. Les deux hémisphères oriental et occidental, figurés en face l'un de l'autre sur une carte, forment ce qu'on appelle la *mappe-monde*. On peut choisir un méridien quelconque pour la division de la terre en deux hémisphères ; mais ordinairement on prend un méridien qui passe un peu à l'occident de l'Europe, et qui laisse dans l'hémisphère oriental tout l'ancien continent avec la Nouvelle-Hollande, le continent Américain ou nouveau continent occupant le milieu de l'hémisphère occidental.

68. Si l'on se trouve sur un point du globe terrestre où rien n'arrête la vue, comme, par exemple, sur la mer ou au sommet d'une haute montagne, on observe que le champ de la vue se termine par un cercle immense où le ciel semble toucher la terre. Ce cercle s'appelle *horizon*. Il semble être une ligne droite lorsqu'on n'en voit qu'une partie à la fois, comme, par exemple, dans le cadre d'un tableau ou dans l'étendue qu'un seul coup d'œil peut embrasser. Toute ligne parallèle à l'horizon est une *horizontale*. On appelle *plan horizontal* toute surface parallèle à celle des eaux tranquilles, lesquelles tendent continuellement à se mettre de niveau. Cette surface des eaux, prise dans son immensité, est nécessairement courbe, puisqu'elle constitue la courbe même du globe terrestre ; mais, prise sur un espace peu étendu, on la considère comme plane.

69. Tout corps qui tombe, étant attiré vers le centre de la terre, suit naturellement, en tombant, une ligne perpendi-

culaire à la surface des eaux tranquilles. Cette ligne est
appelée *verticale*, parce que, considérée dans la stature de
l'homme, elle passe à la fois par les pieds et par le *vertex*, ou
sommet de la tête. On vérifie l'exactitude d'une ligne verticale, en suspendant à un fil un corps pesant, tel qu'une
balle de plomb, qui, tendant à tomber, tire le fil dans la
direction que la verticale doit avoir. C'est là ce qu'on appelle
fil-à-plomb; tout objet qui est posé dans le sens du fil-à-
plomb ou verticalement, est dit *d'aplomb*. Le fil-à-plomb
s'emploie pour poser les pierres des édifices dans le sens de
la verticale, afin qu'elles pèsent directement les unes sur les
autres et ne tendent pas à perdre l'équilibre.

La terre étant rondé, et les verticales étant perpendiculaires à sa surface, il est évident que, prises à de grandes
distances, elles doivent s'écarter l'une de l'autre, quoiqu'on
puisse regarder comme parallèles les édifices d'une même
ville. Dans deux points opposés du globe, le pied des édifices se trouve en sens contraire; de là le nom d'*antipodes*
donné aux points du globe ainsi situés en sens diamétra
lement opposé.

70. Nous venons de voir que toutes les lignes menées
régulièrement sur la terre, dans quelque sens que ce soit,
sont des arcs de cercles. Le *cercle* est une ligne courbe dont
tous les points sont également éloignés d'un même point,
qu'on nomme *centre*. Toute ligne droite menée du centre
à la *circonférence*, s'appelle *rayon*. On appelle *diamètre*,
toute ligne qui passe par le centre et va toucher la circonférence en deux points opposés. On appelle *ellipse* ou *ovale*
un cercle allongé, tel qu'on en obtient un en coupant obliquement un cylindre. La ligne que décrit la terre dans sa
course autour du soleil, et qu'on appelle son *orbite*, est une
ellipse; on lui donne le nom d'*écliptique*, à cause de ses
rapports avec le phénomène des éclipses. On appelle *parabole* une courbe d'un genre particulier, telle que la décrit
un corps jeté horizontalement et qui tombe par son propre
poids en continuant d'aller en avant. On obtient aussi une
parabole en coupant un cône parallèlement à son axe. Il
existe encore d'autres courbes que la géométrie étudie, et
qui donnent lieu à d'importantes applications. Qu'il nous
suffise d'avoir mentionné les plus élémentaires.

71. Ici viennent se placer les noms des instruments de géométrie. Ces instruments sont : la *règle*, qui sert à tracer et à vérifier les lignes droites ; le *compas*, qui sert à prendre les *distances* et à tracer les lignes courbes : le *niveau*, que l'on construit ordinairement avec de l'eau enfermée dans un tube transparent, et qui donne la direction horizontale ; l'*équerre*, qui vérifie les angles droits ; le *graphomètre*, qui sert à mesurer les angles dans les opérations du géomètre ; le *fil-à-plomb*, dont nous avons donné la construction, et qui, convenablement disposé sur une équerre, donne aussi une espèce de niveau, employé dans la construction pour placer les matériaux horizontalement.

Nous devons également mentionner ici les instruments de physique tels que les *miroirs*, plans et courbes, les *lentilles*, les *prismes*, etc., qui se construisent suivant des figures géométriques, et se calculent d'après les propriétés de ces figures. Nous en reparlerons plus loin.

72. Les objets de même espèce peuvent être ajoutés les uns aux autres de manière à former des *nombres*, des *quantités*. On peut diviser leur *unité* en *parties*, qu'on appelle *fractions*, et qui, elles-mêmes, peuvent se compter entre elles comme des unités, pourvu qu'elles aient le même *dénominateur*. On peut aussi mettre les quantités en *rapport* entre elles : ainsi, deux et quatre sont dans le même *rapport* que trois et six, c'est-à-dire que six est *deux fois trois*, comme quatre est *deux fois deux* ; on dit alors qu'il y a *proportion*. Deux quantités égales forment ce qu'on appelle une *équation*. Par exemple, on fait une équation quand on dit que vingt est égal à trente diminué de dix, ou à dix-huit augmenté de deux. L'usage des équations et des proportions est très-fréquent dans le calcul.

73. Les nombres ont reçu des noms qui les expriment avec exactitude. Les seize premiers ont un nom simple ; puis les trois suivants : *dix-sept*, *dix-huit*, *dix-neuf*, ont un nom composé. Chaque dizaine, de vingt à cent, reçoit un nom particulier : *vingt*, *trente*, *quarante*, *cinquante*, *soixante*, *septante* ou *soixante-dix*, *octante* ou *quatre-vingts*, *nonante* ou *quatre-vingt-dix*. Dans chaque dizaine on compte les nombres à l'aide des noms primitifs : *vingt-un*, *vingt-deux*, *trente-un*, *trente-deux*, etc. Puis viennent *cent*, *deux-cents*, *trois-cents*, etc. ; *mille*, *deux-mille*, *trois-mille*, etc. ; *mil-*

lion, ou mille fois mille ; *milliard*, *billion*, ou mille millions, *trillion*, etc.

Les nombres, pris ainsi en eux-mêmes, sans s'appliquer à aucun objet, sont appelés *nombres abstraits*. Lorsqu'ils sont appliqués à des objets, on les nomme *nombres concrets*. Dans ce dernier cas, le *nom de nombre* devient *adjectif numéral cardinal*.

74. Lorsqu'on se sert du nombre pour exprimer l'ordre, le nom de nombre se change en *adjectif numéral ordinal* : *premier, deuxième, troisième, vingtième, centième, millième, dix-millième*, etc.

75. Les nombres donnent aussi lieu à des noms collectifs, tels que *dizaine, douzaine, centaine, millier* ; et à des noms *multiples*, tels que le *double*, le *triple*, le *quadruple*, le *quintuple*, le *décuple*, le *centuple*. Il y a aussi des noms particuliers pour les fractions les plus usitées : la *moitié*, le *tiers*, le *quart*. Quant aux noms des autres fractions, on les désigne simplement par le nombre ordinal précédé de l'article masculin : *le cinquième*, le *dixième*, pour la *cinquième partie*, la *dixième partie*.

76. La science des nombres s'appelle *arithmétique*, d'un mot grec qui signifie *nombre*. On l'appelle aussi la science du *calcul*, parce que l'on comptait autrefois avec de petites pierres, appelées en latin *calculi*. L'*algèbre* n'est qu'une arithmétique abrégée, permettant d'embrasser plus aisément les grands calculs. En unissant l'algèbre à la géométrie, on est parvenu à mesurer les distances et les hauteurs des points les plus inaccessibles, à tracer des cartes exactes de la terre et même de la voûte céleste ; les forces les plus variées de la nature physique ont été *pesées*, *équilibrées*, rapportées à des lois dont la connaissance rend leur maniement facile.

77. La science qui traite spécialement des *équilibres* a pris le nom de *statique*. C'est par elle que l'homme se trouve à la tête de tout le monde physique, arbitre des forces les plus gigantesques, qu'il peut remuer d'un signe.

L'ensemble des sciences qui ont pour objet la mesure et le calcul des forces et des formes, a reçu le nom de *mathématiques*.

78. Ce vaste tableau de puissance matérielle, où le génie du calcul exerce un si merveilleux empire, a déjà semblé assez imposant pour que certains esprits ne voulussent rien voir au delà, et fissent des sciences physiques et mathématiques l'objet d'une sorte d'idolâtrie, prétendant tout expliquer par elles et oubliant les plus hautes puissances de l'être humain. En voulant élever ainsi une branche de connaissances au-dessus de sa véritable portée, on la rabaisse en réalité, puisqu'on la sépare de son noble but, qui est de servir la personnalité humaine dans ce qu'elle a de plus élevé. On évite ce danger, lorsqu'on reste fidèle à la pensée religieuse, qui pose devant notre esprit, dès l'âge le plus tendre, l'ensemble harmonieux de toutes les connaissances, en donnant à chaque chose son importance relative. Sans cette pensée toujours présente, les connaissances, tandis qu'elles s'agrandissent sur certains points, doivent nécessairement se rétrécir sur d'autres points plus importants.

79. Nous ne quitterons pas la nature physique sans jeter un regard sur les nombreuses applications que fournissent les connaissances qui y ont rapport. Ces applications ont principalement pour but de mettre l'homme à *l'abri* des forces redoutables de la nature physique, et d'assurer leur domination sur elles.

80. Les différentes substances de la nature physique, pierres, métaux, terres, etc., mises en œuvre par son industrie, lui fournissent de nombreux matériaux pour remplir les conditions d'un bon abri, et pour construire des édifices qui le préservent efficacement des intempéries. Les forces physiques, ingénieusement soumises à ses besoins, lui donnent des moyens commodes de chauffage et d'éclairage ; et il conduit les eaux où son besoin l'exige, il les contient ou s'en débarrasse, en étudiant les lois de leur équilibre et de leur écoulement.

81. La construction des vases et vaisseaux dans lesquels l'homme renferme les liquides, emprunte aussi un grand secours aux notions de l'ordre physique. C'est ainsi, par exemple, qu'il évite l'emploi des vases de cuivre pour les acides, qui forment avec ce métal des composés très-dangereux ; c'est ainsi qu'il se sert de vaisseaux de verre pour la plupart des opérations chimiques, cette substance n'étant attaquable que par un très-petit nombre d'agents. Il serait trop long d'indiquer ici les nombreuses variétés de vases que

l'industrie humaine construit pour les différents emplois. Nous reviendrons sur ce sujet, ainsi que sur les autres applications des notions physiques, lorsqu'il sera question de l'industrie.

MOTS TIRÉS DE L'ORDRE PHYSIQUE.

NOMS.

Astre. *m.* Firmament. *m.* Etoile. *f.* (Noms propres des étoiles les plus connues). Constellation *f.* (Noms des constellations les plus connues). Pléiade. *f.* Zodiaque. *m.* Soleil. *m.* — Jour. *m.* Nuit. *f.* Matin. *m.* Soir. *m.* Aube. *f.* Aurore. *f.* Crépuscule. *m.* Midi. *m.* Minuit. *m.* — Heure. *f.* Minute. *f.* Seconde. *f.* An. *m.* Année *f.* Calendes. *f. pl.* Calendrier. *m.* Lustre. *m.* Siècle. *m.* Période. *f. m.* Climat. *m.* Equinoxe. *m.* Saison. *f.* Printemps. *m.* Eté. *m.* Automne. *m.* Hiver. *m.* Mois. *m* (Noms des mois de l'année). Semaine. *f.* (Noms des jours de la semaine ; comme ceux des mois, ils sont tous masculins) — Planète. *f.* (Noms des planètes connues). Lune. *f.* Croissant. *m.* Phase. *f.* Eclipse. *f.* Comète. *f.* — Astronomie. *f.* Cosmographie. *f.*

Air. *m.* Atmosphère. *f.* Eau. *f.* Vapeur *f.* Brouillard. *m.* Brume. *f.* Nuage. *m.* Nuée. *f.* Rosée. *f.* Serein. *m.* Grésil. *m.* Givre. *m.* Pluie. *f.* Averse. *f.* Ondée. *f.* Raffale. *f.* Déluge. *m.* Verglas. *m.* Neige. *f.* Flocon. *m.* Grêle. *f.* Giboulée. *f.* Orage. *m.* Tonnerre. *m.* Foudre. *f.* Eclair. *m.* Vent. *m.* Bise. *f.* Aquilon. *m.* Autan. *m.* Brise. *f.* Zéphyr. *m.* Tempête. *f.* Bourrasque. *f.* Tourmente. *f.* Bonace. *f.* Ouragan. *m.* Tourbillon. *m.* Trombe. *f.* Météore. *m.* Météorologie. *f.*

Océan. *m.* Mer. *f.* Lac. *m.* Marais. *m.* Marécage. *m.* Mare. *f.* Fleuve. *m.* Rivière. *f.* Ruisseau. *m.* Embouchure. *f.* Confluent *m.* Cataracte. *f.* Cascade. *f.* Courant. *m.* Gouffre. *m.* Torrent. *m.* Ravine. *f.* Détroit. *m.* Golfe. *m.* Baie. *f.* Anse. *f.* Rade. *f.* Crique. *f.* Marée. *f.* Flux. *m.* Reflux. *m.* Flot. *m.* Vague. *f.* Houle. *f.* Ondulation. *f.* — Continent. *m.* Ile. *f.* Ilot. *m.* Presqu'île. *f.* Isthme. *m.* Cap. *m.* Promontoire. *m.* Rive. *f.* Rivage. *m.* Côte. *f.* Plage. *f.* Grève. *f.* — Montagne. *f.* Mont. *m.* Plateau. *m.* Pic. *m.* Volcan. *m.* Cratère. *m.* Lave. *f.* Colline. *f.* Côteau. *m.* Eminence. *f.* Monticule. *m.* Tertre. *m.* Vallée. *f.* Vallon. *m.* Ravin. *m.* Fondrière. *f.* Précipice. *m.* Abime. *m.* Avalanche. *f.* Glacier. *m.* Roc. *m.* Rocher. *m.* Roche. *f.* Falaise. *f.* Ecueil. *m.* Récif. *m.* — Désert. *m.* Oasis. *f.* Lande. *f.* Bruyère. *f.* Steppe. *m.* Savane. *f.* Dune. *f.* — Pays. *m* Contrée. *f.* Région. *f.* (Noms propres des différents pays, contrées, régions, mers, fleuves, montagnes, etc.) — Nord. *m.* Septentrion. *m* Sud. *m.* Midi. *m.* Est. *m.* Orient. *m.* Levant. *m.* Ouest. *m.* Occident. *m.* Couchant. *m.*

Terrain. *m.* Humus. *m.* Alluvion. *f.* Limon. *m.* Vase. *f.* Boue. *f.* Bourbe. *f.* Fange. *f.* Puits. *m.* Source. *f.* Grotte. *f.* Caverne. *f.* Stalactite. *f.* Stalagmite. *m.* — Mine. *f.* Minière. *f.* Minéral. *m.* Minerai. *m.* Pyrite. *f.* Calamine. *f.* Galène. *f.* Cinabre. *m.* Mala

-chite. *f.* Gîte. *m.* Gisement. *m.* Filon. *m.* Pierre. *f.* — Quartz. *m.*
.Silex. *m.* Caillou. *m.* Gravier. *m.* Sable. *m.* Grès. *m.* Granit. *m.*
.Porphyre. *m.* Jaspe. *m.* Calcédoine. *f.* Cornaline. *f.* Agathe. *f.*
.Opale. *f.* Grenat. *m.* Amiante. *f.* Mica. *m.* Talc. *m.* — Argile. *f.*
.Glaise. *f.* Alun. *m.* Saphir. *m.* Rubis. *m.* Topaze. *f.* Améthyste. *f.*
.Emeraude. *f.* Emeri. *m.* Spinelle. *f.* Lazulite. *f.* Azur. *m.* — Cal-
.caire. *m.* Spath. *m.* Marbre. *m.* Craie. *f.* Gypse. *m.* Plâtre. *m.*
Albâtre. *m.* Marne. *f.* — Nitre. *m.* Salpêtre. *m.* Sel. *m.* Borax. *m.*
Natron. *m.* — Diamant. *m.* Houille. *f.* Anthracite. *f.* Lignite. *m.*
.Jais. *m.* Jayet. *m.* Graphite. *m.* Plombagine. *f.* Tourbe. *f.* Bitume.
m. Naphte. *f.* Pétrole. *m.* Succin. *m.* — Pétrification. *f.* Géologie. *f.*
.Minéralogie. *f.* Cristal *m.* Cristallisation. *f.*

Matière. *f.* Force. *f.* Phénomène. *m.* Attraction. *f.* Répulsion. *f.*
.Contact. *m.* Inertie. *f.* Mouvement. *m.* Moteur. *m.* Vitesse. *f.* Pesan-
.teur. *f.* Gravitation. *f.* Gravité. *f.* Chute. *f.* — Densité. *f.* Consis-
tance. *f.* Dureté. *f.* Mollesse *f.* Adhérence. *f.* Rupture. *f.* Fente. *f.*
.Fissure. *f.* Crevasse. *f.* — Etat. *m.* Gaz. *m.* Vapeur. *f.* Expansion. *f.*
.Explosion. *f.* Eruption. *f.* Exhalaison. *f.* Pression. *f.* Baromètre. *m.*
Manomètre. *m.* — Chaleur. *f.* Calorique. *m.* Température. *f.* Dila-
.tation. *f.* Thermomètre. *m.* Ebullition. *f.* Bulle. *f.* Ecume. *f.* Effer-
vescence. *f.* Feu. *m.* Flamme. *f.* Combustion. *f.* Déflagration. *f.*
Embrasement. *m.* Incendie. *m.* Etincelle. *f.* Froid. *m.* Froidure. *f.*
Glace. *f.* Glaçon. *m.* Gelée. *f.* Dégel. *m.* Débâcle. *f.* — Hydraulique.
f. Flottaison. *f.* Vase. *m.* Paroi. *f.* Bord. *m.* Orifice. *m.* Tube. *m.*
Tuyau. *m.* Siphon. *m.* Humidité. *f.* Siccité. *f.* Sécheresse. *f.* Aridité.
f. Hygromètre. *m.* — Lumière. *f.* Ombre. *f.* Eclat. *m.* Obscurité. *f.*
Ténèbres. *f. pl.* Couleur. *f.* Nuance. *f.* Teinte. *f.* Reflet. *m.* Réfrac-
ti n. *f.* Arc-en-ciel. *m.* Iris. *m.* Spectre. *m.* Réflexion. *f.* Réverbé-
.ration. *f.* Réverbère. *m.* Miroir. *m.* Lentille. *f.* Loupe. *f.* Foyer. *m.*
Optique. *f.* — Son. *m.* Vibration. *f.* Timbre. *m.* Diapason. *m.* Tin-
.tement. *m.* Bruit. *m.* Bruissement. *m.* Cliquetis. *m.* Fracas. *m.*
.Silence. *m.* Echo. *m.* Acoustique. *f.* — Electricité. *f.* Galvanisme.
.*m.* Magnétisme. *m.* Aimant. *m.*

Chimie. *f.* Elément. *m.* Atome. *m.* Cohésion. *f.* Affinité. *f.* Com-
binaison. *f.* — Métal. *m.* Or. *m.* Argent. *m.* Platine. *m.* Mercure.
m. Cuivre. *m.* Etain. *m.* Plomb. *m.* Zinc. *m.* Fer. *m.* Acier. *m.*
Nickel. *m.* Cobalt. *m.* Chrôme. *m.* Antimoine. *m.* — Métalloïde. *m.*
-Oxygène. *m.* Hydrogène. *m.* Azote. *m.* Chlore. *m.* Soufre. *m.*
Phosphore. *m.* Iode. *m.* Carbone. *m.* Arsenic. *m.* — Acide. *m.*
Oxyde. *m.* Sel. *m.* Alcali. *m.* Potasse. *f.* Soude. *f.* Ammoniaque. *f.*
.Chaux. *f.* Magnésie. *f.* Alumine. *f.* Silice. *f.* Vermillon. *m.* Cinabre.
.*m.* Céruse. *f.* Litharge. *f.* Rouille. *f.* Ocre. *m.* Vert-de-gris. *m.* —
Réactif. *m.* Dissolution. *f.* Fusion. *f.* Vitrification. *f.* Mélange. *m.*
.Alliage. *m.* Bronze. *m.* Airain. *m.* Chrysocale. *m.*

Forme. *f.* Volume. *m.* Position. *f.* Cavité. *f.* Trou. *m.* Vide. *m.*
.Saillie. *f.* Relief. *m.* Eminence. *f.* Aspérité. *f.* Rugosité. *f.* Pointe. *f.*
Coin. *m.* — Etendue. *f.* Continuité. *f.* Contiguïté. *f.* Mesure. *f.*
.Dimension. *f.* Longueur. *f.* Largeur. *f.* Epaisseur. *f.* Hauteur. *f.*
Profondeur. *f.* Grandeur. *f.* Petitesse. *f.* Finesse. *f.* Ténuité. *f.* Min-
.ceur. *f.* Etroitesse. *f.* Brièveté. *f.* — Sphère. *f.* Boule. *f.* Globe. *m.*
-Cylindre. *m.* Zone. *f.* Disque. *m.* Cone. *m.* Cube. *m.* Prisme. *m.*

Pyramide. f. Bloc. m. Tronçon. m. Fragment. m. Pou[dre]. [Pous]-
sière. f. — Surface. f. Plan. m. Superficie. f. Face. f. Fac[ette].
Pan. m. Coupe. f. Cassure. f. Tranche. f. — Ligne. f. Trait. [Fi]-
gure. f. Symétrie. f. Milieu. m. Extrémité. f. Bout. m. Poin[t].
Distance. f. Intervalle. m. Lacune. f. Angle. m. Triangle. m. [Rec]-
tangle. m. Base. f. Sommet. m. Polygone. m. Diagonale. f. Paral[lé]-
logramme. m. Carré. m. Lozange. f. Rhombe. m. Trapèze.
Pentagone. m. Hexagone. m. Octogone. m. Arète. f. — Cercle. m.
Centre. m. Circonférence. f. Rayon. m. Diamètre. m. Axe. m. [...]
m. Orbite. f. Méridien. m. Equateur. m. Latitude. f. Long[itude].
Horizon. f. Aplomb. m. Niveau. m. Penchant. m. Pente. f. [...]
Antipode. m. Ellipse. f. Ecliptique. f. Parabole. f. — Règle. f. [Com]-
pas. m. Equerre. f. Graphomètre. m. Géométrie. f. Trigono[métrie].

Nombre. m. Numération. f. Quantité. f. Unité. f. Plu[ralité].
Egalité. f. Majorité. f. Minorité. f. Multiplicité. f. Fois. f. [...]
Fraction. f. Moitié. f. Tiers. m. Quart. m. Dizaine. f. [...]
Quinzaine. f. Vingtaine f. Trentaine. f. Quarantaine. f. [Cinquan]-
taine. f. Soixantaine. f. Centaine. f. Millier. m. Million. m. [Mil]-
liard. m. Addition. f. Soustraction. f. Multiplication. f. Divis[ion].
Somme. f. Quotient. m. Rapport. m. Proportion. f. Equation. f.
Progression. f. Série. f. Degré. m. Calcul. m. Equilibre. m. [...]
f. Arithmétique. f. Algèbre. f. Chiffre. m. Zéro. m. Noms de nombre
(ils sont masculins ; le plus souvent on les emploie comme adjectifs
déterminatifs, en les joignant à des noms). Mathématiques. f. pl.

ADJECTIFS.

Astronomique. Cosmographique. Météorologique. Géographique.
Géologique. Minéralogique. Physique. Chimique. Géométrique.
Trigonométrique. Arithmétique. Algébrique.
Annuel. Diurne. Nocturne. Crépusculaire. Matinal. Horal. Jour-
nalier. Hebdomadaire. Mensuel. Séculaire. Millénaire. Bissextil. —
Printanier. Estival. Automnal. Hivernal. Equinoxial. — Solaire.
Lunaire. Planétaire. Stellaire. Etoilé. Constellé.
Septentrional. Méridional. Boréal. Austral. Oriental. Occidental.
Continental. Régional. Maritime. Fluvial. Fluviatile. Monteux.
Montagneux. Escarpé. Abrupt.
Nuageux. Nébuleux. Pluvieux. Pluvial. Neigeux. Venteux. Ora-
geux. Serein.
Minéral. Terreux. Argileux. Marneux. Sablonneux. Pierreux.
Rocheux. Rocailleux. Siliceux. Calcaire. Schisteux. Bitumineux.
Houiller. Tourbeux. Marécageux. Bourbeux. Boueux. Fangeux.
Vaseux. Aquatique. Intarissable. Inépuisable. Fossile. Souterrain.
Pesant. Dense. Rare. Léger. Subtil. Mobile. Immobile. Fixe.
Inerte. Intense. Fort. Faible. — Solide. Fluide. Liquide. Gazeux.
Aériforme. Aérien. Vaporeux. Volatil. Pneumatique. — Dur. Mou.
Mollasse. Ferme. Compacte. Massif. Consistant. Poreux. — Fusible.
Infusible. Malléable. Ductile. Elastique. Souple. Flexible. Inflexible.
Raide. Extensible. Inextensible. — Sec. Aride. Humide. Moite. —
Chaud. Brûlant. Torride. Incandescent. Flamboyant. Combustible.
Incombustible. Bouillant. Tiède. Tempéré. Froid. Glacé. Glacial. —

Lumineux. Luisant. Brillant. Eclatant. Resplendissant. Clair. Transparent. Limpide. Diaphane. Obscur. Sombre. Ténébreux. Confus. Trouble. Mat. Terne. Opaque. Irisé. Coloré. Nuancé. Rouge. Jaune. Vert. Bleu. Violet. Blanc. Noir. Gris. Brun. Roux. Roussâtre. Brunâtre. Grisâtre. Noirâtre. Blanchâtre. Violâtre. Bleuâtre. Verdâtre. Jaunâtre. Rougeâtre. Doré. Argenté. Vitreux. Plombé. — Sonore. Aigu. Grave. Monotone. Bruyant. Retentissant. Argentin. Sourd. — Electrique. Vitré. Magnétique. Galvanique.

Altérable. Inaltérable. Pur. Impur. Soluble. Insoluble. Cristallin. Igné. Aqueux. Alcalin. Potassique. Ferrugineux. Cuivreux. Mercuriel.

Grand. Petit. Moindre. Immense. Incommensurable. Long. Court. Large. Etroit. Volumineux. Epais. Mince. Gros. Grossier. Fin. Ténu. Grêle. Profond. Haut. Bas. Supérieur. Inférieur. — Linéaire. Rectiligne. Droit. Perpendiculaire. Oblique. Vertical. Horizontal. Convergent. Divergent. Courbe. Convexe. Concave. Circulaire. Curviligne. Orbiculaire. Rond. Ovale. Elliptique. Anguleux. Angulaire. Aigu. Obtus. Rectangulaire. Triangulaire. Quadrangulaire. Carré. Rhomboïdal. Prismatique. Pyramidal. Conique. Cylindrique. Sphérique. Sphéroïdal. Globuleux. Plan. Plat. — Plein. Vide. Creux. Uni. Poli. Lisse. Saillant. Cannelé. Strié. Rayé. Raboteux. Scabreux. Rugueux. Rude. Bossué. Boursouflé. Pointu. Tortueux. Contourné. — Intérieur. Extérieur. Interne. Externe. Alterne. Superficiel. Opposé. Adjacent. Contigu. — Régulier. Irrégulier. Symétrique. Informe. Continu. Intermittent.

Nombreux. Innombrable. Numérique. Numéral. Pair. Impair. Unique. Egal. Inégal. Décimal. Duodécimal. Demi. Multiple. Double. Triple. Quadruple. Quintuple. Décuple. Centuple. Premier. Dernier. Deuxième. Second. Troisième. etc. Proportionné. Simple. Composé. Entier. Fractionné. Successif. Périodique. Total. Partiel. Divisible. Indivisible.

VERBES.

Peser. Graviter. Tomber. Crouler. S'écrouler. S'ébouler. S'affaisser.

Mouvoir. Accélérer. Ralentir. Tourner. Tournoyer. Osciller. Changer. Incliner. Décliner.

Durcir. Amollir. Ramollir. Dilater. Contracter. Tendre. Détendre. Affermir. Ebranler. Presser. Fendre. Crever. Crevasser. Ebrécher. Erailler. Exfolier.

Jaillir. Sourdre. Couler. Ecouler. Inonder. Submerger. Tourbillonner. Engouffrer. Stagner. Onduler. Ecumer. Déborder. Ruisseler. Dégoutter. Verser. Répandre. Epancher. Contenir. Tarir. Epuiser. Mouiller. Humecter. Imbiber. Filtrer. Sécher. Dessécher.

Vaporiser. Evaporer. Bouillir. Bouillonner.

Chauffer. Echauffer. Réchauffer. Brûler. Fumer. Enflammer. Flamboyer. Allumer. Eteindre. — Tiédir. Attiédir. Refroidir. Geler. Glacer.

Briller. Luire. Resplendir. Scintiller. Etinceler. Eclater. Eclairer. Eclaircir. Obscurcir. Assombrir. Réfléchir. Refléter. Réverbérer.

Réfracter. Colorer. Nuancer. Blanchir. Noircir. [illegible]
Verdir. Bleuir. Brunir. Roussir,

Vibrer. Sonner. Résonner. Retentir. [illegible]
Murmurer. Claquer. Craquer.

Electriser. Aimanter. Orienter.

Tonner. Foudroyer. Pleuvoir. Neiger. Grêler. [illegible]
Dissoudre. Cristalliser. Délayer. Mêler. Mél[illegible]
Rouiller. Corroder. Altérer. Fondre. Calciner. [illegible]

Mesurer. Aligner. Ranger. Placer. Poser. Entasser [illegible]
Aplanir. Aplatir. Equarrir. Aiguiser. Niveler. [illegible]
Courber. Arrondir. Rayonner. Creuser. Excaver. [illegible]
ner. Plier. Ployer. Plisser. Couvrir. Découvrir. [illegible]
Remplir. Vider.

Elever. Hausser. Baisser. Abaisser. Approfon[illegible]
dir. Rapetisser. Grossir. Epaissir. Amincir. Allon[illegible]
Raccourcir. Elargir. Rétrécir. Croître. Décroître. [illegible]
procher. Communiquer. Adhérer. Unir. Réunir. Séparer [illegible]
Composer. Décomposer. Proportionner. Gradu[illegible]
ler. Equivaloir. Compter. Calculer. Augmenter. [illegible]
plier. Diminuer. Soustraire. Diviser. Fractionner [illegible]
Succéder. Continuer. Durer. Interrompre. Cesser [illegible]

(Cette énumération méthodique de mots est, en même temps, [illegible]
pulation du texte qui précède. Nous y avons compris [illegible]
n'ont pu être définis dans le texte, mais qu'il sera facile à [illegible]
que leur place dans la liste n'en fasse pas immédiatement [illegible]
ainsi les mots rangés dans un ordre qui rappelle celui des [illegible]
bien classer ces idées dans son esprit, et à les bien relier entre elles [illegible]
bonne préparation pour les exercices qui suivent, de lire [illegible]
nutation, soit en totalité, soit par partion, en rappelant [illegible]
des mots, et en appuyant un peu sur ceux dont le sens offre [illegible]
cependant vouloir trop approfondir ce qui tend à s'expliquer [illegible]
suite de l'instruction. La même lecture sera aussi utile comme [illegible]
exercices de composition sur les sujets tirés de l'ordre physique.)

EXERCICE

I. On citera à l'élève un certain nombre de noms tirés de l'ordre
physique. On lui demandera d'en préciser la signification, et d'indiquer à quelle branche particulière de connaissances ils se rapportent. On les lui fera orthographier. Puis il en indiquera le genre [illegible]
en les faisant précéder de l'article le, la, ou du déterminatif un, O
une. Enfin, il les mettra au *pluriel*, en les faisant précéder de[illegible]
ou de des. S'il en est qui ne s'emploient pas au singulier ou au plur[illegible]

---

(1) Dans l'énumération que nous avons donnée plus haut, nous avons
indiqué le genre de chaque substantif par les initiales m. et f. Quoique
l'élève ait le livre sous les yeux, il n'en peut résulter que du bien pour
la leçon, puisque, dans les exercices oraux, les questions sont trop
rapides pour laisser le temps de chercher, et que, pour les devoirs
écrits, il sera plus avantageux à l'élève de suivre, dans la recherche
qui lui est permise, l'ordre logique où nous avons placé les mots, que
l'ordre simplement alphabétique du dictionnaire. De quelque manière
que son regard tombe ainsi sur son livre, il ne peut qu'y gagner.

riel, on en fera la remarque. On signalera les pluriels exceptionnels sans toutefois s'y arrêter.

Pour varier l'exercice, on demandera à l'élève de citer de lui-même un certain nombre de noms, en lui indiquant à quelles branches ils doivent avoir rapport, et en lui faisant les autres questions indiquées ci-dessus.

On joindra, à ces noms, à l'aide de la préposition *de*, d'autres noms qui y aient rapport, ce qui donnera occasion d'observer la contraction de l'article. Les exemples pourront ensuite être mis au pluriel.

II. On citera des *adjectifs* ; et, comme pour les substantifs, on demandera à quelle branche de notions ils ont plus spécialement rapport, quelle en est la signification et l'orthographe. L'élève les joindra ensuite à des substantifs, masculins ou féminins, auxquels ils pourront convenir, et qu'il devra chercher. L'accord du nom avec l'adjectif se rencontrera ici, en même temps que son accord avec l'article.

Renversant l'exercice, on citera des substantifs, à chacun desquels l'élève devra joindre un certain nombre d'adjectifs, qu'il fera accorder avec eux.

III. On fera, des substantifs, le sujet du verbe *être*, suivi des divers adjectifs qui leur conviennent, ce qui donnera lieu à de nombreuses *propositions*, et familiarisera pratiquement l'élève avec les idées de *sujet*, de *verbe* et d'*attribut*, prises dans leur plus grande simplicité. On formera ensuite d'autres propositions, dont l'attribut sera un substantif.

Ce substantif attribut, de même que le substantif sujet, pourra être accompagné d'un adjectif, ou d'un autre substantif précédé de la préposition *de*, et où l'élève trouvera le *complément* logique le plus simple du sujet et de l'attribut. C'est ainsi que les difficultés de l'analyse logique commencent à être vaincues en détail, sauf à les saisir, plus tard, en un faisceau pour achever de s'en rendre maître.

Le sujet sera mis au pluriel, ce qui entraînera la mise au pluriel de l'attribut et du verbe, et donnera à l'élève une première idée des variations de ce dernier, idée qu'on développera un peu plus tard.

On donnera aux propositions plusieurs substantifs pour sujet ; plusieurs adjectifs ou substantifs pour attribut. De là, des exemples de sujet et d'attribut *composés*.

On trouvera ici occasion de revenir aux considérations exposées à propos des notions fondamentales, et qui n'ont pu être pleinement saisies de prime abord. Les propositions, présentées d'abord sous la forme affirmative, le seront ensuite sous la forme négative et sous la forme interrogative. On fera aussi rendre compte des propositions renfermées dans les réponses par *oui* et par *non* aux diverses propositions interrogatives.

IV. On indiquera à l'élève un certain nombre de *verbes attri-butifs*, dont il donnera la signification et l'orthographe.

A chacun des verbes attributifs cités, l'élève devra trouver un ou plusieurs sujets convenables. Renversant l'exercice, on lui indiquera des sujets, auxquels il devra appliquer des verbes.

V. On considérera les propositions qui naissent de ces verbes attributifs joints à un sujet. L'élève s'habituera à y reconnaître trois éléments de toute proposition, en décomposant chaque attributif en verbe substantif et en attribut.

VI. Parmi les verbes attributifs, on distinguera ceux dont l'action peut se porter sur un *objet* ou *complément direct*. On cherchera, aux différents verbes de ce genre, un certain nombre d'objets sur lesquels puisse se porter leur action. On renversera aussi l'exercice, en indiquant les noms de certains objets, et cherchant les verbes dont l'action puisse se porter sur eux. On remarquera les verbes qui s'emploient tantôt avec un objet, tantôt sans objet.

En analysant les propositions qui résultent de cet exercice, on découvre une forme aussi simple qu'importante de constatation logique de l'attribut.

VII. On donnera à ces propositions la forme passive, et l'on en fera l'analyse logique.

VIII. Repassant en revue les différents noms, adjectifs et verbes tirés de l'ordre physique, on recherchera si quelques-uns de leurs *dérivés* ne se présentent pas d'eux-mêmes dans le langage, et, ce qui vient, en enrichissant le vocabulaire de l'élève, lui donnera la première idée de la dérivation, si facile à observer dans un grand nombre de cas (1).

IX. Les noms *abstraits* se trouvent mêlés, dans nos énumérations, à ceux qui désignent des êtres réels, sauf à établir plus loin la distinction entre eux lorsque nous parlerons des facultés intellectuelles, et notamment de l'abstraction, dont ils sont le produit le plus saisissable. Néanmoins, on fera remarquer dès à présent à l'élève, qu'ils n'expriment qu'une vue de l'esprit et se distinguent par là des autres noms, ce qui ouvrira son intelligence sur cet ordre important d'expressions.

X. Il convient aussi d'appeler dès à présent l'attention de l'élève sur le sens figuré qu'on peut donner aux mots de l'ordre qui nous occupe. Certains mots sont aussi vulgairement employés dans le sens figuré que dans le sens propre, et ce serait laisser l'instruction défectueuse, que de ne pas le faire observer aussitôt que le mot se présente. Cette observation sert en même temps à mieux préciser le sens propre du mot, et à mieux le graver dans l'esprit. Plus tard, les acceptions figurées des termes donneront lieu à des exercices spéciaux.

XI. Il ne sera pas, non plus, inutile de rechercher, dans l'ordre physique, les noms propres et les noms collectifs.

---

(1) Quoiqu'il ne doive être spécialement question des dérivés que dans la quatrième partie, il n'en est pas moins nécessaire de leur donner une attention rapide en passant, tandis que la nature même les jette, en quelque sorte, sur notre chemin. Ce sont là de ces anticipations qu'une saine méthode approuve, parce que, sans déranger sa marche, elles contribuent à y entretenir la vie, en faisant tendre les leçons présentes vers celles de l'avenir. La même remarque s'applique aux paragraphes suivants.

Voici quelques exemples de questions à poser, d'après les indications données ci-dessus. Ces questions, on le conçoit, peuvent être variées à l'infini, suivant le degré d'avancement des élèves, les circonstances qui les entourent, et les besoins particuliers de leur esprit, appréciés par l'instituteur.

EXEMPLES DE QUESTIONS.

I.

D. *A quelle espèce appartiennent les mots: étoile, nuage, mer, terrain, rubis, écho, rouille, ligne, unité?*

R. Ce sont des *substantifs.*

D. *Quelle en est la signification, et à quel ordre d'objets se rapportent-ils?*

R. *Étoile*, astre fixe, (1) brillant d'une lumière qui lui est propre (astronomie). — *Nuage*, amas de vapeurs dans les hauteurs de l'atmosphère (météorologie). — *Mer*, vaste amas d'eau salée (géographie). — *Terrain*, couche de matière plus ou moins solide, contribuant à former la partie superficielle du globe terrestre (géologie). — *Rubis*, pierre précieuse d'un beau rouge et d'une grande dureté, composée d'alumine (minéralogie). — *Écho*, répétition des sons par l'effet de leur réflexion à la surface des corps (physique, acoustique). — *Rouille*, altération du fer par l'air humide (chimie). — *Ligne*, ce qui n'a qu'une longueur, sans largeur ni épaisseur (géométrie). Dans le langage usuel, on appelle *ligne* tout trait dont la largeur et l'épaisseur sont insignifiantes par rapport à la longueur. — *Unité*, élément constitutif des nombres. Le nombre se compose d'unités, et l'unité se décompose en fractions (arithmétique).

D. *Indiquez-en l'orthographe et le genre; en les faisant accorder avec l'article*

R. L'étoile. *f.* Le nuage. *m.* La mer. *f.* Le terrain. *m.* Le rubis. *m.* L'écho. *m.* La rouille. *f.* La ligne. *f.* L'unité. *f.*

D. *Qu'observez-vous quant à l'article, dans certains de ces exemples?*

R. L'article *le* s'élide dans *l'écho*, et l'article *la* dans *l'étoile*, *l'unité*.

D. *Mettez ces noms au pluriel, avec l'article.*

R. Les étoiles. Les nuages. Les mers. Les terrains. Les rubis. Les échos. Les lignes. Les unités. (*Rouille* ne s'emploie point au pluriel).

---

(1) Le maître pourra, quand il le jugera utile, décomposer les questions suivant les éléments qui y rentrent. Ainsi, par exemple, dans la signification du mot *étoile*, il trouvera celle du mot *astre*, du mot *fixe*, etc.

D. *Joignez à chacun de ces noms, à l'aide de la préposition de, un autre nom qui y ait rapport.*

R. La lumière de l'étoile. — L'épaisseur du nuage. — L'immensité de la mer. — La profondeur du terrain. — La transparence du rubis. — La sonorité de l'écho. — La rouille du fer. — La courbure de la ligne. — La fraction de l'unité.

D. *Qu'observez-vous quant à l'article, dans certains de ces exemples?*

R. L'article se *contracte* dans *du nuage, du terrain, du fer*, parce qu'on dit *du* pour *de le*. Cependant il ne se contracte pas dans *de l'écho*, à cause de l'élision, et parce que l'euphonie s'oppose à ce qu'on dise *du écho*.

D. *Mettez au pluriel les noms précédés de la préposition de, et observez ce qui arrive alors pour l'article.*

R. La lumière des étoiles. — L'épaisseur des nuages. — L'immensité des mers. — La profondeur des terrains. — La transparence des rubis. — La sonorité des échos. — La courbure des lignes. — Les fractions des unités.

Dans ces exemples *des* est mis pour *de les*, au féminin comme au masculin.

D. *Citez quelques noms tirés de la géographie, — de la physique, — de la géométrie, etc.*

R. Île Rivière Détroit. (géographie). — Vitesse. Tube Miroir. (physique). — Triangle. Mesure. Diagonale. (géométrie) etc.

D. *Quelle est la signification de ces mots?*

R. *Île*, étendue de terre complétement entourée d'eau. — *Rivière*, cours d'eau de moyenne importance, se jetant ordinairement dans un fleuve. — *Détroit*, portion de mer resserrée entre deux terres. — *Vitesse*, la longueur parcourue relativement au temps employé. — *Tube*, vaisseau allongé servant à conduire les liquides ou les gaz. — *Miroir*, surface brillante et très-polie qui réfléchit l'image des objets. — *Triangle*, figure ayant trois angles et trois côtés. — *Mesure*, détermination des dimensions des corps. — *Diagonale*, ligne joignant deux angles d'une figure géométrique, etc.

D. *Indiquez-en l'orthographe, etc.*

R. L'île. *f.* La rivière. *f.* Le détroit. *m.* La vitesse. *f.* Le tube. *m.* Le miroir. *m.* etc.

(Et ainsi de suite, comme ci-dessus).

II.

D. *A quelle espèce appartiennent les mots: solaire, brumeux, montagneux, fossile, élastique, soluble, sphérique, proportionnel?*

R. Ce sont des adjectifs.

D. *Quelle est leur signification, et à quel ordre d'objets se rapportent-ils?*

R. *Solaire*, qui vient du soleil, qui appartient au soleil (astronomie). — *Brumeux*, chargé de brouillard, de brume (météorologie). — *Montagneux*, se dit d'une contrée où il y a beaucoup de montagnes (géographie). — *Fossile*, se dit des corps qui ont vécu et qui se trouvent enfouis dans la terre depuis les époques reculées de l'existence du monde (géologie). — *Élastique*, qui tend à reprendre sa forme après avoir été comprimé (physique). — *Soluble*, qui peut se dissoudre (chimie). — *Sphérique*, qui a la forme d'une sphère (géométrie). — *Proportionnel*, qui est en proportion (arithmétique).

D. Indiquez-en l'orthographe, au masculin et au féminin

R. Solaire, m. f.; brumeux, brumeuse; montagneux, montagneuse; fossile, m. f.; élastique, m. f.; soluble, m. f.; sphérique, m. f.; proportionnel, proportionnelle.

D. Joignez ces adjectifs à des noms masculins et féminins auxquels ils conviennent.

R. Le rayon solaire, la lumière solaire. — L'air brumeux, l'atmosphère brumeuse. — Le pays montagneux, la contrée montagneuse. — Le gaz élastique, la vapeur élastique. — Le corps sphérique, la forme sphérique. — Le nombre proportionnel, l'étendue proportionnelle.

D. Mettez ces exemples au pluriel.

R. Les rayons solaires, les taches solaires. — Les jours brumeux, les journées brumeuses. Les pays montagneux, les contrées montagneuses — Les gaz élastiques, les vapeurs élastiques. — Les sels solubles, les matières solubles. — Les corps sphériques, les formes sphériques. — Les nombres proportionnels, les étendues proportionnelles.

D. Trouvez des adjectifs convenables aux substantifs : saison, orage, désert, mine, amiante, baromètre, ligne, chiffre.

R. Saison froide. — Orage bruyant. — Désert aride. — Mine profonde. — Amiante incombustible. — Baromètre haut. — Ligne droite. — Chiffre élevé.

III.

D. Placez, dans quelques-uns des exemples ci-dessus, le verbe être entre l'adjectif et le nom auquel il se rapporte, et analysez logiquement les propositions qui en résultent.

R. L'air est brumeux. (suj. *l'air*; verbe *est*; attr. *brumeux*). — La saison est froide. (suj. *la saison*; verb. *est*; attr. *froide*). — Le pays est montagneux. (suj. *le pays*; verb. *est*; attr. *montagneux*). — Le désert est aride. (suj. *le désert*; verb. *est*; attr. *aride*). — La vapeur est élastique. (suj. *la vapeur*; verb. *est*; attr. *élastique*). — L'amiante est incombustible. (suj. *l'amiante*; verb. *est*; attr. *incombustible*).

D. Formez d'autres propositions, dont l'attribut soit un substantif, et donnez en l'analyse logique.

R. L'air est un gaz. (suj. *l'air*; verb. *est*; attr. *un gaz*). — L'amiante est un minéral. (suj. *l'amiante*; verb. *est*; attr. *un minéral*). — La terre est une sphère. (suj. *la terre*; verb. *est*; attr. *une sphère*). — Le fer est un métal. (sujet *le fer*; verb. *est*; attr. *un métal*) — La potasse est un oxyde. (suj. *la potasse*; verb. *est*; attr. *un oxyde*). — Le triangle est une figure. (suj. *le triangle*; verb. *est*; attr. *une figure*).

D. Joignez à quelques substantifs, attributs ou sujets, un adjectif qui leur convienne.

R. La saison hivernale est froide. — Le pays occidental est montagneux. — La vapeur aqueuse est élastique. — L'air est un gaz incolore. La terre est une sphère immense. — Le fer est un métal altérable.

D. Formez des propositions où le substantif, attribut ou sujet, soit suivi d'un autre substantif relié par la préposition de.

R. L'écliptique est l'orbite de la terre. — La fraction est une partie de l'unité. — Le vert-de-gris est un sel de cuivre. — L'eau de la source est limpide. — La lumière du soleil est resplendissante. — La surface de l'eau est horizontale.

D. Quel rôle logique remplissent, dans la proposition, l'adjectif ou le substantif joints ainsi au substantif sujet ou attribut?

R. Ils font partie, comme *compléments*, du sujet ou de l'attribut logique, qui est alors appelé *complexe.*

D. Faites l'analyse logique des propositions ci-dessus.

R. La saison hivernale est froide. (suj. complex. *la saison hivernale*; verb. *est*; attr. *froide*). — L'écliptique est l'orbite de la terre. (suj. *l'écliptique*; verb. *est*; attr. complex. *l'orbite de la terre*).

(*Et ainsi de suite, en indiquant l'attribut ou le sujet complexe*).

D. Donnez quelques exemples où le sujet soit au pluriel.

R. Les déserts sont arides. — Les vapeurs sont élastiques. — Les astres sont des sphères. — Les fractions sont des parties de l'unité.

D. Qu'observez-vous, pour le verbe, dans ces propositions?

R. Il prend une forme particulière pour le pluriel, mais sans différence pour le masculin et le féminin.

D. Donnez aux propositions plusieurs substantifs ou adjectifs pour sujet ou pour attribut.

R. Le fer, le cuivre et le zinc sont des métaux. — Le carré, le cercle et le triangle sont des figures. — L'équateur, le méridien et l'horizon sont des lignes. — L'or est jaune, brillant, inaltérable. — La terre est une matière, une sphère, une planète. — Le diamant est dur, transparent, combustible.

D. Comment analyse-t-on logiquement ces propositions?

R. On dit que leur sujet ou leur attribut sont composés. Exemples :

Le fer, le zinc et le cuivre sont des métaux. (suj. comp. *le fer, le zinc et le cuivre*; verb. *sont*; attr. *des métaux*). — Le diamant est dur, transparent, combustible. (suj. *le diamant*; verb. *est*; attr. comp. *dur, transparent, combustible.*

D. Qu'observez-vous pour le verbe, dans ces propositions?

R. Il se met au pluriel, comme lorsqu'il a pour sujet un nom pluriel.

D. Donnez des exemples de propositions négatives.

R. L'air n'est pas un élément. — L'or n'est pas un composé. — Le zéro n'est pas un chiffre. — Le diamant n'est pas incombustible. — La terre n'est pas plane. — La lune n'est pas lumineuse.

D. *Comment analyse-t-on les propositions négatives?*

R. Comme les propositions affirmatives, sauf qu'en citant le verbe, on signale la négation, par laquelle, tout en affirmant l'existence du sujet, il nie que l'attribut lui convienne.

D. *Donnez des exemples de propositions interrogatives, avec les réponses par oui ou par non. Développez le sens de ces réponses.*

R. L'air est-il un élément? — Non. (c'est-à-dire : l'air n'est pas un élément).

L'or est-il un élément? — Oui. (c'est-à-dire : l'or est un élément).

La terre est-elle plane? — Non. (c'est-à-dire : la terre n'est pas plane).

Le diamant est-il combustible? — Oui. (c'est-à-dire : le diamant est combustible).

D. *Comment analyse-t-on les mots oui et non?*

R. Ce sont des *propositions implicites*, c'est-à-dire des termes renfermant en soi une proposition complète, affirmative pour *oui*, négative pour *non*.

IV.

D. *A quelle espèce appartiennent les mots : tomber, couler, éclairer, jaillir, glacer, obscurcir, fondre, brûler, scintiller?*

R. Ce sont des *verbes attributifs*, ainsi nommés parce qu'ils renferment l'idée d'un attribut en même temps que celle de l'existence.

D. *Quelle en est la signification?*

R. *Tomber*, se dit des corps terrestres que leur poids entraîne à terre. — *Couler*, se dit des liquides descendant une pente par l'effet de leur pesanteur. — *Éclairer*, jeter de la lumière, de la clarté. — *Jaillir*, se dit d'un liquide sortant avec force de la terre et s'élevant à une certaine hauteur. — *Glacer*, refroidir au degré de la glace. — *Obscurcir*, rendre obscur, priver de lumière, de clarté. — *Fondre*, devenir liquide par l'effet de la chaleur — *Brûler*, se dit de l'action du feu et de toute action analogue. — *Scintiller*, briller avec un éclat agité comme celui des étoiles.

D. *Donnez à chacun de ces verbes un sujet.*

R. La grêle tombe. — Le ruisseau coule. — Le soleil éclaire. — La source jaillit. — L'hiver glace. — Le nuage obscurcit. — Le feu fond. — La foudre brûle. — L'étoile scintille.

D. *Joignez des verbes attributifs aux sujets suivants : Le plomb. La rosée. La brise. Le calorique. La terre. Le nombre.*

R. Le plomb pèse. — La rosée mouille. — La bise refroidit. — Le calorique dilate. — La terre tourne. — Le nombre diminue.

V.

D. *Analysez logiquement chacune des propositions formées par ces verbes et leurs sujets.*

R. La grêle tombe. (suj. *la grêle*; verb. *est*; attr. *tombant*). — Le ruisseau coule. (suj. *le ruisseau*; verb. *est*; attr. *coulant*. — Le soleil éclaire. (suj. *le soleil*; verb. *est*; attr. *éclairant*).

(Et ainsi de suite pour toutes les autres).

VI.

D. *Parmi les verbes attributifs, citez-en dont l'action puisse se porter sur un objet ou complément direct.*

R. Éclairer. Glacer. Obscurcir. [...] Brûler. Mouiller. Refroidir. Dilater. [...]

D. *Cherchez, à chacun de ces verbes précédés de leur sujet, un objet sur lequel puisse se porter l'action.*

R. Le soleil éclaire la terre [...] glace le lac. — Le nuage obscur[cit...] Le feu fond le plomb. — La [...] rocher. — La rosée mouille la pierre [...] bise refroidit l'air. — La chaleur [...] corps.

D. *Citez des exemples de verbes s'employant tantôt avec un objet, tantôt sans objet.*

R. Le cuivre fond. Le feu fond le [...] La houille brûle. La foudre brûle le [...] Le soleil éclaire. Le soleil éclaire la terre.

D. *Faites, des substantifs : lune, vallée, fer, sel, distance, lumière, l'objet ou complément direct de verbes attributifs.*

R. Le soleil éclipse la lune. — La rivière inonde la vallée. — Le feu rougit le [fer]. — L'eau dissout le sel. — Le compas [mesure la] distance. — Le miroir réfléchit la lumière.

D. *Analysez logiquement les propositions où le verbe attributif est suivi d'un objet ou complément direct, et indiquez le rôle logique que cet objet y remplit.*

R. Le complément direct ou [objet est le] complément logique de l'attribut [...et forme] l'attribut complexe dans ces propositions [...]

Le soleil éclaire la terre. (suj. le soleil; verb. est; attr. complex. éclairant la terre. — La gelée glace le lac. (suj. la gelée; verb. est; attr. complex. glaçant le lac). — Le nuage obscurcit le jour. (suj. le nuage; verb. est; attr. complex. obscurcissant le jour).

(Et ainsi de suite pour les autres.)

D. *Donnez quelques exemples où le sujet soit au pluriel.*

R. Les astres éclairent l'espace. — Les nuages obscurcissent le jour. — Les compas mesurent la distance. — Les miroirs réfléchissent la lumière.

D. *Qu'observez-vous, pour le verbe, dans ces propositions?*

R. Il prend la marque du pluriel, comme nous l'avons vu pour le verbe substantif être.

VII.

D. *Donnez la forme passive à toutes les propositions ci-dessus.*

R. La terre est éclairée par le soleil. — Le lac est glacé par la gelée. — Le jour est obscurci par le nuage. — La pierre est mouillée par la rosée, etc.

D. *Comment s'analysent logiquement ces propositions passives?*

R. L'objet ou *complément direct*, qui n'était qu'un complément dans la proposition active, devient sujet de la proposition passive, et le sujet de la proposition active devient complément de l'attribut, à l'aide de la préposition *par*.

D. Comment appelle-t-on les verbes qui prennent un complément direct et peuvent être tournés au passif?

R. On les appelle *transitifs*. Ceux qui ne prennent pas de complément direct s'appellent *intransitifs*. On appelle aussi les verbes transitifs *verbes actifs*, et les verbes intransitifs *verbes neutres*, mais ces dénominations sont moins justes que les premières.

(On formera aussi avec les verbes attributifs, employés activement ou passivement, des propositions *négatives* et *interrogatives*, qui seront analysées.)

On pourra présenter certaines questions sous une forme plus rapide, en laissant simplement en blanc, dans une proposition ou partie de proposition qu'on donne à l'élève, un ou plusieurs mots qu'il doit remplir lui-même. Cette forme expéditive, employée avec succès par plusieurs auteurs, convient surtout lorsqu'on s'est déjà appesanti suffisamment sur l'objet des questions, et qu'on veut beaucoup d'exemples en peu de temps. En voici quelques variétés, prises dans les questions ci-dessus.

L... étoile.	*L'*étoile.
L... mer.	*La* mer.
L... terrain.	*Le* terrain.
La lumière de l'...	La lumière de l'*étoile*
L'immensité de la...	L'immensité de la *mer*.
La rouille du...	La rouille du *fer*.
Le... solaire.	Le *rayon* solaire.
L'... brumeux.	L'*air* brumeux
L'... proportionnelle.	L'*étendue* proportionnelle
Le fer est un...	Le fer est un *métal*
L'écliptique est l'orbite de ..	L'écliptique est l'orbite de *la terre*.
Le vert-de-gris est un ..	Le vert-de-gris est un *sel de cuivre*.
L'air n'est pas un...	L'air n'est pas un *élément*.
Le diamant n'est pas...	Le diamant n'est pas *incombustible*.
La... est-elle plane? — Non	La *terre* est-elle plane? — Non.
Le... pèse.	Le *plomb* pèse.
Le feu... le cuivre.	Le feu *fond* le cuivre.
Le miroir réfléchit la...	Le miroir réfléchit la *lumière*.
Le lac est... par la gelée.	Le lac est *glacé* par la gelée.
Le jour est obscurci par le..	Le jour est obscurci par le *nuage*.

(En se renfermant, comme nous l'avons fait, dans les limites de l'ordre physique, on se trouve parfois un peu gêné pour le choix des mots, surtout des adjectifs et des verbes. Mais cette difficulté a ses avantages, en ce sens qu'elle oblige à rechercher soigneusement tout ce qui appartient à cet ordre, et à en saisir exactement les caractères. Le champ des exercices, on le comprend, s'élargira promptement à mesure que nous avancerons dans l'étude de la nature, un grand nombre de mots tirés de l'ordre physique trouvant des emplois variés, lorsqu'on les associe aux termes qui appartiennent aux autres ordres.)

Ici vient se placer naturellement l'analyse grammaticale des propositions construites. Pour faire cette analyse, il suffira de mentionner, outre l'espèce de mots, le genre et le nombre des noms et des adjectifs. Pour les verbes, on n'aura que le nombre à signaler, puisque les notions de temps, de modes et de personnes ne doivent être présentées que plus loin. On fera la différence du sujet grammatical et du sujet logique. Parmi les verbes attributifs, on distinguera ceux qui ont un *terme* ou *complément direct*, de ceux qui n'en ont pas.

VIII.

D. *Citez des mots en rapport de dérivation avec :* son, angle, rond, chaud, raide, terre, mare, ruisseau.

R. Son, sonore, sonorité, [illegible] — Angle, anguleux, angula[ire], [rec]tangle, rectangulaire, etc. — Rond, rondeur, arrondir, arrondi. — [illegible] chauffer, échauffer, réchauff[er], [...]deur, raidir. — Terre, terrain, [...]tre, enterrer, déterrer. — Mare, [maré]cage, marécageux. — Ruisseau [illegible]

D. *Cherchez, dans l'ordre physique, d'autres mots qui présentent un certain nombre de dérivés.*

R. Nombre. Froid. [illegible] Éclat. Bruit. Obscur.

IX.

D. *Distinguez, parmi les noms suivants :* planète, attraction, inertie, grêlon, dissolution, colline, caillou, symétrie, rapport, flamme, *ceux qui désignent des êtres réels, de ceux qui n'expriment qu'une vue de l'esprit sur les qualités, les actes, les états, les rapports des êtres, et sont appelés abstraits.*

R. Noms d'objets réels : [planète], colline, caillou, flamme.

Noms abstraits : *attraction* (prop[riété de] [...]rer les corps) ; *inertie* (état de ce [...] de ce qui n'agit pas par soi-même) ; [dissolution] (action de dissoudre) ; *symétrie* ([...] figure *symétrique*, c'est-à-dire [...] moitiés, semblables en sens [opposé] [...] se replier exactement l'une sur l'au[tre] [illegible]

D. *Citez un certain nombre de noms d'objets réels.*

R. Cylindre. Chaux. [illegible] Brouillard. Étoile.

D. *Citez un certain nombre de noms abstraits.*

R. Astronomie. Flux. Pétrification. Mouvement. Fusion. Tintement. Rapport. [illegible]

X.

D. *Citez des mots, de l'ordre physique, qui sont souvent employés dans un sens figuré ; donnez des exemples du sens propre et du sens figuré.*

R. Lumière. Force. Clair. Obscur. [illegible] Solide. Sombre. Noir. Glace. Glacé. [illegible] Droit. Tortueux. Dur. Mou. Murmurer. [Jaune]. Peser. Abaisser. Élever. Électriser. [Refroidir]. etc. Exemples : *un jour obscur, un discours obscur ;* — *un métal mou, un caractère mou ;* — *une eau glacée, une parole glacée ;* — *la force de l'aimant, la force du raisonnement ;* *refroidir l'air, refroidir le sentiment ;* etc.

XI.

D. Donnez quelques exemples de noms propres, tirés de l'ordre physique.

R. Le Soleil. Sirius. L'Europe. Le Nil. La mer Noire. (La cosmographie, et surtout la géographie, donnent ici une ample matière, qu'il sera aisé d'exploiter.)

D. Donnez quelques exemples de noms collectifs, tirés également de l'ordre physique.

R. Archipel. Nombre. Dizaine. Constellation. Pléiade.

II. DE LA VIE ORGANIQUE.

82. Nous n'avons encore considéré que la matière brute : et déjà nous avons vu abonder les êtres, les attributs, les actes ; déjà la grandeur de la création s'est déployée devant nous. En considérant la nature organique, nous verrons apparaître comme une création nouvelle, avec une multitude d'êtres, d'attributs et d'actes nouveaux.

83. Les corps qui se nourrissent sont composés d'*organes*, qui élaborent les matériaux dont ils vivent, et les font entrer en eux pour les rejeter après qu'ils ont servi. L'ensemble des organes d'un corps s'appelle son *organisme*. Dans les *végétaux*, l'organisme absorbe, par les racines, les matériaux que contient le sol et que charrient les eaux. Ces matériaux absorbés circulent dans des vaisseaux, et forment la *sève* ou *suc nourricier*, qui, recevant l'influence vivifiante de l'air dans les feuilles où les vaisseaux se ramifient, redescend ensuite pour nourrir le végétal. Dans les animaux inférieurs, le corps entier n'est qu'une membrane, formant une sorte de sac, de vésicule, de *cellule* ou de tube, qui, vivant dans l'eau, absorbe par des pores les éléments nutritifs que l'eau contient.

84. Les animaux supérieurs possèdent un *intestin*, ayant pour ouverture une *bouche*, et dans lequel les aliments s'élaborent pour, de là, être absorbés et portés dans le *sang*, qui est aux animaux ce que la sève est aux végétaux, le fluide nutritif.

85. Le sang des animaux, comme la sève des végétaux, a besoin d'être mis en contact avec l'air pour être revivifié ; c'est ce qu'on appelle la *respiration*, qui a lieu chez les animaux supérieurs par des *poumons*, chez les poissons par des *branchies*, et chez les insectes par des *trachées*.

86. Chez les animaux supérieurs, il y a deux ordres de vaisseaux pour la circulation du sang : les *veines* et les *artères*, se réunissant au *cœur*, organe central de la circulation, où les veines apportent le sang et d'où les artères l'emportent.

87. Parmi les principaux organes qui servent à l'entretien de la vie, nous devons encore mentionner les *glandes*, lesquelles donnent naissance à divers fluides, tels que la *salive* et la *bile*, qui aident à la digestion. La plus considérable des glandes est le *foie*, où se forme la *bile*. Les *reins*, que l'on appelle aussi *rognons* chez les animaux, sont des glandes qui séparent du sang un liquide appelé *urine*, lequel est expulsé du corps après avoir séjourné dans un réservoir qu'on nomme *vessie*.

Les végétaux ont aussi des glandes, où se produisent différents sucs. Telles sont celles qui se trouvent dans l'écorce des oranges et des citrons, ainsi que dans les feuilles de certaines plantes aromatiques, telles que la menthe et la mélisse, et qui donnent les *essences* ou *huiles essentielles* de ces divers végétaux.

88. La science qui traite des fonctions des organes, s'appelle *physiologie;* elle comprend à la fois la vie des plantes et celle des animaux considérés comme organismes. La science qui s'occupe particulièrement des végétaux s'appelle *botanique*. Nous en donnerons ici une idée, et nous compléterons plus loin, en parlant de la vie *animale* ou de *relation*, ce qui concerne les animaux.

89. Le végétal, envisagé dans son état le plus complet, comprend la *racine*, qui le fixe au sol et y puise les matériaux dont il s'alimente ; la *tige*, dans laquelle la sève monte et descend ; les *feuilles*, où elle reçoit l'influence de l'air qui la vivifie ; et les *fleurs*, donnant naissance aux fruits et aux semences, qui reproduisent le végétal. L'enveloppe brillante de la fleur s'appelle *corolle;* l'enveloppe verte extérieure à la corolle s'appelle *calice*. Les pièces de la corolle s'appellent *pétales;* celles du calice, *sépales*. Les parties intérieures et les plus essentielles de la fleur, sont les *étamines* et le *pistil*.

90. Les plantes ont été divisées en *familles naturelles*, et celles-ci rangées par *classes*, dont les noms n'appartiennent pas au langage usuel. Nous les présenterons ici en deux divisions : celles qui ont des fleurs, et celles qui n'en ont pas.

91. Ces dernières sont les moins nombreuses et les moins remarquables à l'œil, quoique très-intéressantes pour la science. Les *mousses*, les *fougères*, la *prêle*, le *lycopode*, et les plantes marines appelées *algues*, *conferves*, *varechs*, appartiennent à cette division. Il en est de même des *champignons*, dont la *morille*, le *bolet*, l'*amadou*, l'*agaric*, l'*oronge*, la *truffe*, les *moisissures* et les *byssus* que l'humidité développe, sont des espèces diverses. Mentionnons encore le *lichen*, qui fournit, dans les régions polaires, une matière alimentaire abondante pour les animaux et même pour l'homme, et dont certaines espèces, sous le nom d'*orseille*, sont employées en teinture.

92. Les plantes qui portent des fleurs se divisent en deux grands ordres, appelés *monocotylédons* et *dicotylédons*. Ces noms, il est vrai, ne sont guère employés dans le langage usuel ; cependant il est essentiel de les connaître, tant est grande, même à l'extérieur, la différence des caractères auxquels ils s'appliquent. Ainsi, dans les monocotylédons, nous trouvons le *blé* et les autres *graminées*, le *lys* et les divers *ognons*, l'*asperge* et divers arbres des pays chauds tels que les *palmiers*, dont les feuilles, très-étendues et à nervures parallèles, partent du tronc. Dans les dicotylédons, au contraire, outre les caractères intérieurs qui leur ont fait donner ce nom, on voit les feuilles, présentant des nervures diversement ramifiées, partir de branches aussi ramifiées. Nous trouvons, dans cet ordre, le *chêne*, l'*orme*, le *peuplier*, et en général tous les arbres de nos climats, ainsi que de nombreuses plantes, telles que le *fraisier*, le *pissenlit*, le *pavot*, l'*œillet*, etc.

93. Les familles végétales sont très-nombreuses. En voici les principales et les plus connues :

a. Parmi les monocotylédons :

Les GRAMINÉES, famille importante où l'on trouve le *blé*, le *seigle*, le *riz*, le *maïs* ou *blé de Turquie*, le *millet*, l'*orge*, l'*avoine*, le *paturin*, l'*ivraie*, le *chiendent*, le *roseau*, le

'.ambou, la *canne-à-sucre*, etc. La meilleure espèce de blé s'appelle *froment*. Le *méteil* est un mélange de froment et de seigle semés ensemble.

Les LILIACÉES, dont le *lis* est le type, et qui comprennent les belles fleurs appelées *couronne impériale, jacinthe, tubéreuse, tulipe, hémérocalle*; l'*asphodèle*, que les anciens plaçaient autour des tombeaux; l'*ananas*, au fruit suave; l'*aloès*, dont le suc amer est employé en médecine, et les légumes appelés *ail, ognon, échalotte, porreau*.

Les ASPARAGINÉES, ayant pour type l'*asperge*, et où nous trouvons le *muguet*, la *parisette*, la plante qui fournit la résine appelée *sang-dragon*, et les plantes sudorifiques nommées *squine* et *salsepareille*.

Les PALMIERS, arbres au port élégant, parmi lesquels on distingue le *dattier*, dont le fruit, appelé *datte*, est suave et rafraîchissant; le *cocotier*, qui produit la *noix de coco*; l'*arec*, dont l'amande, préparée, donne le *bétel*, que mâchent les orientaux; le *sagou*, qui fournit une excellente fécule.

Les ORCHIDÉES, famille où l'on trouve la *vanille*, la jolie fleur appelée *cypripède* ou *sabot de Vénus*, et qui a pour type l'*orchis*, belle plante dont une espèce produit la fécule appelée *salep*.

Les IRIDÉES, dont l'*iris* est le type, et parmi lesquelles on trouve le *safran*, si précieux pour la teinture, et le *glaïeul*.

Les NARCISSÉES, comprenant le *narcisse*, la *jonquille*, la *perce-neige*, etc.

b. Parmi les dicotylédons :

Les RENONCULACÉES, plantes remarquables par leurs fleurs, mais qui contiennent, pour la plupart, des sucs irritants et dangereux : à cette famille appartiennent l'*anémone*, la *pivoine*, la *dauphinelle* ou *pied-d'alouette*, l'*ancolie*, la *renoncule*, la *clématite*, l'*aconit*, l'*hellébore*, etc.

Les CRUCIFÈRES, ainsi nommées à cause de leurs quatre pétales disposés en croix. Les plantes de cette famille se font remarquer, en général, par un suc piquant, analogue à celui du cresson. Nous citerons, parmi elles, la *moutarde*, la *rave*, le *radis*, le *raifort*, le *cresson*, les différentes espèces de *chou* (*cabus, chou-fleur, brocoli, colza, navet*); la *caméline*, dont les graines donnent de l'huile et dont les tiges servent à faire des balais; la *giroflée*, au parfum suave; la *julienne*, dont une variété, sous le nom de *damas*, offre des fleurs d'un blanc si éclatant ; le *pastel*, précieux pour la teinture en bleu, etc.

Les CARYOPHYLLÉES, comprenant un grand nombre de fleurs gracieuses, parmi lesquelles nous citerons l'*œillet*, la *saponaire*, la *stellaire*, l'*alsine*, la *sabline* et autres petites fleurs des champs.

Les MALVACÉES, qui tirent leur nom de la *mauve* (*malva*), et qui comprennent, en même temps, le *baobab*, le plus gigantesque de tous les arbres. On trouve, dans cette famille, la *guimauve* ou *althéa*, et l'*alcée* ou *rose trémière*, ornement des jardins. Le *cacaoyer* et le *cotonnier* y appartiennent également.

Les TÉRÉBINTHACÉES, comprenant le *térébinthe*, qui a donné son nom à la *térébenthine*, quoiqu'on extraie encore cette résine d'autres arbres ; le *lentisque*, qui donne la précieuse résine appelée *mastic* ; l'*acajou*, renommé dans l'ébénisterie ; le *pistachier* ; le *sumac*, dont une espèce, cultivée dans nos jardins, présente de beaux pompons rouges ; et divers autres arbres au port élégant.

Les LÉGUMINEUSES, famille très-nombreuse, comprenant à la fois de petites plantes et de grands arbres, dont les fleurs se reconnaissent aisément à leur forme, que l'on a comparée à celle d'un papillon ; de là le nom de *papilionacées*, donné aussi à cette famille. Nous citerons, parmi les papilionacées, le *genêt*, le *cytise*, le *lupin* ou *pois-chiche*, l'*arrête-bœuf*, le *mélilot*, le *trèfle*, la *luzerne*, la *réglisse*, le *baguenaudier*, le *sainfoin*, le *haricot*, le *pois*, la *fève*, la *vesce*, la *lentille*, l'*indigotier*, la *sensitive*, l'*acacia*, le *mimosa*, la *casse*, le *séné*, le *tamarin*, etc.

Les ROSACÉES, famille des plus nombreuses et des plus importantes, à laquelle appartiennent, non-seulement les différentes espèces de *rosiers*, mais encore un grand nombre d'arbres fruitiers et une foule de plantes de toute grandeur. Nous citerons, parmi les rosacées, l'*amandier*, le *pêcher*, les différentes espèces de *pruniers*, l'*abricotier*, le *laurier-cerise*, le *cerisier*, le *mérisier* ; la *ronce*, dont le *framboisier* est une variété ; le *fraisier*, l'*argentine*, l'*églantier* et tous les rosiers, les *pommiers*, les *poiriers*, le *coignassier*, le *sorbier*, le *cormier*, l'*alisier*, l'*aubépine*, le *buisson-ardent*, le *néflier*, etc.

Les CUCURBITACÉES, plantes rampantes, remarquables par

l'énormité de leurs fruits, que l'on a comparés [illegible] à une cu-
bite ou chaudron. La *citrouille*, le *melon*, le [illegible]
melon d'eau, le *potiron*, la *calebasse*, la coloquinte, le con-
combre, appartiennent à cette famille. Le [illegible] n'est
autre chose que le fruit du concombre, non [illegible]
et confit dans le vinaigre.

Les OMBELLIFÈRES, famille très-nombreuse, [illegible] par
la disposition de ses fleurs en *ombelles* ou [illegible] nous
trouvons le *persil* et le *cerfeuil*, si employés dans [illegible];
la *ciguë*, plante vénéneuse que sa ressemblance [illegible]
rend très-dangereuse; l'*anis*, le *fenouil*, le *corian-*
dre, aux semences aromatiques si connues; l'a[illegible]
livèche, l'*ache*, dont le *céleri* est une variété [illegible]
carotte et le *panais*, remarquables par leur riches[illegible]
l'*asa-fœtida*, plante orientale renommée par [illegible]
odeur et ses propriétés médicinales, etc.

Les RUBIACÉES, qui tirent leur nom de *ro*[illegible].
Outre cette plante, si utile à la teinture, on y [illegible]
quinquina, l'*ipécacuanha*, médicaments précieux; [illegible]
qui produit le *café*, l'*aspérule odorante*, qu'on [illegible]
muguet; le *grateron*, la *croisette*, etc. Le *gui*, [illegible] parasite qui se développe sur l'écorce des arbres, et qui [illegible]
honneur chez les anciens Gaulois, appartient à une [illegible]
voisine de celle-ci.

Les CAPRIFOLIÉES, dont le *chèvrefeuille*, [illegible]
le type, et qui comprennent le *sureau*, le cornouiller, le
lierre, la *boule-de-neige*, le *laurier-tin*, etc.

Les SYNANTHÉRÉES ou COMPOSÉES, l'une des familles les plus
nombreuses, remarquable en ce que chaque fleur se compose
d'une multitude de petites fleurs appelées *fleurons* et *demi-*
fleurons, implantées sur un réceptacle commun. Parmi ces
plantes, très-reconnaissables, on remarque la camomille, la
pâquerette, le *souci*, le *pissenlit*, la *chicorée*, dont [illegible] et
l'*escarole* sont des variétés; la *laitue*, le *laiteron*, le [illegible]
çon, la *cinéraire*, le *salsifis*, la *scorsonnère*, le chry[illegible]
thème, la *reine-marguerite*, le *dahlia*, l'*aunée*, le topina[illegible]
bour, l'*hélianthe grand-soleil*, appelé aussi *tourn*[illegible]
l'*immortelle*, l'*armoise*, l'*absinthe*, la *tanaisie*, l'*estragon*, le
chardon, l'*acanthe*, le *carthame*, la *centaurée*, le *bluet*,
l'*artichaut*. — Près de cette famille, on remarque celle des
dipsacées, qui en diffère peu, et où se trouve la *scabieuse*
(*dipsacus*), dont la fleur est cultivée dans nos jardins.

Les JASMINÉES, qui comprennent, outre les différents jasmins et *lilas*, l'*olivier*, si précieux par l'huile qu'on extrait de ses fruits; le *frêne*, bel arbre dont le bois est si utile et dont une espèce produit la *manne*; le *troëne*, qui sert à faire de jolies haies.

Les APOCYNÉES, famille qui comprend certaines plantes très-vénéneuses, telles que la *noix vomique* et l'*upas*. Le *laurier-rose* ou *oléandre*, la *pervenche* et l'*asclépiade* appartiennent aussi à cette famille.

Les BORRAGINÉES, dont la *bourrache* est le type, et parmi lesquelles nous citerons l'*héliotrope*, le *myosotis*, le *cynoglosse*, la *buglosse* et la *consoude*.

Les SOLANÉES, famille remarquable où l'on trouve le *tabac*, le *bouillon-blanc*, la *morelle*, la *pomme de terre*, la *douce-amère*, la *jusquiame*, la *stramoine* ou *pomme-épineuse*, la *belladone*, la *mandragore*, la *tomate*, le *coqueret* ou *physalis*. Un certain nombre de ces plantes sont vénéneuses, mais utiles en médecine lorsqu'on les emploie convenablement : telles sont la *belladone*, la *stramoine* et la *jusquiame*.

Les LABIÉES, plantes pour la plupart aromatiques, parmi lesquelles nous remarquons le *romarin*, la *sauge*, la *sarriette*, l'*hyssope*, la *lavande*, la *menthe*, la *mélisse*, le *thym*, l'*origan*, la *marjolaine*, le *serpolet*, le *basilic*, etc.

Les SCROFULARIÉES, remarquables en général par leur corolle en mufle ou en doigt de gant. Le *muflier*, la *digitale*, la *scrofulaire*, la *véronique*, appartiennent à cette famille.

Les POLYGONÉES, peu brillantes par leurs fleurs, mais comprenant plusieurs plantes utiles, telles que l'*oseille*, la *rhubarbe*, la *patience* et la *renouée*, dont une espèce produit le *sarrasin*. L'*épinard*, la *bette* et la *betterave*, appartiennent à une famille voisine, celle des *atriplicées*.

Les LAURINÉES, plantes élégantes et aromatiques, parmi lesquelles nous trouvons le *laurier*, le *camphrier*, le *cannellier* et le *muscadier*, qui produit la *noix muscade*. Ce qu'on appelle *macis*, est une sorte d'enveloppe extérieure de la noix muscade. La *cannelle* est l'écorce du cannellier; le *camphre* est une sorte d'essence solide, que l'on retire du camphrier par la distillation de son bois.

Les EUPHORBIACÉES, remarquables par le suc laiteux et irritant que fournissent la plupart d'entre elles; et que chacun de nous a pu observer dans la petite plante appelée

réveille-matin. Outre les différents *euphorbes* [illegible]
comprend le *ricin*, dont l'huile purgative est [illegible]
manioc, qui fournit la *cassave* et le *tapioca* [illegible]
tournesol, qui donne le *bleu de Hollande*; [illegible]
produit la *gomme laque*.

Les URTICÉES, famille où l'on trouve à la [illegible]
chanvre, le *houblon*, le *mûrier*, le *figuier* et le [illegible]

Les AMENTACÉES, grande famille où l'on trou[illegible]
des grands arbres de nos forêts. On la divise en [illegible]
les *salicinées*, dont le nom vient de *salix*, [illegible]
prennent, outre cet arbre si répandu, le *peupl[illegible]*
bois-blanc et le *tremble* sont des variétés; les *b[illegible]*
prenant l'*aulne* et le *bouleau* (*betula*); les *q[illegible]*
lesquelles se trouvent le *chêne* (*quercus*), le *ch[illegible]*
drier ou *noisetier*, le *châtaignier*, le *hêtre* [illegible]
L'*yeuse* et le *liége* sont des espèces de chêne. [illegible]
encore cette tribu *cupulifères*, parce que leur fru[illegible]
au *gland* du chêne, se trouve contenu dans [illegible]
petite coupe ou *cupule*. Le fruit du hêtre s'appel[illegible]
forme est triangulaire; on en retire une hui[illegible]
manger.

Les CONIFÈRES, famille qui se distingue de toutes les [illegible]
par son feuillage toujours vert. On remarque, parmi l[illegible]
fères, le *pin*, le *sapin*, le *mélèze*, le *cèdre*, le *genév[illegible]*
cyprès. Non-seulement ces arbres sont remarquables par leur
beauté, mais encore ils fournissent de la résine et un bois
très-estimé pour divers ouvrages. Le *cyprès*, à cause de la
teinte sombre de son feuillage, était planté par les anciens
autour des tombeaux.

Nous devons mentionner encore un certain nombre de
végétaux très-connus, quoique les familles auxquelles ils
appartiennent aient moins d'importance que celles cité[illegible]
plus haut.

Ainsi, le *marronnier d'Inde*, cet arbre magnifique qui
fait l'ornement des grands jardins, donne son nom latin aux
hippocastanées; le gracieux *tilleul* donne le sien aux *tiliacées*;
l'*érable* (*acer*), aux *acérinées*; l'*orme* (*ulmus*), aux *ulmacées*;
le *noyer* (*juglans*), aux *juglandées*. Le *fusain* et la *bourdaine*,
dont le bois donne un excellent charbon, appartiennent aux
célastrinées et aux *rhamnées*, voisines des térébinthacées. Les

rhamnées comprennent aussi le *nerprun*, aux fruits purgatifs, et le *jujube*, aux fruits adoucissants.

La *vigne*, cette plante si renommée, appartient aux *ampélidées* ou *vinifères*, famille près de laquelle se trouve celle des *berbéridées*, qui tire son nom du *berberis* ou *épine vinette*. La famille des *hespéridées* comprend le *citronnier* et l'*oranger*, dont les fruits ont été comparés à des pommes d'or. Le *limon* est une espèce de citron ; la *bergamote* et la *bigarade* sont des variétés d'oranges. Le *myrte*, le *giroflier* et le *grenadier* appartiennent aux *myrtées ;* il en est de même du *syringa*, dont l'odeur est si pénétrante. Le *groseillier*, dont le *cassis* est une variété, appartient aux *grossulariées*.

Le *pavot*, connu par ses propriétés narcotiques, et dont le *coquelicot* est une variété, donne son nom latin à la famille des *papavéracées*, famille à laquelle appartient aussi la *chélidoine* ou *grande éclaire*, dont le suc jaune cautérise la peau. Près des papavéracées se trouvent les *fumariacées*, dont le nom vient de la *fumeterre*, cette jolie petite plante des champs, aux feuilles si mignonnes, dont les fleurs forment une sorte d'épi rosé, et qui est parfois employée en tisane.

La *violette*, dont la *pensée* est une espèce, donne son nom au *violariées ;* le *réséda* donne le sien aux *résédacées ;* la *primevère* aux *primulacées ;* la *campanule* ou *clochette*, aux *campanulacées*. L'*érica* ou *bruyère*, l'*amaranthe*, la *balsamine*, la *capucine* ou *tropœolum*, et le *geranium*, donnent le leur aux *éricinées*, aux *amaranthacées*, aux *balsaminées*, aux *tropœolées*, aux *géraniacées*. De même, la *gentiane* et la *valériane*, plantes médicinales, et le légume appelé *pourpier*, en latin *portulaca*, donnent leur nom aux *gentianées*, aux *valérianées*, aux *portulacées*. La plante appelée *mâche* ou *doucette*, qu'on mange en salade, appartient aux valérianées.

Le *liseron*, cette jolie fleur en entonnoir qu'on rencontre dans les champs et le long des haies, et dont la *belle-de-jour* est une variété, donne son nom latin aux *convolvulacées*, ainsi nommées parce qu'elles s'enroulent en spirale autour d'autres plantes. Le purgatif appelé *jalap*, qui croît au Mexique, appartient à cette famille.

Les plantes grasses appelées *cactus*, dont une espèce, le *nopal*, nourrit la *cochenille*, insecte précieux pour la teinture, forment la famille des *cactées* ou *nopalées*. Près de cette famille, nous trouvons celle des *crassulacées*, à laquelle appartiennent l'*orpin* et la *joubarbe*, plantes qui croissent sur les murs et sur les toits. Le *saxifrage*, autre plante grasse, dont le nom exprime qu'elle fend les rochers par sa croissance, donne son nom aux *saxifragées*, famille à laquelle appartiennent les jolies plantes appelées *passe-peintre* et *gazon d'Angleterre*.

Nous pourrions citer encore bien des végétaux intéressants; mais ce qui précède suffit déjà pour donner une idée du règne végétal, et de l'utilité de son classement en familles naturelles, classement qui permet de retrouver, de mettre à leur place tant d'espèces diverses, et de saisir l'harmonie qui existe dans la nature.

94. Les corps organisés se nourrissent les uns des autres. Ainsi, les végétaux deviennent l'aliment des animaux et de l'homme. Certains animaux servent de nourriture à d'autres animaux et à l'homme, et les débris de tous les corps organiques que la vie a quittés, ainsi que tous les résidus de la nutrition qui sont rejetés au dehors, servent à nourrir le règne végétal, en donnant l'*engrais* qui fertilise la terre. Le *fumier* des animaux domestiques est surtout employé à cet usage.

C'est par les *détritus* accumulés des divers corps organiques. mêlés à certains éléments terreux dont les principaux sont l'argile, le sable et les sels de chaux, que se forme la terre végétale ou *humus*, constituant le *sol*, dont les qualités varient, non seulement par sa composition mais encore par son exposition. Les qualités végétatives du sol varient aussi d'après la structure des couches qui sont au-dessous, et qu'on appelle le *sous-sol*. L'abondance et la disposition plus ou moins heureuse des cours d'eau influe également sur ces qualités.

95. L'homme, par son travail, modifie de telle sorte les conditions du sol, des végétaux et des animaux, qu'ils concourent à s'améliorer réciproquement. Ainsi, il élève du *bétail*, qui lui donne l'engrais des terres. Pour nourrir ce bétail, il crée des *prairies*, *prés*, *pâtures*, *pâturages*, quand la nature ne lui en donne point, et cultive les diverses *plantes fourragères*. C'est cet ensemble de soins qui constitue la *culture*, par laquelle l'homme se rend en quelque sorte maître de la nature organique, comme il se rend maître de la

na'ure physique par le calcul. Grâce à la culture, il fait concourir toutes les nutritions du règne organique à sa propre nutrition ; et, en appelant les forces de la nature physique à son aide dans les différentes parties de ce travail, il donne à ces dernières une utilité nouvelle.

96. Les différentes contrées du globe sont diversement partagées quant aux richesses de la végétation ; et l'étude de leurs productions végétales donne lieu à une seconde description de la terre, qu'on peut appeler *géographie botanique*. Les climats chauds offrent en général une végétation puissante, et on y trouve les sucs les plus riches, les arômes les plus exquis. Le sucre, la cannelle, la vanille, la muscade, le poivre, le gingembre, le café, le cocotier, appartiennent aux climats les plus chauds. Dans des pays où règne une chaleur plus douce, on trouve l'oranger, le grenadier, le citronnier, l'olivier, et les vignes dont le raisin donne un vin très-alcoolisé. Les climats tempérés produisent une multitude de fruits à noyaux et à pepins, une variété immense de légumes, d'herbes, de plantes fourragères, et des vins moins riches en alcool. Dans le nord, on récolte le houblon, le lin, les plantes oléagineuses. Grâce à la culture et au croisement des espèces, certaines régions produisent avec abondance ce que la nature semblait leur avoir refusé d'abord. Les céréales abondent à la fois dans des contrées chaudes, tempérées et même froides ; des fruits venus de l'Orient et acclimatés chez nous, donnent d'excellents produits ; la soie, originaire de la Chine et de l'Inde, enrichit les contrées méridionales de l'Europe, où la culture du mûrier s'est développée, etc.

97. Les êtres de la nature organique, végétaux et animaux, fournissent à l'homme une multitude de substances qui ont reçu des noms particuliers, très-connus dans le langage usuel.

98. Ainsi, les arbres donnent le *bois*, qui sert à la construction des édifices, navires, meubles, instruments, etc. La partie extérieure et moins dure de l'arbre s'appelle *aubier*. Les bois les plus employés sont : le *chêne*, l'*acajou*, le *buis*, l'*ébène*, le *noyer*, le *cerisier*, le *sapin*, le *bois-blanc*. Il faut rapprocher des bois la *corne*, que fournissent le bœuf, le buffle, le cerf ; l'*écaille* de la tortue ; l'*ivoire* de l'éléphant et du rhino-

céros; la *baleine*, substance cornée qui se trouve dans la bouche du cétacé de ce nom.

99. Certains végétaux fournissent des matières à filer; tels sont le lin, le chanvre et le coton, qui donnent de la *filasse*, de la *bourre*, de l'*étoupe*, de la *ouate*. Les poils de certains animaux fournissent aussi des matières textiles, parmi lesquelles nous citerons la *laine* des moutons, surtout des *mérinos*; le poil de chèvre, notamment de certaines chèvres de *cachemire*. Le poil de vache sert à tisser certains tapis grossiers; la *soie*, donnée par une espèce de chenilles venues de l'Orient, est la plus précieuse des matières textiles.

100. La peau de certains animaux, notamment du buffle, du bœuf, du veau, du cheval, se transforme en *cuir* par l'action du *tan* ou écorce de chêne. La peau du mouton donne le *parchemin*; celle de l'âne sert à faire des tambours. Les peaux d'autres animaux, vivant à l'état sauvage, donnent les *fourrures*, qu'on emploie contre le froid.

101. La graine du blé réduite en poudre donne la *farine*, avec laquelle on fait le *pain*, principale nourriture de l'homme. Le seigle, l'orge, le riz, le maïs, le sarrazin, et les semences des plantes légumineuses telles que les pois, haricots, fèves, etc. donnent aussi des farines. Le *son* est l'écorce du grain séparée de la farine.

Les feuilles, les tiges et les racines de certains végétaux, cultivés convenablement, prennent le nom de *légumes*, et leur culture constitue ce qu'on appelle le *potager*.

102. La chair de certains animaux domestiques, tels que les ruminants et les oiseaux de basse-cour, donne ce qu'on appelle la *viande*, qui concourt avec le pain à former l'alimentation de l'homme.

103. La vache fournit le *lait*, d'où l'on tire le *beurre* et le *fromage*, et dont la partie la plus consistante s'appelle *crème*. Le lait de chèvre est aussi très-estimé. Celui d'ânesse est surtout utile aux personnes dont la poitrine est délicate.

104. Les œufs de certains oiseaux, notamment de la poule, sont aussi de précieux aliments; nous citerons encore ceux de dinde, de canard et de pigeon, comme utiles à l'économie domestique.

105. Les animaux sauvages dont la chair est bonne à manger, prennent le nom de *gibier*. Nous citerons comme les gibiers les plus estimés le *lièvre*, le *lapin*, le *chevreuil*, le *cerf*,

le *sanglier*, le *faisan*, le *perdreau*, la *grive*, la *bécasse*, la *bécassine*, la *gelinotte*, le *coq de bruyère*, l'*ortolan*, la *caille*, l'*alouette*, le *ralle*, la *sarcelle*, etc.

106. Les poissons comestibles se distinguent en poissons de mer et poissons d'eau douce. Nous mentionnerons, parmi les premiers, la *raie*, le *cabillaud*, la *morue*, l'*aiglefin*, le *hareng*, le *maquereau*, le *thon*, la *sardine*, la *plie*, le *turbot*, la *sole*, la *limande*; parmi ceux d'eau douce, la *carpe*, le *brochet*, la *perche*, la *truite*, l'*anguille*, le *goujon*.

Le *saumon* vient de la mer, et remonte les fleuves et rivières, où il s'engraisse et où on le pêche. D'autres poissons encore présentent cette particularité.

Certains mollusques, comme l'*huître* et la *moule*, constituent un très-bon aliment. Il en est de même de certains crustacés, tels que l'*écrevisse*, le *homard*, le *crabe*, la *crevette*.

107. Certains animaux ou végétaux fournissent des corps gras appelés *graisses* et *huiles*, suivant qu'ils sont solides ou liquides. Ainsi, le porc donne la graisse appelée *saindoux* ou *axonge*; le bœuf et le mouton, celle qu'on nomme *suif*. La *moelle* des os du bœuf donne un corps gras très-estimé pour certains usages. Le corps de la baleine donne une graisse huileuse très abondante; de plus, on retire de cavités situées dans la tête de ce cétacé, une matière graisseuse d'une qualité très-fine, appelée *blanc de baleine*. Le corps des autres cétacés donne aussi beaucoup de graisse. On retire du foie de certains poissons, notamment de la raie et de la morue, une huile employée à assouplir les cuirs, et qui sert aussi comme médicament. L'huile de *pied de bœuf* est la plus estimée pour graisser les rouages, à cause de sa finesse et de sa fluidité.

Des huiles sont extraites de l'*olive*, de la *faîne* ou fruit du hêtre, de la graine de pavot ou *œillette*, de celles du colza et du lin, de celle du chanvre ou *chenevis*. La graine du *ricin* donne une huile médicinale.

108. Les abeilles produisent la *cire*, sorte de matière consistante et onctueuse, qui sert à l'éclairage, au moulage, et entre dans diverses compositions.

Ces mêmes insectes donnent, de plus, le *miel*, matière alimentaire qui se rapproche du sucre.

109. Le *sucre* est fourni en abondance par une plante

américaine de la famille des graminées, qu'on appelle *canne à sucre*. Il se trouve aussi dans le suc de la betterave et de certains autres végétaux. On extrait un sucre particulier de tous les fruits sucrés.

110. Certains végétaux donnent en abondance un produit qu'on appelle *fécule*, et qui varie suivant les végétaux. Ainsi, le *sagou*, le *salep*, le *tapioka*, l'*arrow-root*, sont des fécules ayant chacune leurs qualités propres qui les font estimer. Les haricots, les pois et autres légumes de la même famille contiennent beaucoup de fécule; il en est de même de la pomme-de-terre. La fécule contenue dans la farine du blé y est combinée avec une matière appelée *gluten*, qui donne la cohésion au pain. Par divers procédés, on la sépare du gluten, et l'on a ce qu'on appelle l'*amidon*.

111. Nous devons encore mentionner, parmi les produits organiques, les *gommes*, les *essences*, les *baumes*, ainsi que les *résines*, auxquelles se rapportent la *poix*, le *goudron*, la *colophane*. Le *caoutchouc* et le *gutta-percha* sont des sucs appelés *gommo-résineux*. Mentionnons encore le *musc*, l'*ambre gris* et le *castoreum*, qui viennent de certains animaux. N'oublions pas l'*opium*, suc épaissi du pavot, très-employé en médecine, et qui contient plus de quinze substances différentes.

112. Nous venons de considérer les produits du règne organique tels que la nature nous les présente, et qui s'extraient avec peu d'art. Mais, de plus, certaines causes tendent à opérer dans ces produits des transformations appartenant à une chimie bien distincte de la chimie inorganique, dont nous avons parlé plus haut, et qu'on appelle *chimie organique*.

113. Il se développe des substances particulières appelées *ferments*, qui déterminent la transformation complète de certains produits organiques, et donnent naissance à des produits nouveaux très-remarquables.

Ainsi, chacun sait que le suc de raisin fermenté donne le *vin*, dont on extrait, par la distillation, l'*alcool* ou *esprit de vin*. Le vin renferme d'autant plus d'alcool, que le raisin contenait plus de sucre. On appelle *moût* le vin qui n'a pas encore fermenté, et *marc* le résidu des raisins dont on a extrait le suc; cette dernière expression s'emploie pour tous les résidus du même genre. Le *cidre* et le *poiré* se font avec le suc fermenté des pommes et des poires.

L'orge germée, et qui par là devient sucrée, donne la *bière*, qui fermente en vieillissant et contient aussi de l'alcool. L'orge préparée pour faire la bière, prend le nom de *malt* ou de *drèche*. La bière est rendue durable au moyen du houblon, plante amère de la famille des urticées. Le *genièvre* ou *eau-de-vie de grain*, s'obtient par la fermentation du seigle ; *l'arak* ou *rack*, par celle du riz. De toutes ces liqueurs on peut extraire l'alcool pur.

Tous les sucs sucrés peuvent donner naissance à des liqueurs alcooliques. C'est ainsi qu'on obtient le *rhum* par la fermentation de la canne à sucre ; *l'hydromel*, par celle du miel. On fabrique aussi de l'esprit avec des mélasses.

La fécule des grains se transforme, par la germination, en une substance sucrée qu'on appelle *dextrine*, et c'est ainsi qu'elle devient propre à fermenter.

Après la fermentation alcoolique des sucs sucrés, il peut se manifester une fermentation acide, qui donne le *vinaigre*.

114. Les corps gras, tels que les huiles et les graisses, mis en contact avec les alcalis, tels que la potasse et la soude, donnent naissance aux *savons*, mous s'ils ont pour base la potasse, durs s'ils ont pour base la soude.

115. En réduisant le bois, la paille, les chiffons de toile et de coton, à leur partie la plus résistante et la plus incorruptible, on a ce qu'on appelle le *ligneux*, qui constitue le *papier* et le *carton*.

116. Lorsqu'on brûle des matières organiques dans un appareil disposé de telle sorte que rien ne puisse se perdre, on obtient outre le *charbon* ou la *braise*, divers produits tels que le *goudron* et le *vinaigre de bois*. En brûlant le charbon lui-même jusqu'à extinction, on a ce qu'on appelle la *cendre*, contenant les matières inorganiques qui se trouvaient dans le corps organique soumis à la combustion. Le reste se volatilise sous forme de gaz.

La combustion peu vive donne ce qu'on appelle la *fumée*, qui se compose de gaz plus ou moins chargés de charbon qu'ils ont entraîné. La *suie* est le dépôt charbonneux que laisse la fumée dans les conduits où elle passe. On fabrique le *noir de fumée* en recueillant la suie de la combustion de l'huile ou de la résine. Quant au *noir d'ivoire*, c'est le charbon animal qui provient de la combustion des os.

117. Le bois d'anciennes forêts, englouties par les mouve-

ments des terrains, s'est altéré à la longue et a donné la
houille, le *graphite* ou *mine à crayon*, le *jais* et l'anthracite,
sorte de houille très-dure. Ce sont aussi, comme nous l'avons
dit plus haut, des substances organiques altérées, qui ont
donné naissance au *bitume*, au *naphte*, au *pétrole*, au succin
ou *ambre jaune*.

118. Nous venons de parcourir rapidement les principaux
produits organiques, naturels et artificiels. L'emploi de tous
doit être dirigé de telle sorte qu'ils aboutissent, en dernière
analyse, à favoriser le développement de l'organisme humain,
qui est le centre de toute la nature organique.

La nature a combiné si harmonieusement le jeu des organismes, que la respiration des végétaux purifie l'air vicié par celle
des animaux; que les végétaux se nourrissent des débris de
tous les organismes, animaux ou végétaux, qui ont vécu, afin
que les animaux, en se nourrissant les uns des autres, empêchent le développement excessif des espèces. De cet ensemble,
il résulte pour l'homme un fond d'aliments qu'il choisit, et qu'il
perfectionne par la culture.

119. Ce qui sert d'aliment à l'homme est appelé comestible,
tandis qu'il appelle *proie* ou *pâture* ce dont se repaissent les
animaux.

L'homme mange à des époques régulières qu'il appelle ses
repas. Le *déjeûner* est le repas du matin; le *souper*, celui du
soir; et le *dîner*, celui qui leur sert d'intermédiaire. On
donne le nom de *mets* à la nourriture prête à être servie.

Les aliments liquides sont ordinairement désignés sous le
nom de *boissons*.

On appelle *appétit* la sensation du besoin de prendre la
nourriture. Cette sensation portée à un haut degré, s'appelle
faim; la sensation du besoin de boire s'appelle *soif*.

120. Outre les aliments et les boissons, l'homme emploie,
dans sa nourriture, ce qu'on appelle des *assaisonnements*,
des *condiments* et des *stimulants*, qui servent à exciter les
organes de la digestion. Tels sont le *sel*, la *moutarde* et les
épices, comme la *cannelle*, la *muscade*, le *poivre*, le *piment*,
le *gingembre*, le *macis*, le *girofle*, la *vanille*, le *thym*, le *laurier*, le *romarin*, la *sauge*, etc. Certaines boissons, telles que
le *thé* et le *café*, sont aussi des stimulants; il en est de même
du *vin* et des autres boissons fermentées. Tous ces stimulants peuvent avoir leur utilité; mais si l'on en abuse, on

dérange les fonctions de l'estomac, qui répugne généralement à tout ce qui s'écarte trop de la nature.

121. Le jeu régulier des fonctions du corps s'appelle *santé*, le trouble de ces fonctions s'appelle *maladie*. On nomme *valétudinaire* celui dont la santé faible exige des soins continuels, et *infirme* celui qui se trouve plus ou moins privé de l'usage de quelque membre. Les maladies qui règnent sur une contrée, sur une localité, s'appellent *épidémies*, et *épizooties* si elles règnent sur les animaux.

La science qui traite de l'entretien de la santé s'appelle *hygiène*; celle qui traite des maladies s'appelle *médecine*, et l'homme qui la professe, *médecin*.

On désigne sous le nom de *symptôme*, tout dérangement apparent des fonctions qui dénote une maladie.

En général, la nature organique lutte contre les causes de maladies par un mouvement intérieur appelé *fièvre*. La fièvre se manifeste ordinairement par une chaleur précédée de *frisson*, et suivie de *sueur*. On la reconnaît aussi par la vivacité plus ou moins grande du *pouls*, qui n'est autre chose que le battement des artères.

Les moyens employés contre les maladies, pour ramener la nature à l'état normal, s'appellent *remèdes*. Certains remèdes sont appelés *médicaments*; c'est la *pharmacie* qui les prépare. Lorsque le remède consiste en une opération à pratiquer sur le corps, il rentre dans le domaine de la *chirurgie*, et le médecin qui l'administre prend le nom de *chirurgien*. La *saignée* est l'opération chirurgicale la plus commune. On appelle *infirmier* ou *garde-malade*, celui qui donne des soins au malade sous les ordres du médecin ou du chirurgien. Tout homme doit se rendre capable d'être bon garde-malade.

122. Parmi les remèdes médicaux et chirurgicaux les plus connus, nous citerons :

Les *tisanes*, boissons plus ou moins chargées de principes médicamenteux.

Les *bains*, qui consistent à plonger le corps dans l'eau; les *lotions* et les *irrigations*, qui consistent à appliquer l'eau sur quelque point particulier; les *fumigations*, par lesquelles on soumet le corps à l'action d'une vapeur ou d'un gaz; les *douches*, qui projettent l'eau ou la vapeur avec une certaine force; les *frictions*, qui consistent à frotter le corps avec les

mains, une brosse ou un corps quelconque [illegible]
quelque substance.

Les *potions*, les *pilules*, les *pastilles*, les *tablettes*, [illegible]
rations où les médicaments sont présentés [illegible]
volume, soit par cuillerées, soit par fragments [illegible]
à être aisément pris.

Les *pommades*, les *liniments*, dont la [illegible]
forment en général la substance, et qui servent [illegible]
la peau.

Les *onguents* et les *emplâtres*, médicaments [illegible]
à l'extérieur, et où entrent des matières résineuses.

Les *caustiques*, médicaments qui brûlent la peau [illegible]
but de guérison. On appelle *cautère*, le fer qu'on [illegible]
pour obtenir le même effet. On donne aussi le nom [illegible]
à l'ouverture faite à la peau.

On appelle *collyres*, les médicaments que l'on [illegible]
les yeux.

Les *cataplasmes* sont des médicaments [illegible]
composés de substances molles délayées avec un [illegible]
par exemple, la farine de lin ou la fécule de pomme[illegible]
délayées dans l'eau ; la mie de pain délayée avec [illegible]
bière ; différentes herbes cuites et réduites en p[illegible]
que la *mauve*, la *guimauve*, le *bouillon-blanc*, etc.

Les *sinapismes* sont des cataplasmes rendus [illegible]
la farine de *moutarde*.

123. Les animaux ont aussi leurs maladies ; [illegible]
soignées par le médecin *vétérinaire*.

Les plantes ont des maladies qui rentrent dans [illegible]
agricole. Quelquefois ces maladies s'étendent à tous les [illegible]
taux d'une même espèce sur de vastes étendues de [illegible]
appelle aussi *maladies*, certaines altérations qui se [illegible]
dans des produits naturels tels que les vins.

124. Lorsque l'on considère l'immensité mystérieuse [du]
monde organique, l'ensemble admirable des fonctions et les
sympathies harmonieuses qui les unissent, les efforts de la
nature entière concentrés pour la conservation de la vie, on
se trouve frappé d'étonnement, et comme absorbé dans la
contemplation de ces merveilles. Ici comme dans la nature
physique, l'intelligence bornée de l'homme tend à se perdre,
à croire qu'il n'y a rien au delà, et que tout se résume dans

le jeu régulier des fonctions organiques. Cependant, nous verrons bientôt que l'organisme est puissamment dominé par l'instinct animal, lequel, à son tour, subit la domination supérieure de l'esprit, don réservé à l'homme et qui l'élève au-dessus des animaux. Le sentiment religieux de cette vérité peut seul empêcher que l'homme ne s'égare et ne s'oublie dans l'étude de la nature.

MOTS TIRÉS DE L'ORDRE ORGANIQUE.

Noms.

Sève. *f.* Suc. *m.* Humeur. *f.* Sang. *m.* Lymphe. *f.* Membrane. *f.* Peau. *f.* Absorption. *f.* Cellule. *f.* Vaisseau. *m.* Veine. *f.* Artère. *f.* Pouls. *m.* Pulsation. *f.* Cœur. *m.* Battement. *m.* Palpitation. *f.* Poumon. *m.* Branchie. *f.* Trachée. *f.* Intestin. *m.* Boyau. *m.* Entrailles. *f. pl.* Estomac. *m.* Bouche. *f.* Glande. *f.* Salive. *f.* Bile. *f.* Fiel. *m.* Foie. *m.* Rate. *f.* Rein. *m.* Vessie. *f.* Chair. *f.* Moelle. *f.* Epiderme. *m.* Poil. *m.* Organe. *m.* Viscère. *m.* Structure. *f.* Physiologie. *f.* Individu. *m.*

Racine. *f.* Radicule. *f.* Tige. *f.* Ecorce. *f.* Branche. *f.* Rameau. *m.* Ramuscule. *m.* Feuille. *f.* Pétiole. *m.* Nervure. *f.* Feuillage. *m.* Verdure. *f.* Fleur. *f.* Bouton. *m.* Pédoncule. *m.* Corolle. *f.* Pétale. *m.* Calice. *m.* Sépale. *m.* Pistil. *m.* Etamine. *f.* Floraison. *f.* Fruit. *m.* Semence. *f.* Graine. *f.* Grain. *m.* Pepin. *m.* Noyau. *m.* Baie. *f.* Gousse. *f.* Maturité. *f.* Acabit. *m.* Grappe. *f.* Epi. *m.* Ombelle. *f.* Bouquet. *m.* Germe. *m.* Germination. *f.* Bourgeon. *m.* Pousse. *f.* Rejeton. *m.* Scion. *m.* Plant. *m.* Souche. *f.* Turion. *m.* Bouture. *f.* Marcotte. *f.* Provin. *m.* Ente. *f.* Greffe. *f.* Végétal. *m.* Végétation. *f.* Botanique. *f.*

Plante. *f.* Arbre. *m.* Arbuste. *m.* Arbrisseau. *m.* Herbe. *f.* Herbage. *m.* Chaume. *m.* Chalumeau. *m.* Gazon. *m.* Buisson. *m.* Broussailles. *f. pl.* Forêt. *f.* Bois. *m.* Bocage. *m.* Bosquet. *m.* Clairière. *f.* Taillis. *m.* Futaie. *f.*

Prèle. *f.* Fougère. *f.* Mousse. *f.* Lycopode. *m.* Lichen. *m.* Orseille. *f.* Champignon. *m.* Morille. *f.* Bolet. *m.* Amadou. *m.* Agaric. *m.* Oronge. *f.* Truffe. *f.* Byssus. *m.* Moisissure. *f.* Algue. *f.* Conferve. *f.* Varech. *m.*

Maïs. *m.* Blé. *m.* Froment *m.* Seigle. *m.* Méteil. *m.* Ivraie. *f.* Chiendent. *m.* Orge. *m. f.* Canne à sucre. *f.* Riz. *m.* Roseau. *m.* Bambou. *m.* Avoine. *f.* Paturin. *m.* Graminée. *f.* — Gouet. *m.* Arum. *m.* Aroïdée. *f.* — Nayade. *f.* — Lis. *m.* Tulipe. *f.* Asphodèle. *f.* Hémérocalle. *f.* Ananas. *m.* Aloès. *m.* Couronne impériale. *f.* Scille. *f.* Ail. *m.* Ognon. *m.* Poireau. *m.* Ciboule. *f.* Ciboulette. *f.* Echalotte. *f.* Jacinthe. *f.* Tubéreuse. *f.* Liliacée. *f.* — Asperge. *f.* Sang-dragon. *m.* Muguet. *m.* Parisette. *f.* Squine. *f.* Asparaginée. *f.* — Fluteau. *m.* Jonc-fleuri. *m.* Butome. *m.* Sagette. *f.* Alismacée. *f.* — Dattier *m.* Datte. *f.* Cocotier. *m.* Coco. *m.* Arec. *m.* Bétel. *m.* Sagou. *m.* Palmier. *m.* — Vanille. *f.* Salep. *m.* Cypri-

pède. *m.* Orchidée. *f.* — Bananier. *m.* Musacée. *f.* — Gingembre. *m.*
Arrow-root. *m.* Amomée. *f.* — Iris. *f.* Glaïeul. *m.* Safran. *m.*
Iridée. *f.* — Narcisse. *m.* Jonquille. *f.* Perce-neige. *f.* Narcissée. *f.* —
Anémone. *f.* Pivoine. *f.* Dauphinelle. *f.* Pied-d'alouette. *m.*
Ancolie. *f.* Renoncule. *f.* Clématite. *f.* Aconit. *m.* Hellébore. *m.*
Renonculacée. *f.* — Pavot. *m.* Coquelicot. *m.* OEillette. *f.* Chéli-
doine. *f.* Papavéracée. *f.* — Girollée. *f.* Julienne. *f.* Damas. *m.*
Moutarde. *f.* Rave. *f.* Radis. *m.* Raifort. *m.* Cresson. *m.* Pastel. *m.*
Chou. *m.* Chou-fleur. *m.* Brocoli. *m.* Colza. *m.* Navet. *m.* Navette. *f.*
Crucifère. *f.* — OEillet. *m.* Saponaire. *f.* Stellaire. *f.* Sabline. *f.*
Alsine. *f.* Caryophyllée. *f.* — Mauve. *f.* Alcée. *f.* Rose trémière. *f.*
Guimauve. *f.* Althea. *m.* Cotonnier. *m.* Cacao. *m.* Baobab. *m.*
Malvacée. *f.* — Oranger. *m.* Orange. *f.* Bergamote. *f.* Bigarade *f.*
Citronnier. *m.* Citron. *m.* Limon. *m.* Cédrat. *m.* Grenadier. *m.*
Grenade. *f.* Hespéridée. *f.* — Vigne. *f.* Raisin. *m.* Cep. *m.* Sar-
ment. *m.* Cirrhe. *m.* Vrille. *f.* Pampre. *m.* Chasselas. *m.* Ampéli-
dée. *f.* — Sumac. *m.* Pistachier. *m.* Pistache. *f.* Térébinthe. *m.*
Térébenthine. *f.* Lentisque. *m.* Mastic. *m.* Térébinthacée. *f.* —
Genêt. *m.* Cytise. *m.* Lupin. *m.* Arrête-bœuf. *m.* Mélilot. *m.*
Trèfle. *m.* Luzerne. *f.* Sainfoin. *m.* Haricot. *m.* Pois. *m.* Fève. *f.*
Lentille. *f.* Indigotier. *m.* Indigo. *m.* Sensitive. *f.* Acacia. *m.*
Mimosa. *m.* Casse. *f.* Tamarin. *m.* Légumineuse. *f.* — Amandier. *m.*
Amande. *f.* Pêcher. *m.* Pêche. *f.* Prunier. *m.* Prune. *f.* Pruneau. *m.*
Perdrigon. *m.* Reine-Claude. *f.* Mirabelle. *f.* Abricotier. *m.* Abri-
cot. *m.* Laurier-cerise. *m.* Cerisier. *m.* Cerise. *f.* Griotte. *f.*
Guigne. *f.* Bigarreau. *m.* Merise. *f.* Merisier. *m.* Ronce. *f.* Mûron. *m.*
Framboisier. *m.* Framboise. *f.* Prunellier. *m.* Prunelle. *f.* Frai-
sier. *m.* Fraise. *f.* Rosier. *m.* Rose. *f.* Eglantier. *m.* Eglantine. *f.*
Pommier. *m.* Pomme. *f.* Reinette. *f.* Calvil. *m.* Api. *m.* Poirier. *m.*
Poire. *f.* Rousselet. *m.* Beurré. *m.* Crassane. *f.* Muscadelle. *f.*
Coignassier. *m.* Coing. *m.* Sorbier. *m.* Sorbe. *f.* Cormier. *m.*
Corme. *f.* Alisier. *m.* Epine. *f.* Aubépine. *f.* Buisson-ardent. *m.*
Néflier. *m.* Nèfle. *f.* Rosacée. *f.* — Concombre. *m.* Cornichon. *m.*
Melon. *m.* Courge. *f.* Calebasse. *f.* Potiron. *m.* Citrouille. *f.* Pas-
tèque. *f.* Cucurbitacée. *f.* — Cactus. *m.* Nopal. *m.* Cactée. *f.* —
Anis. *m.* Coriandre. *f.* Fenouil. *m.* Carvi. *m.* Angélique. *f.* Livèche.
f. Ache. *f.* Céleri. *m.* Carotte. *f.* Panais. *m.* Cerfeuil. *m.* Persil. *m.*
Ciguë. *f.* Assa-fœtida. *f.* Ombellifère. *f.* — Garance. *f.* Aspérule.
f. Caféyer. *m.* Café. *m.* Quinquina. *m.* Quinine. *f.* Ipécacuanha. *m.*
Rubiacée. *f.* — Chardon. *m.* Acanthe. *f.* Artichaut. *m.* Carthame. *m.*
Centaurée. *f.* Bluet. *m.* Armoise. *f.* Absinthe. *f.* Tanaisie. *f.* Estra-
gon. *m.* Immortelle. *f.* Chicorée. *f.* Endive. *f.* Escarole. *f.* Laitue. *f.*
Pissenlit. *m.* Laiteron. *m.* Salsifis. *m.* Scorsonnère. *f.* Chrysan-
thème. *m.* Reine-Marguerite. *f.* Camomille. *f.* Pâquerette. *f.* Souci. *m.*
Dahlia. *m.* Seneçon. *m.* Aunée. *f.* Topinambour. *m.* Synanthérée. *f.*
— Scabieuse. *f.* Dipsacée. *f.* — Lilas. *m.* Jasmin. *m.* Olivier. *m.*
Olive. *f.* Frêne. *m.* Manne. *f.* Troène. *m.* Jasminée. *f.* — Pervenche. *f.*
Asclépiade. *f.* Laurier-rose. *m.* Strychnos. *m.* Noix-vomique. *f.*
Upas. *m.* Apocynée. *f.* — Bourrache. *f.* Buglosse. *f.* Consoude. *f.*
Héliotrope. *f.* Myosotis. *f.* Cynoglosse. *m.* Borraginée. *f.* — Tabac. *m.*
Bouillon-blanc. *m.* Morelle. *f.* Pomme-de-terre. *f.* Douce-amère. *f.*

Jusquiame. *f*. Stramoine. *f*. Pomme-épineuse. *f*. Belladone. *f*. Mandragore. *f*. Tomate. *f*. Coqueret. *m*. Solanée. *f*. — Romarin. *m*. Sauge *f*. Sarriette. *f*. Hyssope. *m*. Lavande. *f*. Menthe. *f* Mélisse. *f*. Thym. *m*. Origan. *m*. Marjolaine. *f*. Serpolet. *m*. Basilic. *m*. Labiée. *f*. — Digitale. *f*. Muflier. *m*. Véronique. *f*. Scrofulaire. *f*. Scrofulariée. *f*. — Renouée. *f*. Sarrazin. *m*. Patience. *f*. Oseille. *f*. Rhubarbe. *f*. Polygonée. *f*. — Bette. *f*. Betterave *f*. Atriplicée. *f*. — Laurier. *m*. Camphrier. *m*. Camphre. *m*. Cannelier. *f*. Cannelle. *f*. Sassafras. *m*. Muscadier. *m*. Muscade. *f*. Macis. *m*. Laurinée. *f*. — Euphorbe. *m*. Réveille-matin. *m*. Buis. *m*. Laque. *f*. Ricin. *m*. Manioc. *m*. Cassave. *f*. Tapioka. *m*. Euphorbiacée. *f*. — Ortie. *f*. Houblon. *m*. Chanvre. *m*. Chenevis. *m*. Figuier. *m*. Figue. *f*. Mûrier. *m*. Mûre. *f*. Poivre. *m*. Urticée. *f*. — Orme. *m*. Ormeau. *m*. Ulmacée. *f*. — Noyer. *m*. Noix. *f*. Brou. *m*. Ecale. *f*. Zeste. *m*. Cerneau. *m*. Juglandée. *f*. — Saule. *m*. Osier. *m*. Oseraie. *f*. Peuplier. *m*. Boisblanc. *m*. Tremble. *m*. Bouleau. *m*. Aulne. *m*. Charme. *m*. Charmille. *f*. Noisetier. *m*. Noisette. *f*. Aveline. *f*. Coudrier. *m*. Chêne. *m*. Gland. *m*. Yeuse. *f*. Liége. *m*. Hêtre. *m*. Faîne. *f*. Châtaignier. *m*. Châtaigne. *f*. Marronnier. *m*. Marron. *m*. Platane. *m*. Erable. *m*. Amentacée. *f*. — If. *m*. Genévrier. *m*. Cyprès. *m*. Pin. *m*. Sapin. *m*. Mélèze. *m*. Cèdre. *m*. Conifère. *m*.

Sol. *m*. Terroir. *m*. Engrais. *m*. Fumier. *m*. Détritus. *m*. Champ. *m*. Pré. *m*. Prairie. *f*. Pâture. *f*. Pâturage. *m*. Fourrage. *m*. Bétail. *m*. Bestiaux. *m. pl.*

Bois. *m*. Aubier. *m*. Paille. *f*. Fétu. *m*. Chalumeau. *m*. Corne. *f*. Ecaille. *f*. Ivoire. *m*. — Filasse. *f*. Filament. *m*. Bourre. *f*. Etoupe. *f*. Laine. *f*. Soie. *f*. Filoselle. *f*. — Gélatine. *f*. Colle. *f*. Ichthyocolle. *f*. Cuir. *m*. Fourrure. *f*. Pelleterie. *f*. Parchemin. *m*. Basane. *f*. Maroquin. *m*. — Farine. *f*. Levain. *m*. Pâte. *f*. Pain. *m*. Mie. *f*. Croûte. *f*. Croûton. *m*. — Légume. *m*. Potager. *m*. Potage. *m*. Viande. *f*. Lard. *m*. Jus. *m*. Bouillon. *m*. Consommé. *m*. Volaille. *f*. Gibier. *m*. Venaison. *f*. Poisson. *m*. Lait. *m*. Crème. *f*. Beurre. *m*. Présure. *f*. Fromage. *m*. OEuf. *m*. Glaire. *f*. — Graisse. *f*. Huile. *f*. Saindoux. *m*. Axonge. *f*. Suif. *m*. Moelle. *f*. Cire. *f*. Glu. *f*. — Miel. *m*. Sucre. *m*. Cassonade. *f*. Mélasse. *f*. Sirop. *m*. Fécule. *f*. Empois. *m*. Amidon. *m*. Gluten. *m*. Gomme. *f*. — Essence. *f*. Parfum. *m*. Arôme. *m*. Baume. *m*. Résine. *f*. Poix. *f*. Goudron. *m*. Colophane. *f*. Sandaraque. *f*. Laque. *f*. Copal. *m*. Vernis. *m*. — Pourpre. *m. f*. Carmin. *m*. Ecarlate. *f*. Cramoisi. *m*. — Musc. *m*. Castoreum. *m*. Ambre. *m*. Opium. *m*. Thridace. *f*. — Tan. *m*. Tannin. *m*. — Charbon. *m*. Braise. *f*. Suie. *f*. Fumée. *f*. Cendre. *f*.

Ferment. *m*. Alcool. *m*. Vin. *m*. Tartre. *m*. Cidre. *m*. Poiré. *m*. Bière. *f*. Levure. *f*. Genièvre. *m*. Arak. *m*. Rhum. *m*. Hydromel. *m*. Dextrine. *f*. Vinaigre. *m*. Verjus. *m*.

Savon. *m*. Papier. *m*. Carton. *m*.

Aliment. *m*. Boisson. *f*. Mets. *m*. Appétit. *m*. Faim. *f*. Soif. *f*. Assaisonnement. *m*. Condiment. *m*. Epice. *f*. Aromate. *m*. Cuisson. *f*.

Santé. *f*. vigueur. *f*. Complexion. *f*. Tempérament. *m*. Embonpoint. *m*. Maigreur. *f*. Amaigrissement. *m*. Rigidité. *f*. Maladie. *f*. Miasme. *m*. Poison. *m*. Venin. *m*. Putréfaction. *f*. Pourriture. *f*. — Médecine. *f* Médecin. *m*. Symptôme. *m*. Diagnostic. *m*. Pronostic. *m*.

66 PREMIÈRE PARTIE.

— Indigestion. *f.* Nausée. *f.* Fièvre. *f.* Accablement. **m.** Frisson. **m.**
Transpiration. *f.* Sueur. *f.* Exhalation. *f.* Exhalaison. *f.* Peste *f.*
Typhus. **m.** Choléra. **m.** Rougeole. *f.* Scarlatine. *f.* Variole. *f.*
Vaccine. *f.* Vaccin. **m.** Eruption. *f.* Rhumatisme. **m.** Goutte. *f.*
Hémorrhoïde. *f.* Phthisie. *f.* Etisie. *f.* Consomption. *f.* Marasme. **m.**
Langueur. *f.* Faiblesse. *f.* Défaillance. *f.* Syncope. *f.* Ophtalmie. *f.*
Fluxion. *f.* Erysipèle. **m.** Engelure. *f.* Echauffement. **m.** Brûlure. *f.*
Angine. *f.* Esquinancie *f.* Croup **m.** Catarrhe. **m.** Rhume. **m.** Coque-
luche. *f.* Asthme. **m.** Pneumonie. *f.* Pleurésie. *f.* Indigestion. *f.* Gas-
trite. *f.* Jaunisse *f.* Diarrhée. *f.* Dévoiement. **m.** Dyssenterie. *f.* —
Gale. *f.* Dartre. *f.* Lèpre. *f.* Anthrax. **m.** Furoncle. **m.** Goître. **m.** Tu-
meur. *f.* Verrue *f.* Cor. **m.** Durillon. **m.** Callosité. *f.* Abcès. **m** Pus. **m.**
Pustule. *f.* Plaie. *f.* Piqûre. *f.* Meurtrissure. *f.* Cicatrice. *f.* Contusion. *f.*
Ulcération. *f.* Ulcère. **m.** Cancer. **m.** Gangrène. *f.* Escarre. *f.* Hémor-
rhagie. *f.* Hydropisie. *f.* Enflure. *f.* Bouffissure. *f.* Obstruction. *f.*
Engorgement. **m.** Difformité. *f.* — Crise. *f.* Guérison. *f.* Convales-
cence. *f.* Agonie. *f.* — Hygiène. *f.* Diète. *f.* Régime. **m.** Remède. **m.**
Antidote. **m.** Contre-poison. **m.** Garde-malade. **m** *f.* Infirmier. **m.**
Infirmière. *f.* Pharmacie. *f.* Pharmacien. **m.** Tisane. *f.* Décoction. *f.*
Infusion. *f.* Macération. *f.* Breuvage. **m.** Potion. *f.* Julep. **m.** Looch **m.**
Elixir. **m.** Electuaire. **m.** Pilule. *f.* Bol. **m.** Gargarisme. **m.** Lotion *f.*
Bain. **m.** Douche. *f.* Fumigation. *f.* Collyre. **m.** Liniment. **m.**
Pommade. *f.* Onguent. **m.** Emplâtre. **m.** Cataplasme. **m.** Sina-
pisme. **m.** Cautère. **m.** Caustique. **m.** — Opération. *f.* Saignée. *f.*
Opérateur. **m.** Chirurgien. **m.** Chirurgie. *f.* Pansement. **m.** —
Epidémie *f.* Epizootie. *f.* Pépie. *f.* Tournis. **m.** Morve. *f.* Farcin. **m.**
Vétérinaire. **m.**

ADJECTIFS.

Organique. Vital. Nourricier. Nutritif. Alimentaire. Comestible.
— Jeune. Vieux. Décrépit. Maigre. Maigrelet. Amaigri. Vigoureux.
Vivace. Frais. Vermeil. Tendre. Délicat. — Sanguin. Lymphatique.
Membraneux. Cortical. Veineux. Artériel. Circulatoire. Respira-
toire. Pulmonaire. Stomacal. Intestinal. Salivaire. Biliaire. Bilieux.
Hépatique. Vésical. — Radical. Cortical. Médullaire. Fleuri. Pétiolé.
Pédiculé. Pédonculé. Epidermique. Pileux. Velu. — Mûr Succu-
lent. Précoce. Hâtif. Indigène. Exotique. Sauvage. Fécond. Stérile.
Fertile. — Verdoyant. Touffu. Feuillu. Branchu. Moussu. Cham-
pêtre. Agreste. Giboyeux. Poissonneux. — Acétique. Acescent. Aci-
dule. Aigre. Aigrelet. Sur. Rance. Acre. Acerbe. Ambré. Musqué.
Muscat. Sucré. Candi. Mielleux. Parfumé. Balsamique. Aromatique.
— Farineux. Féculent. Glutineux. Gommeux. Muqueux. Laiteux Ca-
séeux. Onctueux. Moelleux. Gras. Graisseux. Huileux. Oléagineux.
Gluant. Visqueux. Résineux. Poisseux. Savonneux. Vineux. Alcoo-
lique. Fermentescible. Mousseux — Ligneux. Corné. Eburné. Ecail-
leux. Fibreux. Filamenteux. Filandreux. Cotonneux. Soyeux. Fo-
liacé. Coriace. — Appétissant. Sain. Malsain. Blafard. Bouffi. Livide.
Défaillant. Languissant. Vénéneux. Venimeux. Envenimé. Difforme.
Malade. Valétudinaire. Maladif Morbide. Critique. Convalescent.
Agonisant. Moribond. Fievreux. Febrile. Fébricitant. Asthmatique.

Acrimonieux. Purulent. Sanieux. Contagieux. Pestilentiel. Pestiféré. Epidémique. Epizootique. — Médical. Médicinal. Hygiénique. Sanitaire. Emollient. Calmant. Narcotique. Soporifique. Sudorifique. Indigeste. Stomachique. Cordial. Tonique. Vomitif. Purgatif.

VERBES.

Nourrir. Alimenter. Désaltérer. Vivifier. Naître. Croître. Développer. Fortifier. Affaiblir. Maigrir. Etioler. Dégénérer. Régénérer. — Absorber. Exhaler. Circuler. Palpiter. Sécréter. Digérer. Respirer. Inspirer. Expirer. — Végéter. Germer. Bourgeonner. Fleurir. Epanouir. Fructifier. Mûrir. Couver. Eclore. Pulluler. — Faner. Flétrir. Racornir. Crisper. Gâter. Pourrir. Putréfier. Corrompre. Moisir. Croupir. Purifier. Clarifier. — Tremper. Détremper. Imbiber. Infuser. Macérer. Baigner. Fermenter. Acidifier. Cailler. Aigrir. Surir. — Cuire. Rôtir. Etuver. Candir. Charbonner. Embraser. Incinérer. —Planter. Enraciner. Greffer. Enter. Semer. Parsemer. Cultiver. Féconder. Fertiliser. Elever. Engraisser.—Affamer. Stimuler. Epicer. Saler. Poivrer. Sucrer. Assaisonner. Rafraîchir. Echauffer. — Enrhumer. Abcéder. Suppurer. Cicatriser. Ulcérer. Gangréner. Envenimer. Empoisonner. Empester. Enfler. Désenfler. Agoniser. Diagnostiquer. Pronostiquer. Guérir. Panser. Frictionner. Oindre. Cautériser. Aérer. Ventiler.

EXERCICE.

Ces exercices seront les mêmes que pour les termes empruntés à l'ordre inorganique. On énumérera et on fera énumérer les noms, en indiquant à quel genre d'objets ils se rapportent ; on cherchera des adjectifs, qu'on fera accorder avec eux et avec l'article ; on formera des propositions, à l'aide du verbe *être* et des verbes attributifs, etc. On trouvera ici l'occasion de revenir à l'ordre physique, et d'élargir les idées qu'on s'en est faites, en ayant égard à l'action que le monde physique et le monde organique exercent l'un sur l'autre. Les noms tirés de l'ordre physique pourront devenir le sujet de verbes empruntés à l'ordre organique, et réciproquement. Ainsi, par exemple, dans l'ordre physique, le soleil *brille, chauffe, brûle ;* dans l'ordre organique, il *ranime, féconde, stimule.* Dans l'ordre organique, une fleur *éclôt, fructifie,* se *fane ;* dans l'ordre physique, elle *tombe, pèse, brille,* etc. Ce que nous disons des verbes, peut aussi s'appliquer aux adjectifs. Ainsi, au point de vue physique la terre est *dure, molle, humide, sèche, froide, chaude ;* au point de vue organique, elle est *fertile, féconde, stérile.* On comprend comment la variété s'introduit ainsi graduellement dans les exercices, tout en fortifiant les idées d'ordre et d'unité déjà acquises.

EXEMPLES DE QUESTIONS.

I.

D. A quelle espèce appartiennent les mots: estomac, fleur, truffe, tulipe, radis, érable, bétail, levain, cendre, remède?

R. Ce sont des *substantifs.*

D. Quelle en est la signification, et à quels ordres d'objets se rapportent-ils?

R. Estomac, partie du tube digestif où se rendent les aliments avalés, et où la digestion commence physiologie). — *Fleur,* partie du végétal qui sert à sa reproduction (physiologie végétale). — *Truffe,* plante souterraine de la famille des champignons, très-estimée sur les tables (botanique). — *Tulipe,* belle fleur de la famille des *liliacées* (botanique). — *Radis,* plante de la famille des *crucifères,* dont la racine, charnue, a un goût piquant (botanique). — *Érable,* arbre de la famille des *acérinées,* qui fournit un bon bois (botanique). — *Bétail,* se dit des quadrupèdes domestiques qu'on élève dans les pâturages pour la nourriture de l'homme (agriculture). — *Levain,* pâte aigrie qui sert de ferment pour faire lever la pâte nouvelle (chimie organique). — *Cendre,* ce qui reste des matières organiques après qu'on les a entièrement brûlées (chimie organique). — *Remède,* ce qu'on emploie pour rétablir la santé.

D. Indiquez en l'orthographe et le genre, en les faisant accorder avec l'article.

R. L'estomac. *m.* La fleur. *f.* La truffe. *f.* La tulipe. *f.* Le radis. *m.* L'érable. *m.* Le bétail. *m.* Le levain. *m.* La cendre. *f.* Le remède. *m.*

D. Qu'observez-vous quant à l'article, dans certains de ces exemples?

R. L'article s'élide dans l'estomac et l'érable.

D. Mettez ces noms au pluriel, avec l'article.

R. Les estomacs. Les fleurs. Les truffes. Les tulipes. Les radis. Les érables. Les levains. Les cendres. Les remèdes. (*Bétail* n'a pas de pluriel, et l'on désigne sous le nom de *bestiaux,* qui n'a pas de singulier, les animaux composant le bétail.)

D. Joignez à chacun de ces noms, à l'aide de la préposition de, *un autre nom qui y ait rapport.*

R. L'absorption de l'estomac. — Les pétales de la fleur. — Le parfum de la truffe. — Le calice de la tulipe. — Les feuilles du radis. — La sève de l'érable. — La nourriture du bétail. — L'acidité du levain. — La cendre du bois. — Les ingrédients du remède.

D. Qu'observez-vous quant à l'article, dans certains de ces exemples?

R. L'article se contracte dans du radis, du bétail, du levain, du bois, du remède, mais non dans de l'estomac, de l'érable, à cause de l'élision.

D. *Mettez au pluriel les noms précédés de la préposition de, et observez ce qui arrive alors pour l'article.*

R. L'absorption des estomacs. — Les pétales des fleurs. — Le parfum des truffes — Le calice des tulipes. — Les feuilles des radis. — La sève des érables. — L'acidité des levains. — La cendre des bois. — Les ingrédients des remèdes.

Dans ces exemples, *des* est mis pour *de les*, au féminin comme au masculin.

D. *Citez le nom d'un arbre, d'un organe végétal, d'un organe animal, d'un suc végétal, d'un végétal sucré, d'un fruit acide, d'un fruit à noyau, d'une plante aromatique, d'un produit textile végétal, d'un produit textile animal, d'une maladie de l'homme, d'une maladie des animaux.*

R. Saule. — Feuille. — Poumon. — Opium. — Betterave. — Groseille. — Cerise. — Thym. — Coton. — Soie. — Asthme. — Farcin.

D. *Quelle est la signification de ces mots?*

R. *Saule*, arbre de la famille des *amentacées*, qui croît dans les lieux humides. — *Feuille*, organe respiratoire des végétaux. — *Poumon*, organe respiratoire des animaux. — *Opium*, suc épaissi du pavot. — *Betterave*, plante à racine charnue, de la famille des *atriplicées*, qui sert à nourrir les bestiaux, et d'où l'on extrait du sucre. — *Groseille*, fruit du groseillier, arbuste qui donne son nom à la famille des *grossulariées*. — *Cerise*, fruit du cerisier, arbre de la famille des *rosacées* — *Thym*, jolie petite plante de la famille des *labiées*, cultivée dans les jardins, et qui sert à l'assaisonnement de certains mets. — *Coton*, sorte de bourre qui entoure le fruit du cotonnier, arbre de la famille des *malvacées*. — *Asthme*, maladie caractérisée par des accès de suffocation. — *Farcin*, maladie contagieuse du cheval.

D. *Indiquez-en l'orthographe, etc.*

R. Le saule. *m.* La feuille. *f.* Le poumon. *m.* L'opium. *m.* La betterave. *f.* etc.

(Et ainsi de suite, comme ci-dessus.)

II.

D. *A quelle espèce appartiennent les mots: nutritif, frais, mûr, succulent, fermentescible, sain, contagieux, cordial?*

R. Ce sont des *adjectifs.*

D. Quelle est leur signification, et à quels ordres d'objets se rapportent-ils ?

R. *Nutritif,* ce qui est propre à nourrir (physiologie). — *Frais,* se dit de ce qui est modérément froid, et tempère la chaleur du corps ; se dit aussi des substances organiques quand elles sont récentes et n'ont subi aucune altération (physiologie). — *Mûr,* se dit des fruits et autres produits végétaux, arrivés au degré où leurs qualités sont pleinement développées (physiologie). — *Succulent,* ce qui abonde en sucs (physiologie). — *Fermentescible,* ce qui est susceptible de fermenter (chimie organique). — *Sain,* se dit d'un être dont l'organisme fonctionne bien, ou de toute chose favorable à la santé (physiologie). — *Contagieux,* se dit des maladies qui se communiquent par le contact, ou de tout principe qui favorise cette communication (médecine). — *Cordial,* ce qui ranime les mouvements du cœur (médecine).

D. Indiquez-en l'orthographe, au masculin et au féminin.

R. Nutritif, nutritive. Frais, fraîche. Mûr, mûre. Succulent, succulente. Fermentescible. m. f. Sain, saine. Contagieux, contagieuse. Cordial, cordiale.

D. Joignez ces adjectifs à des noms masculins et féminins auxquels ils conviennent.

R Le suc nutritif, la plante nutritive. — Le feuillage frais, l'amande fraîche. — Le blé mûr, la poire mûre. — Le fruit succulent, la viande succulente. — Le jus fermentescible, la pâte fermentescible. — L'estomac sain, la nourriture saine. — Le miasme contagieux, la fièvre contagieuse. — Le breuvage cordial, la boisson cordiale.

D. Mettez ces exemples au pluriel.

R. Les sucs nutritifs, les plantes nutritives. — Les feuillages frais, les amandes fraîches. — Les blés mûrs, les poires mûres. — Les fruits succulents, les viandes succulentes. — Les jus fermentescibles, les pâtes fermentescibles. — Les estomacs sains, les nourritures saines. — Les miasmes contagieux, les fièvres contagieuses. — Les breuvages cordiaux, les boissons cordiales.

D. Trouvez des adjectifs convenables aux substantifs : raisin, pêche, vinaigre, salep, lis, colza, haricot.

R. Le raisin sucré. — La pêche succulente. — Le vinaigre sur. — Le salep nourrissant. — Le lis parfumé. — Le colza oléagineux. — Le haricot farineux.

III.

D. Placez, dans quelques-uns des exemples ci-dessus, le verbe être entre l'adjectif et le nom auquel il se rapporte, et analysez logi-

R. Le feuillage est frais. (suj. *le feuillage;* verb. *est;* attr. *frais.*) — La poire est mûre. (suj. *la poire;* verb. *est;* attr. *mûre.*) — La viande est succulente. (suj. *la viande;* verb. *est;* attr. *succulente.*) — Le raisin est sucré. (suj. *le raisin,* verb. *est;* attr. *sucré.*) — Le

...quent les proposi-
tions qui en résultent.

D. Formez d'autres propositions, dont l'attribut soit un substantif, et donnez-en l'analyse logique.

lis est parfumé. (suj. *le lis;* verb. *est;* attr. *parfumé.*) — Le colza est oléagineux. (suj. *le colza;* verb. *est;* attr. *oléagineux.*)

R. Le raisin est un fruit. (suj. *le raisin;* verb. *est;* attr. *un fruit.*) — Le vinaigre est un jus. (suj. *le vinaigre;* verb. *est;* attr. *un jus.*) — Le salep est une fécule. (suj. *le salep;* verb. *est;* attr. *une fécule.*) — Le lis est une fleur. (suj. *le lis;* verb. *est;* attr. *une fleur.*) — Le colza est une crucifère. (suj. *le colza;* verb. *est;* attr. *une crucifère*) — Le haricot est une semence. (suj. *le haricot;* verb. *est;* attr. *une semence.*)

D. Joignez à quelques substantifs, attributs ou sujets, un adjectif qui leur convienne.

R. Le raisin est un fruit sucré. — Le vinaigre est un jus fermenté. — Le salep est une fécule nourrissante. — La cannelle est une écorce aromatique. — Le lait aigre est malsain. — Le blé mûr est un aliment sain.

D. Formez des propositions où le substantif, attribut ou sujet, soit suivi d'un autre substantif relié par la préposition de.

R. Le gland est le fruit du chêne. — Le sagou est la moelle d'un palmier. — Le cidre est le suc de la pomme. — Le bois du pin est résineux. — La baie de la myrtille est aigrelette. — La décoction de la saponaire est savonneuse.

D. Quel rôle logique remplissent, dans la proposition, l'adjectif ou le substantif joints ainsi que substantif sujet ou attribut?

R. Ils font partie, comme compléments, du sujet ou de l'attribut logique, qui est alors appelé *complexe.*

D. Faites l'analyse logique des propositions ci-dessus.

R. Le raisin est un fruit sucré. (suj. *le raisin;* verb. *est;* attr. complex. *un fruit sucré.*) — Le bois du pin est résineux. (suj. complex. *le bois du pin;* verb. *est;* attr. *résineux.*)

(*Et ainsi de suite, en indiquant l'attribut ou le sujet complexe.*)

D. Donnez aux propositions plusieurs substantifs ou adjectifs pour sujet ou pour attribut.

R. La rose, le fraisier et le cerisier, sont des rosacées. — La truffe, l'amadou et la morille sont des champignons. — La feuille, la fleur et l'écorce sont des organes. — Le fumier est un détritus et un engrais. — Le poivre est un fruit et un assaisonnement. — Le froment est farineux, glutineux, nutritif.

D. Comment analyse-t-on logiquement ces propositions?

R. On dit que leur sujet ou leur attribut sont composés. Exemples :

La feuille, la fleur et l'écorce sont des organes. (suj. compos. *la feuille, la fleur et l'écorce;* verb. *sont;* attr. *des organes.*) — Le froment est farineux, glutineux, nutritif. (suj. *le froment;* verb. *est;* attr. compos. *farineux, glutineux, nutritif.*)

D. Composez, sur les différents modèles

R. Les termes empruntés à l'ordre physique et mathématique sont en italique.)

ci-dessus, des propositions où entreront des substantifs ou des adjectifs tirés de l'ordre physique et mathématique. Distinguez-y ces termes de ceux qui appartiennent à l'ordre organique.

La feuille est *verte, mince, ovale, légère, humide.* — La poire est *globuleuse, allongée, dure, pesante, jaunâtre.* — Le roseau est *allongé, cylindrique, flexible, élastique, aquatique.* — Le chêne est *élevé, dur, sec, solide, brun.* — Le sucre est *friable, cristallisable, soluble, fusible, combustible.*

Le vinaigre est un *liquide,* un *acide.* — L'alcool est un *fluide volatil.* — L'eau est une *boisson rafraîchissante.* — Le fer est un *médicament tonique.* — L'arsenic est un *poison délétère.*

Le *volume* du baobab est *immense.* — Les *nuances* du feuillage sont *nombreuses.* — Le *fruit* du hêtre est *triangulaire.* — La *figure* de la fleur est *rayonnée.* — La *corolle* du haricot est *irrégulière.*

L'eau, l'alcool, l'huile et le vinaigre sont des *dissolvants.* — La *chaleur* et la *lumière* sont *vivifiantes.* — Le *verre,* la résine et le poil sont *électriques.* — La *terre* est *chaude, humide* et *féconde.* — La *terre* est *froide, aride* et *stérile.*

D. Donnez des exemples de propositions négatives.

R. Le salep n'est pas un fruit. — Le saule n'est pas résineux. — Le colza n'est pas alimentaire. — La cannelle n'est pas une racine. — Le roseau n'est pas un arbre. — L'alcool n'est pas un acide.

(*Analyse logique de ces propositions.*)

D. Donnez des exemples de propositions interrogatives, en y joignant les réponses par oui et par non, et développant le sens de ces réponses.

R. Le salep est-il un fruit? — Non. (*c'est-à-dire:* le salep n'est pas un fruit.)

Le haricot est-il un fruit? — Oui. (*c'est-à-dire:* le haricot est un fruit.)

Le saule est-il résineux? — Non.

Le genévrier est-il résineux? — Oui.

Le colza est-il alimentaire? — Non.

L'olive est-elle alimentaire? — Oui.

La cannelle est-elle une racine? — Non.

Le gingembre est-il une racine? — Oui.

L'alcool est-il un acide? — Non.

Le verjus est-il un acide? — Oui.

(*Le développement des réponses oui et non, se fera pour toutes ces propositions comme pour les deux premières. On analysera les propositions implicites qui en résultent.*)

IV.

D. A quelle espèce appartiennent les mots: éclore, nourrir, croupir, tremper, allumer, sucrer, cautériser, surir?

R. Ce sont des verbes *attributifs,* ainsi nommés, parce qu'ils renferment l'idée d'un attribut en même temps que celle de l'existence.

D. *Quelle en est la signification, et à quel ordre d'idées se rapporte chacun d'eux?*

R. *Éclore*, se dit des fleurs qui s'ouvrent, ou des petits oiseaux qui sortent de l'œuf (physiologie animale et végétale). — *Nourrir*, introduire au sein de l'organisme les principes qui entretiennent sa vie (physiologie). — *Croupir*, se dit spécialement des eaux qui séjournent en tenant des matières organiques en décomposition (ce mot touche donc à la fois à la physique et à la chimie organique.) — *Tremper*, se dit d'une matière organique solide, séjournant dans un liquide dont elle se pénètre (même remarque). — *Affamer*, exciter la faim (physiologie). — *Sucrer* un aliment ou une boisson, y mettre du sucre (hygiène). — *Cautériser*, détruire une substance vivante par le feu, ou par un agent chimique produisant le même effet (chirurgie). — *Surir*, se dit des substances alimentaires, qui subissent la fermentation acide (chimie organique).

D. *Donnez à chacun de ces verbes un sujet?*

R. Le poulet éclôt. — Le blé nourrit. — L'humeur croupit. — Le bois trempe. — L'abstinence affame. — Le miel sucre. — La chélidoine cautérise. — Le lait surit.

D. *Joignez des verbes attributifs aux sujets suivants : Le miasme. Le vin. Le vinaigre. L'arôme. Le remède. La poule. Le sang.*

R. Le miasme flétrit. — Le vin fortifie. — Le vinaigre racornit. — L'arôme stimule. — Le remède guérit. — La poule couve. — Le sang circule.

V.

D. *Analysez logiquement chacune des propositions formées par ces verbes et leurs sujets.*

R. Le poulet éclôt. (suj. *le poulet*; verb. *est*; attr. *éclosant*) — Le blé nourrit. (suj. *le blé*; verb. *est*; attr. *nourrissant*) — L'humeur croupit. (suj. *l'humeur*; verb. *est*; attr. *croupissant*.)

(*Et ainsi de suite pour toutes les autres.*)

VI.

D. *Parmi ces verbes attributifs, citez-en dont l'action puisse se porter sur un objet ou complément direct.*

R. Nourrir. Affamer. Sucrer. Cautériser. Flétrir. Racornir. Stimuler. Guérir. Couver.

D. *Cherchez à chacun de ces verbes précédés de leur sujet, un objet sur lequel puisse se porter l'action.*

R. Le blé nourrit l'homme. — L'abstinence affame l'estomac. — Le miel sucre la tisane. — La chélidoine cautérise la peau. — Le miasme flétrit la santé. — Le vinaigre racornit la viande. — L'arôme stimule les nerfs. — Le remède guérit le malade. — La poule couve les œufs.

D. Citez des exemples de verbes s'employant tantôt avec un objet, tantôt sans objet.

R. Digérer un aliment. L'estomac digère. — La maladie guérit. Le remède guérit la maladie. — Tremper les herbes. Les herbes trempent. — Le blé mûrit. L'été mûrit le blé.

D. Faites, des substantifs organisme, sang, boisson, fruit, lait, bétail, l'objet ou complément direct de verbes attributifs.

R. La nourriture développe l'organisme. — La respiration vivifie le sang. — L'estomac absorbe les boissons. — La moisissure gâte les fruits. — La présure caille le lait. — Les herbages engraissent le bétail.

D. Analysez logiquement les propositions où le verbe attributif est suivi d'un objet ou complément direct, et indiquez le rôle logique que cet objet y remplit.

R. Le complément direct ou objet, est un complément logique de l'attribut. Il rend donc l'attribut complexe dans ces propositions.

Le blé nourrit l'homme. (suj. *le blé*; verb. *est*; attr. complex. *nourrissant l'homme.*) — L'abstinence affame l'estomac. (suj. *l'abstinence*; verb. *est*; attr. complex. *affamant l'estomac.*) — Le miel sucre la tisane. (suj. *le miel*; verb. *est*; attr. complex. *sucrant la tisane.*)

(Et ainsi de suite pour les autres.)

VII.

D. Donnez la forme passive à toutes les propositions ci-dessus.

R. L'homme est nourri par le blé. — L'estomac est affamé par l'abstinence — La tisane est sucrée par le miel. — La peau est cautérisée par la chélidoine. etc., etc.

(Analyse logique de ces propositions.)

Les exercices pourront prendre ici une grande variété, par la combinaison des termes de l'ordre organique avec ceux empruntés à l'ordre physique, qui fourniront aux propositions des sujets, des attributs, des verbes attributifs et des compléments.

D. Combinez des sujets empruntés à l'ordre physique avec des verbes et des objets empruntés à l'ordre organique.

R. (*Les termes empruntés à l'ordre physique, sont en italique.*)

La rosée féconde le sol. — Le *soleil* mûrit les blés. — La *gelée* flétrit les bourgeons. — L'*électricité* stimule la végétation. — Le *feu* cuit les aliments. Le *sel* assaisonne les légumes. L'*obscurité* étiole les plantes.

D. Combinez des sujets empruntés à l'ordre organique, avec des verbes et des objets empruntés à l'ordre physique.

R. La transpiration des feuilles *mouille la terre.* — La végétation des plantes *électrise l'atmosphère.* — Le gazon des prairies *humecte le terrain* — La croissance des saxifrages *fend le rocher.* — Le *vinaigre décompose la pierre calcaire.* — Le développement des n... *remplit les eaux.*

D. Combinez des sujets et des verbes empruntés à l'ordre physique, avec des objets empruntés à l'ordre organique.

R. La *sécheresse épuise* la sève. — La *lumière nuance* les fleurs — L'*hiver gèle* les végétaux — L'*humidité amollit* le pain. — Le *feu roussit* le beurre. — Le *froid solidifie* la graisse.

D. *Donnez encore diverses autres combinaisons des termes de l'ordre physique avec ceux de l'ordre organique.*

R. Les années augmentent la consistance du bois. — Le *froid* de la fièvre *diminue les forces.* — Les *grands* arbres *ombragent* une *large étendue.* — Les feuilles tendres sont *brûlées* par l'*ardeur* du *soleil* — Les forces digestives de l'estomac sont stimulées par le *sel marin,* etc. etc.

Ici comme dans les exercices tirés de l'ordre physique, on pourra présenter les questions sous forme de propositions incomplètes, que l'élève devra compléter. On fera également l'analyse grammaticale des propositions analysées logiquement.

VIII.

D. *Citez des mots en rapport de dérivation avec :* glu, pâte, sang, baume, digérer, maigre, orange, arôme.

R. Glu, gluant, engluer, gluten, glutineux, agglutiner, agglutination. — Pâte, pâté, pâteux, empâter, empâtement, pastille. — Sang, sanguin, sanguinolent, sanglant, ensanglanter, exsangue. — Baume, embaumer, balsamique, balsamine. — Digérer, digestion, digestif, indigestion, indigeste. — Maigre, maigrelet, maigrir, amaigrir, maigreur, amaigrissement. — Orange, oranger, orangeade. — Arôme, aromate, aromatique, aromatiser.

D. *Cherchez, dans l'ordre organique, d'autres mots qui présentent un certain nombre de dérivés.*

R. Gras. Coton. Foin. Épine. Cuir. Musc. Vin. Savon.

IX.

D. *Distinguez, parmi les noms qui suivent :* santé, pétale, vanille, enflure, cœur, défaillance, botanique, végétation, sève, résine, *ceux qui désignent des êtres réels, et ceux qui n'expriment qu'une vue de l'esprit sur les qualités, les actes, les états, les rapports des êtres, et sont appelés* abstraits.

R. Noms d'objets réels : *pétale, vanille, cœur, sève, résine.*

Noms abstraits : *santé* (état de ce qui est sain), *enflure* (état de ce qui est enflé), *défaillance* (état de l'être à qui les forces manquent), *botanique* (science qui traite des végétaux), *végétation* (acte de végéter).

D. *Citez un certain nombre de noms d'objets réels.*

R. Feuille. Laine. Farine. Bois. Épice.

D. *Citez un certain nombre de noms abstraits.*

R. Floraison. Difformité. Digestion. Faiblesse. Langueur.

X.

D. Citez des mots, de l'ordre organique, qui sont souvent employés dans un sens figuré; donnez des exemples du sens propre et du sens figuré.

R. Germe, cœur, levain, mûr, venin, maigre, digérer, enflé, organe, mielleux, lèpre, aigrir, bilieux, absorber, contagieux, etc.

Exemples : le germe d'un œuf, le germe d'une pensée; — les battements du cœur, les sentiments du cœur; — le levain de la pâte, le levain de la discorde; — un fruit mûr, un talent mûr; — le venin du serpent, le venin de la calomnie; — un animal maigre, un maigre avantage; — digérer un repas, digérer un désagrément; etc.

XI.

D. Donnez des exemples de noms propres, tirés de l'ordre organique.

R. Le nom de chaque espèce vivante est un nom propre pour cette espèce. Il devient nom commun pour tous les individus qui la composent. Ainsi, par exemple, le mot *chêne* est le nom propre de l'espèce d'arbres ainsi appelée; et tous les arbres de cette espèce sont appelés du nom commun de *chênes*.

D. Donnez des exemples de noms collectifs, tirés de l'ordre organique.

R. Forêt. Bosquet. Pépinière. Sapinière. Vignoble.

III. DE LA VIE ANIMALE.

125. Le corps de l'homme n'est pas seulement un organisme qui se nourrit; c'est, ainsi que nous l'avons dit, un être *animé*, qui se meut pour éviter ce qui lui nuit, rechercher ce qui lui est utile, et agir de diverses manières sur le monde extérieur. A cet effet, il possède des puissances de *locomotion*, et des sens qui l'avertissent de la présence des objets.

Il partage cette propriété avec les animaux qu'on appelle les *bêtes*, pour les distinguer de l'homme considéré quant à sa vie animale. Les animaux forment une immense série, où se montrent les constructions corporelles les plus diverses, et qui mérite d'arrêter spécialement notre attention, comme étant ce qu'il y a de plus élevé dans l'ordre corporel. Non-seulement il est utile à l'homme de bien connaître le règne animal pour tirer parti des animaux et assurer sa domination sur eux; mais encore, en considérant les variétés de leur structure, il arrive à mieux se rendre compte de l'admirable structure de son propre corps, qui résume en soi toutes leurs perfections.

126. Les animaux ont été divisés en familles naturelles comme les végétaux. Leur ensemble présente quatre grands embranchements : les *vertébrés*, les *articulés*, les *mollusques* et les *rayonnés*.

PREMIER EMBRANCHEMENT. — ANIMAUX VERTÉBRÉS.

127. Les vertébrés sont ainsi appelés, parce que la charpente de leur corps s'appuie sur une *colonne vertébrale*, ou *épine du dos*.

Les vertébrés comprennent quatre classes : les *mammifères*, les *oiseaux*, les *reptiles* et les *poissons*.

Première classe. — *Mammifères.*

128. La classe des mammifères comprend neuf ordres, en tête desquels se trouve l'homme, formant à lui seul l'ordre des Bimanes, ou animaux à *deux mains*. Nous reviendrons plus loin sur l'admirable construction du corps de l'homme et sur l'importance de sa main, ce noble instrument de commandement et de puissance. Suivons ici l'énumération rapide des espèces composant la série animale.

129. Le second ordre de la série est celui des Quadrumanes, ainsi nommés parce que leurs quatre membres se terminent en main pour saisir les objets, c'est-à-dire qu'un des cinq doigts, appelé *pouce*, est opposé aux quatre autres doigts. Les quadrumanes comprennent deux familles : 1° les *singes*, dont les ongles sont plats ; et 2° les *lémuriens*, dont les ongles sont en *griffes*. Nous distinguerons, parmi les singes, l'*orang-outang*, dont la taille est de six pieds.

130. Le troisième ordre est celui des Carnassiers. Il se compose de trois familles, comprenant de nombreuses espèces. Ces trois familles sont :

1° Les *cheiroptères*, animaux remarquables par le repli de peau qui, s'étendant entre leurs quatre membres, forme deux ailes à l'aide desquelles ils peuvent voler comme les oiseaux. Les *chauves-souris* appartiennent à cette famille.

2° Les *insectivores*, parmi lesquels nous distinguons le *hérisson*, animal hérissé de piquants qui lui servent à se défendre ; la *taupe*, qui fouille si facilement la terre, et la *musaraigne*, le plus petit de tous les quadrupèdes.

3° Les *carnivores*, famille importante et nombreuse, se divisant en trois tribus : les *plantigrades*, qui marchent sur la plante des pieds ; les *digitigrades*, qui marchent sur l'extrémité des doigts, et les *amphibies*, qui vivent en partie dans l'eau.

Aux carnivores plantigrades appartiennent l'ours et le blaireau.

Les carnivores digitigrades sont remarquables par la légèreté de leur marche. C'est à cette tribu qu'appartiennent les chats, les chiens, les civettes, les hyènes, les martres, les loutres.

Les *chats* se font remarquer par leurs ongles aigus qu'ils peuvent retirer pour les mettre à l'abri, ce qui leur conserve une pointe acérée. Le genre *chat* contient le *lion*, le *tigre*, le *léopard* ou *jaguar*, la *panthère*, célèbres par leur férocité ; le *lynx*, sorte de chat sauvage dont la vue est très-perçante ; les diverses espèces de *chats sauvages* et le *chat domestique*.

Au genre *chien* se rapportent, outre le *chien domestique*, le *loup* et le *chacal*, qui sont des variétés sauvages connues par leur férocité, et le *renard*, renommé par ses ruses et le dégât qu'il fait dans les poulaillers.

Les *hyènes* ressemblent aux chiens par la forme ; mais elles en diffèrent par une sorte de crinière, et par la position inclinée de leur dos. Ces animaux sont très-voraces, et leurs mâchoires douées d'une force prodigieuse.

Parmi les *martres*, nous remarquons la *belette*, le *putois*, la *fouine*, qui sont le fléau des poulaillers ; le *furet*, qui chasse les lapins ; l'*hermine* et la *zibeline*, dont les fourrures sont très-estimées.

Les *loutres* diffèrent surtout des martres par leurs pieds palmés, qui sont en rapport avec leurs habitudes aquatiques. Elles vivent le long des rivières et de la mer, et se nourrissent de poisson. Elles donnent une assez belle fourrure.

Les *civettes* ressemblent aux martres ; elles sont renommées par une sorte d'humeur odorante, employée dans la parfumerie.

Les *amphibies*, troisième tribu des carnivores, se distinguent par la brièveté de leurs pattes, disposées défavorablement pour la marche mais favorablement pour la natation. Les *phoques*, ou *veaux marins*, appartiennent à cette tribu.

131. Le quatrième ordre des mammifères est celui des Rongeurs. Il est aussi très-nombreux. On y remarque en première ligne les différentes espèces de *rats*. Les *écureuils*, les *marmottes* et les *loirs* ; les *lièvres* et les *lapins*, dont les petits sont appelés *levrauts* et *lapereaux* ; les *cabiais* ou *cochons d'Inde* ; le *chinchilla* et le *petit-gris*, dont la fourrure est très-estimée, le *castor*, renommé à la fois pour son duvet, pour l'humeur odorante qu'il fournit et qu'on nomme *castoreum*, et pour les demeures élégantes qu'il se construit en société, appartiennent aussi à l'ordre des rongeurs. Il en est de même du *porc-épic*, qui ressemble au hérisson, avec lequel cependant il ne faut pas le confondre, ce dernier appartenant aux carnassiers insectivores.

Les rongeurs sont ainsi nommés à cause de la disposition de leurs dents de devant ou *incisives*, qui, étant très-tranchantes, leur permettent de ronger avec une remarquable facilité. Chacun sait avec quelle promptitude l'écureuil sait attaquer une noisette, et quels immenses dégâts les rats produisent à l'aide de leurs dents. Les rongeurs manquent des dents *canines*, et présentent un vide à la place que ces dents devraient occuper, sur le côté des incisives ; aussi se défendent-ils faiblement contre les animaux carnassiers. Ceux-ci, parmi lesquels se trouve le chien *canis*, ont les canines fortes et aiguës.

132. L'ordre des ÉDENTÉS, ainsi nommé parce que les animaux qui le composent manquent de dents, en tout ou en partie, est le cinquième ordre des mammifères. Il présente des animaux de formes singulières, parmi lesquels on remarque le *paresseux*, qui marche avec une grande difficulté, et le *fourmilier*, dont la langue, allongée et extensible, se couvre de fourmis qu'il retire dans sa bouche pour s'en nourrir.

133. Le sixième ordre est celui des MARSUPIAUX, qui se distingue par la poche que la femelle porte sur le ventre, et où elle loge ses petits. On y trouve les *sarigues* et les *kanguroos*, si remarquables par la longueur de leurs pattes de derrière, qui leur permet de faire des bonds très-étendus.

134. Le septième, celui des PACHYDERMES, comprend des animaux aux formes lourdes et à la peau épaisse, parmi lesquels on distingue l'*éléphant*, le plus grand des quadrupèdes ; le *rhinocéros* et l'*hippopotame*, remarquables aussi par leurs proportions colossales ; le *cochon*, dont la chair est si utile, et le *sanglier*, sorte de cochon sauvage. Ces animaux ont en général les dents canines saillantes en forme de *défenses* ; le rhinocéros porte une corne sur le nez, de là son nom. L'éléphant a le nez terminé par une trompe qui lui permet de saisir très-habilement les objets. Ce sont les défenses de l'éléphant qui donnent l'*ivoire*. Observons encore que les pachydermes n'ont pas, comme tous les mammifères cités jusqu'ici, les doigts de leurs pieds libres, mais que ces doigts sont enfermés dans un ou plusieurs *sabots* cornés.

135. Les SOLIPÈDES, qui forment le huitième ordre des mammifères, sont ainsi nommés à cause du sabot unique qui termine leur pied. Ils se distinguent par l'élégance de leurs formes et par leur agilité. On remarque dans cet ordre le *cheval*, l'*âne* et le *zèbre*.

Le *cheval* se distingue entre tous les animaux par la noblesse de son port, et par la facilité avec laquelle il se laisse conduire par l'homme. Nul autre animal, si ce n'est le chien, n'est aussi attaché à son maître.

L'*âne*, moins brillant et moins facile à conduire, rend cependant de précieux services, à cause de sa douceur et de son peu d'exigence.

Le *mulet*, qui tient de l'âne et du cheval, est un animal doublement précieux par sa grande force à porter les fardeaux et par sa sobriété. Cet animal est surtout employé dans les montagnes, dont il franchit les chemins difficiles d'un pied sûr, en portant les voyageurs et les marchandises.

Le *zèbre* se fait remarquer par les belles raies noires qui sillonnent sa peau d'un jaune orangé. Cet animal habite les pays chauds.

136. Les RUMINANTS, neuvième ordre des mammifères, forment un groupe très-bien caractérisé, et qui renferme un grand nombre d'animaux utiles à l'homme. Leur nom vient de ce qu'ils *ruminent*, c'est-à-dire mâchent une seconde fois les végétaux dont ils se nourrissent et qu'ils ont d'abord mâchés grossièrement. A cet effet, l'aliment revient dans la bouche après avoir subi un commencement d'élaboration dans un premier estomac, appelé la *panse*, où il est introduit d'abord. L'aliment, ainsi remâché, passe ensuite dans trois autres estomacs ou cavités ayant reçu des noms particuliers, qui sont : le *bonnet*, le *feuillet* et la *caillette* ; son élaboration s'achève dans un intestin très-long, disposition favorable pour la transformation du suc végétal des herbages en matière animale. Les grosses dents de derrière, appelées *molaires* parce qu'elles broient à la manière des *meules*, sont très-développées chez les ruminants.

On distingue dans l'ordre des ruminants deux grandes divisions : ceux qui ont des cornes et ceux qui en sont privés.

Parmi les premiers, nous remarquons les animaux constituant ce qu'on appelle le *bétail* : le *bœuf*, dont le *buffle* est une espèce ; le *mouton* et la *chèvre*. Ces animaux, si utiles à l'homme, ont reçu différents noms qui résultent des variétés de leurs emplois et de leurs services. Ainsi, dans le genre *bœuf*, le *taureau* est le mâle destiné à la reproduction de l'espèce ; la *vache* est la femelle, dont le lait nous est si utile et donne tant de produits ; le petit s'appelle *veau* ; la *génisse* est la jeune vache qui n'a pas encore donné de veau. Dans le genre *mouton*, on nomme *bélier* le mâle, *brebis* la femelle, *agneau* le petit. Le mâle de la chèvre s'appelle *bouc* ; et le petit, *chevreau* ou *cabri*.

Les *antilopes* et les *gazelles*, animaux sauvages si légers à la course, sont aussi des ruminants à cornes ; il en est de même de la *girafe*, dont les cornes offrent cette particularité qu'elles sont recouvertes par la peau.

Chez le *cerf*, si connu pour son agilité à la course, les cornes sont rameuses, et elles tombent tous les ans. On leur a donné le nom de *bois*, parce qu'on a comparé leur croissance à celle des branches des arbres. On nomme *andouiller* la branche du bois. La femelle du cerf s'appelle *biche*, et son petit, *faon*. Le *chevreuil* et le *daim* sont des espèces de cerfs. La femelle du chevreuil s'appelle *chevrette*. L'*élan* et le *renne*, si utile aux habitants des pays du Nord, sont des espèces de daims.

La femelle des ruminants à cornes caduques ne porte pas de bois, sauf chez le renne.

Parmi les ruminants sans cornes, nous trouvons le *chameau*, précieux pour les habitants du désert, et dont le *dromadaire* est une espèce, caractérisée par une bosse unique sur le dos, tandis que le chameau proprement dit en a deux. Le *lama*, sorte de chameau de l'Amérique méridionale, se fait remarquer par des formes plus élégantes, une taille plus petite, et en ce qu'il n'a pas de bosse sur le dos.

Les *chevrotains* sont aussi des ruminants sans cornes, d'une timidité et d'une agilité extrêmes. La principale espèce est celle qui donne le parfum appelé *musc*, et qui habite la haute Asie.

137. L'ordre des Cétacés est le dixième et le dernier des mammifères. Il comprend des animaux qui, au premier abord, pourraient être pris pour d'énormes poissons, tant à cause de leur forme que de la disposition de leur membres en nageoires. Mais ils ne peuvent respirer dans l'eau comme les poissons, et ils sont obligés de venir à la surface, tant pour respirer que pour dormir.

On distingue parmi eux la *baleine*, le plus gigantesque de tous les animaux, dont un coup de queue peut ébranler un navire, et dont la longueur, lorsqu'elle atteint son entier développement, peut dépasser cent pieds ; le *cachalot*, un peu moins grand que la baleine ; le *narval*, qui n'atteint que vingt-cinq à trente pieds, mais qui est remarquable par sa force et par la longue défense en forme d'épée dont sa tête est armée, défense qui lui permet d'attaquer les plus énormes habitants des mers, de percer même le bois des navires. On trouve encore dans cet ordre les *dauphins* et les *marsouins*, appelés aussi *cochons de mer*. Les cétacés, et surtout les baleines et les cachalots, présentent de grandes masses de graisse qui en rendent la pêche très-fructueuse.

Deuxième classe. — *Oiseaux*.

138. Les oiseaux, qui forment la deuxième classe des animaux vertébrés, se distinguent des autres animaux par les *plumes* qui les couvrent, et en ce que leurs membres de devant sont conformés en *ailes* qui leur permettent de voyager dans l'air. Tout, chez ces animaux, est disposé pour leur donner la plus grande légèreté, dont leurs plumes sont l'emblème dans notre langage. Outre les cavités que présente le tuyau de leurs plumes, il en existe encore d'autres dans leurs os, qui sont aussi remplis d'air ; leurs poumons sont vastes, ce qui, en leur faisant absorber beaucoup d'air, rend leur sang très-chaud et donne à leurs mouvements une extrême vivacité. Le sens de la vue est très-développé chez les oiseaux, et cela leur est nécessaire comme habitants des airs. Un caractère qui les distingue encore, c'est que leurs mâchoires se terminent par un appendice corné appelé *bec*.

On donne le nom de *pennes* aux grandes plumes des ailes et de la queue des oiseaux, et celui de *duvet* aux plus petites et aux plus moelleuses.

139. Les oiseaux sont *ovipares*, c'est-à-dire qu'ils se reproduisent par des *œufs*. Les germes de ces œufs *éclosent* après avoir été *couvés* pendant un temps qui varie suivant les espèces. Chez la poule, cette période, qu'on appelle incubation, dure vingt-un jours.

Dans l'œuf, on distingue, outre le *germe* qui doit reproduire le jeune oiseau, le *jaune*, qui est la partie la plus substantielle dont il se nourrit pendant l'incubation ; le *blanc* ou la *glaire*, qui est la substance plus légère dont il se nourrit d'abord ; et la *coque*, partie résistante qui enveloppe l'œuf et lui conserve sa forme, jusqu'à ce que le petit, en éclosant, brise cette enveloppe.

Le lieu où les oiseaux couvent leurs œufs s'appelle *nid* ; le nid des grands oiseaux de proie s'appelle *aire* ; certains oiseaux, comme l'autruche, ne construisent pas de nid, mais déposent leurs œufs dans le sable, où le soleil brûlant des pays que ces oiseaux habitent les fait éclore.

140. Les oiseaux ont été divisés en six ordres : les *rapaces*, ou *oiseaux de proie* ; les *passereaux*, ou *oiseaux chanteurs* ; les *grimpeurs*, ainsi nommés parce qu'ils grimpent avec facilité le long des arbres ; les *gallinacés* ou *oiseaux de basse-cour* ; les *échassiers* ou *oiseaux de rivage*, et les *palmipèdes* ou *oiseaux aquatiques*.

141. L'ordre des Rapaces se distingue par des ongles forts et crochus appelés *serres*, et par un bec tranchant que meuvent des

muscles vigoureux. Ils sont très-voraces, et redoutés [illegible] des basses-cours. Cependant ils sont aussi utiles à l'homme, [en ce] qu'ils détruisent une multitude de petits animaux rongeurs qui [sans] eux infesteraient les campagnes.

On les distingue en *diurnes* et *nocturnes*, suivant qu'ils [chassent] de jour ou de nuit.

Parmi les *diurnes*, nous remarquons les *aigles*, au [regard menaçant] et au port majestueux; les *vautours*, dont la tête et [le cou sont] nus; les *autours*, qui nous présentent diverses espèces, [et] entre autres l'*épervier*, le *milan* et le *faucon*, que l'homme [dresse] pour la chasse.

Quant aux oiseaux de proie *nocturnes*, ils se font remarquer par une physionomie particulière qui fait ressembler leur tête à celle du chat. Leurs yeux sont grands et arrondis, leur bec court et crochu. On les divise en *chouettes* et en *hibous*. Ces derniers se distinguent en ce qu'ils ont la tête surmontée d'une aigrette. Le *chat-huant* [est] une espèce de chouette; le *grand-duc*, le plus grand de tous les rapaces nocturnes, est une espèce de hibou.

142. Les PASSEREAUX forment l'ordre le plus nombreux des oiseaux. On en compte plusieurs familles, se subdivisant en beaucoup d'espèces, parmi lesquelles nous citerons, comme les plus connues, l'*alouette*, la *mésange*, le *bouvreuil*, le *moineau*, [illegible] la *linotte*, le *serin*, le *chardonneret*, l'*étourneau*, le [illegible] *corbeau*, le *merle*, la *grive*, la *pie*, le *geai*, la *fauvette* et le [illegible] le *loriot*, la *bergeronnette*, l'*hirondelle*, le *martinet*, [illegible] le *colibri*, l'*alcyon*, le *martin-pêcheur*, etc.

Plusieurs de ces oiseaux sont très-remarquables, soit par leur chant, soit par leur plumage ou par leurs habitudes. [Parmi eux,] nous distinguons la *fauvette* et le *rossignol*, lequel est lui-même une espèce de fauvette, les plus mélodieux des oiseaux chanteurs; le *serin*, si familier, et dont le chant a le mérite d'égayer [nos apparte-]ments en toute saison; le *pinson*, l'*alouette*, connus par la [grâce et] la vivacité de leur ramage; le *moineau*, si familier et si [importun,] mais cependant utile en ce qu'il détruit une multitude d'insectes; les *hirondelles*, célèbres par leurs longs voyages, la rapidité de leur vol, leurs habitudes de sociabilité entre elles, et leur attachement aux lieux qu'elles ont choisis pour demeure; le *corbeau*, le plus gros des passereaux, remarquable par sa longévité et ses habitudes singulières; l'*alcyon* et le *martin-pêcheur*, qui nichent au bord de la mer; le *colibri* et l'*oiseau-mouche*, renommés par leurs magnifiques nuances et par l'exiguité de leur taille.

143. L'ordre des GRIMPEURS se distingue en ce que les oiseaux de cet ordre ont deux doigts en avant et deux en arrière, afin de se cramponner plus facilement aux arbres. Nous trouvons parmi eux les *perroquets* et les *perruches*, connus par leur babil et par la beauté de leur plumage; les *coucous*, remarquables par leurs habitudes solitaires; les *toucans*, au bec énorme et bizarre; les *coutou-cous* et les *touracos*, aux brillantes couleurs.

144. L'ordre des GALLINACÉS est le plus intéressant au point de vue de l'économie domestique. On y rencontre le *coq*, le *faisan*, le *paon*, le *dindon*, la *perdrix*, la *pintade*, la *caille* et les différentes

espèces de *pigeons*. La plupart de ces oiseaux sont remarquables par l'élégance de leurs formes et la beauté de leurs couleurs. Leur utilité est comparable à celle des ruminants parmi les mammifères, et ils ont aussi avec eux des analogies quant à la conformation de l'appareil digestif.

Le *coq* a pour femelle la *poule*, dont les petits s'appellent *poussins* et plus tard *poulets*. La poule est l'emblème de la sollicitude maternelle ; rien n'égale sa vigilance à surveiller ses petits, et son courage à les défendre.

Le *paon* et le *faisan* sont remarquables par la magnificence de leur plumage, qui les fait distinguer entre tous les gallinacés.

Les petits des *perdrix* se nomment *perdreaux* ; c'est un gibier très-estimé.

Parmi les pigeons, on remarque les *ramiers*, les *tourterelles* et les *bisets*. Ces derniers nous donnent les différentes variétés que nous élevons dans nos pigeonniers. On donne le nom de *pigeonneau* au jeune pigeon.

145. Les Échassiers sont ainsi nommés à cause de la longueur de leurs pattes, qui ressemblent à de longues échasses. Ils volent en les étendant en arrière, tandis que les autres oiseaux replient les leurs sous le ventre.

Parmi les échassiers, nous remarquons l'*autruche* et le *casoar*, oiseaux de dimensions colossales, qui vivent dans les déserts sablonneux des pays chauds ; l'*outarde*, le *pluvier*, le *vanneau*, qui habitent nos climats ; la *grue*, dont le vol est si régulier dans les voyages qu'elle fait par bandes ; le *héron* et la *cigogne*, oiseaux pêcheurs qui se plaisent le long des rivières et dans les marécages : les *chevaliers*, les *combattants*, les *bécasses* et les *bécassines*, les *râles*, les *poules d'eau*, les *flammants*, etc.

146. Les Palmipèdes sont ainsi appelés, parce que leurs doigts sont réunis par une membrane qui leur permet de nager facilement. Ce sont des oiseaux aquatiques, parmi lesquels nous remarquons le *cygne*, le *canard*, le *harle*, l'*oie*, la *sarcelle*, le *plongeon*, le *pélican*, le *cormoran*, le *pingouin*, le *goéland*, la *mouette*, le *sterne*, etc.

Le *canard* et l'*oie* sont des oiseaux de basse-cour très-connus. L'oie fournit une graisse excellente ; ses plumes sont très-employées pour écrire. Cet oiseau, qu'on prend à tort pour emblème de la stupidité, est doué d'un instinct très-remarquable, dont il donne des preuves dans l'ordre de ses voyages lorsqu'il traverse les airs aux changements de saisons. Le *cygne* se distingue par ses formes élégantes, son port majestueux et son magnifique plumage, d'une blancheur éblouissante, qui en font l'hôte des châteaux. Le *pélican* est remarquable par la vaste poche membraneuse qu'il porte sous le bec, et où il accumule le produit de sa pêche. Le *cormoran* n'a pas cette poche, mais il se distingue aussi par sa voracité, que surpasse encore celle des *goélands* et des *mouettes*. Le *pingouin*, habitant des mers polaires, ne visite que rarement nos côtes. Le *sterne*, appelé aussi *hirondelle de mer*, à cause de ses ailes longues et pointues, rase les eaux de la mer en poussant des cris aigus comme les martinets, et enlevant à la surface les petits poissons.

Disons, en terminant ce court aperçu de la classe des oiseaux, que cette branche de l'histoire naturelle, connue sous le nom d'*ornithologie*, est une des plus attrayantes pour les amateurs, qui se sont plu de tout temps à en réunir de brillantes collections.

TROISIÈME CLASSE. — *Reptiles.*

147. Cette classe comprend des animaux dont le sang est froid, parce que leur respiration est peu active, et qui rampent ou se trainent plutôt qu'ils ne marchent à terre. La plupart ont des habitudes aquatiques.

Les reptiles se divisent en quatre ordres : les *chéloniens*, les *sauriens*, les *ophidiens* et les *batraciens*.

148. Les CHÉLONIENS ont pour type les *tortues*, remarquables par l'écaille qui les protège et qu'on nomme leur *carapace*. Cette écaille est une matière précieuse pour l'industrie. Les animaux de cet ordre ont quatre pattes.

149. LES SAURIENS, qui ont tantôt quatre pattes, tantôt six, comprennent, entre autres, les *lézards*, les *crocodiles* et les *caïmans*. Le *crocodile*, connu de temps immémorial en Égypte, est redoutable par sa férocité et sa voracité. Il a pour ennemi acharné une espèce de petite civette nommée *ichneumon*, qui dévore ses œufs et ses petits. Les *caïmans*, animaux aussi très-voraces, habitent l'Amérique et particulièrement la Guyane. Les *lézards* se font remarquer par leur agilité, leurs petites dimensions, leurs formes élégantes et leurs habitudes douces ; les *monitors*, qui atteignent dix à douze pieds, appartiennent à la même famille. Ces derniers, qu'on a quelquefois pris à tort pour de jeunes crocodiles, ont, au contraire, les crocodiles pour ennemis ; et les sifflements qu'ils poussent à leur approche, avertissent l'homme du danger : de là leur nom de *monitors.*

Le *caméléon*, connu par ses changements de nuances, appartient aussi à l'ordre des sauriens. Il en est de même des animaux appelés *dragon* et *basilic* par les naturalistes.

150. L'ordre des OPHIDIENS comprend des animaux allongés et dépourvus de membres, qui se meuvent en rampant et en se recourbant avec flexibilité. On y trouve les *serpents*, que l'on distingue en *venimeux* et *non-venimeux*. Parmi les venimeux, les plus connus sont le *crotale* ou *serpent à sonnettes*, et la *vipère*, dont une espèce vit en Europe. Les serpents non-venimeux comprennent les *couleuvres* et les *boas* ; ces derniers atteignent des proportions gigantesques, qui vont quelquefois jusqu'à quarante pieds. Les *orvets* sont une sorte de petits serpents très-communs en Europe, qui vivent de vers et d'insectes, et dont la peau est revêtue de brillantes couleurs.

151. L'ordre des BATRACIENS nous présente les *grenouilles*, les *crapauds* et les *salamandres.*

On avait attribué aux *salamandres* l'incombustibilité, à cause d'un liquide abondant qu'elles exhalent lorsqu'on les jette dans le feu. La laideur de leurs formes les a fait regarder comme dangereuses, quoiqu'elles ne le soient pas en réalité. Il en est peut-être de même du *crapaud*, quoique l'humeur fétide et brûlante qu'il lance quand on l'attaque soit plus ou moins suspecte.

Les *grenouilles*, à leur naissance, portent le nom de *têtards*. Elles ont alors une longue queue, et nagent comme les poissons; mais l'animal change peu à peu de formes, et prend enfin la forme définitive que nous lui connaissons.

Quatrième classe. — *Poissons.*

152. Les poissons ne sont pas aussi intéressants que les animaux dont nous avons parlé jusqu'ici, par leur instinct et la variété de leurs mouvements; mais ils le sont par leur nombre immense, leur prodigieuse multiplication, les variétés de leur organisation, et en ce qu'un grand nombre d'entre eux fournissent à l'homme une nourriture abondante, parfois délicieuse.

153. Les poissons ont le corps conformé de manière à fendre les eaux avec facilité. Généralement ils sont plus ou moins aplatis et allongés. Leurs membres sont conformés en nageoires, et leur queue disposée pour diriger leurs mouvements en frappant l'eau. Leur respiration ne s'opère point par des poumons situés dans la poitrine; les vaisseaux où le sang reçoit l'influence de l'air se ramifient dans des appareils appelés *branchies*, situés près des oreilles : l'eau, en mouillant les feuillets membraneux dont les branchies se composent, cède au sang la petite quantité d'air qu'elle contient. C'est pourquoi les poissons meurent dès qu'ils sont hors de l'eau ; ceux qui vivent plus ou moins longtemps hors de ce liquide, ont les branchies disposées de telle sorte qu'elles en retiennent une plus ou moins grande quantité, qui suffit à faire respirer le poisson pendant un certain temps.

La plupart des poissons sont *ovipares*, et leurs œufs innombrables prennent le nom de *frai*, lorsqu'ils sont pondus et fécondés par la *laitance* du mâle. Un grand nombre ont un organe appelé *vessie natatoire*, contenant de l'air qu'ils dilatent ou condensent à volonté, ce qui leur permet de s'élever ou de descendre dans l'eau.

Les sens des poissons ne sont guère développés. Le toucher et le goût sont presque nuls chez eux ; l'ouïe et la vue sont médiocres. Leur odorat paraît fin, si l'on en juge par les grandes distances auxquelles les corps en putréfaction les attirent.

Leur sang est rouge et froid comme celui des reptiles.

154. La classe des poissons a été divisée en deux sous-classes : 1° ceux dont le squelette est dur et fibreux, et qui sont les plus nombreux, par exemple le *brochet*; 2° ceux dont le squelette, moins consistant, est comparable à du cartilage, par exemple la *raie*. Ces deux sous-classes ont encore d'autres caractères qui les distinguent. Elles se divisent en ordres, qui eux-mêmes se divisent en familles. Les caractères distinctifs sont tirés de la disposition des nageoires, de la bouche et des branchies. Le nombre des membres est variable chez les poissons comme chez les reptiles.

Les noms qu'on a donnés aux différents ordres de poissons, sont restés en général dans le domaine scientifique, à cause de la difficulté d'en préciser les caractères. Nous mentionnerons donc simplement les espèces les plus connues, en indiquant à quelles divisions elles se rapportent, afin que, sans trop s'écarter du langage usuel, l'esprit ait une idée de la classification scientifique des poissons.

155. Parmi les poissons dont les arêtes sont dures et osseuses, on remarque :

Les *perches*, poissons riches en couleurs et d'une chair excellente. Il faut en rapprocher les *mulles* et les *surmulets*, dont les anciens Romains étaient très-friands.

Les *trigles*, comprenant certaines espèces à qui leurs nageoires, en forme d'ailes, permettent de se tenir quelques instants au-dessus de l'eau, d'où le nom de *poisson-volant*.

Les *épinoches*, les plus petits de nos poissons, ayant à peine un pouce de longueur.

Les *sciènes*, poissons très-estimés dans les temps anciens, mais beaucoup moins aujourd'hui.

Les *spares*, parmi lesquels on trouve la *daurade*, renommée par la beauté de ses couleurs et la délicatesse de sa chair.

Les *chétodons*, poissons des mers intertropicales, excellents à manger, et offrant des nuances d'un aspect ravissant.

Les *scombres*, parmi lesquels nous trouvons le *maquereau* et le *thon*, poissons très-nourrissants, et dont le dernier, remarquable par sa taille énorme, est une véritable richesse pour les côtes de la Méditerranée. De ce genre il faut rapprocher l'*espadon* et les *dorées*. L'*espadon*, qui a une longueur de cinq pieds au moins et quelquefois de six ou sept mètres, a la tête armée d'une saillie en forme d'épée, arme très-redoutable qui lui permet de lutter contre les plus grands habitants des mers, même les plus énormes cétacés. Quant aux *dorées*, elles fournissent un bon aliment.

L'*anabas*, poisson des Indes, dont les branchies possèdent une sorte de réservoir d'eau qui leur permet de vivre assez longtemps dans l'air pour pouvoir monter, à force de sauts, le long des arbres, auxquels ils s'accrochent à l'aide d'épines que porte leur cou. De là son nom, d'un mot grec qui signifie *grimper, monter*.

L'*anarrhique*, ou *loup de mer*, remarquable par sa voracité et par la vigueur extrême de ses dents, qui brisent les filets des pêcheurs et les blessent grièvement eux-mêmes. Ce poisson atteint de cinq pieds à trois mètres et plus. Il vit dans les mers du Nord.

Les *lophies*, poissons aux formes monstrueuses et bizarres, très-voraces et de grande taille. On remarque parmi eux les *baudroies*.

Les *labres*, poissons de formes élégantes, aux couleurs vives et richement nuancées.

Les *cyprins*, parmi lesquels nous remarquons la *carpe*, un des plus délicats de nos poissons d'eau douce ; les *goujons* et les *tanches*, poissons aussi très-agréables à manger ; les *ables*, appelés vulgairement *poissons blancs*, qu'on trouve par milliers dans les rivières, où ils forment différentes espèces. Les belles écailles argentées de ces derniers, dissoutes dans l'eau gommée, servent à donner aux perles communes leur éclat. — Des cyprins il faut rapprocher les *loches*, dont certaines sont excellentes à manger.

Les *ésoces* (du nom latin *esox*, qui signifie *brochet*), famille à laquelle appartient le *brochet*, poisson d'eau douce très-vorace, et dont la chair, bonne à manger, ne vaut cependant pas celle de la carpe. On trouve encore dans cette famille l'*exocet*, qui possède, comme certains trigles, des nageoires en formes d'ailes au moyen desquelles il peut se soutenir quelques instants au-dessus de l'eau, ce qui lui vaut le titre de *poisson-volant* et d'*hirondelle de mer*.

Les *siluroïdes*, dont une espèce, le *malapterure électrique*, poisson du Nil, possède, comme le gymnote et la torpille, dont nous parlerons plus loin, la faculté d'engourdir les animaux qui en approchent. Le *silure*, type de cette famille, est le plus grand des poissons d'eau douce d'Europe. Il atteint communément quatre ou cinq pieds de longueur, et va même quelquefois jusqu'à plusieurs mètres.

Les *salmonés*, parmi lesquels on distingue les *saumons* et les *truites*, poissons d'une chair très-délicate et d'un volume considérable, puisque le saumon pèse environ vingt livres, et que la truite du lac de Genève en pèse quelquefois jusqu'à quarante et cinquante. La truite commune, qui habite les eaux claires et très-vives, est plus petite, mais ornée des nuances les plus brillantes. L'*éperlan*, qui appartient à la même famille, est un joli petit poisson dont la peau et les écailles sont transparentes, et dont le nom vient de ce que ses nuances ont été comparées à celles des perles.

Les *clupoïdes*, remarquables par leur grande fécondité, et parmi lesquels nous trouvons les *harengs* (dont la *sardine* est une espèce, les *aloses* et les *anchois*. Les *aloses* remontent les rivières au printemps comme les salmonés ; c'est là qu'elles engraissent et que leur chair devient excellente.

Les *gades*, famille à laquelle appartient la *morue*, dont l'abondance extrême et la pêche facile font un poisson des plus précieux. A *Terre-Neuve*, vers les côtes de l'Amérique du nord, elles forment un banc inépuisable où des milliers de pêcheurs se rendent tous les ans sans pouvoir l'épuiser, car une seule femelle pond jusqu'à neuf millions d'œufs : aussi le prix de ce poisson ne vient que de la peine prise pour le préparer et le saler. On pêche d'excellentes morues sur les côtes de Norwège. Le poisson appelé *stokvisch*, est une morue desséchée sur les rochers pour la conserver. Le *cabillaud* est aussi une espèce de morue. Le *merlan* et la *lotte* appartiennent également à la famille des *gades*.

Les *pleuronectes*, famille où l'on remarque la *plie*, la *sole* et le *turbot*, et qui présentent cette particularité curieuse que leur tête, leurs yeux, leur bouche, semblent placés de travers, et qu'ils doivent nager obliquement pour regarder droit. La *limande* est une espèce de plie ; la *barbue* est une espèce de turbot. Le turbot a été de tout temps le poisson le plus estimé, et son prix s'élève toujours très-haut.

Les *anguilles*, poisson très-remuant, qui a la vie très-dure, et dont la chair est estimée. Ses petits naissent vivants. Le *congre* est une anguille de mer qui atteint quelquefois dix-huit pieds de long sur un pied de diamètre, et qui est redoutable par sa voracité. La *murène* est également une espèce d'anguille de mer, moins grande que le congre, et dont les anciens Romains faisaient grand cas. Le *gymnote*, poisson d'eau douce qu'on appelle *anguille électrique*, possède la faculté d'engourdir les animaux qui l'approchent, au moyen d'un appareil électrique qui réside dans sa longue queue. Comme il a cinq ou six pieds de long, il peut paralyser un homme et même un cheval pour toute leur vie. Pour le pêcher, on épuise sa faculté électrique à l'aide de certaines précautions.

Les *orbes*, poisson maritime qui mérite d'être cité, à cause de cette particularité qu'il se gonfle lorsqu'il est attaqué, et qu'il se hérisse alors de piquants très-aigus qui blessent ceux qui voudraient le saisir. Les *môles*, poisson arrondi de la même famille, qui a plus de quatre pieds de diamètre et pèse plus de trois cents livres, se font remarquer en ce que, lorsqu'ils nagent la nuit à la surface de la mer, l'éclat phosphorique de leur corps argenté les fait ressembler à l'image de la lune réfléchie dans les eaux ; de là le nom de *poisson-lune* que leur ont donné les marins, souvent trompés par cette apparence.

156. Les poissons dont nous allons parler maintenant, se distinguent de tous les précédents en ce que leur squelette est d'une substance cartilagineuse. Ils sont beaucoup moins nombreux, et presque tous sont *vivipares*. En voici les principaux, dont plusieurs sont très-remarquables :

Les *esturgeons*, poissons de très-grande taille, mais d'un caractère doux, ne se nourrissent que de vers et de petits poissons. Voyageurs comme les saumons, les esturgeons passent l'hiver au fond des mers, et remontent les fleuves au printemps. Leur chair est très-bonne à manger, et ressemble à celle du veau. Leurs œufs marinés forment un assaisonnement des plus recherchés, appelé *caviar*. La *colle de poisson*, ou *ichthyocolle*, si estimée et si chère, se tire de la vessie natatoire de l'esturgeon. Le plus petit esturgeon, ou *sterlet*, est le plus délicat, et ses œufs fournissent le meilleur caviar. Quant aux esturgeons gigantesques qui atteignent jusqu'à vingt pieds de longueur, leur chair est moins estimée.

Les *squales*, parmi lesquels il faut mentionner les *requins* et les *Milandres*, remarquables par leur force et leur férocité. Le *requin*, qui atteint quelquefois vingt-cinq pieds de long, est le plus redoutable de tous les habitants des mers. Sa gueule énorme et fortement armée lui permet de saisir et d'engloutir les corps les plus volumineux. Sa peau peut être employée comme cuir ; l'huile de son foie peut servir à l'éclairage, et sa chair est bonne à manger quand il est jeune.

Les *roussettes* ou *chiens de mer*, de plus petite taille que les requins, sont aussi des poissons dangereux. Les pêcheurs les recherchent surtout pour leur peau, avec laquelle on prépare le *chagrin*, qui sert à polir, et le *galuchat*, avec lequel on recouvre les étuis.

Les *scies* se rapprochent aussi de ces redoutables poissons. Leur museau porte un prolongement analogue à celui de l'espadon, mais garni d'épines fortes et tranchantes. Elles attaquent surtout le narval, le dauphin, la baleine, dont elles triomphent le plus souvent à cause de leur agilité.

Les *raies*, poisson plat et large, muni d'une longue queue qui lui sert souvent d'arme pour assurer sa proie. Les raies, dont les espèces sont nombreuses, offrent une chair estimée et d'un grand usage.

Les *torpilles*, qui jouissent comme les gymnotes de la faculté d'engourdir les animaux qui les approchent, mais dont l'appareil électrique est situé près de la tête et non à la queue. L'animal peut en faire à son gré une décharge plus ou moins forte.

Les *pastenagues*, poissons qui ressemblent à la raie et à la torpille, et dont la peau est vulgairement appelée *peau de requin*. Ils fournissent la majeure partie du galuchat du commerce.

Les *lamproies*, poissons allongés dont le squelette a fort peu de consistance, et dont les mâchoires forment une sorte d'anneau circulaire, qui s'enfonce dans la peau et permet de sucer les fluides nourriciers. La chair de ces poissons est très-bonne, et elle était très-estimée des anciens Romains, qui ne rougissaient pas de jeter en pâture à leurs lamproies et à leurs murènes les esclaves qu'ils voulaient punir.

DEUXIÈME EMBRANCHEMENT. — ANIMAUX ARTICULÉS.

157. Ces animaux sont ainsi nommés parce qu'ils sont formés d'une suite d'anneaux ou *articles*, plus ou moins mobiles les uns sur les autres, et qu'on peut toujours reconnaître dans les différentes formes qu'ils affectent. Les écrevisses, les scolopendres et différents insectes présentent cette disposition d'une manière très-apparente.

158. Les articulés nous offrent une multitude d'espèces, la plupart petites et chétives, et où cependant la vivacité des sens, la force et l'agilité des mouvements atteignent un haut degré. Il semble que, dans cette partie de la création, le Créateur ait voulu spécialement montrer à l'homme comment le même but peut être atteint par une foule de moyens différents, plus faibles les uns que les autres. Nous avons vu, dans les vertébrés, le squelette entouré des muscles qui le meuvent; chez les articulés, le contraire a lieu : le squelette, ou la partie résistante du corps, est au dehors, et forme une enveloppe dans laquelle sont contenus les muscles destinés à le mouvoir. C'est ainsi, par exemple, qu'on trouve la chair musculaire des écrevisses et des crabes dans l'intérieur des coquilles résistantes qui leur servent d'os et donnent la forme à leur corps.

159. Nous observerons aussi, à l'égard de ces animaux, que leur bouche est conformée bien différemment de celle des vertébrés. Leurs mâchoires, quand ils en ont, sont plus nombreuses ; et elles se rencontrent, pour agir, non de haut en bas mais d'un côté à l'autre. Le plus souvent il y en a deux paires, et celles de devant sont appelées *mandibules*. En outre, il y a une lèvre supérieure nommée *labre*, et une lèvre inférieure nommée *languette*, d'où partent des *palpes*, qui sont probablement les organes du goût. Chez d'autres, la bouche est disposée en *trompe* ou *suçoir*. La tête des articulés présente des espèces de cornes appelées *antennes*, qui paraissent être les organes du tact.

160. La plupart des articulés respirent par des *trachées*, vaisseaux qui portent l'air à l'intérieur du corps, et dont les ouvertures au dehors s'appellent *stigmates*. Cependant un certain nombre res-

pirent par des branchies comme les poissons, par exemple l'*écrevisse*

161. Cet embranchement, le plus nombreux de toute la zoologie, se divise en cinq classes : les *annélides*, dont nous trouvons un type dans la sangsue ; les *crustacés*, comprenant, entre autres espèces, l'écrevisse et le crabe ; les *arachnides*, auxquels appartient l'araignée ; les *myriapodes*, parmi lesquels nous remarquons le scolopendre ou mille-pieds ; et enfin les *insectes*, comprenant une prodigieuse variété d'espèces, qui exercent encore chaque jour les nouvelles recherches des savants, et qui, dans leur petitesse, témoignent peut-être plus encore de la puissance infinie du Créateur, que les animaux les plus gigantesques. Nous passerons en revue ces cinq classes, en nous arrêtant particulièrement aux insectes.

Première classe. — *Annélides*.

162. Ces animaux, parmi lesquels nous remarquons les *sangsues* et les *vers de terre* ou *lombrics*, n'ont pas de membres. Ils rampent ou nagent en pliant et repliant leur corps, dont la disposition en anneaux est bien visible.

163. Les *sangsues* ont une bouche composée de trois mâchoires disposées en triangle, et par laquelle elles s'attachent à la peau pour sucer le sang ; à l'autre extrémité de leur corps, qui est la plus grosse et qu'on prend quelquefois à tort pour la tête, il existe une sorte de creux ou *ventouse*, par lequel elles peuvent s'attacher, se suspendre aux divers corps. Leur respiration s'opère par des branchies en forme de sacs, qui portent l'air à l'intérieur.

164. Nous remarquons encore, dans cette classe, les *tubicoles*, animaux maritimes habitant un tube qu'ils se forment avec du sable et des parcelles de pierre et de coquillages, agglutinés par une humeur qui sort de leur corps. Ils respirent par des branchies en forme de houppes, qui, chez certaines espèces, s'épanouissent en brillantes nuances à l'entrée du tube lorsque la mer est calme, ce qui, lorsque ces animaux sont réunis en grandes masses, les fait ressembler aux fleurs d'un parterre.

165. Certains annélides marins nommés *néréides*, sont recherchés comme appât pour la pêche. On les prend à la marée basse, sous les pierres où ils se cachent.

Deuxième classe. — *Crustacés*.

166. Ces animaux sont remarquables en ce que l'enveloppe extérieure qui constitue leur squelette, est formée d'une croûte dont la dureté approche plus ou moins de celle des coquillages, et qui les protége efficacement. Cette enveloppe, d'une matière calcaire, se renouvelle tous les ans par une sorte de mue. Pendant cette mue, qui ne dure que quelques jours, l'animal, demeuré sans défense, cherche une retraite inaccessible.

167. Le corps des crustacés se divise, comme celui des insectes, en *tête*, *thorax*, *abdomen* et *membres*. C'est des anneaux du thorax que partent les pattes, ordinairement au nombre de quatorze, quelquefois de dix, quelquefois énormément plus nombreuses.

Chez certains crustacés, tels que les écrevisses, les premières paires de pattes sont très-près de la tête, et aident les mâchoires dans l'acte de la mastication : on les appelle alors *pieds-mâchoires*. Chez les crabes, les anneaux du thorax se soudent supérieurement en une seule pièce nommée *carapace*.

Le plus souvent, les premières pattes sont disposées en pince pour saisir les corps, et les dernières en nageoires.

168. La bouche des crustacés est diversement conformée, mais tous sont carnassiers.

Leur respiration s'opère par des branchies de formes très-variées. Ils se multiplient par des œufs. La plupart vivent dans les eaux, douces ou salées.

169. On les divise en plusieurs ordres, d'après la conformation des différentes parties de leur corps. Nous nous contenterons de citer ici les espèces les plus connues.

170. Les *écrevisses* et les *crabes* appartiennent à l'ordre des *décapodes*, ainsi nommés à cause des dix pieds servant à la marche. Ces crustacés ont les yeux portés sur un pédicule mobile, qui leur permet de les tourner de côté et d'autre. L'écrevisse est obligée de *nager* à reculons, parce que sa nageoire frappe l'eau d'arrière en avant ; mais elle peut *marcher* dans le sens qui lui convient. Les écrevisses se distinguent aisément des crabes par la longueur de leur abdomen. Le *homard* est une sorte d'écrevisse de mer. La *langouste* est un crustacé d'un autre genre, qui en approche beaucoup et qui, comme l'écrevisse et le homard, offre une chair très-délicate. Le *crabe* est moins estimé, mais certaines espèces acquièrent un volume énorme. Certains petits crabes s'introduisent dans la coquille des moules, où ils vivent.

171. Les *squilles* sont un crustacé d'un autre ordre, commun dans la Méditerranée. Elles sont recherchées comme aliment ; les anciens Romains les estimaient beaucoup.

172. Les *crevettes*, crustacés de petite taille, abondants sur nos côtes, appartiennent à un ordre appelé *hédriophtalmes*, de deux mots grecs exprimant que leurs yeux ne sont pas portés sur un pédicule comme ceux des écrevisses. Les *cloportes* appartiennent au même ordre.

173. Parmi les crustacés comestibles, on cite encore les *limules*, qu'on appelle *crabes des Moluques* parce qu'ils viennent particulièrement de ces îles. Leur carapace forme un vase dans lequel on peut puiser de l'eau. Leur chair est très-bonne à manger.

174. Mentionnons, en terminant, certains crustacés visibles seulement au microscope, et qui se trouvent dans les eaux les plus pures et les plus limpides. D'autres, moins petits, forment parfois une couche épaisse à la surface des eaux.

TROISIÈME CLASSE. — *Arachnides.*

175. Ces animaux n'ont pas d'antennes ; leur thorax est réuni à leur tête, et leur abdomen est fort développé. Ils ont ordinairement huit pattes et huit yeux. Leur bouche est tantôt pourvue de mâchoires, tantôt disposée en *trompe*. Il en est qui respirent par des

espèces de poumons, et qu'on appelle pour cela *pulmonaires ;* les autres respirent par des trachées comme les insectes, de là le nom de *trachéennes.* Dans cette classe nous remarquons les différentes sortes d'*araignées*, les *scorpions* et les *acares*, petits animaux appelés aussi *cirons* et *mites.*

176. Chacun connaît les habitudes des *araignées*, animaux carnassiers qui vivent de petits insectes, et dont beaucoup d'espèces filent une toile admirable par sa finesse, qui leur sert à la fois à prendre leur proie et à envelopper leurs œufs. Cette toile provient d'une matière gluante qui se sécrète dans leur corps, et qui sort par quatre ouvertures saillantes appelées *filières*. situées à la partie postérieure de leur abdomen. Il existe dans les Antilles une sorte d'araignée appelée *mygale*. assez grande pour tuer de petits oiseaux. Une autre araignée, appelée *tarentule*, et dont le venin est redouté, vit en Italie. Les habitants du pays, lorsqu'ils en sont piqués, combattent les effets de son venin en se faisant transpirer par une sorte de danse précipitée appelée *tarentelle.*

177. Les *scorpions* sont connus par le venin que verse le dard que porte leur queue. Ils ont le corps allongé ; leurs palpes sont très-développées en pinces. Ces arachnides habitent les pays méridionaux. Le scorpion d'Afrique est plus dangereux que celui d'Europe.

178. Citons aussi les *faucheurs*, si communs dans les jardins, et si remarquables par la longueur démesurée de leurs pattes.

179. Parmi les *acares*, nous citerons l'acarus du fromage et celui qui se trouve dans les petits boutons de la gale. Ces animaux ne sont guère visibles qu'au microscope.

QUATRIÈME CLASSE. — *Myriapodes.*

180. Cette classe comprend ces animaux articulés munis d'un très-grand nombre de pattes, et que l'on désigne ordinairement sous le nom de *mille-pieds.* Ce sont, parmi les articulés, ceux où les anneaux sont le plus faciles à distinguer. Ils respirent par des trachées, ce qui permet de distinguer des cloportes ceux d'entre eux qui y ressemblent. Les plus grands des myriapodes sont les *scolopendres*. dont les mouvements sont d'une vivacité extrême et qui paraissent être dangereux, surtout ceux des pays chauds. Les myriapodes recherchent en général l'humidité. Certains d'entre eux sont *phosphorescents*, c'est-à-dire lumineux dans l'obscurité comme le phosphore.

CINQUIÈME CLASSE.— *Insectes.*

181. Cette classe est la plus nombreuse de toute la zoologie. Le nombre des animaux qu'elle renferme surpasse même celui de tous les autres animaux réunis.

Les insectes sont surtout remarquables en ce qu'ils n'arrivent à leur forme définitive que par des changements successifs appelés *métamorphoses.* L'insecte est, en naissant, une sorte de ver qui sort d'un œuf, et qu'on nomme *larve* ou *chenille*. En ce premier état, qui dure assez longtemps, il consomme beaucoup. Puis, devenant immobile, il passe à l'état de *nymphe* ou de *chrysalide*, pendant lequel il ne prend aucune nourriture, et d'où il sort pour devenir insecte parfait. Sous cette dernière forme il ne vit que très-peu de temps; quelques jours, parfois même quelques heures, et il meurt après avoir donné ses œufs. Quelques insectes n'éprouvent d'autre métamorphose que de prendre des ailes; il en est même qui n'ont que de simples mues, de simples changements de peau.

182. La respiration de tous les insectes se fait par des trachées. Quant à leur intestin, court chez les carnassiers, il est long chez ceux dont la nourriture est végétale; et dans ce dernier cas il présente, outre un estomac proprement dit, un jabot et un gésier comme chez les gallinacés.

183. Les yeux des insectes, étant immobiles, présentent une multitude de facettes qui reçoivent l'image des objets, en quelque position qu'ils soient. Outre deux yeux principaux, ils ont encore plusieurs yeux supplémentaires qu'on appelle *ocelles*.

Quant à leur bouche, tantôt elle a des mâchoires pour broyer, tantôt elle est disposée en trompe pour sucer.

184. Chez tous les insectes, la tête, le thorax et l'abdomen sont bien distincts. Leurs pattes sont toujours au nombre de six, attachées au thorax.

185. La plupart des insectes ont des ailes. Cependant il en est qui n'en ont pas; on les nomme pour cela *aptères*, de deux mots grecs qui signifient *privés d'ailes*. Parmi ceux qui ont des ailes, il en est qui n'en ont que deux, tandis que les autres en ont quatre. D'après la disposition et la conformation des ailes, des pattes, de la bouche, des antennes, etc., on a divisé la classe nombreuse des insectes en douze ordres, parmi lesquels nous citerons les espèces les plus remarquables.

186. Les insectes dépourvus d'ailes, ou *aptères*, forment trois ordres, où nous remarquons, entre autres espèces :

Les *lépismes*, petits insectes d'un blanc argenté, d'une forme allongée et terminée en pointe, semblables à de petits poissons, dont les mouvements sont très-vifs et qui sont très-communs dans nos armoires, surtout dans celles où l'on serre le sucre ou le linge.

Les *poux* et les *ricins* (qui sont les poux des animaux), insectes incommodes qui forment l'ordre appelé des *parasites*.

Les *puces*, autre genre de parasites, remarquables par l'élégance de la forme et par l'étendue extraordinaire des mouvements; chacun sait que la puce fait des sauts qui, relativement à la grandeur de son corps, peuvent être appelés prodigieux.

187. Passons maintenant aux insectes pourvus d'ailes. Ils sont de beaucoup les plus nombreux.

Les premiers qui se présentent à nous, forment l'ordre généralement connu sous le nom de *coléoptères*. On les nomme ainsi, parce que deux de leurs quatre ailes, de consistance dure et cornée, servent d'étui aux autres, comme nous le voyons chez le *hanneton*. Ces deux ailes cornées s'appellent *élytres*. Observons que certains insectes de cet ordre n'ont pas d'ailes proprement dites, mais seulement les élytres, ce qui les prive de la faculté de voler ; tels sont, par exemple, ces coléoptères noirâtres que l'on trouve dans le fumier, et qui, bien que ne pouvant voler, n'en portent pas moins le caractère distinctif de l'ordre.

Les larves des coléopètres vivent longtemps à cet état, et sont très-voraces. Elles se tiennent ordinairement dans la terre, et les jardiniers, qui les redoutent beaucoup pour les racines des plantes qu'ils cultivent, les appellent *vers blancs*.

Les coléoptères se subdivisent, d'après la conformation de leurs antennes et de leurs pattes, en sous-ordres et en familles, formant de nombreuses espèces dont voici les plus généralement connues :

Les *cicindèles*, remarquables par la beauté de leurs formes et l'éclat de leurs couleurs, surtout dans les contrées méridionales.

Les *carabiques*, dont la plupart répandent, ou même lancent une liqueur âcre pour se défendre lorsqu'ils sont attaqués. Ils tirent leur nom d'une espèce appelée *carabe*, remarquable par son extrême voracité.

Les *gyrins*, qu'on voit tourner sans cesse à la surface de l'eau.

Les *buprestes* ou *richards*, les plus remarquables par leurs magnifiques nuances, quoique leurs formes soient moins élégantes que celles de beaucoup d'autres insectes.

Les *lampyres* ou *vers luisants*, mouches lumineuses dont les femelles, surtout, ont un éclat phosphorescent très remarquable.

Les *vrillettes*, petits insectes qui trouent le bois à la manière d'une vrille, et produisent cette poussière que l'on trouve près des meubles vermoulus. Ce sont elles qui font ce bruit, semblable aux battements d'une montre, qu'on entend parfois dans les boiseries des appartements lorsque tout est tranquille.

Les *escarbots*, qui se nourrissent de matières animales en décomposition, et qui, comme tous les insectes ayant les mêmes habitudes, n'ont que des couleurs ternes. Les *dermestes*, qui font de grands dégâts dans les magasins de pelleteries, appartiennent à la même famille que les escarbots.

Les *scarabéides*, parmi lesquels nous remarquons les *hannetons*, si connus de tout le monde, dont la larve, qui vit trois ans, fait tant de ravages dans les végétaux ; les *cétoines*, aux brillantes couleurs ; les *bousiers*, qui vivent dans le fumier et ont en général des couleurs ternes.

Les *lucanes*, dont une espèce, le *cerf-volant*, est le plus grand des insectes d'Europe. Les larves des lucanes mettent, dit-on, six années à se métamorphoser.

Les *blaps*, coléoptères de couleur noire, qui se tiennent dans les appartements, où on ne les voit que la nuit, et où ils attaquent les meubles, les vêtements, les provisions. Ces insectes ne volent pas ; ils n'ont que leurs élytres ou ailes cornées.

Les *cantharides*, coléoptères de couleur verte, qui vivent de substances végétales, et dont la poudre, très-irritante, sert à préparer les vésicatoires. On les chasse en secouant les arbres où ils se tiennent ; l'habitude qu'ils ont, ainsi que divers autres coléoptères, de contrefaire le mort lorsqu'ils sont en danger, fait qu'on les ramasse sans peine.

Les *charançons*, dont les larves se développent dans l'intérieur des grains de blé, qu'elles détruisent ; les *calandres*, qui se rapprochent des charançons et dévorent comme eux les blés, où elles font encore plus de dégât à cause de leur prodigieuse multiplication.

Les *xylophages* ou *ronge-bois*, famille comprenant un certain nombre d'espèces qui s'attaquent en général au bois mort des arbres, et l'aident à tomber. Il existe d'autres coléoptères, voisins de ceux-ci, dont les larves attaquent le bon bois et le rendent impropre aux constructions.

Les *coccinelles*, appelées vulgairement *bêtes de paradis, bêtes de la Vierge*, remarquables par leur forme demi-gobuleuse et leurs belles couleurs. Elles détruisent un grand nombre de pucerons.

188. A côté de l'ordre des *coléoptères*, nous trouvons celui des *orthoptères*, auquel appartiennent les *sauterelles* et les *grillons*, et dont les élytres, moins dures, au lieu de former comme un étui allongé sur les ailes, les recouvrent à la manière d'un toit.

Chacun connaît la *sauterelle verte* ou *grande sauterelle*, si commune dans nos campagnes. Il faut rapprocher des sauterelles les *criquets*, dont une certaine espèce, appelée vulgairement *sauterelle de passage*, vole par bandes immenses qui obscurcissent le soleil comme un nuage, et deviennent un fléau d'autant plus destructeur pour les végétaux des pays où elles s'abattent, que ces insectes se multiplient avec une prodigieuse facilité.

Les *grillons* sont aussi très-connus, à cause de leur cri monotone. Leurs élytres ne sont pas disposées en toit comme celles des sauterelles, mais bien à plat. Les *courtilières* sont une sorte de grillons, dont les larves nuisent beaucoup à la culture en pratiquant des galeries dans la terre, et en détruisant les racines sur leur passage ; de là le nom de *taupe-grillon*, donné à une de leurs espèces.

189. L'ordre des *hémiptères* nous présente les *cigales*, dont le chant si connu, qui se fait entendre dans les campagnes à la belle saison, est dû au frottement de deux membranes dures l'une contre l'autre. On y trouve aussi les *fulgores*, qui se rapprochent des cigales, et dont une espèce, nommée *porte-lanterne*, longue d'environ trois pouces, est très-remarquable en ce que son front, renflé comme une vessie, répand la nuit un éclat phosphorescent assez fort, dit-on, pour permettre de lire ; ce dernier insecte habite l'Amérique Méridionale.

Les *punaises*, animaux si incommodes pour les habitations, et dont il existe diverses espèces, appartiennent au même ordre, mais avec d'assez grandes différences de conformation. Il en est de même des *pucerons* qui se trouvent sur les arbres, ainsi que de la *cochenille*, qui vit sur une sorte de cactus du Mexique appelé *nopal*, et fournit la belle couleur rouge qui sert à faire *l'écarlate*, le *carmin* et le *cramoisi*.

Observons que l'ordre des hémiptères ne subit pas de véritables métamorphoses, et que leur changement se borne au développement des ailes.

190. Les *libellules* ou *demoiselles*, dont l'élégance et les brillantes couleurs sont si connues, appartiennent à l'ordre des *névroptères*. Il en est de même des *éphémères*, insectes qui ne vivent que quelques

heures, après avoir passé deux ou trois années à l'état de larve ; du *fourmi-lion*, dont la larve est si redoutable aux fourmis, qu'elle prend dans un piège disposé en entonnoir dans le sable ; des *termès*, appelés aussi *fourmis blanches*, dont les fourmilières, d'une solidité extrême, ont dix ou douze pieds de haut : ces derniers habitent les contrées voisines de l'équateur ; comme chez les fourmis, on distingue parmi eux les mâles, les femelles et les travailleurs.

191. Les *fourmis* appartiennent à l'ordre des *hyménoptères*, un des plus nombreux après les coléoptères. Leur forme est généralement connue. Les mâles seuls ont constamment des ailes ; les femelles perdent les leurs de bonne heure ; quant aux fourmis appelées ouvrières, elles n'en ont jamais. Les habitudes des fourmis sont très-remarquables. Elles forment une sorte de cité appelée *fourmilière*, où les ouvrières apportent des provisions. Ce qu'on appelle vulgairement *œufs de fourmis* ne sont pas les œufs, mais les larves enveloppées dans une sorte de coque, et que les ouvrières transportent hors de la fourmilière pour les exposer aux rayons du jour, et les rapporter ensuite lorsque le soleil se couche.

Les *abeilles* appartiennent au même ordre, et sont, sans contredit, les plus intéressants des insectes par leur admirable travail, qui élabore la *cire* et le *miel*, et qui offre l'emblème d'une cité bien gouvernée. Leur demeure s'appelle *ruche* : on y trouve une ou plusieurs femelles, appelées *reines* ; quelques centaines de mâles, et des milliers d'ouvrières, occupées à rechercher, sur les fleurs, et à élaborer les éléments de la cire et du miel. L'ensemble des abeilles peuplant une ruche s'appelle un *essaim*.

Les *bourdons*, qu'il ne faut pas confondre avec les mâles des abeilles, qu'on appelle aussi de ce nom, fabriquent également du miel.

Les *guêpes* vivent en société comme les abeilles ; leur demeure, dont la substance ressemble à du carton, s'appelle *guêpier* ; elles préparent, comme les abeilles, de la *pâtée* pour les petits, mais ne donnent aucun produit qui puisse être utile à l'homme.

Les abeilles et les guêpes portent à la queue un *aiguillon*, qui leur sert pour se défendre.

Nous trouvons encore dans l'ordre des hyménoptères les *cynips*, qui déposent leurs œufs dans les feuilles des arbres, où ils produisent des excroissances appelées *galles ou bédégars* ; ces excroissances, si remarquables sur certains chênes, servent pour la teinture en noir et la fabrication de l'encre.

192. Les *papillons*, ces insectes si remarquables par les nuances et les dessins variés de leurs ailes, forment un ordre nombreux, connu sous le nom de *lépidoptères*, à cause des écailles farineuses dont leurs ailes sont couvertes. Ces ailes sont au nombre de quatre. Le corps des papillons est allongé ; leur bouche consiste en une trompe, qui sert à aspirer le suc des fleurs dont ils se nourrissent, et quelquefois celui des matières animales en décomposition.

Les larves des papillons s'appellent spécialement *chenilles*. Leur nourriture est le plus souvent végétale, et elles causent de grands dégâts, tant dans les blés que dans les diverses plantes cultivées. Certaines espèces ravagent aussi les pelleteries et les effets d'habillement. Avant de passer à l'état de nymphe, elles filent ordinairement une sorte de soie dont elles s'enveloppent, et qui forme ce qu'on appelle un *cocon*.

Les papillons se divisent en *diurnes*, qui paraissent pendant le jour; *nocturnes*, qui ne volent que pendant la nuit; et *crépusculaires*, qu'on voit voler le matin et le soir, avant le lever du soleil et après son coucher.

Les papillons *diurnes* sont ceux à qui la nature a départi les plus vives couleurs. Parmi eux nous citerons le *machaon*, ou *grand porte-queue*, et les *argus*, papillons de petite dimension et d'un faible éclat, dont les ailes sont parsemées de taches en forme d'yeux.

Les papillons *crépusculaires* ont les formes plus lourdes et les nuances moins brillantes. On les réunit ordinairement sous le nom général de *sphinx*.

Les papillons *nocturnes* ont les couleurs entièrement ternes, et leur vol est lourd. C'est à cette famille qu'appartient le précieux insecte qui fournit la soie, et qu'on appelle *bombyce* ou *ver-à-soie*. Originaire de la Chine, il s'est répandu par le commerce jusque dans nos contrées; et les pays méridionaux de l'Europe en font l'objet d'une industrie importante appelée industrie *sérifère*, du nom de *Serica* par lequel les anciens désignaient la Chine.

Le ver-à-soie se nourrit des feuilles du *mûrier blanc*. Sorti de l'œuf qui le produit, et qui est de la grosseur d'une petite tête d'épingle, il demeure à l'état de larve pendant trente-cinq jours, et acquiert rapidement un grand volume. Au moment de devenir chrysalide, il file un beau cocon, dont une partie est constituée par une sorte de bourre dont on fait la *filoselle*, tandis que le reste est un fil très-fin d'environ neuf cents pieds de long. On dévide les cocons quatre ou cinq ensemble, après les avoir trempés dans l'eau chaude pour les décoller. Ceux que l'on sacrifie pour la reproduction, sont percés par le papillon, qui meurt après avoir pondu ses œufs.

Le local où l'on place les vers-à-soie s'appelle à Lyon *magnanière*, du nom de *magnans*, donné à ces insectes.

Parmi les papillons nocturnes, citons encore les *phalènes*, dont les chenilles se tiennent suspendues droites aux branches des arbres par un fil, et se laissent tomber en s'arrêtant à une certaine hauteur lorsqu'on les touche, ce qui les soustrait parfois aux dangers, en les dérobant aux recherches de ceux qui les poursuivent.

Les *teignes*, si nuisibles dans les armoires, et surtout dans les magasins de cuirs ou de pelleteries, sont aussi des papillons nocturnes. Ce sont les plus petits lépidoptères connus. On les appelle souvent du nom de *mites*; mais nous avons vu que ce nom appartient à d'autres insectes, de la famille des acarides.

193. La *mouche* et le *cousin* forment le type d'un ordre immensément nombreux qu'on appelle *diptères*, parce que les insectes qui le composent n'ont que deux ailes. Leur bouche est terminée en suçoir. A l'état parfait, ils ne vivent que quelques jours; à l'état de larves, ils passent, comme les autres insectes, un temps beaucoup plus long et qui varie suivant les espèces. Ces animaux sont en général doués d'une grande puissance de vol, et on les voit se soutenir de longues heures dans l'air. Quant à leur utilité, elle ne paraît guère consister qu'à

détruire les matières animales qui se décomposent. Ils sont en général fort incommodes pour l'homme et pour les animaux.

Certains cousins, appelés *moustiques*, piquent si cruellement, qu'on est obligé, dans les pays chauds, de s'en préserver le soir par une sorte de voile de gaze appelé *moustiquaire*.

Les *taons* sont une sorte de grosse mouche, dont la piqûre est si douloureuse qu'elle rend furieux nos animaux domestiques. Les taons sont surtout opiniâtres dans les temps d'orage.

Certaines mouches appelées *œstres*, déposent leurs œufs dans la peau des grands quadrupèdes, où leurs larves se développent et se nourrissent du pus qui résulte de l'inflammation.

194. Les *hippobosques*, qui ressemblent aux mouches, et tirent leur nom de ce qu'ils s'attachent surtout aux chevaux, appartiennent à l'ordre peu nombreux des *homaloptères*, remarquables en ce que leurs œufs demeurent dans leur abdomen jusqu'à ce que les larves en soient écloses.

TROISIÈME EMBRANCHEMENT. — MOLLUSQUES.

195. Ces animaux diffèrent des précédents en ce qu'ils n'ont pas de squelette, intérieur ni extérieur. Leur corps n'est soutenu que par la peau molle qui l'enveloppe, et qu'on appelle *manteau*. La plupart des mollusques ont une *coquille*, matière calcaire qui se produit à la surface du manteau ou dans son épaisseur même, et qui sert à les protéger. Cette coquille a différentes formes, suivant les différentes espèces. Ses pièces portent le nom de *valves*. On l'appelle *univalve* lorsqu'elle est d'une seule pièce, *bivalve* lorsqu'elle est de deux pièces et ainsi de suite. Dans certains mollusques elle s'appelle *conque*; de là le nom de *conchyliologie* donné à l'étude des coquillages, qui, comme celle des oiseaux, a toujours eu beaucoup d'attrait pour les amateurs de collections, à cause de la richesse de leurs nuances.

196. Un grand nombre de mollusques n'ont pas de tête ; tels sont, par exemple, les *moules* et les *huîtres*. Chez ceux qui en ont une, elle ne contient pas de cerveau. Les organes des sens ne s'y trouvent pas tous. L'œil n'existe que chez un petit nombre; l'oreille, chez un nombre encore plus petit. On ne sait où résident chez les mollusques les sens du goût et de l'odorat. Cependant, ils ne manquent pas encore de moyens de se défendre et de chercher leur nourriture. Leur coquille est une protection solide ; et, parmi ceux qui n'en ont pas, plusieurs répandent autour d'eux un liquide qui trouble l'eau et la rend dangereuse pour l'animal qui les poursuit.

197. Les fibres musculaires qui produisent les mouvements des mollusques, se trouvent à l'intérieur du manteau, et elles affectent différentes dispositions, dont nous verrons les principales en parcourant les différentes classes de mollusques.

198. Leur digestion s'opère par un canal intestinal qui se rapproche, par sa conformation, de celui des animaux vertébrés. Les mollusques qui vivent dans l'eau respirent par des branchies; ceux qui vivent hors de l'eau ont un poumon.

199. La majeure partie des mollusques vivent dans la mer. Ceux qui habitent les bords ont en général une coquille dure, afin de n'être point brisés contre les rochers. Ces derniers sont conformés pour pouvoir ramper, tandis que les mollusques qui habitent la haute mer sont plutôt disposés pour nager.

200. Les mollusques ont été divisés en cinq classes, dont nous mentionnerons seulement les trois principales : les *céphalopodes*, classe à laquelle appartiennent les seiches, qui fournissent l'encre de la Chine ; les *gastéropodes*, dont le limaçon est un type ; et les *acéphales*, parmi lesquels nous trouvons la moule et l'huître.

Céphalopodes.

201. Ces mollusques sont ainsi appelés parce qu'ils présentent, près de la tête, de grands appendices charnus ou bras, appelés aussi *tentacules*, qui leur servent à nager et à saisir fortement les objets. Ils sont carnassiers ; leur bouche est pourvue de mâchoires solides, et leur langue hérissée de pointes cornées. Leurs yeux sont ronds et très-grands.

Tout leur corps est enfermé dans le manteau, qui présente seulement en avant une grande poche nommée *entonnoir*, laissant passer la tête. Dans cette cavité se trouvent aussi l'ouverture qui rejette les résidus de la digestion, celle qui amène l'eau aux branchies, et celle par où sort le liquide que ces mollusques répandent autour d'eux pour se défendre.

Il existe beaucoup de céphalopodes microscopiques; mais ceux qu'on connaît bien sont, pour la plupart, de grande dimension, et ils peuvent saisir et broyer d'assez gros poissons.

Parmi les céphalopodes, nous citerons comme les plus remarquables :

202. Les *seiches*, dont la coquille n'est qu'une plaque calcaire contenue dans l'épaisseur du manteau et appelée vulgairement *os de seiche ;* cette coquille sert à polir divers ouvrages, et on la place dans la cage des petits oiseaux, qui s'en servent pour aiguiser leur bec. Le liquide noir fourni par les seiches forme la bonne *encre de la Chine.* Il faut rapprocher des seiches les *calmars*, dont le nom vient d'un mot latin qui signifie *encrier*, et qui répandent aussi une liqueur noire. Les calmars, comme les seiches, sont recherchés pour leur chair. Ils nagent très-facilement.

203. Les *argonautes*, pourvus d'une belle coquille nacrée et transparente, qu'ils font surnager, dans les temps calmes, comme un navire auquel leurs tentacules étendus servent de voile. Ils habitent la haute mer.

204. Les *poulpes*, qui, nageant mal, se tiennent près des côtes, où ils dévorent beaucoup de crustacés et de poissons. La force de leurs tentacules est telle, qu'elle peut même mettre la vie des nageurs en danger. Leur coquille se réduit à deux points cornés.

Les poulpes, les argonautes, les calmars et les seiches, forment une famille appelée *sépiaires*, du nom latin *sepia, seiche*, nom qu'on donne aussi à la couleur qui est extraite de ce mollusque.

205. Le *nautile* forme le type d'une seconde famille de céphalopodes, appelés *nautilacés*. La coquille du nautile ressemble extérieurement à celle de l'argonaute, qu'on appelle *nautile* dans le

commerce. A la même famille appartiennent les coquilles fossiles appelées *ammonites*, parce qu'elles sont roulées en forme de *corne d'Ammon*; les *bélemnites* et autres coquillages fossiles.

Ainsi que nous l'avons dit, il existe, de plus, un assez grand nombre de céphalopodes microscopiques, sur lesquels les savants ne sont pas bien d'accord.

Gastéropodes.

206. Les gastéropodes sont ainsi nommés parce qu'ils marchent sur une sorte de *pied* ou de disque charnu situé sous leur ventre, et qu'on voit très-bien chez le limaçon, l'un des types de cette classe. Ils ont une tête munie, en avant, de tentacules dont le nombre varie de deux à six, et qui sont doués d'une exquise sensibilité. La plupart ont des yeux situés soit sur la tête, soit à l'extrémité des tentacules.

Leur coquille, univalve, est contournée obliquement en spirale. On y distingue la *spire*, ou le tour; et *l'ouverture*, qui laisse passer la tête et le pied, et qui présente un *opercule* ou couvercle que l'animal peut refermer. Le côté de l'ouverture sur lequel la spire semble tourner comme sur un pivot, s'appelle *columelle*. Ces coquilles, malgré leur analogie entre elles, présentent une grande variété de formes.

Les gastéropodes se divisent en plusieurs ordres, divisés eux-mêmes en familles comprenant de nombreux genres, parmi lesquels nous citerons :

207. Les *limaçons* ou *escargots*, dont la coquille est si connue, et dont le nom latin *hélix*, d'où le nom français *hélice*, sert à désigner tout ce qui est contourné de même, comme les escaliers tournants, les tire-bouchons, la roue motrice de certains bateaux à vapeur, etc. Les *limaces* ressemblent aux limaçons, mais n'ont pas de coquille, ou du moins n'en ont qu'une trop petite pour contenir leur corps entier. Ces mollusques ont quatre tentacules, dont deux portent les yeux. Les limaces et les limaçons sont terrestres, et forment la famille des *limacinés*, à côté de laquelle nous trouvons celle des *lymnéens*, coquillages qui leur ressemblent et qui habitent les eaux douces, surtout celles des mares et des petits étangs. Les limacinés et les lymnéens forment ensemble une tribu appelée *pulmonés*, parce qu'ils respirent par des poumons, et qui se nourrissent de matières végétales. On sait quels dégâts fait le limaçon dans les jardins.

208. Les *buccins*, ainsi nommés à cause de leur ressemblance avec un ancien instrument de musique guerrière ainsi appelé, et qui donnent leur nom à la famille des *buccinoïdes*. Ces mollusques, marins et carnassiers, sont remarquables par la beauté et la variété de leurs coquilles. Nous remarquons parmi eux les *cônes*, les *porcelaines*, les *casques*, les *volutes*, les *rochers* et les *pourpres*, d'où les anciens tiraient une belle couleur rouge dont on a laissé perdre le secret depuis la découverte de la cochenille. Cette famille et plusieurs autres, forment un ordre appelé *pectinibranches* à cause de ses branchies en *peigne*. Tous habitent la mer. L'ordre des pectinibranches est celui qui présente le plus de variété et d'éclat dans les coquilles.

Acéphales.

209. Ces mollusques sont ainsi appelés parce qu'ils n'ont pas de tête apparente. Leur manteau est ployé en deux, et c'est au fond du sac formé par ce repli que se trouve la bouche, simple ouverture pour recevoir l'eau, dont les particules organiques forment leur unique nourriture. C'est aussi au fond de ce sac que se trouve l'entrée des branchies. Ces mollusques sont protégés par une coquille bivalve, dont les deux parties, articulées en charnière, se ferment par un ou deux muscles qui les attachent à l'animal, et qui s'insèrent à des inégalités facilement reconnaissables à l'intérieur de la coquille. Quelques-uns cependant sont dépourvus de cette enveloppe.

Les mouvements, très-faibles, des mollusques acéphales, se font par une masse charnue appelée *pied*, qu'on voit au fond du manteau. Quelques-uns seulement se meuvent en ouvrant et refermant brusquement leurs valves, ce qui produit une espèce de saut. Beaucoup restent immobiles toute leur vie. On remarque chez certains d'entre les acéphales, les moules par exemple, un faisceau de fils appelé *byssus*, qui part de la base du pied, et par lequel ils se fixent aux divers corps.

Citons, parmi les plus remarquables mollusques acéphales :

210. Les *huîtres*, si généralement estimées pour la délicatesse de leur chair. On peut en rapprocher les *peignes*, dont la coquille, plus agréable à la vue, renferme une chair de peu de valeur ; les *arondes*, appelées encore *avicules*, dont une espèce produit les *perles* ; les *bénitiers*, coquillages de grande dimension, dont certains peuvent servir de bénitiers dans les églises.

211. Les *moules*, qui diffèrent des précédents en ce que leurs deux valves sont égales et portent l'empreinte de deux muscles. La chair des moules, moins estimée que celle des huîtres, est cependant très-bonne à manger dans la saison convenable. On peut rapprocher des moules les *mulettes*, qui habitent les eaux douces ; les *péloncles*, qui voguent dans une de leurs valves comme dans une nacelle, en tenant l'autre dressée en forme de voile, et voyagent ainsi par troupes ; les différentes espèces de *cardiacés* ou *cœurs*, remarquables par leurs belles coquilles que les amateurs recherchent ; les *pholades* qui creusent les rochers et les édifices dont le pied baigne dans la mer, afin de s'y loger ; les *tarets*, qui en font autant pour le bois, et qui sont le fléau des navires et des pilotis.

212. Les *tuniciers* ou *acéphales nus*, parmi lesquels nous mentionnerons les *biphores*, qui, flottant à la surface de la mer vers les tropiques, brillent des couleurs de l'iris pendant le jour, et répandent une lumière phosphorique très-éclatante pendant la nuit ; les *pyrosomes* ou *corps de feu*, qui, réunis en troupes innombrables, répandent pendant la nuit une vive lumière, où brillent les nuances de l'arc-en-ciel.

QUATRIÈME EMBRANCHEMENT. — ANIMAUX RAYONNÉS.

213. Ces animaux, bien inférieurs pour l'organisation à tous ceux qui précèdent, sont ainsi nommés, comme nous l'avons dit, parce que les parties qui les composent forment, en général, des rayons autour d'un centre, à la manière des pétales d'une fleur ; d'où leur vient aussi le nom de *zoophytes*, qui veut dire *animaux plantes*. Leur système nerveux n'a rien qu'on puisse comparer à un cerveau, et ils ne possèdent pas d'autre sens que le toucher passif. La plupart demeurent fixés toute leur vie au lieu qui les a vus naître ; souvent, un grand nombre habitent la même demeure, et semblent ne former qu'un même corps.

Leur cavité digestive n'a le plus souvent qu'une seule ouverture, qui reçoit la nourriture et la rejette quand elle a servi. Les plus simples n'ont pas même de cavité alimentaire, et absorbent, comme les végétaux, l'eau et les sucs nutritifs qu'elle contient.

214. Un grand nombre de zoophytes donnent naissance, lorsqu'on les divise, à autant de nouveaux êtres qu'il y a de fragments. Chez d'autres, des bourgeons poussent sur le corps, et se détachent pour former un nouvel être. Cependant, la plupart se reproduisent aussi par des œufs.

L'embranchement des animaux rayonnés a aussi été divisé en classes comme les précédents. Nous nous contenterons de mentionner les plus connus d'entre eux.

215 Les *astéries*, ou *étoiles de mer*, appartiennent à la classe des *échinodermes*, ainsi nommés à cause de leur peau résistante et couverte d'épines. La forme rayonnée s'y montre d'une manière frappante. Leur bouche, placée au centre de l'espèce d'étoile qu'elles forment, communique avec un vaste estomac qui envoie des prolongements dans chaque rayon. Les astéries sont très-voraces. A la même classe appartiennent les *oursins*, dont la forme est globuleuse, et dont le corps est hérissé de pieds nombreux, passant par les trous d'une enveloppe calcaire.

216. Les différents vers qui se développent dans l'intestin, ou dans d'autres parties du corps de l'homme ou des animaux, forment la classe des *entozoaires*, mot qui exprime cette particularité. Quoiqu'ils ressemblent par l'apparence aux vers proprement dits, ils en diffèrent en ce qu'ils ne sont pas, comme eux, composés d'anneaux, et en ce que leur organisation est beaucoup plus simple. Parmi les entozoaires, nous distinguons les *ascarides* et les *trichocéphales*, qui se développent dans l'intestin de l'homme ; les *filaires*, qui vivent sous la peau ; les *strongles*, qu'on rencontre dans les différents viscères des animaux, notamment du cheval ; les *douves*, dont une espèce se trouve surtout dans le foie des ruminants, et en particulier du mouton, qu'elle rend hydropique ; les *ténias*, ainsi nommés à cause de leur forme en bandelette, et dont une espèce constitue le *ver solitaire*, si difficile à expulser de l'intestin de l'homme ; les *hydatides*, dont le corps se termine en une sorte de vessie, et qui se forment une cavité aux dépens des organes : une de leurs espèces produit la *ladrerie* chez les porcs ; et une autre, se développant dans le cerveau du mouton, produit une sorte de vertige appelé *tournis*.

217. Une foule d'animaux, visibles seulement au microscope, ont été réunis en une classe sous le nom de *microzoaires*, *d'infusoires*, ou *d'animalcules*, et rapportés à l'embranchement des rayonnés, quoique tous ne lui appartiennent peut-être pas réellement. Tous ces

animalcules vivent dans un liquide quelconque, et meurent dès que ce liquide vient à leur manquer. Il en est de diverses formes, allongés, à bras, recouverts d'une sorte de carapace comme les articulés, etc. Les plus simples sont les *monades*, ainsi nommés du mot grec *monos*, *un*, parce qu'elles ne consistent qu'en une simple cellule, un atome unique de matière organisée.

218. La classe des *acalèphes* est très-remarquable en ce que ces animaux sont tous phosphorescents, et donnent à la mer l'aspect d'un vaste incendie, phénomène que nous avons aussi remarqué chez certains mollusques acéphales. Leur nom, tiré d'un mot grec signifiant *ortie*, vient de la sensation douloureuse qu'on éprouve lorsqu'on les manie ; on les appelle aussi *orties de mer*. Leur corps est mollasse, gélatineux et transparent.

Parmi les différents genres d'acalèphes, nous signalerons les *physalies*, qu'on trouve dans la partie méridionale de l'océan Atlantique, et qui flottent à la manière d'un bateau, en gonflant une vessie aérienne et employant leurs tentacules comme rames et comme gouvernail, tandis qu'une crête qui s'élève sur leur dos leur sert de voile. Leur corps, de forme ordinairement régulière et arrondie, est fort contractile, ce qui leur permet de se mouvoir facilement sur l'eau.

219. La classe des *polypes* a été ainsi nommée à cause des tentacules ou *pieds* qui garnissent leur bouche. Ces animaux, très-nombreux, et dont beaucoup sont microscopiques, ont une organisation très-simple, et ils peuvent vivre d'une vie commune en se réunissant en une masse habitant une même demeure, qu'on nomme *polypier*. Ils se multiplient avec une facilité prodigieuse, et forment, principalement dans les mers du sud, des amas immenses qui deviennent des écueils pour les navires, ou même des îles sur lesquelles se développe ensuite la végétation. Nous citerons particulièrement les *madrépores*, qui forment, surtout dans les mers intertropicales, d'immenses terrains calcaires sur lesquels reposent un grand nombre de petites îles.

Mentionnons aussi les *tubipores*, dont le polypier offre une disposition tubuleuse très-remarquable ; les *coraux*, dont le polypier, pierreux et branchu, constitue cette belle matière rouge appelée *corail* dans le commerce, et présente l'aspect d'une plante sur laquelle les tentacules de l'animal, épanouis en rosette, ressemblent à une fleur ; les *éponges*, dont le polypier, d'une substance coriace et élastique, est si utile dans l'économie domestique et dans les arts. Les éponges sont plus abondantes dans les mers équatoriales que partout ailleurs. Celles dont nous nous servons se pêchent dans la Méditerranée, et principalement dans l'Archipel. Les animaux qui habitent ce polypier sont d'une organisation extrêmement simple.

La *coralline* et la *mousse de Corse*, employées en médecine comme vermifuges, appartiennent aussi à la classe des polypes.

220. La nature a donné aux différentes contrées leurs animaux comme leurs végétaux particuliers ; mais l'homme peut parvenir, par ses soins, à naturaliser dans le lieu qu'il habite les espèces utiles qu'il rencontre ailleurs.

221. L'Europe, dont l'agriculture est si active, nous présente un grand nombre d'animaux domestiques venus de différents points du globe. Le *cheval* et *l'âne* sont originaires du centre de l'Asie; nos *coqs* et nos *faisans* sont aussi d'origine asiatique. Le *mouton* nous vient d'une espèce qui habite presque toutes les grandes montagnes de l'ancien continent, tandis que la *chèvre* est propre aux montagnes de l'Asie. Le *cochon domestique* tire son origine du *sanglier d'Europe*; le *bœuf* tire la sienne d'une espèce aussi européenne, mais qu'on ne trouve plus aujourd'hui que dans les monts Crapacks et dans le Caucase. Le genre *bœuf* est, d'ailleurs, répandu sur différents points du globe. Une espèce, appelée *bison*, se rencontre par grandes troupes dans l'Amérique septentrionale; une autre espèce très-connue, qu'on appelle *buffle*, habite les pays chauds de l'Europe méridionale, de l'Afrique et de l'Asie. Le *canard* nous vient des régions boréales. Quant au *pigeon*, il s'en trouve des espèces dans les régions tempérées de toutes les parties du monde.

222. Le *chameau* vit dans les déserts de l'Asie, où sa sobriété et son agilité le rendent précieux comme moyen de transport, et le font appeler par les Arabes le *vaisseau des sables*. La *girafe* et le *zèbre* habitent le centre de l'Afrique; il en est de même de *l'hippopotame* et du *rhinocéros*. Le *lion* se montre à la fois dans le centre et dans le nord de cette partie du monde. On trouve *l'éléphant* en troupes dans l'Afrique et dans l'Asie méridionale. Le *tigre*, beaucoup plus rare que le lion, ne se rencontre que dans l'Inde. Le *jaguar* ou *grande panthère*, qu'on appelle aussi *tigre d'Amérique*, est propre au nouveau continent. Quant au *chat domestique*, qui appartient au même genre que ces derniers, il est originaire de nos contrées.

223. Les pays chauds produisent, en général, des oiseaux au brillant plumage; les pays tempérés, des oiseaux chanteurs. Parmi les oiseaux, il en est qui voyagent, passant l'hiver dans des régions plus méridionales que celles qu'ils habitent l'été. Ainsi, *l'hirondelle*, qui passe l'été chez nous, se rend, à l'approche de l'hiver, dans le midi de l'Europe ou dans le nord de l'Afrique; le *rossignol*, la *fauvette*, et autres oiseaux qui, comme eux, vivent d'insectes, quittent aussi nos climats à l'automne pour revenir au printemps. Les *oies*, les *cygnes*, les *canards*, viennent des régions

boréales, et s'avancent d'autant plus vers le sud, que l'hiver est plus froid.

224. La *baleine* et le *narval* se tiennent dans les mers du nord ; le *cachalot* habite à la fois ces mers et les mers inter-tropicales, mais on le trouve surtout dans le midi. Le *requin* se rencontre dans toutes les mers. Le *crocodile* habite les fleuves de l'Afrique, et particulièrement le Nil ; on le trouve, d'ailleurs, dans les deux continents. Le *caïman* est propre aux mers d'Amérique, et principalement à la Guyane. Les *serpents* se tiennent en général dans les pays très-chauds. On ne trouve en Europe qu'un seul serpent venimeux, la *vipère*.

225. Il serait impossible de donner ici tout le détail des rapports du règne animal avec les différentes contrées du globe. Nous n'avons pu que mentionner rapidement les animaux les plus connus, en les rapportant au lieu de leur origine. Mais le peu que nous avons dit suffit déjà pour montrer combien est intéressante la *géographie zoologique* : on appelle ainsi la description de la terre, envisagée au point de vue des espèces animales qui l'habitent.

226. Le règne animal, dont nous venons de donner un tableau abrégé, résume en soi tout le monde corporel. En effet, l'animal tient du monde inorganique par ses propriétés physiques, et du monde organique par le besoin et la faculté qu'il a de se nourrir, pour développer et entretenir les qualités si variées et si admirables des appareils des sens et du mouvement. Nous voyons ainsi la science zoologique, tout en prenant sa place à part, s'appuyer à la fois sur la science physique et sur la science physiologique. Par l'une, elle explique le mécanisme des mouvements et le jeu des appareils sensoriaux ; par l'autre, l'admirable multiplicité des moyens vitaux par lesquels les nécessités de la vie sont remplies dans des êtres si divers. Tout l'intérêt qui s'attache au règne organique et au règne inorganique, se concentre donc dans le règne animal, où il semble que le Créateur ait voulu donner à la fois à l'homme un instrument puissant d'action sur la nature, et une source inépuisable d'instruction sur ses rapports avec cette nature, ainsi que sur la structure de son propre corps.

STRUCTURE DU CORPS DE L'HOMME.

227. Le corps de l'homme réunit, à un degré élevé, toutes les perfections du règne animal. C'est chez lui que les différents appareils destinés à remplir les fonctions si variées de la vie, sont le mieux caractérisés dans leur emploi. Il semble que toute la série animale ne soit qu'un enchaînement de riches ébauches où la nature se joue en montrant les degrés de son œuvre, qui apparaît achevée dans le corps de l'homme. Aussi, les différentes parties de ce corps ont-elles reçu de tout temps les noms les plus détaillés dans le langage usuel. Nous allons les énumérer succinctement.

228. Observons, en commençant, que la tête de l'homme, levée noblement vers le ciel; l'expression de son regard; sa main, cet instrument de son travail, de son geste, de son commandement; sa voix articulée, si supérieure au cri des animaux, établissent, dès le premier abord, une distance incommensurable entre l'homme et le règne animal, et que le caractère spirituel de sa domination est visible en lui dans les apparences corporelles mêmes.

229. La masse du corps de l'homme se compose principalement du *tronc*, qui supporte la *tête* et d'où partent les *membres*.

230. La tête se distingue en deux parties : la *face* et le *crâne*.

La face est cette partie qu'on appelle chez l'homme le *visage*, et où se peint l'expression de la *physionomie*. On y remarque les *yeux*, organes de la vue, protégés par les *paupières;* le *nez*, organe de l'odorat, où l'on distingue les *narines*, les *ailes*, le *dos* et la *racine;* la *bouche*, ouverture qui donne passage aux aliments et à l'air vital, et où se trouve la *langue*, organe du goût, qui sert aussi dans l'acte de la parole. La bouche s'ouvre et se referme par le jeu des *mâchoires*, dont la supérieure est constituée par la tête entière, sur laquelle joue la mâchoire inférieure, formée d'un seul os. Cet os de la mâchoire inférieure, composé de deux moitiés, soudées chez l'homme, séparées chez certains animaux, forme une véritable paire de membres, qu'on appelle *céphaliques* parce qu'ils sont situés à la tête. Dans les mâchoires sont implantées les *dents*, divisées en *incisives*, *canines* et *molaires*, dont nous avons vu les types chez les animaux rongeurs, carnassiers et ruminants. Les parois de la bouche sont formées de chaque côté par les joues, inférieurement par la langue, et supérieurement par le *palais* ou *voûte palatine*. La mâchoire inférieure se termine en avant par le *menton*, saillie qui n'existe chez aucun animal, et qui est particulière à l'homme. Le haut de la face s'appelle *front*; il appartient principalement au crâne. Sur les côtés du front on remarque les *tempes*, à la partie inférieure desquelles se trouvent les *oreilles*, organe du sens de l'ouïe. La partie extérieure de l'oreille se nomme *pavillon*; elle donne entrée, par une cavité nommée *conque*, dans le conduit auditif.

Les poils qui ombragent le menton, les joues et les lèvres, forment ce qu'on appelle la *barbe*. On donne le nom de *moustache* à cette partie de la barbe qui occupe la lèvre supérieure. On nomme *cils*, les poils qui bordent les paupières, et *sourcils*, ceux qui sont disposés en deux arcades régulières au-dessus de chaque œil pour amortir l'intensité trop grande des rayons du jour. Les *cheveux* sont les poils innombrables qui recouvrent le crâne, dont la peau, très-forte, a reçu le nom de *cuir chevelu*.

231. La tête se relie au tronc par le *cou*, qui présente en avant la *gorge* et en arrière la *nuque*.

232. Le tronc se divise en *poitrine*, formée par les côtes, quelques autres os et différents muscles; *abdomen* ou *ventre*, formé seulement par des muscles; et *bassin*, formé principalement par les os des hanches. La partie postérieure du tronc s'appelle *dos*; on y remarque *l'échine* ou *épine dorsale*, formée par la *colonne vertébrale*, qui sert d'appui à toute la charpente du corps. Les côtés du ventre s'appellent *flancs*, et en arrière *lombes*, ou encore *reins*, parce que les organes de ce nom s'y trouvent situés.

233. Les membres thoraciques, ainsi nommés parce qu'ils s'attachent à la poitrine ou *thorax*, se divisent en *bras, avant-bras, main*. La main se relie à l'avant-bras par le *poignet*; l'avant-bras au bras par le *coude*, et le bras au tronc par *l'épaule*. On appelle *aisselle* le creux qui se trouve entre le bras et la poitrine, et qui apparaît lorsqu'on lève le bras.

La main se termine par les *doigts*, dont l'un, le *pouce*, est opposé aux quatre autres pour saisir les objets. Les doigts se divisent en parties que l'on nomme *phalanges*; le pouce n'en a que deux, tandis que les autres doigts en ont trois. La partie pleine de la main qui s'applique sur les objets pour les saisir, s'appelle *paume*; l'extrémité des doigts, de ce côté, qui sert spécialement à exercer le sens du toucher, s'appelle *pulpe* des doigts; De l'autre côté, appelé *dos de la main*, les doigts portent des *ongles*, qui protègent leur pulpe en avant. La main fermée s'appelle le *poing*.

234. Le membre inférieur se divise en *cuisse, jambe* et *pied*. Le pied se relie à la jambe par le *cou-de-pied* ou *tarse*, qui, en arrière, forme une saillie nommée *talon*; la jambe se relie à la cuisse par le *genou*, et la cuisse au tronc par la *hanche*. On appelle *aine* le pli que forme en avant la cuisse en se fléchissant sur le tronc, et *jarret* le creux qui se trouve en arrière du genou, à la jonction de la cuisse avec la jambe. Les doigts du pied s'appellent *orteils*.

235. *L'anatomie comparée* permet de saisir des analogies entre la construction du corps de l'homme et celle du corps des animaux. Mais ces analogies mêmes ne servent qu'à mieux mettre en évidence la supériorité de l'homme. Ainsi, chez les quadrupèdes, qui sont les animaux les plus élevés dans l'échelle après l'homme, les quatre membres servent à la marche, et les yeux se trouvent dirigés vers la terre. Chez les oiseaux, les membres thoraciques forment des ailes qui leur permettent, il est vrai, de s'élever dans l'air, mais qui, faute de doigts, ne peuvent rien saisir. Quant aux singes, qui ont quatre mains, ils s'en servent pour marcher autant que pour prendre; et ces mains ne sont comparables à celles de l'homme ni pour l'exercice précieux du toucher ni pour l'élégance de la forme, qui, chez l'homme, donne à la main un cachet particulier de grandeur et de puissance.

236. Il semble que tout soit sacrifié, dans la construction du corps de l'homme, pour lui donner un extérieur imposant; et cependant, si l'on en examine la structure intérieure, on voit que tout est admirablement calculé pour la force et l'étendue des mouvements, ainsi que pour la protection des organes importants qui entretiennent la vie.

237. L'examen de la structure intérieure du corps au point de vue de la vie animale, nous présente encore différents objets dont les noms ont passé dans le langage usuel. Ainsi, on connaît sous le nom de *muscles*, les faisceaux charnus dont la contraction produit les mouvements en tirant sur les os. Les muscles sont composés de *fibres*, formant

de petits faisceaux bien visibles dans la viande des animaux dont on se nourrit. Les muscles s'attachent aux os par des parties dures et résistantes qu'on appelle *tendons*, et qu'on peut sentir aisément dans certains points du corps, par exemple au-dessus du talon, au jarret, au poignet quand on remue le pouce, etc.

238. Nous savons déjà ce que sont les *os*, et comment leur ensemble constitue le *squelette*. Quelques-uns, tels que les *côtes*, le *sternum*, la *mâchoire*, les *vertèbres*, la *clavicule*, les *phalanges*, le *fémur*, le *tibia*, la *rotule*, ont des noms assez souvent cités dans le langage usuel; les noms des autres appartiennent spécialement à cette partie de la science anatomique qu'on appelle ostéologie.

239. Les os sont reliés entre eux par les *articulations* ou *jointures*, qu'on appelle aussi *articles*. Les surfaces qui s'articulent sont encroûtées de *cartilage*; des *ligaments*, dont le tissu, très-résistant, est analogue à celui des tendons, les maintiennent en contact.

240. L'impulsion du mouvement est donnée aux muscles par les *nerfs*, cordons blanchâtres d'une substance particulière, qui partent du *centre nerveux*, lequel est composé du *cerveau*, du *cervelet* et de la *moelle épinière*. Le centre nerveux est logé dans la cavité du crâne et de la colonne vertébrale. De même qu'il donne l'impulsion du mouvement, il reçoit aussi l'impression des sensations; il est donc placé de manière à être averti de la présence des objets extérieurs, et à agir sur eux. On appelle *sommeil* une sorte d'engourdissement du centre nerveux, qui repose les sens et les mouvements; l'état opposé s'appelle *veille*.

241. Les organes des sens sont composés de différentes parties ayant chacune leurs noms, dont plusieurs sont très-employés dans le langage usuel. Ainsi, nous avons vu que les yeux sont protégés par les *paupières*, bordées par les cils. Ajoutons qu'une petite glande située sous les paupières et nommée glande *lacrymale*, verse sur l'œil les *larmes* qui l'humectent, et dont la trop grande abondance constitue les *pleurs*. Quant au *globe oculaire*, il est formé par une sorte de coque appelée *cornée*, à cause de sa forte consistance. La partie de cette coque située en avant, et qui laisse pénétrer la lumière dans l'œil, a reçu le nom de *cornée transparente*. Elle laisse apercevoir le cercle de la *prunelle*, formée

par une membrane intérieure colorée qu'on nomme *iris*, et présentant à son milieu une ouverture, la *pupille*, dans laquelle se trouve une sorte de lentille transparente appelée *cristallin*.

Lorsque le cristallin perd sa transparence, il en résulte une infirmité de l'œil appelée *cataracte*, qui prive de la vue, et à laquelle on remédie par une opération chirurgicale. Le fond de l'œil est occupé par une membrane d'une extrême finesse appelée *rétine*, sur laquelle se peint l'image des objets, et qui résulte de l'épanouissement du *nerf optique*, lequel transmet au cerveau l'impression de cette image.

242. Nous avons vu que le pavillon de l'oreille et sa conque donnent entrée dans le *conduit auditif*. Au fond de ce conduit se trouve une sorte de peau mince tendue, qu'on appelle *membrane du tympan*, ou du *tambour* : elle ferme les cavités intérieures de l'oreille, dont les parties constituantes, peu connues, appartiennent au domaine spécial de la science anatomique.

243. Quant aux différentes parties de la bouche et du nez, nous avons vu plus haut leurs noms, connus dans le langage usuel.

DE L'INSTINCT ET DU TEMPÉRAMENT.

244. Les animaux possèdent une puissance intérieure qu'on appelle *instinct*, qui dirige tous leurs mouvements et tous leurs actes dans le sens de leur conservation et de leur destination. L'instinct des animaux est aussi varié que leurs espèces ; mais toutes ces variétés, quant à la conservation de l'être, peuvent être rapportées à deux points de vue principaux : la promptitude pour écarter ou fuir ce qui nuit ; la circonspection pour l'éviter. L'homme, indépendamment des puissances supérieures de son intelligence, possède aussi cette puissance instinctive qui agit avant même qu'il n'ait pensé, pour le soustraire au danger qui le menace. Il lui importe de bien la cultiver, car l'esprit trouve en elle un grand secours, en faisant passer dans l'habitude corporelle, par l'exercice, ce qui se faisait d'abord avec peine et réflexion.

245. Si l'on considère les différents hommes comparés entre eux, on remarque que les propriétés corporelles sont réparties de telle sorte, que certaines sont prédominantes

chez les uns ou chez les autres, de manière à donner au corps des différents hommes un caractère varié qu'on appelle *tempérament*. Ainsi, les uns se font remarquer par l'énergique circulation du sang, les autres par la susceptibilité nerveuse plus grande ; il en est chez qui les tissus du corps présentent une certaine mollesse qui rend l'activité plus lente et plus mesurée ; d'autres, enfin, en qui prédomine ce qu'on a appelé le système bilieux. De là les tempéraments *sanguin*, *nerveux*, *lymphatique* et *bilieux*, dont certains hommes présentent les types très-marqués, mais dont, le plus souvent, les caractères se trouvent plus ou moins combinés et nuancés dans le même homme.

246. Les différents tempéraments, par la concentration qu'ils opèrent des forces de la vie en divers sens, donnent aux différents individus des facilités plus ou moins grandes pour l'accomplissement de tel ou tel devoir, soit dans le sens du courage, soit dans celui de la longanimité et de la prudence. De là, le nom de *vertus de tempérament ;* de là les qualifications de *courageux*, *prudents*, *patients*, données à certains animaux, quoique ces qualifications, à proprement parler, ne conviennent qu'à un être intelligent et doué de volonté. Ces vertus de tempérament, qui n'appartiennent qu'à la structure du corps, ne doivent donc pas être confondues avec les véritables vertus, dont l'essence réside précisément dans l'effort qu'il faut faire pour accomplir le devoir, en quelque sens que notre tempérament nous porte.

DES ANIMAUX, INSTRUMENTS, MACHINES ET ARMES, CONSIDÉRÉS COMME AIDES DES FORCES HUMAINES.

247. Les animaux, ainsi que nous l'avons vu, possèdent, à divers degrés et sous des aspects divers les puissances de la sensation et du mouvement ; et l'on remarque en eux des aptitudes variées de force, d'adresse, d'agilité, de vision, d'odorat, d'ouïe, etc., que l'homme peut utiliser à son profit de mille façons différentes.

Ainsi, en conduisant en troupeaux les animaux dont il se nourrit, il fait servir leur forces et leurs sens à transporter dans les lieux où il le désire la richesse que ces animaux représentent. Il garde les troupeaux à l'aide des chiens, dont il utilise ainsi la vigueur, la clairvoyance et la vigilance.

Il fait porter ou tirer les fardeaux par certains animaux tels que le bœuf, l'âne, le cheval, le chameau et même l'éléphant, qui possèdent de grandes forces musculaires jointes à une docilité qui permet de les conduire. Il confie ses messages aux pigeons, qui traversent rapidement les airs. Il laisse les animaux carnassiers réprimer, jusqu'au degré où il lui convient, la trop grande multiplication des diverses espèces ; et quoique la nature, en cela, soit infiniment plus prévoyante qu'il ne peut l'être, il ne laisse pas d'exercer à cet égard une direction, qui réduit les animaux sauvages eux-mêmes au rôle de ses instruments. Certains animaux, par les qualités spéciales de leur instinct, l'aident à donner la chasse à d'autres animaux, ou à trouver certains produits organiques qu'il n'aurait pas découverts sans eux.

248. Non-seulement l'homme se sert de ses forces et de celles des animaux; mais encore il construit des *instruments*, des *engins*, des *machines*, pour aider ces forces et pour en multiplier les effets.

Le plus simple des instruments, celui qui est le point de départ de tous les instruments et machines, est le *levier*.

On appelle ainsi une tige inflexible et inextensible, à laquelle les forces s'appliquent pour vaincre les résistances, en s'appuyant sur un point fixe. Les leviers prennent toutes sortes de formes pour s'adapter aux forces et aux résistances; mais toutes ces formes peuvent être ramenées à trois genres.

Dans le premier, le point d'appui se trouve entre la force agissante ou *puissance*, et la résistance à vaincre. Les leviers de fer vulgairement employés par les ouvriers pour remuer les fardeaux nous en offrent un exemple.

Dans le deuxième genre, qui est le plus favorable, la résistance se trouve entre la puissance et le point d'appui. Nous en trouvons un exemple dans la *brouette*, qui, comme on sait, donne une si grande aisance pour le transport des fardeaux.

Enfin, dans le levier du troisième genre, la résistance est à un bout, le point d'appui à l'autre bout, et la puissance entre eux. C'est le moins favorable à la force, mais il a son utilité, lorsque cette force est suffisante, en ce qu'il permet un mouvement plus étendu. L'utilité de ce genre de levier se montre dans l'action de retirer de loin, à l'aide d'une perche ou autre longue tige, quelque chose qu'on ne peut atteindre autrement.

Tous les instruments de l'homme sont des leviers, armés plus ou moins ingénieusement d'une propriété quelconque de la matière.

Ainsi, par exemple, le ciseau est un levier armé du tranchant de l'acier; le marteau, un levier armé de la pesanteur du fer.

Toutes les machines sont des assemblages de leviers, droits ou coudés, recourbés de mille manières suivant la direction qu'on veut imprimer au mouvement. Le corps de l'homme et celui des animaux sont eux-mêmes des machines admirables et vivantes, dont les os sont les leviers, mis en mouvement par les muscles.

La *statique*, dont nous avons parlé à propos des forces physiques, est le fondement de la *mécanique*, puisqu'elle établit les conditions d'équilibre que la mécanique utilise.

249. La plus simple des machines est un cylindre tournant sur un pivot, et qu'on nomme *treuil*. Au moyen d'une *manivelle*, qui n'est autre chose qu'un levier fixé au treuil et tournant avec lui, on soulève aisément de lourds fardeaux attachés à une corde qui s'enroule autour du treuil. Cette machine est souvent employée pour tirer l'eau des puits. La direction de la corde peut être changée à l'aide d'une *poulie*, ainsi qu'on le remarque dans l'engin appelé *chèvre*, si employé pour soulever les blocs de pierre, et où la manivelle est remplacée par de longs leviers, engagés tour à tour dans des ouvertures du treuil. Dans le *cabestan*, dont on fait grand usage sur les navires, le treuil est placé verticalement, et mû par des leviers poussés par des hommes, qui tournent avec le cabestan.

La machine appelée *grue*, qui sert particulièrement au déchargement des navires, se fait remarquer en ce que les leviers sont fixés autour du treuil, et réunis en une *roue* qu'on fait tourner.

250. La roue n'est, au fond, qu'une suite de leviers, dont sa circonférence représente les extrémités. Au moyen des *roues dentées*, si employées dans la mécanique, le mouvement se transmet d'une roue à l'autre en se multipliant par la grandeur des roues, et changeant de direction d'après la forme et l'inclinaison des dents, qui ne sont, en réalité, que les extrémités plus ou moins recourbées des leviers que la roue représente : de là des effets merveilleux, dont il est cependant facile de se rendre compte. Dans beaucoup de machines, on remarque de grandes roues appelées *volants*, qui, mises en jeu par le mouvement de la machine, renforcent et régularisent ce mouvement en agissant par le poids de leur circonférence. Dans d'autres machines, le mouvement est régularisé par un *balancier*, corps pesant qui se balance uniformément au bout d'une tige suspendue.

Dans les *navires à vapeur*, la roue, mue par une force intérieure, offre à sa circonférence des *palettes*, qui sont autant de leviers par lesquels elle s'appuie sur l'eau à la manière des rames, pour pousser le navire en avant. Les roues des *locomotives* du chemin de fer agissent de même ; et les légères inégalités de la matière sur laquelle elles roulent, leur suffisent pour point d'appui, sans qu'elles aient besoin de dents ni de palettes. Si la surface du chemin était trop polie, elles n'avanceraient pas. Nous ferons une remarque analogue pour la corde qui s'enroule sur la roue du rouet à filer, et pour toutes les cordes ou courroies employées en général dans les mécaniques pour transmettre le mouvement.

Les roues mues par l'eau, et qu'on appelle roues *hydrauliques*, ont des palettes comme celles des bateaux à vapeur : mais au lieu d'agir sur l'eau elles en reçoivent l'action ; et l'eau, devenue ainsi force motrice, fait tourner le treuil ou arbre tournant de la roue.

Dans les *moulins à vent*, la roue se compose de quatre rayons appelés ailes, faisant face au vent, qui, rencontrant la résistance de leur pivot, les oblige à tourner. Ce pivot ou arbre tournant, qui est horizontal, donne à celui des meules un mouvement vertical par un système de roues dentées fort simple. Il existe certains moulins à vent dont les ailes sont placées horizontalement, et où le vent agit sur elles comme les bras de l'homme sur les leviers d'un cabestan. Alors l'arbre tournant est vertical.

251. Si le cylindre qui tourne est taillé en *vis*, il produit, en tournant dans une vis creuse appelée *écrou*, un mouvement d'autant plus fort en avant ou en arrière, en haut ou en bas, etc., suivant la position de la vis, que le levier ou la manivelle qui le fait tourner a plus de longueur. On voit des emplois de la vis dans les différentes espèces de *presses*; dans le balancier qui sert à battre monnaie, et dans les boutons par lesquels on exerce une pression dans certains instruments,

tels que les compas, les lampes de travail mobiles sur une tige, etc.

Dans les navires à vapeur dits *à hélice*, la machine motrice est comme une énorme vis, mue rapidement par la vapeur, et qui, en tournant, presse sur l'eau comme sur un écrou, ce qui chasse la vis en avant avec le navire auquel elle est atta-chée.

Observons que, lorsque l'écrou est fixé, c'est la vis qui avance ou qui recule, tandis que le contraire a lieu quand la vis tourne dans une position fixe; c'est alors l'écrou qui se meut, avec tout ce qui y tient.

252. Tous les mouvements possibles des machines, si variés qu'on les suppose, se réduisent, en dernière analyse, aux deux mouvements de *rotation* et de *va-et-vient*. Ces deux mouvements, également uniformes comme tout ce qui est machinal, se transforment l'un dans l'autre à l'aide d'une variété de levier appelée *bielle*, qui s'attache à une manivelle et en suit l'inflexion, comme le va-et-vient des bras de l'homme. Le plus simple exemple de la transformation du mouvement de va-et-vient en mouvement de rotation, se trouve dans la *roue du rémouleur*, où la transformation des deux mouvements l'un dans l'autre est extrêmement facile à saisir. La même chose a lieu dans tous les mécanismes où cette transformation est nécessaire; sauf que les pièces qui relient la manivelle à la tige qui va et vient, revêtent des formes plus ou moins ingénieuses et délicates, suivant les exigences du mécanisme. Ce qu'on appelle *excentrique* se rapporte au même principe, et mérite d'être ici mentionné à cause de son utilité et de sa simplicité ingénieuse.

253. Les machines peuvent être mues par les forces de l'homme ou des animaux, agissant en ligne droite ou circulairement, ou par les forces uniformes de la nature physique, que les artifices de la mécanique obligent à opérer le mouvement de rotation ou de va-et-vient. Les forces physiques les plus communément employées sont les *poids*, les *ressorts* et l'expansion de la *vapeur*. Les *courants d'eau* agissent par le poids de ce liquide.

254. Dans la machine appelée *pompe*, la force physique employée est la *pression de l'atmosphère*, provoquée par le vide que fait le *piston* en s'élevant dans le *corps de pompe*, et produisant ainsi l'aspiration du liquide. On appelle *soupapes*, des

ouvertures disposées de telle sorte, dans le piston et à l'entrée du corps de pompe, qu'elles ouvrent le passage dans un sens et le ferment dans le sens opposé. Les soupapes ont une foule de formes, suivant les nécessités du mécanisme. Tantôt ce sont de simples membranes, des espèces de petites portes ; tantôt des boules ou des disques retombant directement sur l'ouverture après avoir été soulevés, etc. Leur action est déterminée par le sens dans lequel elles s'ouvrent.

255. La machine à vapeur est une sorte de pompe où la force motrice s'excerce sur le piston lui-même, et, par la disposition de pièces appelées *tiroirs*, qui remplissent un rôle analogue à celui des soupapes, le fait aller et venir dans un cylindre creux, ce qui communique à sa tige le mouvement de va-et-vient, lequel peut se transformer en mouvement circulaire suivant les besoins du mécanisme.

256. Quand les roues ne sont pas motrices et n'agissent pas comme volants, elles servent à empêcher les frottements en réduisant le contact à un simple point, ce qui rend le mouvement facile. Si le plan sur lequel roule la roue est bien uni, la facilité du mouvement devient extrême. Sur la glace, qui est si unie, il n'est plus même besoin de roues ; et un traîneau glisse avec rapidité, chargé des plus grands poids. Les patins donnent la même rapidité à la course : mais autant ils rendent le mouvement facile, autant ils rendent l'arrêt difficile.

257. L'homme utilise aussi au profit de son mouvement l'inclinaison des terrains, qui, par l'effet de la pesanteur, favorise le mouvement d'un lieu plus élevé vers un lieu moins élevé ; la théorie du *plan incliné* n'est pas ce qu'il y a de moins intéressant ni de moins fécond dans les mathématiques. Les eaux des rivières, roulant sur le plan incliné que présente leur lit, emportent les bateaux, navires, radeaux que l'homme fait flotter à leur surface ; et des poids énormes se trouvent ainsi transportés sans qu'il en coûte de grands frais.

258. De même que l'homme renforce sa puissance de locomotion par des instruments et des machines, il renforce aussi par certains moyens artificiels l'activité de ses sens. C'est ainsi qu'on le voit construire des *instruments d'optique*, en utilisant les propriétés des corps transparents et de ceux qui réfléchissent la lumière. Les verres convexes, on le sait, grandissent et rapprochent les images des objets ; les verres concaves les rapetissent et les éloignent. Les miroirs convexes rapetissent

les images ; les miroirs concaves les grandissent. En combinant de diverses manières les lentilles et les miroirs, on a les *lunettes, microscopes, télescopes*, instruments à l'aide desquels la vue de l'homme saisit les objets que leur petitesse ou leur éloignement ne lui permet pas d'atteindre. La *chambre claire* et la *chambre obscure*, sont encore des combinaisons du même genre, qui ramènent sous les yeux, à de petites proportions, les objets que le regard embrasse, et permettent de les dessiner aisément.

259. L'homme met aussi la nature à contribution pour donner des signaux là où la voix ne peut atteindre. C'est ainsi qu'il renforce sa voix par des *porte-voix* de toute forme, qui permettent de communiquer à distance ou dans les différentes parties d'un grand bâtiment ; c'est ainsi que le son de la cloche, du cor, de la trompette, du tambour, du canon même, donne des signaux là où la voix serait impuissante ; c'est ainsi enfin que des feux ou des signes *télégraphiques* parlent à des distances où aucun son ne serait entendu, et que le fil électrique, adapté à un appareil aussi simple qu'ingénieux, communique les signes télégraphiques à des distances immenses avec la rapidité de l'éclair.

260. L'invention humaine, en s'exerçant de mille manières, s'est composé un attirail immense d'instruments de toute espèce, qui varient les types dont nous venons d'énumérer les principaux, et dont nous rencontrerons les différents noms lorsque nous parlerons de l'industrie.

261. Des instruments il faut rapprocher les *armes*, qui servent à la défense de l'homme, et qui, de même que les instruments, sont des applications des forces de la nature bien observées. Au moyen des armes que son génie industrieux invente, l'homme, faiblement armé par la nature, triomphe de tous les animaux les plus redoutables ; elles l'aident aussi à repousser les attaques plus ou moins dangereuses qui peuvent lui venir de son semblable.

262. Les armes ont toutes pour but final la légitime défense ; mais on les distingue en *défensives* et *offensives*, suivant qu'elles ont plus particulièrement pour objet de protéger le corps, ou qu'elles servent à porter l'attaque sur l'assaillant, afin de lui faire lâcher prise ou de neutraliser son attaque.

263. Les armes défensives se réunissent sous le nom *d'armure*. Les différentes pièces d'une armure reçoivent différents

noms, suivant les points du corps qu'elles protégent. Ainsi, la pièce qui couvre la tête est désignée généralement sous le nom de *casque;* celle qui protége le tronc se nomme *cuirasse;* la main est défendue par un *gant* ou *gantelet,* la jambe par une *boîte;* dans les anciennes armures, les bras et les cuisses étaient couverts par des *brassarts* et des *cuissarts.* Le *bouclier* était une large plaque, qu'on portait au bras gauche pour parer les coups.

Le perfectionnement des armes offensives a rendu inutiles, dans la plupart des cas, les armures autrefois si compliquées. Les moyens de protection sont surtout tirés aujourd'hui de la position habilement prise et des habiles manœuvres.

264. Au nombre des moyens de défense, il faut ranger les *retranchements* et les *remparts,* formant des *forteresses,* dont l'attaque et la défense donnent lieu à l'emploi de tous les moyens que l'industrie humaine tire des forces de la nature.

265. Les navires eux-mêmes, ces masses dont l'existence sur les flots semble si précaire, sont devenus des forteresses mouvantes, extrêmement redoutables dans l'offensive.

266. Le cheval mérite ici une mention toute spéciale. Cet animal, si docile, si précieux pour la course et le transport, n'est pas moins utile au combat qu'au travail. Non seulement il sert à transporter tous les moyens de défense et d'attaque, mais encore il prend part au combat avec l'homme lui-même, et son nom est devenu en quelque sorte le symbole de la vie militaire. Les mots *chevalier, chevalerie, chevaleresque,* témoignent de l'importance de ce noble animal au point de vue militaire.

267. Les armes offensives se distinguent en deux grandes sections : celles qui combattent de près et celles qui combattent de loin. Les premières comprennent les différents genres de *glaives,* de *bâtons,* de *massues;* les autres, employant en général l'élasticité de certains corps à lancer des *projectiles,* sont surtout devenues redoutables depuis que la chimie a permis d'utiliser pour elles l'élasticité des gaz, par la combustion rapide de certaines substances. L'invention de la *poudre à canon* a réformé tout le système des armes offensives, et, par suite, la guerre elle-même. En rendant les armes plus terribles, elle a aussi rendu l'homme plus réservé dans leur usage. Les guerres en sont devenues moins sauvages; et l'offensive, plus savante et plus digne, s'est rapprochée de plus en plus des principes de la légitime défense.

268. On voit quels moyens puissants d'action et de protection les progrès de l'industrie mettent à la disposition de l'homme. Mais, il ne faut jamais l'oublier, ces moyens ne peuvent être réellement efficaces dans ses mains, qu'autant que ses forces naturelles seront bien éveillées, bien excercées, et unies sous un vigilant instinct de conservation, qui imprime à tous les mouvements la promptitude nécessaire.

269. Le monde animal, couronné par le brillant résumé qu'en offre le corps humain, nous a présenté un ensemble magnifique, dont les merveilles débordent en quelque sorte de tous côtés le monde organique et le monde inorganique, et qui défient l'analyse mathématique, même dans les choses les plus susceptibles d'être calculées, comme le jeu des membres et le phénomène de la vision. Si l'admiration de l'homme est tentée de s'absorber tout entière dans les merveilles mathématiques de la vie physique, puis dans celles bien plus compliquées de la vie organique, combien à plus forte raison ne le sera-t-elle pas en présence des prodigieux effets de la vitalité animale, où les tissus les plus chétifs en apparence, animés par l'étincelle de la vie, produisent des effets d'une puissance immense, quelquefois même effrayante, dans les animaux les plus insignifiants! Combien surtout ne doit-elle pas être frappée des ressources inépuisables qui se déploient dans la créature humaine, dominatrice de toute la série animale! Il semble, ici encore, que ce soient les limites de la création. Mais lorsque l'homme se souvient que tout, dans l'ensemble du monde corporel, porte un caractère passager ; que rien ne brille et n'est puissant que pour un moment ; que la lutte se montre de tous côtés en même temps que la vie, comme une leçon austère qui l'avertit de la durée précaire de toute puissance corporelle, alors il comprend qu'il y a, au-dessus de la vie du corps, celle de l'esprit qui lui donne toute sa grandeur ; il comprend que le corps n'existe que pour servir l'esprit, et que tout ce qui est animal dans l'homme se dégraderait honteusement, si l'instinct du corps n'était dominé et éclairé par le principe spirituel de l'intelligence.

MOTS TIRÉS DE L'ORDRE ANIMAL.

NOMS.

Bimane. m. — Singe. m. Guenon. f. Orang-Outang. m. Babouin. m. Sapajou. m. *Quadrumane.* m. — Chauve-souris. f. Vampire. m. *Cheiroptère.* m. — Hérisson. m. Taupe. f. Musaraigne. f. *Insectivore.* m. Ours. m. Ourse. f. Blaireau. m. Chat. m. Chatte. f. Lion. m. Lionne. f. Lionceau. m. Tigre. m. Tigresse. f. Léopard. m. Jaguar. m. Panthère. f. Lynx. m. Loup-cervier. m. Chien. m. Chienne. f. Lice. f. Lévrier. m. Levrette. f. Epagneul. m. Epagneule. f. Caniche. m. Basset. m. Griffon. m. Barbet. m. Dogue. m. Mâtin. m. Loup. m. Louve. f. Louveteau. m. Chacal. m. Renard. m. Civette. f. Hyène. f. Martre. f. Belette. f. Putois. m. Fouine. f. Furet. m. Hermine. f. Zibeline. f. Loutre. f. *Carnivore.* m. Phoque. m. Morse. m. Amphibie. m. *Carnassier.* m. — Rat. m. Souris. f. Souriceau. m. Écureuil. m. Marmotte. f. Mulot. m. Loir. m. Lièvre. m. Hase. f, Levraut. m. Lapin. m. Lapereau. m. Cabiai. m. Chinchilla. m. Petit-gris. m. Castor. m. Porc-épic. m. *Rongeur.* m. — Paresseux. m. Fourmilier. m. *Edenté.* m. — Sarigue. m. Kanguroo. m. *Marsupial.* m. — Eléphant. m. Hippopotame. m. Rhinocéros. m. Cochon. m. Verrat. m. Truie. f. Porc. m. Pourceau. m. Sanglier. m. Laie. f. Marcassin. m. *Pachiderme.* m. — Cheval. m. Jument. f. Etalon. m. Poulain. m. Ane. m. Anesse. f. Anon. m. Mulet. m. Mule. f. Zèbre. m. *Solipède.* m. — Bœuf. m. Taureau. m. Vache. f. Veau. m. Génisse. f. Buffle. m. Buffletin. m. Mouton. m. Bélier. m. Brebis. f. Agneau. m. Chèvre. f. Cabri. m. Chevreau. m. Bouc. m. Bouquetin. m. Antilope. f. Gazelle. f. Chamois. m. Girafe. f. Cerf. m. Biche. f. Faon. m. Chevreuil. m. Chevrette. f. Daim. m. Daine. f. Elan. m. Renne. m. Chameau. m. Dromadaire. m. Lama. m. Alpaca. m. Vigogne. f. Chevrotain. m. *Ruminant.* m. — Baleine. f. Cachalot. m. Narval. m. Dauphin. m. Marsouin. m. *Cétacé.* m. — *Mammifère.* m.

Aigle. m. Aiglon. m. Vautour. m. Condor. m. Autour. m. Epervier. m. Milan. m. Buse. f. Faucon. m. Chouette. f. Chat-huant. m. Hibou. m. Effraie. f. Grand-duc. m. *Rapace.* m. — Alouette. f. Mésange. f. Hoche-queue. m. Ortolan. m. Bouvreuil. m. Sansonnet. m. Moineau. m. Verdier. m. Pinson. m. Linotte. f. Serin. m. Canari. m. Chardonneret. m. Etourneau. m. Paradisier. m. Corbeau. m. Corneille. f. Merle. m. Grive. f. Pie. f. Geai. m. Fauvette. f. Rossignol. m. Roitelet. m. Loriot. m. Bergeronnette. f. Hirondelle. f. Martinet. m. Engoulevent. m. Grimpereau. m. Colibri. m. Alcyon. m. Martin-pêcheur. m. *Passereau.* m. — Pic. m. Pivert. m. Perroquet. m. Perruche. f. Coucou. m. Toucan. m. Couroucou. m. Touraco. m. *Grimpeur.* m. — Coq. m. Poule. f. Poulette. f. Poussin. m. Poulet. m. Paon. m. Faisan. m. Coq de bruyère. m. Gelinotte. f. Dindon. m. Dinde. f. Dindonneau. m. Perdrix. f. Perdreau. m. Pintade. f. Caille. f. Pigeon. m. Ramier. m. Colombe. f. Tourterelle. f. Biset. m. *Gallinacé.* m. — Autruche. f. Casoar. m. Outarde. f. Pluvier. m. Vanneau. m. Grue. f. Héron. m. Cigogne. f. Chevalier. m. Combattant. m. Bécasse. f. Bécassine. f. Râle. m. Poule-d'eau. f. Flam-

mant. *m. Échassier. m.* — Cygne. *m.* Canard. *m.* Cane. *f.* Halbran. *m.*
Harle. *m.* Oie. *f.* Jars. *m.* Oison. *m.* Sarcelle. *f.* Plongeon. *m.* Péli-
can. *m.* Cormoran. *m.* Pingouin. *m.* Goéland. *m.* Mouette. *f.*
Sterne. *m. Palmipède. m.* — *Oiseau. m.*

Tortue. *f. Chélonien. m.* — Lézard *m.* Crocodile. *m.* Caïman. *m.*
Caméléon. *m.* Dragon. *m.* Basilic. *m. Saurien. m.* — Serpent. *m.*
Crotale. *m.* Vipère. *f.* Aspic. *m.* Couleuvre. *f.* Boa. *m.* Orvet. *m.*
Ophidien. m. — Grenouille. *f.* Têtard. *m.* Crapaud. *m.* Salamandre.
f. Batracien. m. — *Reptile. m.*

Perche. *f.* Mulle. *f.* Surmulet. *m.* — Trigle. *f.* Epinoche. *f.* —
Sciène. *f.* — Spare. *m.* Daurade. *f.* — Chétodon. *m.* — Scombre.
m. Maquereau. *m.* Thon. *m.* Espadon. *m.* Dorée. *f.* — Anabas. *m.*
— Anarrhique *ou* Loup de mer. *m.* — Lophie. *f.* Baudroie. *f.* —
Labre. *m.* — Carpe. *f.* Barbeau. *m.* Goujon. *m.* Tanche. *f.* Able.
m. Ablette. *f.* Loche. *f.* — Brochet. *m.* Exocet. *m.* — Silure. *m.*
— Saumon. *m.* Truite. *f.* Eperlan. *m.* — Hareng. *m.* Sardine. *f.*
Alose. *f.* Anchois. *m.* — Gade. *m.* Morue. *f.* Cabillaud. *m.* Merlan.
m. Lotte. *f.* — Plie. *f.* Sole. *f.* Turbot. *m.* Limande. *f.* Barbue. *f.* —
Anguille. *f* Congre. *m.* Murène. *f.* Gymnote. *m.* — Orbe. *m.* Mole.
f. — Esturgeon. *m.* Sterlet. *m.* — Squale. *m.* Requin. *m.* Milandre.
m. — Roussette. *f.* Chagrin. *m.* Galuchat. *m.* — Scie. *f.* — Raie. *f.*
Torpille. *f.* Pastenague. *f.* Lamproie. *f.* — *Poisson. m.*

*

Sangsue. *f.* Ver. *m.* Vermisseau. *m.* Lombric. *m.* Tubicole. *m.*
Néréide. *f. Annélide. m.*

Ecrevisse. *f.* Crabe. *m.* Homard. *m.* Langouste. *f.* Squille. *f.* Crevette. *f.* Limule. *m. Crustacé. m.*

Araignée. *f.* Mygale. *f.* Tarentule. *f.* Scorpion. *m.* Faucheur. *m.*
Acarus. *m.* Ciron. *m. Arachnide. m.*

Mille-pieds. *m.* Scolopendre. *m. Myriapode. m.*

Lépisme. *m.* Pou. *m.* Puce. *f. Aptère. m.* — Cicindèle. *f.* Carabe.
m. Gyrin. *m.* Bupreste. *m.* Richard. *m.* Lampyre *ou* Ver luisant. *m.*
Vrillette *f.* Escarbot. *m.* Dermeste. *m.* Scarabéide. *m.* Hanneton *m.*
Cétoine. *f.* Bousier. *m.* Lucane. *m.* Cerf-volant. *m.* Blaps. *m.* Can-
tharide. *f.* Charançon. *m.* Calandre. *f.* Ronge-bois. *m.* Capricorne.
m. Coccinelle. *f. Coléoptère. m.* — Sauterelle. *f.* Criquet. *m.* Gril-
lon. *m.* Courtilière. *f. Orthoptère. m.* — Punaise. *f.* Puceron. *m.*
Cochenille. *f.* (Ecarlate. *f.* Carmin. *m.* Cramoisi. *m.*) Cigale. *f.* Ful-
gore *ou* Porte-lanterne. *m. Hémiptère. m.* — Libellule *ou* Demoiselle. *f.* Ephémère. *m.* Fourmi-lion. *m.* Termès *m. Névroptère. m.*
— Fourmi. *f.* Abeille. *f.* Bourdon. *m.* Guêpe. *f.* Frelon. *m.* Cynips
m. Galle. *f. Hyménoptère. m.* — Papillon. *m.* Chenille. *f.* Cocon. *m.*
Machaon. *m.* Argus. *m.* Sphinx *m.* Bombyce *ou* Ver-à-soie. *m.*
Magnan. *m* Phalène. *f.* Teigne. *f. Lépidoptère. m.* — Mouche. *f.*
Cousin. *m.* Moustique. *m.* Taon. *m.* Œstre. *m. Diptère m.* — Hip-
pobosque. *m. Homaloptère. m.* — Larve. *f.* Chrysalide *ou* Nymphe. *f.* Métamorphose. *f.* — *Insecte. m.*

*

Seiche. *f.* Sépia. *f.* Calmar. *m.* Argonaute. *m.* Poulpe. *m.* Nautile. *m.* *Céphalopode.* *m.* — Limace. *f.* Limaçon. *m.* Escargot. *m.* Hélice. *f.* Buccin. *m.* Pourpre. *m.* *Gastéropode.* *m.* — Huître. *f.* Peigne. *m.* Aronde. *f.* Avicule. *f.* Perle. *f.* Nacre. *f.* Bénitier. *m.* Moule. *f.* Cardiacé. *m.* Pholade. *f.* Taret. *m.* Biphore. *m.* Pyrosome. *m.* *Acéphale.* *m.* — *Mollusque.* *m.*

*

Astérie. *f.* Oursin. *m.* — Entozoaire. *m.* Dragonneau. *m.* Ténia. *m.* Douve. *f.* Ladrerie. *f.* — Animalcule. *m.* Infusoire. *m.* Monade. *f.* — Acalèphe. *m.* Physalie. *f.* — Polype. *m.* Polypier. *m.* Tubipore. *m.* Madrépore. *m.* Corail. *m.* Éponge. *f.* Coralline. *f.* — *Zoophyte. m.*

*

Les noms désignant les familles, les ordres, les classes, de la zoologie comme de la botanique, s'emploient le plus souvent au pluriel : *Les arachnides, les lépidoptères, les marsupiaux,* etc.

*

Zoologie. *f.* Ornithologie. *f.* Ichthyologie. *f.* Helminthologie. *f.* Entomologie. *f.* Conchyliologie. *f.*

Bipède. *m.* Quadrupède. *m.* Volatile. *m.* Bête. *f.* Brute. *f.* Couple. *m. f.* Paire. *f.* Troupeau. *m.* Troupe. *f.* Meute. *f.* Essaim. *m.* — Gueule. *f.* Museau. *m.* Mufle. *m.* Hure. *f.* Groin. *m.* Naseau. *m.* Trompe. *f.* Bec. *m.* Mandibule. *f.* Palpe. *f.* Antenne. *f.* Suçoir. *m.* Corne. *f.* Bois. *m.* Andouiller. *m.* Crête. *f.* Aiguillon. *m.* — Poitrail. *m.* Fanon. *m.* Garrot. *m.* Encolure. *f.* Croupe. *f.* Croupion. *m.* Queue. *f.* Tentacule. *m.* Patte. *f.* Jambon. *m.* Gigot. *m.* Sabot. *m.* Griffe. *f.* Serre. *f.* Ergot. *m.* Éperon. *m.* Aile. *f.* Envergure. *f.* Élytre. *m.* Nageoire. *f.* — Crin. *m.* Crinière. *f.* Pelage. *m.* Plume. *f.* Plumage. *m.* Penne. *f.* Duvet. *m.* Huppe. *f.* — Écaille. *f.* Arête. *f.* Coquille. *f.* Coquillage. *m.* Conque. *f.* Carapace. *f.* — Mamelle. *f.* Lait. *m.* Allaitement. *m.* Œuf. *m.* Ponte. *f.* Incubation. *f.* Laitance. *f.* Frai. *m.* Jabot. *m.* Panse. *f.* Gésier. *m.*

Tronc. *m.* Tête. *f.* Membre. *m.* — Face. *f.* Crâne. *m.* Visage. *m.* Physionomie. *f.* Teint. *m.* Incarnat. *m.* Œil. *m.* Paupière. *f.* Cil. *m.* Sourcil. *m.* Nez. *m.* Narine. *f.* Bouche. *f.* Lèvre. *f.* Joue. *f.* Menton. *m.* Barbe. *f.* Front. *m.* Tempe. *f.* Cheveu. *m.* Chevelure. *f.* — Cou. *m.* Gorge. *f.* Nuque. *f.* — Poitrine. *f.* Sein. *m.* Thorax. *m.* Ventre. *m.* Abdomen. *m.* Flanc. *m.* Bassin. *m.* Dos. *m.* Échine. *f.* Corsage. *m.* — Épaule. *f.* Aisselle. *f.* Bras. *m.* Coude. *m.* Avantbras. *m.* Poignet. *m.* Doigt. *m.* Pouce. *m.* Index. *m.* Médius. *m.* Phalange. *f.* Ongle. *m.* Pulpe. *f.* Paume. *f.* Poing. *m.* — Hanche. *f.* Aine. *f.* Cuisse. *f.* Genou. *m.* Jarret. *m.* Jambe. *f.* Pied. *m.* Talon. *m.* Tarse. *m.* Cou-de-pied. *m.* Orteil. *m.*

Siége. *m.* Stature. *f.* Taille. *f.* Tournure. *f.* Race. *f.* Géant. *m.* Colosse. *m.* Nain. *m.* Naine. *f.* Albinos. *m.* Nègre. *m.* Négresse. *f.* Négrillon. *m.*

Squelette. *m.* Os. *m.* Mâchoire. *f.* Dent. *f.* (incisive, canine, molaire.) Rachis. *m.* Vertèbre. *f.* Clavicule. *f.* Omoplate. *f.* Humérus. *m.* Radius. *m.* Cubitus. *m.* Fémur. *m.* Tibia. *m.* Péroné. *m.* Rotule. *f.* Ostéologie. *f.* — Cartilage. *m.* Ligament. *m.* Jointure. *f.* Articulation. *f.* — Muscle. *m.* Fibre. *f.* Tendon. *m.* Nerf. *m.* Cerveau. *m.* Cervelet. *m.* Moelle épinière. *f.*

Sens. *m.* Sensation. *f.* — Vue. *f.* Vision. *f.* Cornée. *f.* Iris. *m.* Pupille. *f.* Prunelle. *f.* Rétine. *f.* Cristallin. *m.* Perspective. *f.* Aspect. *m.* Regard. *m.* Clin-d'œil. *m.* — Ouïe. *f.* Audition. *f.* Tympan. *m.* — Odorat. *m.* Odeur. *f.* Senteur. *f.* Fumet. *m.* Suavité. *f.* — Goût. *m.* Saveur. *f.* Langue. *f.* Palais. *m.* Gosier. *m.* Luette. *f.* Amygdale. *f.* — Toucher. *m.* Tact. *m.* — Eblouissement. *m.* Cécité. *f.* Surdité. *f.* Tintouin. *m.* Enchifrènement. *m.* — Bégaiement. *m.* Bredouillement. *m.* Mutité. *f.* — Age. *m.* Sexe. *m.* Habitude. *f.* Instinct. *m.* Constitution. *f.* Tempérament. *m.* — Agilité. *f.* Vélocité. *f.* Dextérité. *f.* Adresse. *f.* Maladresse. *f.* Gaucherie. *f.* Ruse. *f.* Férocité. *f.* Gloutonnerie. *f.* Exercice. *m.* Repos. *m.* Sommeil. *m.* Veille. *f.* Insomnie. *f.* Inquiétude. *f.* Défaillance. *f.* Pamoison. *f.* Stupeur. *f.* Assoupissement. *m.* Rêve. *m.* Ivresse. *f.* Cauchemar. *m.* Somnambulisme. *m.* Léthargie. *f.* Fureur. *f.* Exaspération. *f.* Calme. *m.* — Aise. *f.* Malaise. *m.* Fatigue. *f.* Lassitude. *f.* Alanguissement. *m.* Affaiblissement. *m.* Faiblesse. *f.* — Tournoiement *m.* Vertige. *m.* Etourdissement. *m.* Hallucination. *f.* Apoplexie. *f.* Paralysie. *f.* Convulsion. *f.* Epilepsie. *f.* Spasme. *m.* Hoquet. *m.* Crampe. *f.* Contraction. *f.* Contorsion. *f.* Grimace. *f.* Rage. *f.* Hydrophobie. *f.* — Douleur. *f.* Démangeaison *f.* Fourmillement. *m.* Picotement. *m.* Chatouillement. *m.* Elancement. *m.* — Entorse. *f.* Courbature. *f.* Torticolis. *m.* Lombago. *m.*

Signe. *m.* Signal. *m.* Voix. *f.* Cri. *m.* Appel. *m.* Chant. *m.* Pleurs. *m. pl.* Ris. *m.* Rire. *m.* Huée *f.* Grognement. *m.* Aboiement. *m.* Aboi. *m.* Jappement. *m.* Miaulement. *m.* Grincement. *m.* Rugissement. *m.* Hurlement. *m.* Glapissement. *m.* Braiment. *m.* Braire. *m.* Hennissement. *m.* Mugissement. *m.* Beuglement. *m.* Bêlement. *m.* Croassement. *m.* Gazouillement. *m.* Ramage. *m.* Gloussement. *m.* Roucoulement. *m.* Coassement. *m.* Bourdonnement. *m.*

Souffle. *m.* Haleine. *f.* Sifflement. *m.* Râle. *m.* Râlement. *m.* Ronflement. *m.* Aspiration. *f.* Enrouement. *m.* Essoufflement. *m.* Tressaillement. *m.* Frémissement. *m.* Soupir. *m.* Gémissement. *m.* Baillement. *m.* Eternuement. *m.* Toux. *f.* Crachement. *m.* Crachat. *m.* Expectoration. *f.*

Effort. *m.* Attitude. *f.* Pose. *f.* Pause. *f.* Station. *f.* Marche. *f.* Pas *m.* Trace. *f.* Vestige. *m.* Sillage. *m.* Saut. *m.* Sursaut. *m.* Soubresaut. *m.* Bond. *m.* Culbute. *f.* Ruade. *f.* Course. *f.* Allure. *f.* Amble. *m.* Trot. *m.* Galop. *m.* Vol. *m.* Volée. *f.* Equitation. *f.* Natation. *f.* Nage. *f.* Plongeon. *m.* Approche. *f.* Suite. *f.* Poursuite. *f.* Fuite. *f.* Départ. *m.* Arrivée. *f.* Ecart. *m.* Evolution. *f.* Circuit. *m.* Tour. *m.* Détour. *m.* Pirouette. *f.* Biais. *m.* Abord. *m.* Atteinte. *f.* Hâte. *f.* Précipitation. *f.* Arrêt. *m.* Halte. *f.* Attente. *f.* Attaque. *f.* Défense. *f.* Lutte. *f.* Pugilat. *m.* Etreinte. *f.* Embrassade. *f.* Accolade. *f.* Accroc. *m.* Achoppement. *m.* Essor *m.* Elan. *m.* Jet. *m.* Secousse. *f.* Cahot. *m.* Choc. *m.* Impulsion. *f.* — Brassée. *f.* Brasse. *f.* Poignée. *f.* Pincée. *f.* Coudée. *f.* Bouchée. *f.* Becquetée. *f.* Morceau. *m.* Lambeau. *m.* Débris. *m.* — Morsure. *f.* Coupure. *f.* Piqûre. *f.* Echancrure. *f.* Fracture. *f.* Luxation. *f.* Déchirure. *f.* Arrachement. *m.* Tiraillement. *m.* Blessure. *f.* Meurtrissure. *f.* Balafre. *f.* Coup. *m.* Chiquenaude. *f.* Carnage. *m.* Massacre. *m.*

Passage. *m*. Gué. *m*. Défilé. *m*. Accès. *m*. Abord. *m*. Entrée. *f*. Sortie. *f*. Issue. *f*. Chemin. *m*. Route. *f*. Allée. *f*. Avenue. *f*. Obstacle. *m* Entrave. *f*. Piége. *m*. Embûche. *f*. Faix. *m*. Fardeau. *m*. Charge. *f*.

Habitant. *m*. Habitation. *f*. Gîte. *m*. Refuge. *m*. Terrier. *m*. Tanière. *f*. Repaire. *m*. Nid. *m*. Aire. *f*. Ruche. *f*. Alvéole. *f*. Guêpier. *m*. Fourmilière. *f*. Couche. *f*. Litière. *f*.

Instrument. *m*. Appui. *m*. Soutien. *m*. Support. *m*.— Machine. *f* Mécanique. *f*. Mécanisme. *m*. Engin. *m*. Levier. *m*. Rame. *f*. Treuil. *m*. Manivelle. *f*. Poulie. *f*. Chèvre. *f*. Cabestan. *m*. Grue. *f*. Roue. *f*. Rouage. *m*. Pivot. *m*. Volant. *m*. Balancier. *m*. Contre-poids. *m* Moteur. *m*. Vis. *f*. Ecrou. *m*. Piston *m*. Soupape. *f*.—Loupe. *f*. Lunette. *f*. Porte-voix. *m*.

Habit. *m*. Vêtement. *m*. Haillon. *m*. Guenille. *f* Coiffure. *f*. Chaussure. *f*. Botte. *f*. Eperon. *m*. Gant. *m*. Harnais. *m*. Arme. *f*. Armure. *f*. Glaive. *m*. Projectile. *m*.

(Nous trouverons les noms particuliers des diverses variétés d'instruments, de vêtements, d'armes et de moyens de défense, lorsque nous étudierons les produits du travail.)

ADJECTIFS.

Animé. Inanimé. Vertébré. Invertébré. Mâle. Femelle. Ovipare. Vivipare.—Robuste. Débile. Frêle. Caduc. Languissant. Langoureux.

Musculaire. Musculeux. Musclé. Charnu. Nerveux. Membré. Ailé. Palmé. Droit. Gauche. Droitier. Gaucher. Antérieur. Postérieur. Interne. Externe. Céphalique. Maxillaire. Oculaire. Auriculaire. Labial. Lingual. Brachial. Huméral. Fémoral. Crural.

Aquilin. Camus. Camard. Epaté. Chauve. Chenu. Pâle. Blême. Hâlé. Basané. Rubicond. Joufflu. Trapu. Svelte. Mignon. Gigantesque. Colossal. — Barbu. Chevelu. Capillaire. Châtain. Blond. Bai. Alezan.

Odorant. Odoriférant. Suave. Fétide. Infect. Inodore. — Sapide. Insipide. Savoureux. Fade. Doux. Douceâtre. Saumâtre. Apre. — Visible. Invisible. Perceptible. Imperceptible. — Tangible. Palpable. Impalpable.

Vif. Eveillé. Dispos. Leste. Ingambe. Agile. Alerte. Adroit. Maladroit. Prompt. Brusque. Pétulant. Etourdi. Impétueux. Rapide. — Indompté. Indomptable. Rétif. Hargneux. Farouche. Féroce. Furieux. — Lent. Lourd. Stupide. Têtu. Ombrageux. Timide. Craintif. Fugitif. Hardi. Rusé. — Carnivore. Insectivore. Frugivore. Herbivore.— Vorace. Glouton. Goulu. Friand. Frugal. Sobre. — Sensible. Insensible. Chatouilleux. Frileux.

Las. Fatigué. Fatigant. Harassé. Essoufflé. Haletant Transi. Engourdi. Dégourdi. — Tranquille. Sauf. Morne. Hâve. Hagard. Plaintif. Ivre. Enragé. Hydrophobe. Convulsif.—Infirme. Impotent. Perclus. Rachitique. Manchot. Bossu. Boiteux. Bancal. Cagneux.— Aveugle. Borgne. Louche. Chassieux. Sourd. Bègue. Muet. Enroué. Rauque. Nasillard —Nu. Vêtu. Armé. Désarmé. Vulnérable. Invulnérable. Sanglant. Ensanglanté.—Crochu. Crépu. Hérissé. Epars.

— Riant. Enivrant. Fugace. Accablant. Assourdissant. Eblouissant. Etourdissant. Perçant. Piquant. Brûlant. Suffocant. Etouffant. Douloureux. — Habitable. Inhabitable. Abordable. Inabordable. Accessible. Inaccessible. Guéable. Praticable. Impraticable. Direct. Indirect. Détourné. — Mangeable. Immangeable. Potable.

VERBES.

Remuer. Bouger. Marcher. Courir. Accourir. Encourir (s'). Parcourir. Trotter. Galoper. Ramper. Nager. Voler. Envoler (s'). Planer. — Sauter. Sautiller. Bondir. Tressaillir. Trépigner. Trembler. Chanceler. Chopper. Trébucher. Butter. Piaffer. Ruer. Cabrer (se). Regimber. Glisser. Rouler.

Aller. Venir. Approcher. Aborder. Partir. Acheminer (s'). Arriver. Parvenir. Entrer. Sortir. Elancer (s'). Fuir. Enfuir (s'). Echapper. Avancer. Reculer. Rétrograder. — Suivre. Poursuivre. Atteindre. Joindre. Devancer. Dépasser. Rencontrer. Heurter. — Monter. Remonter. Surmonter. Descendre. Enjamber. Franchir. — Promener. Errer. Roder. Défiler. — Naviguer. Dériver. Voguer. Cingler. Cotoyer. Echouer. Naufrager. — Hâter. Ralentir. Arrêter. Fixer. Attendre. Demeurer.

Accouder. Accroupir (s'). Blottir (se). Acculer. Adosser. Cambrer. Dresser. Opposer. Appuyer. Soutenir. Asseoir. Poser. Reposer. Lever. Coucher. Fléchir. Etendre.

Prendre. Saisir. Empoigner. Pincer. Cueillir. Tenir. Retenir. Lâcher. Serrer. Etreindre. Desserrer. — Happer. Mordre. Becqueter. Croquer. Ronger. Mâcher. Lécher. Gratter. Aspirer. Humer.

Secouer. Saccader. Cahoter. Renverser. Bouleverser. Culbuter. Coudoyer. Lutter. Combattre. Efforcer (s'). Forcer. Détourner. Parer. Résister. Céder.

Mettre. Oter. Enlever. Placer. Déplacer. Attacher. Détacher. Enlacer. Lier. Délier. Nouer. Dénouer. Accrocher. Décrocher. Attraper. Abaisser. Elever. Pencher. Porter. Apporter. Emporter. Transporter. Charger. Décharger. Trainer. Tirer. Attirer. Puiser. Pousser. Fouler. Refouler. Agiter. Déraciner. Abattre. Jeter. Rejeter. Lancer. Bercer. Eparpiller. Disperser.

Appesantir. Alléger. Frapper. Caresser. Battre. Rabattre. Fouetter. Froisser. Frotter. — Couper. Trancher. Tailler. Echancrer. Ecorcher. Déchirer. Lacérer. Percer. Trouer. — Tordre. Briser. Casser. Fracturer. Luxer. Enfoncer. Broyer. Ecraser. — Assommer. Blesser. Estropier. Tuer. Massacrer. Oppresser. Etouffer. Suffoquer. Etrangler. Noyer.— Armer. Désarmer. Attaquer. Défendre. Réfugier (se). Ravager. Dévaster.

Souffler. Ronfler. Gonfler. Dégonfler. Bailler. Soupirer. Aspirer. Tousser. Eternuer. Moucher. Renifler. Cracher. Expectorer. Essouffler (s'). Enrouer (s'). Frissonner. Grelotter.

Crier. Parler. Bredouiller. Bégayer. Chanter. Taire. Rire. Pleurer. Sangloter. Gémir. Frémir. Appeler. Corner. Siffler. Huer. Grogner. Aboyer. Japper. Miauler. Grincer. Rugir. Hurler. Glapir. Hennir. Braire. Mugir. Beugler. Bêler. Croasser. Gazouiller. Glousser. Roucouler. Coasser. Bourdonner.

Manger. Boire. Brouter. Paître. Rassasier. Assouvir. Abreuver. Désaltérer. Allaiter. Tetter. Avaler. Vomir. — Pondre. Couver. Pulluler. Fourmiller.

Voir. Regarder. Cligner. Clignoter. Larmoyer. Eblouir. Aveugler. Eborgner. — Entendre. Ecouter. Assourdir. — Sentir. Flairer. — Goûter. Savourer. Dégoûter. — Toucher. Palper. Tâter. Tâtonner. Effleurer.

Veiller. Eveiller. Dormir. Endormir. Sommeiller. Assoupir. — Animer. Exciter. Chatouiller. Démanger. Irriter. Exaspérer. Souffrir. Apaiser. Calmer. Engourdir. Dégourdir. Etourdir. Défaillir. Pâmer. — Fatiguer. Harasser. Reposer. Lasser. Délasser. Fortifier. Affaiblir. Enerver. Alanguir. — Stupéfier. Enivrer. Paralyser. Contracter. — Troubler. Attrister. Egayer. Effrayer. Epouvanter. — Epier. Avertir. Chercher. Fureter. Trouver. Eviter.

Exercer. Habituer. Apprivoiser. Dompter. Mater. Conduire. Mener. Emmener. Amener. Ramener. Diriger.

Vêtir. Dépouiller. Habiller. Déshabiller. Coiffer. Décoiffer. Chausser. Déchausser. Botter. Débotter. Ganter. Déganter. Harnacher. Enharnacher.

EXERCICE.

La méthode sera la même que pour les deux ordres précédents ; mais le champ deviendra plus large, puisqu'on peut, après s'être renfermé d'abord dans ce qui est spécialement propre au règne animal, embrasser successivement tout ce qui a rapport à la nature corporelle, concentrée ainsi autour de ce règne qui la domine.

Ainsi, l'animal se meut, voit, entend ; comme être organisé, il se nourrit, est sain ou malade ; comme matière, il pèse, tombe, se compte, se mesure. Non-seulement l'animal agit sur les trois règnes de la nature, mais encore les trois règnes agissent sur lui. Ainsi, l'eau le mouille, le désaltère, lui sert de point d'appui pour nager ; l'air l'enveloppe, vivifie son sang, et le soutient lorsqu'il vole ; l'arbre lui sert d'ombrage et de refuge ; l'herbe, de nourriture et de litière, etc., etc. De là des combinaisons extrêmement variées, où l'esprit ne peut s'exercer sur les termes sans trouver l'abondance des idées.

EXEMPLES DE QUESTIONS.

1.

D. *A quelle espèce appartiennent les mots : lion, bouvreuil, carpe, écrevisse, hanneton, abeille, joue, odorat, plumage, attitude ?*

R. Ce sont des substantifs.

D. *Quelle en est la signification, et à quels ordres d'objets se rapportent-ils ?*

R. Lion, quadrupède appartenant au genre chat, de l'ordre des carnassiers, et qu'on a surnommé le roi des animaux, à cause de sa force redoutable. — Bouvreuil, joli oiseau chanteur des climats tempérés, appartenant à l'ordre des *passereaux.* — *Carpe,* poisson d'eau douce de l'ordre des *cyprinés,* dont la chair est excellente à manger. — *Écrevisse,* animal aquatique de l'ordre des *crustacés,* remarquable en ce qu'il nage à reculons. — *Hanneton,* insecte de l'ordre des *coléoptères,* très-connu comme amusement de l'enfance, et dont la larve fait grand dégât dans les jardins. — *Abeille,* le plus intéressant des insectes, à cause de ses travaux et de l'utilité de leur produit ; appartient à l'ordre des *hymenoptères.* — *Joue,* la partie charnue qui forme le côté de la bouche. — *Odorat,* le sens qui perçoit les odeurs. — *Plumage,* l'ensemble des plumes qui revêtent un oiseau. — *Attitude,* manière de se tenir, de se poser.

D. *Indiquez-en l'orthographe et le genre, en les faisant accorder avec l'article.*

R. Le lion. *m.* Le bouvreuil. *m.* La carpe. *f.* L'écrevisse. *f.* Le hanneton. *m.* L'abeille. *f.* La joue. *f.* L'odorat. *m.* Le plumage. *m.* L'attitude. *f.*

D. *Qu'observerez-vous quant à l'article, dans certains de ces exemples ?*

R. L'article s'élide dans l'*écrevisse,* l'*abeille,* l'*odorat,* l'*attitude.*

D. *Mettez ces noms au pluriel avec l'article.*

R. Les lions. Les bouvreuils. Les carpes. Les écrevisses. Les hannetons. Les abeilles. Les joues. Les plumages. Les attitudes. (Odorat ne s'emploie point au pluriel.)

D. *Joignez à chacun de ces noms, à l'aide de la préposition de, un autre nom qui y ait rapport.*

R. La crinière du lion. — Le chant du bouvreuil. — Les arêtes de la carpe. — Les pinces de l'écrevisse. — Les élytres du hanneton. — Le miel de l'abeille. — Les muscles de la joue. — L'odorat du chien. — Le plumage du paon. — L'attitude de la cigogne.

D. *Qu'observerez-vous quant à l'article, dans certains de ces exemples ?*

R. L'article se contracte dans *du lion, du bouvreuil, du hanneton, du chien, du paon.*

D. *Mettez au pluriel les noms précédés de la préposition de, et observez ce qui arrive alors pour l'article.*

R. La crinière des lions. — Le chant des bouvreuils. — Les arêtes des carpes. — Les pinces des écrevisses. — Les élytres des hannetons. — Le miel des abeilles. — Les muscles des joues. — L'odorat des chiens. — Le plumage des paons. — L'attitude des cigognes.

Dans ces exemples, *des* est mis pour *de les,* au féminin comme au masculin.

D. *Citez le nom d'un mammifère, d'un oiseau, d'un reptile, d'un poisson, d'un insecte, d'un coquillage, d'un polype, d'un acte de la vue, d'un acte de la respiration, de la demeure d'un animal.*

R. Chevrotain. Autruche. Lézard. Cabillaud. Libellule. Huître. Éponge. Ramage. Toux. Fourmilière.

D. *Quelle est la signification de ces mots?*

R. *Chevrotain,* animal de l'ordre des *ruminants,* très-léger à la course, et dont une espèce donne le musc. — *Autruche,* le plus grand des oiseaux, appartenant à l'ordre des *échassiers,* et remarquable par son magnifique plumage. — *Lézard,* reptile de l'ordre des *sauriens,* dont les habitudes sont douces. — *Cabillaud,* poisson de l'ordre des *gadoïdes,* très-utile par la nourriture abondante qu'il fournit. — *Libellule,* insecte au corps très-allongé et aux ailes très-délicates, appartenant à l'ordre des *névroptères.* — *Huître,* mollusque de l'ordre des acéphales, excellent à manger. — *Éponge,* polype dont le polypier souple et solide s'imbibe aisément d'eau, ce qui le rend très-utile pour le nettoyage. — *Ramage,* se dit du chant confus des oiseaux. — *Toux,* sorte d'expiration forcée, que cause l'irritation des canaux respiratoires. — *Fourmilière,* habitation des animaux appelés *fourmis.*

D. *Indiquez-en l'orthographe, etc.*

R. Le chevrotain. *m.* L'autruche *f.* Le lézard. *m.* Le cabillaud. *m.* La libellule. *f.* etc.

(Et ainsi de suite, comme ci-dessus.)

II.

D. *A quelle espèce appartiennent les mots: basané, débile, agile, féroce, timide, convulsif, fatigué, hagard?*

R. Ce sont des adjectifs.

D. *Quelle est leur signification, et à quel ordre d'idées se rapporte chacun d'eux?*

R. *Basané,* se dit d'une peau brunie par le soleil et comparable à de la *basane.* — *Débile,* d'une grande faiblesse. — *Agile,* se dit d'un animal dont les mouvements sont rapides et légers. — *Féroce,* dont le caractère est sauvage et cruel. — *Timide,* qui s'effraie aisément. — *Convulsif,* se dit de la contraction violente et involontaire des muscles. — *Fatigué,* qui éprouve la sensation de la fatigue, sorte d'abattement qui succède à l'emploi excessif ou prolongé des forces. — *Hagard,* se dit de l'expression farouche de la physionomie, et particulièrement des yeux.

D. *Indiquez-en l'orthographe, au masculin et au féminin.*

R. Basané, basanée. Débile, *m. f.* Agile, *m. f.* Féroce, *m. f.* Timide, *m. f.* Convulsif, convulsive. Fatigué, fatiguée. Hagard, hagarde.

D. *Joignez ces adjectifs à des noms masculins et féminins auxquels ils conviennent, en les faisant précéder de l'article.*

R. Le visage basané, la face basanée. — Le membre débile, la jambe débile. — Le chevreuil agile, la panthère agile. — Le tigre féroce, l'hyène féroce. — Le lièvre timide, la brebis timide. — L'effort convulsif, la grimace convulsive. — Le cheval fatigué, la vache fatiguée. — L'œil hagard, la mine hagarde.

D. *Mettez ces exemples au pluriel.*

R. Les visages basanés, les faces basanées. — Les membres débiles, les jambes débiles. — Les chevreuils agiles, les panthères agiles. — Les tigres féroces, les hyènes féroces. — Les lièvres timides, les brebis timides. — Les efforts convulsifs, les grimaces convulsives. — Les yeux hagards, les mines hagardes.

D. *Trouvez des adjectifs convenables aux substantifs : éléphant, âne, fouine, renard, course, loup, patte, écureuil.*

R. L'éléphant colossal. — L'âne têtu. — La fouine carnassière. — Le renard rusé. — La course fatigante. — Le loup vorace. — La patte musculeuse. — L'écureuil éveillé.

III.

D. *Placez, dans quelques-uns des exemples ci-dessus, le verbe être entre l'adjectif et le nom auquel il se rapporte, et analysez logiquement les propositions qui en résultent.*

R. Le chevreuil est agile. (suj. *le chevreuil*; verb. *est*; attr. *agile*.) — L'hyène est féroce. (suj. *l'hyène*; verb. *est*; attr. *féroce*.) — Le lièvre est timide. (suj. *le lièvre*; verb. *est*; attr. *timide*.) — Le renard est rusé. (suj. *le renard*; verb. *est*; attr. *rusé*.) — Le loup est vorace. (suj. *le loup*; verb. *est*; attr. *vorace*.) — L'écureuil est éveillé. (suj. *l'écureuil*; verb. *est*; attr. *éveillé*.)

D. *Formez d'autres propositions, dont l'attribut soit un substantif, et donnez-en l'analyse logique.*

R. Le chevreuil est un ruminant. (suj. *le chevreuil*; verb. *est*; attr. *un ruminant*.) — Le lièvre est un rongeur. (suj. *le lièvre*; verb. *est*; attr. *un rongeur*.) — La patte est un membre. (suj. *la patte*; verb. *est*; attr. *un membre*) — L'effort est une contraction. (suj. *l'effort*; verb. *est*; attr. *une contraction*.) — La douleur est une sensation. (suj. *la douleur*; verb. *est*; attr. *une sensation*) — Le corail est un polype. (suj. *le corail*; verb. *est*; attr. *un polype*.)

D. *Joignez à quelques substantifs, attributs ou sujets, un adjectif qui leur convienne.*

R. Le chevreuil est un ruminant agile. — Le lièvre est un rongeur timide. — L'éléphant est un animal colossal. — Le chien irrité est féroce. — Une lutte opiniâtre est fatigante. — Le loup affamé est vorace.

D. *Formez des propositions où le substantif, attribut ou sujet, soit suivi d'un autre substantif relié par la préposition de.*

R. Le bois est la corne du cerf. — Les os sont les soutiens des membres. — La chenille est la larve du papillon. — La ruche est l'habitation de l'abeille. — Le miaulement du chat est plaintif. — Le trot du cheval est fatigant. — Le mugissement du taureau est effrayant.

D. *Quel rôle logique remplissent, dans la proposition, l'adjectif ou le substantif joints ainsi au substantif sujet ou attribut?*

R. Ils font partie, comme compléments, du sujet ou de l'attribut logique, qui est alors appelé *complexe.*

D. *Faites l'analyse*

R. Le chevreuil est un ruminant agile. (suj.

des propositions ainsi construites.

D. Donnez aux propositions plusieurs substantifs ou adjectifs pour sujet ou pour attribut.

D. Comment analyse-t-on logiquement ces propositions?

D. Composez, sur les différents modèles ci-dessus, des propositions où entreront, avec les adjectifs et les substantifs appartenant à l'ordre animal, des adjectifs et des substantifs empruntés à l'ordre organique, et distinguez ces mots entre eux.

D. Composez des propositions où les adjectifs et les substantifs de l'ordre animal soient mêlés avec ceux de l'ordre physique.

D. Mêlez entre eux, dans les propositions, les substantifs et les adjectifs de l'ordre animal, de l'ordre organique et de l'ordre physique.

D. Donnez des exemples de propositions né-

le chevreuil; verb. *est*; attr. complex. *un ruminant agile.*) — Le trot du cheval est fatigant. (suj. complex. *le trot du cheval*; verb. *est*, attr. *fatigant.*)

(Et ainsi de suite, en indiquant l'attribut ou le sujet complexe.)

R. Le lièvre, le lapin, l'écureuil et la souris sont des rongeurs. — La perche, la tanche, le turbot et la limande sont des poissons — Le chevrotain est sauvage, agile et timide. — La course est une marche et un saut. — Le moineau est vif et étourdi.

R. On dit que leur sujet ou leur attribut sont composés. Exemples :

Le lièvre, le lapin, l'écureuil et la souris sont des rongeurs. (suj. compos. *le lièvre, le lapin, l'écureuil et la souris*; verb. *sont*; attr. *des rongeurs.*)

Le moineau est vif et étourdi. (suj. *le moineau*; verb. *est*; attr. compos. *vif et étourdi.*)

R. *(Les termes empruntés à l'ordre organique sont en italique.)*

Le porc est *gras*. — Le bœuf est un animal *nutritif*. — L'herbe est la *nourriture* du bœuf. — L'haleine est le *souffle* du *poumon*. — Le *bouillon* de tortue est *gélatineux*. — Un sommeil tranquille est un *remède*.

R. *(Les termes empruntés à l'ordre physique sont en italique.)*

L'eau est le séjour des poissons. — Les oiseaux sont les habitants de l'air. — La plume est *légère* et *nuancée*. — L'aboiement du chien est *bruyant*. — La bouche est une *cavité extensible*. — Les os sont des *cylindres irréguliers*.

R. Le porc est gros et gras. — Les os sont gélatineux et calcaires. — Les dents du requin sont aiguës. — Le bœuf est un animal nutritif et volumineux. — La cavité de la bouche est l'entrée du tube digestif. — L'herbe maigre de la montagne est la pâture des animaux sauvages.

(Dans ces exemples, les mots porc, os, dents, requin, bœuf, animal, bouche, entrée, sauvage, *appartiennent à l'ordre animal; les mots* gras, gélatineux, nutritif, digestif, herbe, maigre, pâture, *à l'ordre organique; et les mots* gros, calcaires, aiguës, volumineux, cavité, tube, montagne, *à l'ordre physique.)*

R. La baleine n'est pas un poisson. — L'araignée n'est pas un insecte. — La chauve-souris *gatires, avec des substantifs et des adjectifs tirés de l'ordre animal.*

D. Donnez, avec ces sujets et avec d'autres également tirés du règne animal, des exemples de propositions interrogatives, avec les réponses par oui et par non, en développant le sens de ces réponses.

et le poisson-volant ne sont pas des oiseaux. — Les tendons ne sont pas des nerfs. — La morsure de la couleuvre n'est pas venimeuse. — L'éléphant n'est pas un animal féroce.

R. La baleine est-elle un poisson? — Non. (*c'est-à-dire* la baleine n'est pas un poisson.)

Le requin est-il un poisson? — Oui. (*c'est-à-dire* le requin est un poisson.)

L'araignée est-elle un insecte? — Non.

La mouche est-elle un insecte? — Oui.

La chauve-souris et le poisson-volant sont-ils des oiseaux? — Non.

La chouette et le chat-huant sont-ils des oiseaux? — Oui.

La morsure de la couleuvre est-elle venimeuse? — Non.

La morsure de la vipère est-elle venimeuse? — Oui.

L'éléphant est-il un animal féroce? — Non.

Le léopard est-il un animal féroce? — Oui.

(*Le développement des réponses oui et non se fera pour toutes ces propositions comme pour les deux premières.*)

Les propositions négatives et interrogatives seront aussi analysées. On pourra également y mêler les substantifs et les adjectifs empruntés aux trois règnes de la nature. On les variera, comme les autres, en mettant au pluriel ce qui était au singulier, etc.

IV.

D. A quelle espèce appartiennent les mots: nager, effrayer, becqueter, gazouiller, attaquer, ronfler, blesser, lasser?

D. Quelle en est la signification?

R. Ce sont des *verbes attributifs,* ainsi nommés parce qu'ils renferment l'idée d'un attribut en même temps que celle de l'existence.

R. *Nager,* se soutenir et se mouvoir sur l'eau. — *Effrayer,* causer de la peur. — *Becqueter,* donner des coups de bec. — *Gazouiller,* se dit du petit bruit agréable que fait le chant des oiseaux. — *Attaquer,* s'élancer sur un animal ou sur un homme pour le combattre. — *Ronfler,* respirer avec un certain bruit particulier de la gorge et du nez, particulièrement pendant le sommeil. — *Blesser,* se dit de tout ce qui froisse ou divise violemment les tissus d'un corps vivant. — *Lasser,* produire le sentiment d'abattement qu'on appelle lassitude ou fatigue, et qui survient lorsque les forces ont été trop exercées.

D. *Donnez à chacun de ces verbes un sujet.*

R. Le canard nage. — L'épervier effraie. — Le moineau becquète. — L'alouette gazouille. — Le loup attaque. — Le chat ronfle. — Le cerf blesse. — La natation lasse.

D. *Joignez des verbes attributifs aux sujets suivants : La main. La griffe. Le loup. Le cheval. L'agneau. L'hirondelle. La baleine. La dent.*

R. La main empoigne. — La griffe déchire. — Le loup emporte. — Le cheval galoppe. — L'agneau bondit. — L'hirondelle plane. — La baleine avale. — La dent mord.

V.

D. *Analysez logiquement chacune des propositions formées par ces verbes et leurs sujets.*

R. Le canard nage. (suj. *le canard* ; verb. *est* ; attr. *nageant.*) — (L'alouette gazouille. (suj. *l'alouette* ; verb. *est* ; attr. *gazouillant.*) — La main empoigne. (suj. *la main* ; verb. *est* ; attr. *empoignant.*)

(Et ainsi de suite pour les autres.)

VI.

D. *Parmi ces verbes attributifs, citez-en dont l'action puisse se porter sur un objet ou complément direct.*

R. Effrayer. Becqueter. Attaquer. Blesser. Lasser. Empoigner. Déchirer. Emporter. Avaler. Mordre.

D. *Cherchez à chacun de ces verbes, précédés de leur sujet, un objet sur lequel puisse se porter l'action.*

R. L'épervier effraie le pigeon. — Le moineau becquète les chenilles. — Le loup attaque le cheval. — Le cerf blesse le chien. — La natation lasse l'homme. — La main empoigne les cheveux. — La griffe déchire la proie. — Le loup emporte l'agneau. — La baleine avale les poissons. — La dent mord la langue.

R. Le cheval dresse la tête. — L'oiseau remue les ailes. — Le chat avance la patte. — La jument allaite le poulain. — Le renard épie la poule. — Le chien flaire la trace. — Le chat lâche le rat. — Le lévrier atteint le lièvre.

D. *Faites, des substantifs tête, aile, patte, poulain, poule, trace, rat, lièvre, l'objet ou complément direct de verbes attributifs, ayant chacun leur sujet.*

D. *Analysez logiquement les propositions où le verbe attributif est suivi d'un objet ou complément direct, et indiquez le rôle logique que cet objet y remplit.*

R. Le complément direct ou *objet*, est un complément logique de l'attribut. Il rend donc l'attribut complexe dans ces propositions.

L'épervier effraie le pigeon. (suj. *l'épervier*, verb. *est* ; attr. complex. *effrayant le pigeon.* — Le moineau becquète les chenilles. (suj. *le moineau* ; verb. *est* ; attr. complex. *becquetant les chenilles.*)

(Et ainsi de suite pour les autres.)

VII.

D. *Donnez la forme passive à toutes les propositions ci-dessus.*

R. Le pigeon est effrayé par l'épervier. — Les chenilles sont becquetées par le moineau. — Le cheval est attaqué par le loup. — Le chien est blessé par le cerf. etc.

(*Analyse logique des propositions passives.*)

Certaines questions pourront être aisément posées de différentes manières. Ainsi, pour faire chercher à l'élève des verbes attributifs, on lui demandera quelle est l'action que fait l'animal dans tel but ou de telle manière ; pour lui faire chercher des sujets à des verbes, on demandera quel animal fait telle ou telle action, etc. On trouvera des formes analogues de questions pour chercher des compléments directs aux verbes transitifs, et des compléments aux verbes passifs. On pourra aussi, comme nous l'avons déjà indiqué, écrire des propositions incomplètes, en laissant en blanc les parties de ces propositions qui sont à chercher.

La combinaison des noms, adjectifs et verbes empruntés aux trois règnes de la nature, variera beaucoup ces exercices. Voici quelques exemples de cette combinaison :

L'orage effraie le troupeau. — L'éclair éblouit la vue. — Le cerf traverse la rivière. L'animal respire un air pur. — L'eau fraîche désaltère l'agneau. — L'air échauffé corrompt le gibier. — La phosphorescence des vers luisants éclaire les herbes. — L'aigle regarde la lumière éclatante du soleil — L'agneau paît l'herbe verte de la vallée. — Le lièvre écoute le bruit lointain des pas. — La chaleur du soleil brunit la peau de l'homme. — Les pieds du chevreuil léger effleurent la terre. — L'ours habite les forêts profondes de l'Europe et de l'Amérique.

Dans ces propositions, et dans celles qu'on pourra construire de même en les variant à l'infini, on distinguera les uns des autres les mots empruntés à l'ordre physique, à l'ordre organique et à l'ordre animal.

On les analysera ensuite logiquement et grammaticalement ; on pourra aussi donner la forme passive à celles qui en sont susceptibles, ce qui donne lieu à de nouvelles remarques et à une nouvelle analyse. On pourra encore construire, avec les mêmes éléments, des propositions négatives ou interrogatives, et faire les remarques qu'elles comportent.

VIII

D. *Citez des mots en rapport de dérivation avec cheval, membre, ivre, crier, languir, saut, poing, serpent.*

R. Cheval, chevalier, chevalerie, chevalet. — Membre, membré, membrane, membraneux, démembrer. — Ivre, ivresse, ivrogne, ivrognesse, ivrognerie, enivrer, enivrement. — Crier, cri, décri, décrier. — Langueur, langoureux, alanguissement. — Saut, sauter, sauteur, sautiller, sursaut, soubre-saut. — Poing, poigne, poignet, poignée, poignard, empoigner. — Serpent, serpenter, serpentin, serpentine, serpe.

D. *Cherchez, dans l'ordre animal, d'autres mots qui présentent un certain nombre de dérivés.*

R. Chèvre. Souffle. Tailleur. Goût. Poule. Fourmi. Odeur. Aise.

IX.

D. *Distinguez, parmi les noms qui suivent : épagneul, aigle, sifflement, visage, faiblesse, exercice, canard, lutte, escargot, veille, ceux qui désignent des êtres réels, et ceux qui n'expriment qu'une vue de l'esprit sur les actes, les états, les rapports des êtres, et sont appelés abstraits.*

R. Noms d'objets réels : *épagneul, aigle, visage, canard, escargot.*
Noms abstraits : *sifflement* (action de siffler), *faiblesse* (état de ce qui est faible), *exercice* (action d'exercer), *lutte* (action de lutter), *veille* (état de celui qui est éveillé).

D. *Citez un certain nombre de noms d'objets réels et de noms abstraits, empruntés à l'ordre animal.*

R. Noms d'objets réels : *cheveu, poignet, os, nid, ruche.*
Noms abstraits *saut, étreinte, contraction, agilité, ivresse.*

X.

D. *Citez des mots de l'ordre animal qui sont souvent employés dans un sens figuré ; donnez des exemples du sens propre et du sens figuré.*

R. Lion. Aigle. Serpent. Tête. Membre. Face. Front. Bras. Pied. Nerf. Vue. Goût. Issue. — Insipide. Éblouissant. Suave. Palpable. Lourd. — Sauter. Jeter. Fuir. Fléchir. Renverser. Froisser. Percer.
Le lion du désert, cet homme est un lion. — L'aigle des Alpes, l'aigle de l'école. — Un mets insipide, un discours insipide. — Une poudre palpable, une vérité palpable. — Sauter un fossé, sauter d'un sujet à l'autre. — Jeter des pierres, jeter des idées sur le papier, etc

XI.

D. *Donnez des exemples de noms propres, tirés de l'ordre animal.*

R. Le nom de chaque espèce animale est un nom propre pour cette espèce. Il devient nom commun pour tous les individus qui la composent. Ainsi, par exemple, le mot *lion* est le nom propre de l'espèce d'animaux ainsi nommée ; et tous les animaux de cette espèce sont appelés du nom commun de *lions.*

D. *Donnez des exemples de noms collectifs, tirés de l'ordre animal.*

R. Couple. Paire. Troupe. Troupeau. Essaim. Meute.

CHAPITRE II.

DE LA VIE DE L'ESPRIT.

270. Il nous a été facile de comprendre, en considérant la vie animale autour de l'homme et en lui-même, que l'existence de son corps ne se maintient que par celle de son esprit, et qu'il est entièrement faux d'assimiler la vie de l'homme à celle des animaux. Il ne leur ressemble qu'en ce qu'il possède, comme eux, un corps animé ; de même qu'il ressemble aux végétaux en ce que ce corps se nourrit, et aux minéraux en ce qu'il pèse et occupe un espace.

La vie du corps, en effet, bien qu'elle soit la condition de l'existence terrestre de l'homme, n'est que la partie la moins importante de son être. La vie de l'esprit, qui régit celle du corps, est pour lui la vie par excellence. C'est elle qui donne l'importance à tout ce que fait le corps ; elle seule permet à l'homme de dominer, avec des forces corporelles qui semblent bien faibles, l'ensemble si redoutable du règne animal ; seule, elle établit l'abîme de l'infini entre l'homme et les animaux, abîme que le plus simple bon sens peut reconnaître.

Les choses dont nous avons parlé jusqu'ici ont offert beaucoup de détails qui tombent sous les sens, et sur lesquels il a fallu nous étendre. Celles dont nous allons nous occuper seront résumées plus brièvement, quoique leur étude soit plus vaste encore que l'étude de la nature corporelle. C'est qu'elles touchent de plus près aux grandes vérités que la Religion nous enseigne, et que, lorsque l'esprit demeure fidèle à ces vérités, il lui est facile, même dans le jeune âge, de se faire une idée juste et simple des puissances spirituelles que Dieu lui a données pour dominer la matière.

271. Nous trouvons dans notre esprit trois puissances : l'*intelligence*, qui distingue le vrai du faux ; le *sentiment*, qui reconnaît ce qui fait plaisir et ce qui fait peine ; la *conscience*, qui discerne le bien du mal. Ces trois puissances n'en font qu'une seule ; mais on peut les considérer chacune séparément, et distinguer la vie de l'esprit en vie *intellectuelle* ou de l'intelligence, vie *morale* ou du sentiment, et vie *religieuse* ou de la conscience.

I. DE LA VIE INTELLECTUELLE.

272. L'action de l'intelligence s'exerce par des puissances que l'on nomme *facultés*. Les facultés ne sont pas des êtres à part dans l'intelligence, non plus qu'elle-même n'est un être séparé de l'âme humaine ; ce sont comme des faces différentes de l'intelligence, qui se trouve présente tout entière dans chaque faculté.

273. Les facultés ont été divisées de diverses manières ; et l'on peut les subdiviser encore, comme tout ce qu'embrasse notre étude. Ceci est l'objet de la *métaphysique*, science qui étudie les forces intellectuelles comme la physique les forces matérielles, et où l'homme peut se tromper plus facilement encore que dans les sciences qui ont pour objet les propriétés des corps.

274. L'intelligence de l'homme se présente sous trois points de vue. Elle *conçoit*, c'est-à-dire qu'elle se fait une idée des choses ; elle *exprime*, c'est-à-dire qu'elle donne aux idées une forme qui permette de les retenir, de les communiquer, de les travailler ; enfin, elle *juge* de la justesse des idées et de leur expression. Le *jugement* est l'acte le plus haut de l'intelligence ; la faculté dont il émane, et qui porte le même nom, est aussi la plus haute des facultés.

275. Pour concevoir, l'intelligence doit prêter *attention*, c'est-à-dire concentrer toute sa force sur l'idée qu'elle veut saisir, sur l'objet dont elle veut se faire une idée ; elle doit *comparer* entre eux les objets, les idées, afin de saisir leurs points de contact ; elle doit, enfin, les relier, les enchaîner par ces points de contact, de manière à arriver de ce qui lui est connu à ce qui lui est inconnu, à faire ce qu'on appelle des *inductions*. On peut donc dire que l'*attention*, la *comparaison* et l'*induction* sont les facultés qui concourent à la faculté générale de conception.

276. Pour exprimer, l'intelligence doit créer des *images* saisissables, qui lui représentent les idées : et à ce point de vue, elle prend le nom d'*imagination* : ces images, elle les puise dans l'harmonie des sons, des couleurs, des lignes et des mots. Par *l'analogie*, qui est aux images ce que la comparaison est aux idées, l'intelligence saisit ce que les différents genres d'images ont de commun. Enfin, elle les enchaîne entre elles par *l'élocution*, de manière à former un *langage*, un *discours*. Non-seulement elle rend par des mots le sens de la pensée, mais encore elle fait parler le *dessin*, la *musique ;* elle unit entre eux les différents genres d'expression pour rendre l'idée plus claire et plus sensible ; et, même lorsqu'elle n'emploie que des mots, on la voit, par les expressions *figurées*, faire du discours un tableau animé.

277. Mais, comme nous l'avons dit, les idées et leur expression doivent être soumises à la faculté du jugement. Pour juger, il faut que l'esprit envisage chaque chose dans son ensemble, puis dans ses détails, dont chacun est lui-même un tout ayant différentes parties. Il faut ensuite rapporter tous les détails à l'ensemble, et celui-ci à l'ensemble général des choses. La considération de l'ensemble s'appelle *synthèse ;* celle des détails, *analyse :* chacune de ces deux opérations répond à une faculté qui porte le même nom. Mais pour bien considérer l'ensemble, il faut faire *abstraction* des détails ; et pour bien considérer chaque détail, il faut faire abstraction de l'ensemble et des autres détails : car l'esprit de l'homme ne peut tout saisir d'un seul coup, et il lui est nécessaire, tandis qu'il s'occupe d'un objet, de tenir, en quelque sorte, les autres objets à distance, de s'en *abstraire*.

278. L'abstraction constitue la force du jugement, et à ce titre elle est la plus puissante des facultés de l'intelligence. C'est elle qui exige de l'esprit l'effort le plus soutenu ; aussi appelle-t-on souvent *matières abstraites*, dans le langage de l'étude, celles qui exigent que l'esprit soit le plus tendu.

C'est par l'abstraction que le langage s'élève, de l'expression la plus matérielle des choses, aux expressions figurées, aux nuances délicates du discours, et qu'il y conserve la justesse qui fait sa force ; c'est par elle que de courtes formules renferment de nombreuses idées en peu de termes, afin de donner à l'esprit la facilité de les travailler, de les remuer dans tous les sens.

279. Nous voyons ici que le jugement doit veiller avec autant de vigilance à la justesse des termes qu'à celle des idées : en effet, que d'erreurs graves proviennent du manque de justesse dans les expressions ! C'est pourquoi l'étude de la

langue occupe une si grande place dans toute bonne éducation ; c'est pourquoi aussi cette étude ne saurait bien se faire,
qu'en s'appuyant sur les différentes branches dont l'éducation
se compose.

280. Lorsque l'esprit, possédant un jugement général sur
une idée, en déduit des jugements spéciaux sur ce qui est contenu dans cette idée, il fait ce qu'on appelle un *raisonnement*.
Ainsi, par exemple, sachant que le vice est nuisible et que le
mensonge est un vice, il affirme, sans crainte de se tromper,
que le mensonge est nuisible. Toutes les formes les plus compliquées du raisonnement peuvent être ramenées à cette forme
simple, qu'on appelle *syllogisme*. La science du raisonnement
a reçu le nom de *logique*.

281. Si l'on veut caractériser une chose de façon à la
distinguer de celles du même genre, on fait ce que l'on appelle une *définition*. Ainsi, pour caractériser le mensonge,
on dira que le mensonge est un vice qui consiste à altérer
volontairement la vérité. Par cette définition, on affirme que
tout ce qui s'applique au vice s'applique au mensonge, et, en
même temps, on fait connaître ce qui distingue le mensonge
des autres vices. Lorsqu'une chose n'est pas entièrement connue dans sa nature, on ne peut la définir ainsi en peu de mots,
et on ne saurait la faire connaître qu'en en faisant la description.

282. La meilleure manière de définir une chose, c'est de
lui donner une dénomination juste, et de lui assigner exactement sa place dans le *classement* général de ce qui existe.
C'est ce que la science fait autant qu'elle le peut ; mais elle
doit être prudente dans ce travail : souvent la prétention de
classer et de définir sans connaître assez bien le fond des
choses, conduit l'homme à de graves erreurs.

283. Les erreurs de logique s'appellent *paralogismes* quand
elles sont involontaires, et *sophismes* lorsqu'on fait volontairement un raisonnement faux dans le but d'altérer la vérité.
On échappe à ces erreurs en se souvenant continuellement
que les forces de l'intelligence humaine sont bornées, et en se
reportant aux vérités immuables que nul raisonnement ne peut
changer ni détruire.

284. On appelle *mémoire* la puissance que l'intelligence
possède de conserver en elle les idées, les images et les rapports des choses. La mémoire n'est donc pas une faculté à
part, mais la continuité d'action de chaque faculté. Envisagée

quant à la liaison que l'intelligence a établie **entre** les différents objets dont elle s'est occupée, elle prend le nom d'*association des idées*. Lorsque la mémoire est enrichie de jugements
justes, produisant des associations vraies des idées, et ne
séparant jamais l'idée du beau de celle du bon, l'esprit a une
grande force pour le bien ; dans le cas contraire, il se trouve
facilement entraîné au mal.

285. Une intelligence droite, prompte à reconnaître la
vérité en toute chose, est, on le voit, un grand trésor, car elle
aplanit toutes les difficultés. Mais l'homme ne doit pas oublier
que Dieu possède seul l'intelligence suprême et absolue, devant
laquelle rien n'est obscur, et qu'il existe des choses dont la
vérité est certaine pour l'homme sans qu'il lui soit possible de
s'en rendre compte. Si rien n'est au-dessus de la raison considérée en Dieu, qui seul sait tout, il existe dans l'homme, au-
dessus de sa raison bornée, un sentiment et une conscience
qu'il doit écouter, et que la Religion doit éclairer.

II. De la vie morale.

286. Les facultés de l'intelligence ne s'exercent que pour remplir les intentions de la volonté. Dans toute pensée, l'homme
a en vue un but relatif à ce qui lui paraît être son bonheur.
Chaque chose dont son intelligence se forme une idée, tend
à exciter en lui un sentiment quelconque, agréable ou désagréable. Même lorsqu'il cultive les idées pour le seul plaisir
de se les rendre claires et évidentes, ce sentiment est
toujours présent, avec ses satisfactions et ses déplaisirs.

287. Le sentiment et l'intention appartiennent à ce qu'on
appelle *l'ordre moral*, tandis que l'intelligence et le raisonnement appartiennent, comme nous l'avons vu, à *l'ordre intellectuel*. On dit que l'homme est un *être moral*, pour exprimer qu'il
est capable d'intention dans ce qu'il fait, et que son âme jouit
ou souffre de ce qui lui arrive. De là le nom de *morale*,
donné à la science qui règle les sentiments et les intentions.

288. La puissance générale du sentiment, comme celle de
l'intelligence, peut se décomposer, pour l'étude, en puissances
partielles qu'on appelle aussi *sentiments*. Les sentiments, de
même que les facultés de l'intelligence, ne sont pas des êtres
à part dans l'âme, mais celle-ci se trouve tout entière dans
chacun d'eux. On les a parfois appelés *facultés sensibles* ; mais

il vaut mieux réserver le nom de facultés aux puissances de l'intelligence.

289. S'attacher, se répandre au dehors, se résoudre : tels sont les trois aspects sous lesquels se présente la puissance du sentiment, la puissance morale. *Affection, expansion, résolution*, seront les trois sentiments fondamentaux qui, examinés eux-mêmes sous leurs différentes faces, donnent lieu à une subdivision des sentiments, pareille à celle que nous avons vue pour les facultés de l'intelligence.

290. Pour s'attacher, l'âme doit s'ouvrir à l'impression morale par la *sensibilité*; elle doit donner de la suite à ses impressions par la *constance*; enfin elle doit, par la *passion*, s'en pénétrer entièrement. Observons ici que le mot *passion* est souvent pris en mauvaise part dans le langage ordinaire, pour exprimer l'abandon de l'homme aux mouvements désordonnés de son sentiment: mais autant il est nuisible de se passionner en dehors du devoir, autant il est utile et nécessaire de se passionner pour l'accomplir; et c'est dans ce sens que le mot passion est employé pour signifier l'impulsion chaleureuse d'où naissent toutes les grandes choses.

291. Pour répandre le sentiment qui l'anime, l'âme a besoin de s'élever à la hauteur nécessaire, de *s'exalter*; de plus, elle doit lutter, au moyen du *courage*, contre les obstacles qu'elle rencontre; enfin, elle doit *s'enthousiasmer*, c'est-à-dire se remplir tout entière du mouvement expansif, et s'en pénétrer intimement. L'exaltation, le courage et l'enthousiasme seront donc les sentiments d'expansion. Le mot *exaltation*, comme celui de *passion*, est assez souvent pris en mauvaise part, pour désigner l'exagération des sentiments expansifs; mais cela n'ôte rien à la signification simple et fondamentale de ce terme, pris en bonne part.

292. Pour se résoudre, c'est-à-dire pour déterminer son intention suivant un sentiment, l'âme doit, avant tout, placer dans ce sentiment son *estime*. Il faut, de plus, que cette estime se soutienne et devienne la *confiance*; il faut, enfin, que l'âme se *décide* à suivre la direction appréciée et adoptée par elle. Estime, confiance et décision, sont donc les sentiments qui contribuent à la résolution.

293. L'estime et la confiance peuvent être mal placées et la décision suivre une fausse route, même quand les facultés de l'intelligence sont très-fortes pour les éclairer. Le courage

l'enthousiasme et tous les autres sentiments peuvent de même s'égarer, avec l'intelligence la plus heureusement douée. Nous verrons plus loin comment les puissances religieuses empêchent que cet égarement n'ait lieu, en ramenant toujours l'intelligence au droit sens. Revenons aux sentiments, et voyons quels noms ont été donnés à leurs diverses déviations.

294. L'*irrésolution*, l'*indécision*, la *défiance*, le *mépris*, sont les sentiments opposés à la résolution, à la décision, à la confiance, à l'estime.

La *froideur*, le *découragement*, la *crainte*, dont la *peur* et la *terreur* sont des degrés, sont les sentiments opposés à ceux d'expansion.

L'*indifférence*, l'*inconstance*, l'*insouciance*, sont les sentiments opposés à ceux d'affection.

295. On donne le nom de *sympathie* à l'accord des sentiments; lorsqu'ils se repoussent, on dit qu'il y a *antipathie*.

296. L'état puissant et vivace des sentiments s'appelle *énergie*. L'énergie est à la vie de l'esprit ce que la santé est à la vie du corps.

297. La vie morale, on le voit, est pour l'âme ce que la vie organique ou de nutrition est pour le corps. C'est, en effet, par les sentiments que l'âme se nourrit, et il importe que leur aliment soit bon. Et non-seulement cette analogie existe, mais encore la vie organique et la vie morale influent l'une sur l'autre; et cette influence a fait passer dans le langage de l'ordre moral des expressions appartenant à la vie organique. C'est ainsi qu'on dit *cœur* pour *courage*; *nerf* pour *énergie*; *bile*, *humeur*, pour les sentiments tristes et concentrés. Ces expressions ont quelque chose de frappant; mais il faut se souvenir qu'elles ne sont que figurées, et toujours bien distinguer ce qui est organique de ce qui est moral.

298. Certains états organiques, ainsi que nous l'avons observé, sont favorables au déploiement de certains sentiments. Ainsi, l'homme chez qui la circulation du sang est active, est porté à la lutte; et le sentiment du courage trouve chez cet homme un puissant auxiliaire dans l'état organique: son *courage moral*, pour nous servir des expressions usitées, est soutenu par son *courage physique*. Celui dont le sang circule avec moins de vivacité, est plus aisément calme; et la *constance physique* soutiendra chez lui la *constance morale*. Il faut donc distinguer ici ce qui est sentiment de ce qui est tempérament.

Plus loin, nous verrons qu'il faut distinguer l'un et l'autre de ce qui est vertu, car la vertu a un mobile supérieur non-seulement à l'organisme, mais encore au sentiment et à l'intelligence.

299. Nous avons vu que l'aspiration des puissances de l'organisme vers leur aliment s'appelle *appétit* Celle des puissances du sentiment vers ce qui les satisfait et les alimente, s'appelle *désir*. Les désirs sont donc au sentiment ce que les appétits sont à l'organisme. Et de même que le sentiment se nourrit, de même il a ses poisons et ses maladies, et le trouble des sentiments réagit avec force sur la santé du corps. La terreur donne le frisson; la fureur donne la fièvre; l'horreur fait dresser les cheveux; la tristesse fait languir la nutrition, etc.

300. Nous ferons ici une remarque analogue à celle que nous avons déjà faite à propos des différents ordres de puissances, depuis celles de la vie physique jusqu'à celles de la pensée : c'est que l'esprit de l'homme, en présence des puissances de la vie morale et de leurs merveilleux résultats, est porté à s'y laisser absorber et à ne rien reconnaître au-dessus. Lorsqu'il voit l'énergie et l'ardeur du sentiment surmonter les difficultés qui avaient arrêté le raisonnement le plus profond; lorsqu'il voit le courage, la constance, la confiance, ranimer toutes les facultés de l'esprit, et changer la face des événements; en présence de cette force immense et rapide qui naît d'un simple élan du cœur, l'homme est tenté de s'écrier qu'il n'y a rien au-delà. Mais il doit reconnaître le contraire lorsqu'il considère son être dans son entier. Il aperçoit alors, dans le fond de cet être et de tous ses actes, une force supérieure et invincible, celle de la *conscience*, qui domine les puissances du sentiment, et qui, lorsqu'elle est pure et bien éclairée, donne à la volonté l'assurance nécessaire pour faire le bien.

III. De la vie religieuse.

301. Le sentiment éveille l'action de l'intelligence, et celle-ci éclaire les déterminations du sentiment. Mais les forces de l'intelligence, aussi bien que celles du sentiment, ont leurs bornes, ce qui les expose naturellement aux défaillances et aux excès. Elles ont besoin d'un régulateur qui les ramène toujours au droit sens, en leur présentant une vérité suprême et inaltérable, vers laquelle tout ce qui est humain doit tendre.

sans cesse. Ce régulateur est la conscience, éclairée par l'idée de Dieu.

302. L'idée de Dieu apparaît déjà comme une nécessité logique dans le domaine de la pensée ; car l'intelligence humaine, en présence des merveilles de l'univers, de l'ordre qu'elle y rencontre, et des efforts qu'elle doit faire pour en pénétrer une faible partie, ne peut s'empêcher de remonter à une intelligence supérieure, auteur de cet ordre admirable et le comprenant dans ses moindres détails. L'idée de Dieu apparaît aussi comme une nécessité morale dans l'ordre du sentiment, puisque l'homme trouve, dans la création, des bienfaits qui le touchent, et où il reconnaît l'intention d'une volonté personnelle infiniment bonne, devant laquelle il éprouve le besoin d'être reconnaissant. Mais cette grande idée de la Divinité ne saurait être complète et vraie chez l'homme, si elle ne lui est révélée non-seulement sous le rapport intellectuel et moral, mais encore sous le rapport religieux, c'est-à-dire s'il n'apprend de Dieu même quels sont ses devoirs, quelle est sa position en ce monde, sa destination suprême.

303. En effet, d'une part l'homme a le sentiment inné de la grandeur et de la puissance, et d'autre part il est continuellement arrêté par des difficultés ; la misère l'assiége sous une multitude de formes. Cette contradiction tend à l'irriter et à le révolter. Il faut qu'il sache qu'il y a là un mystère attaché à son existence, et que rien ne peut le soustraire à une loi supérieure qui oblige tous les hommes à souffrir et à prendre patience, à pardonner et à demander d'être pardonnés. La Religion seule lui explique ce mystère ; elle lui apprend que la solution de son existence et la source de toute grandeur sont au delà de ce monde. Il rencontre la confirmation de cette vérité dans ses aspirations vers l'immortalité, et dans le besoin qu'il éprouve de retrouver, au delà du tombeau, ceux qui lui sont chers. La mort trouble à tout moment ses desseins, et vient attrister ses joies : à moins d'oublier continuellement ceux qu'il a aimés, ceux avec qui il a travaillé ou souffert, il doit élever ses vues au-dessus de la vie terrestre. Aussi, la pensée austère de la mort est-elle la plus féconde pour l'homme : en lui rappelant la faiblesse humaine, elle l'empêche d'oublier qu'il a besoin d'un effort continuel pour faire le bien, et elle le stimule à faire cet effort.

304. La force par laquelle l'homme se tient dans le bien et ré-

siste au mal , est évidemment différente de celle du sentiment
et de l'intelligence ; car souvent elle doit résister aux entraîne-
ments du sentiment, et au courant des idées où l'homme se
trouve engagé. Cette force s'appelle *vertu*. Elle peut se diviser
et se subdiviser en *vertus* particulières, qui ne sont que ses
différents aspects ; en effet, on ne possède réellement une
vertu si l'on n'est, au fond, capable de toutes.

305. Pour tendre de toutes les forces de son âme vers le bien,
il faut que l'homme *croie* à la vérité suprême que la Religion
lui révèle ; sinon ses efforts, arrêtés par l'idée du néant, ne
sauraient avoir de but sérieux. Il faut, de plus, qu'il *espère*
obtenir le bonheur qui lui est promis ; sinon il tomberait dans
le découragement. Il faut, enfin, qu'il *aime* et qu'il *désire* ce
bonheur, qui est la possession de Dieu même, et qu'il soit disposé à tout souffrir, à tout sacrifier pour y arriver. *Foi*,
Espérance et *Charité* sont les trois vertus fondamentales sur
lesquelles s'appuient toutes les vertus humaines ; et la Religion
les résume dans la Charité, qui, bien entendue, est le grand
ressort d'où toutes les puissances de l'être humain reçoivent
leur impulsion.

306. Pour que la charité soit bien entendue, il faut que
l'homme aime Dieu par-dessus toutes choses, et son prochain
comme lui-même. L'amour de Dieu peut seul assurer en lui
le véritable amour de soi-même et de ses semblables.

En aimant de toutes ses forces le Créateur infiniment
grand qui daigne étendre ses soins aux plus petites créatures,
l'homme trouve continuellement une juste mesure de l'emploi
de ses forces, dans l'expansion comme dans la concentration de ses facultés. Sa charité envers ses semblables ne faiblit
ni ne s'égare, parce que, d'une part, il sait qu'il n'a jamais
fait assez pour Dieu, et que, d'autre part, il observe en toutes
choses la mesure qu'exige la faiblesse humaine, et ménage
avec discernement les ressources qui lui servent à faire le
bien. Ainsi la charité devient la source des entreprises les
plus vastes et les plus merveilleuses, où l'homme prend pour
modèle les œuvres du Créateur, si admirables par l'union de
la magnificence et de l'économie.

307. Le manque de religion, en cachant à l'homme ce qu'il y
a de plus élevé dans son existence et dans sa destinée, laisse
sans emploi les puissances les plus hautes de son être, et le
porte à ne prendre pour guides que ses penchants. Ces pen-

chants, tendant à l'entraîner vers les choses terrestres, ne tardent pas alors à asservir les forces de l'âme et à devenir des *vices*.

308. Plus ses penchants l'emportent en lui, plus il craint la suprême vérité qui lui apprend à les vaincre. Il tend à se cacher cette vérité à lui-même, à se tromper et à tromper les autres, en se créant une fausse conscience. C'est ainsi que le *vice*, s'appuyant sur ce qu'il y a de plus élevé dans l'homme, exerce les plus grands ravages.

309. Rien n'est plus tristement instructif à considérer, que la corruption où tombent, faute de religion, toutes les puissances de l'esprit. Ainsi, le sentiment de la grandeur, l'aspiration la plus élevée de l'homme, produit l'orgueil ; l'énergie de la résolution devient opiniâtreté. Le courage devient témérité ; la passion, violence et enivrement funeste ; l'enthousiasme, délire et illusion ; la sensibilité, faiblesse et pusillanimité. Les précieuses facultés de l'intelligence, mises en jeu par des sentiments ainsi déviés, se faussent et se mettent au service du mensonge ; les brillantes couleurs de l'imagination revêtent ce qui est blâmable ; et toutes les opérations du raisonnement s'enchaînent, comme d'elles-mêmes, de manière à fortifier l'erreur, à maintenir l'esprit dans la fausse voie où il se trouve. Chose admirable, un simple éclair de religion suffit pourtant, lorsque l'homme veut ouvrir les yeux, à relever l'esprit abaissé si bas, et à dissiper, par sa lumière bienfaisante, tant de déplorable confusion.

MOTS TIRÉS DE L'ORDRE IMMATÉRIEL.

Noms.

Ordre intellectuel. — Intelligence. *f.* Entendement. *m.* Raison. *f.* Raisonnement. *m.* Idée. *f.* Faculté. *f.* Conception. *f.* Expression. *f.* Jugement. *m.* Pensée. *f.*

Vérité. *f.* Fausseté. *f.* Erreur. *f.* Science. *f.* Ignorance. *f* Certitude. *f.* Incertitude. *f.* Doute. *m.* Évidence. *f.* Confusion. *f.* Identité. *f.* Conformité. *f.* Concordance. *f.* Contradiction. *f.* Paradoxe. *m.* Conséquence. *f.* Inconséquence. *f.* Aberration. *f.* Absurdité. *f.* Beauté. *f.* Laideur. *f.* Différence. *f.* Similitude. *f.* Origine. *f.* Dépendance. *f.* Cause. *f* Effet. *m.* Résultat. *m.*

Attention *f.* Observation. *f.* Réflexion. *f.* Méditation. *f.* Comparaison. *f.* Combinaison. *f.* Induction. *f.* Analyse. *f.* Synthèse. *f.* Abstraction. *f.* Imagination. *f.* Image. *f.* Mémoire. *f.*

Classement. *m.* Classe. *f.* Catégorie. *f.* Nomenclature. *f.* Ordre. *m.*

Genre. *m.* Espèce. *f.* Ensemble. *m.* Détail. *m.* Système. *m.* Méthode. *f.* Traité. *m.* Règle. *f.* Exception. *f.* Définition. *f.* Démonstration. *f.* Théorie. *f.* Théorème. *m.* Corollaire. *m.* Axiome. *m.* Problème. *m.* Solution. *f.* Argument. *m.* Argumentation. *f.* Syllogisme. *m.* Dilemme. *m.* Conclusion. *f.* Réfutation. *f.* Logique. *f.* Paralogisme. *m.* Sophisme. *m.*

Mot. *m.* Syllabe. *f.* Etymologie. *f.* Radical. *m.* Terminaison. *f.* Rime. *f.* Discours. *m.* Langage. *m.* Langue. *f.* Idiome. *m.* Idiotisme. *m.* Dialecte. *m.* Patois. *m.* Jargon. *m.*

Ecriture. *f.* Lettre. *f.* Voyelle. *f.* Consonne. *f.* Orthographe. *f.* Abréviation. *f.* — Noms des lettres, des signes orthographiques et des signes de ponctuation.

Terme. *m.* Signification. *f.* Sens. *m.* Acception. *f.* Ambiguité. *f.* Equivoque. *f.* Amphibologie. *f.* Traduction. *f.* Version. *f.* Interprétation. *f.*

Vocabulaire. *m.* Lexique. *m.* Dictionnaire. *m.* Glossaire. *m.* — Noms des dix parties du discours.

Lecture. *f.* Récitation. *f.* Déclamation. *f.* Accentuation. *f.* Diction. *f.* Redondance. *f.* Euphonie. *f.* Cacophonie. *f.* Hiatus. *m.*

Grammaire. *f.* Solécisme. *m.* Barbarisme. *m.* Syntaxe. *f.* Rhétorique. *f.* Eloquence. *f.* Elocution. *f.* Style. *m.* Narration. *f.* Récit. *m.* Description. *f.* Exorde. *m.* Préambule. *m.* Péroraison. *f.* Episode. *m.* Digression. *f.* Transition. *f.* Variante. *f.* Figure *f.* Ellipse. *f.* Pléonasme. *m.* Hyperbole. *f.* Antithèse. *f.* Ironie. *f.* Métaphore. *m.* Allégorie. *f.* Réticence. *f.*

Littérature. *f.* Epître. *f.* Lettre. *f.* Harangue. *f.* Apologue. *m.* Fable. *f.* Mythologie. *f.* Epopée. *f.* — Noms des différents genres de morceaux littéraires.

Note. *f.* Dièze. *m.* Bémol. *m.* Bécarre. *m.* Gamme. *f.* Accord. *m.* Consonnance. *f.* Dissonnance. *f.* Discordance. *f.* Mélodie. *f.* Harmonie. *f.* Symphonie. *f.* Vocalisation. *f.* Solfége. *m.* — Dessin. *m.* Coloris. *m.* Tableau. *m.*

Ordre moral. — Sentiment. *m.* Sensibilité. *f.* Emotion. *f.* Penchant. *m.* Inclination. *f.* Affection. *f.* Passion. *f.* Sympathie. *f.* Antipathie. *f.* Apathie. *f.* Compassion. *f.* Pitié. *f.* Indifférence. *f.* Froideur. *f.* Aversion. *f.* Animosité. *f.* Plaisir. *m.* Délice. *m. f. pl.* Déplaisir. *m.* Peine. *f.* Constance. *f.* Inconstance. *f.*

Courage. *m.* Encouragement. *m.* Découragement. *m.* Intrépidité. *f.* Audace. *f.* Fougue. *f.* Crainte. *f.* Appréhension. *f.* Terreur *f.* Stupeur. *f.* Epouvante. *f.* Transe. *f.* Saisissement. *m.* Effroi. *m.* Horreur. *f.* Calme. *m.* Exaltation. *f.* Enthousiasme. *m.* Gaîté. *f.* Allégresse. *f.* Indignation. *f.* Courroux. *m.*

Résolution. *f.* Irrésolution. *f.* Décision. *f.* Indécision. *f.* Intention. *f.* Energie. *f.* Opiniâtreté. *f.* Acharnement. *m.* Désir. *m.* Souhait. *m.* Espoir. *m.* Regret. *m.* Préférence. *f.* Prédilection. *f.* Estime. *f.* Mépris. *m.* Confiance. *f.* Défiance. *f.* Méfiance. *f.*

Ordre religieux. — Révélation. *f.* Dogme. *m.* Croyance. *f.* Trinité. *f.* Evangile. *m.* Grâce. *f.* Sacrement. *m.* Mystère. *m.* Miracle. *m.* Prophète. *m.* Prophétie. *f.* Résurrection. *f.* Paradis. *m.* Purgatoire. *m.* Enfer. *m.*

Vertu. f. Sagesse. f. Ferveur. f. Foi. f. Espérance. f. Charité. f.
Justice. f. Force. f. Prudence. f. Tempérance. f. Humilité. f. Chas-
teté. f. Abnégation. f. Patience. f. Résignation. f. Aumône. f. Pardon. m.

Vice. m. Orgueil. m. Vanité. f. Témérité. f. Impiété. f. Blasphême.
m. Sacrilége. m. Désespoir. m. Scandale. m. Hypocrisie. f. Supers-
tition. f. Fanatisme. m.

Mérite. m. Démérite. m. Crime. m. Malignité. f. Malice. f. Iniquité. f. Méchanceté. f. Abomination. f. Perversité. f. Remords. m.
Repentir. m. Repentance. f. Contrition. f. Expiation. f. Mortification.
f. Jeûne. m. Austérité. f. Absolution. f. Rémission. f. Indulgence.
f. Clémence. f. Miséricorde. f.

Catéchisme. m. Catéchumène. m. Néophyte. m. Prosélyte. m.
Conversion. f. Abjuration. f. Païen. m. Paganisme. m. Idolâtrie. f.
Hérésie. f. Schisme. m. Secte. f. Sectaire. m. Déiste. m. Déisme.
m. Athée. m. Athéisme. m. Irréligion. f.

Culte. m. Adoration. f. Adorateur. m. Prière. f. Invocation. f.
Offrande. f. Piété f. Dévotion. f. Sainteté. f. Sanctification. f.

ADJECTIFS.

Ordre intellectuel. — Vrai. Faux. Erroné. Certain. Incertain.
Douteux. Évident. Intelligible. Inintelligible. Compréhensible. Incompréhensible. Idéal. Intellectuel. Attentif.

Semblable. Pareil. Identique. Comparable. Comparatif. Différent.
Divers. Dissemblable. Opposé. Contraire. Contradictoire.

Beau. Sublime. Gracieux. Disgracieux. Laid. Grotesque. Bur-
lesque.

Primitif. Primordial. Secondaire. Dérivé. Général. Générique.
Spécifique. Particulier. Principal. Accessoire. Essentiel. Excep-
tionnel. Absolu. Relatif.

Abstrait. Simple. Composé. Compliqué. Complet. Incomplet.
Homogène. Hétérogène. Hétéroclite.

Logique. Illogique. Conséquent. Inconséquent. Rationnel. Irra-
tionnel. Raisonnable. Déraisonnable. Synthétique. Analytique.
Méthodique. Théorique. Pratique Systématique.

Correct. Précis. Concis. Laconique. Éloquent. Diffus. Prolixe.
Incohérent. Ambigu. Équivoque. Lisible. Illisible.

Majuscule. Minuscule. Synonyme. Homonyme. Anonyme.

Littéraire. Épistolaire. Oratoire. Épique. Tragique. Comique.
Épigrammatique. Figuré. Elliptique. Hyperbolique. Ironique. Méta-
phorique. Allégorique. Mythologique. Fabuleux.

Consonnant. Dissonnant. Discord. Discordant. Mélodique. Mélodieux. Harmonique. Harmonieux.

Ordre moral. — Sensible. Insensible. Sentimental. Affectif. Affectueux. Constant. Inconstant. Indifférent. Passionné.

Courageux. Intrépide. Audacieux. Fougueux. Expansif. Enthou-
siaste. Exalté. Calme.

Résolu. Irrésolu. Indécis. Énergique. Opiniâtre. Confiant. Défiant.
Méfiant.

Ordre religieux. — Religieux. Evangélique. Surnaturel. Miraculeux. Mystérieux. Angélique. — Idolâtre. Hérétique. Schismatique. — Faillible. Infaillible.

Adorable. Saint. Sacré. — Sacerdotal. Baptismal. Nuptial.

Bon. Juste. Équitable. Légitime. Miséricordieux. Clément. Indulgent. — Mauvais. Méchant. Injuste. Inique. Illégitime. Irréligieux. Malicieux. Malin. Pervers. Coupable. Criminel. Infernal. Diabolique. Condamnable. Damnable. Abominable. Exécrable.

Charitable. Austère. Chaste. Pudique. Pieux. Dévot. Édifiant. Vertueux. Sage.

Vicieux. Orgueilleux. Vain. Hypocrite. Sacrilége. Superstitieux. Fanatique.

VERBES.

Ordre intellectuel. — Concevoir. Comprendre. Apprendre. Percevoir. Apercevoir. Observer. Réfléchir. Comparer. Causer. Résulter. Dériver. Dépendre.

Juger. Raisonner. Conclure. Démontrer. Réfuter. Analyser. Abstraire Savoir. Ignorer. Errer. Douter. Penser. Classer.

Imaginer. Rêver. Songer. Exprimer. Signifier. Parler. Réciter. Déclamer. Ecrire. Lire. Traduire. Interpréter. Epeler. Enoncer. Narrer. Décrire. Chanter. Vocaliser. Peindre. Dépeindre. Figurer. Embellir. Orner.

Ordre moral. — Emouvoir. Attendrir. Passionner. Affecter. Affectionner. Aimer. Haïr. Détester. Abhorrer.

Encourager. Décourager. Intimider. Effrayer. Epouvanter. Terrifier. Calmer. Apaiser. Rassurer. Exalter. Enthousiasmer.

Estimer. Mépriser. Confier. Défier. Résoudre. Décider. Acharner (s'). Désirer. Souhaiter. Espérer. Regretter. Souffrir. Endurer.

Ordre religieux. — Croire. Baptiser. Catéchiser. Prêcher. Evangéliser. Prophétiser. Convertir. Abjurer. Adorer. Prier. Invoquer. Bénir. Ensevelir. Ressusciter. Mériter. Démériter. Enorgueillir (s'). Transgresser. Prévariquer. Damner. Condamner. Confesser. Absoudre. Pardonner. Communier.

Nous trouverons plus loin, en considérant la personnalité dans son ensemble, un grand nombre de termes se rapportant plus ou moins spécialement à l'ordre intellectuel, moral ou religieux.

EXERCICE.

On énumèrera des noms, des adjectifs et des verbes, empruntés aux différents ordres du monde immatériel. On expliquera la signification de ces termes, et ils deviendront la base des différents exercices indiqués précédemment.

On recherchera ensuite, dans les termes tirés de l'ordre matériel, ceux qui s'appliquent également aux choses de l'esprit. On s'appesantira sur les termes figurés, et l'on recherchera les noms abstraits qui se rapportent aux qualités, aux états et aux actes exprimés par les adjectifs et les verbes.

EXEMPLES DE QUESTIONS.

D. Quelle est la signification des mots : mémoire, discours, analyse, — apathie, estime, résolution, — adoration, vertu, humilité ?

R. Mémoire, faculté par laquelle l'intelligence se rappelle les idées et les objets. — *Discours,* enchaînement de termes exprimant des idées qui se suivent. — *Analyse,* acte de l'intelligence qui décompose une idée en ses éléments. — *Apathie,* état où l'âme est indifférente aux impressions. — *Estime,* sentiment par lequel l'âme reconnaît les bonnes qualités des personnes et des choses. — *Résolution,* disposition de l'âme à agir fermement. — *Adoration,* acte par lequel l'homme rend hommage à la souveraineté divine. — *Vertu,* force de l'âme nécessaire pour faire le bien. — *Humilité,* vertu par laquelle l'homme reconnaît la faiblesse de sa nature.

D. A quelle espèce appartiennent ces mots, et à quels ordres d'idées se rapportent-ils ?

R. Ce sont des substantifs. — Les trois premiers se rapportent à l'ordre intellectuel, les trois suivants à l'ordre moral, et les trois derniers à l'ordre religieux.

D. Mettez ces noms au pluriel.

R. Les discours. Les analyses. Les résolutions. Les vertus. (Les autres ne s'emploient pas au pluriel, parce qu'ils expriment toujours une idée générale qui n'admet pas de pluralité).

D. Joignez à chacun de ces noms, à l'aide de la préposition de, un autre nom qui y ait rapport.

R. La mémoire des mots. — Les idées du discours. — L'analyse de la pensée. — L'apathie du sentiment. — Le sentiment de l'estime. — L'énergie de la résolution. — L'adoration du Sauveur. — La sainteté de la vertu. — L'humilité de la prière.

L'élève cherchera lui-même des noms, tirés de l'ordre intellectuel, moral ou religieux, qui donneront également lieu aux divers exercices.

D. Quelle est la signification des mots : correct, oratoire, mélodieux, — affectueux, expansif, irrésolu, — légitime, miséricordieux, austère ?

R. Correct, qui est conforme aux règles de l'art — *Oratoire,* qui a rapport au discours, à la parole. — *Mélodieux,* qui renferme un sens musical. — *Affectueux,* pénétré d'affection. — *Expansif,* se dit du sentiment qui se répand au dehors. — *Irrésolu,* qui ne sait se fixer à une résolution. — *Légitime,* qui est conforme à la loi du bien. — *Miséricordieux,* qui est touché des misères humaines. — *Austère,* qui se refuse les jouissances terrestres.

D. A quelle espèce appartiennent ces mots, et à quels ordres d'idées se rapportent-ils ?

R. Ce sont des adjectifs. — Les trois premiers se rapportent à l'ordre intellectuel ; les trois suivants, à l'ordre moral, et les trois derniers à l'ordre religieux.

D. Joignez ces adjectifs à des noms auxquels ils conviennent.

R. Le discours correct. L'art oratoire. Le chant mélodieux. — Le sentiment affectueux. L'enthousiasme expansif. L'âme irrésolue. — L'affection légitime. Le pardon miséricordieux. Le jeûne austère.

D. Mettez ces exemples au pluriel.

R. Les discours corrects. Les chants mélodieux. Les sentiments affectueux. Les âmes irrésolues. Les affections légitimes. Les jeûnes austères. (Même remarque que plus haut pour les exemples que l'on ne met pas au pluriel).

On pourra également demander à l'élève de chercher, dans l'ordre intellectuel, moral et religieux, des adjectifs qui s'appliquent à des substantifs qu'on lui donnera. On construira, avec ces mots, des propositions.

D. Quelle est la signification des mots : comparer, lire, douter, — encourager, désirer, souffrir, — prophétiser, invoquer, absoudre ?

R. Comparer, rapprocher les objets par les points où ils se ressemblent ou diffèrent entre eux. — *Lire,* prendre connaissance de ce qui est écrit. — *Douter,* être en suspens sur la vérité d'une chose. — *Encourager,* exciter le courage. — *Désirer,* porter vers une chose l'aspiration de la volonté. — *Souffrir,* éprouver une impression pénible. — *Prophétiser,* prédire par inspiration divine. — *Invoquer,* faire un appel à une puissance d'ordre supérieur. — *Absoudre,* remettre les fautes commises.

D. A quelle espèce appartiennent ces mots, et à quels ordres d'idées se rapportent-ils.

R. Ce sont des verbes attributifs. — Les trois premiers se rapportent à l'ordre intellectuel, les trois suivants à l'ordre moral, et les trois derniers à l'ordre religieux.

D. Donnez à chacun de ces verbes un sujet.

R. L'intelligence compare. Le regard lit. L'esprit doute. — L'estime encourage. L'âme désire. L'affection souffre. — L'Écriture sainte prophétise. La prière invoque. Le prêtre absout.

D. Donnez un complément direct à ceux d'entre ces verbes qui en sont susceptibles.

R. L'esprit compare les idées. Le regard lit l'écriture. L'estime encourage la vertu. L'âme désire le calme. L'Écriture sainte prophétise la venue du Messie. La prière invoque la miséricorde divine. Le prêtre absout le pécheur.

D. Donnez à ces propositions la forme passive.

R. Les idées sont comparées par l'intelligence. L'écriture est lue par le regard. La vertu est encouragée par l'estime. Le calme est désiré par l'âme. La venue du Messie est prophétisée par l'Écriture sainte. La miséricorde divine est invoquée par la prière. Le pécheur est absous par le prêtre.

D. Employez dans un sens immatériel, des termes empruntés à l'ordre matériel, tant physique qu'organique et animal.

R. Sens intellectuel. — Les *ténèbres* de l'erreur. *Étendre* la *matière* d'un discours. Un *flux* de paroles. Une science *inépuisable.* L'*inertie* du sentiment. La *largeur* de la pensée. La *base* du raisonnement. — La *racine* d'un mot. Une *branche* de la science. *Nourrir* l'esprit. La *vigueur* de l'argumentation. Un style *fleuri.* *Mûrir* une étude. — Les *membres* d'une phrase. Un style *nerveux.* La *suavité* de la mélodie. La *gaucherie* de l'expression. L'*effort* de l'attention. *Détourner* la pensée. Une ironie *mordante.* Un *morceau* oratoire.

Sens moral. — L'orage des passions. Une volonté de *fer*. Un cœur *dur*. *Consolider* l'affection. La *petitesse* des sentiments. *Refroidir* l'enthousiasme. Les *penchants* du cœur. — L'*aliment* du courage. La *rigidité* de la décision. *Aigrir* les sentiments. *Exhaler* des plaintes. Un *symptôme* de crainte. Le *remède* de la passion. Le *baume* de la tristesse. — La *fibre* sympathique. Une *perspective* agréable. La *défaillance* du courage. *Paralyser* l'énergie. Le *malaise* moral. Une passion *aveugle*. La *trace* d'une souffrance. L'*élan* de l'enthousiasme.

Sens religieux. — La *lumière* de la grâce. Une piété *profonde*. La *douceur* du pardon. L'*abîme* du vice. La foi *éteinte*. *Sonder* la conscience. L'*écueil* de la vertu. — Une piété *délicate*. Le *parfum* de la prière. *Guérir* l'âme. La grâce *féconde*. Un *cuisant* remords. — Une *vision* miraculeuse. Le *vertige* de l'orgueil. Le *cri* de la conscience. Le *souffle* divin. L'*inspiration* céleste.

R. Pesant, pesanteur. Léger, légèreté. Fixe, fixité. Inerte, inertie. Fort, force. Faible, faiblesse. Compacte, compacité. Consistant, consistance. Moite, moiteur. Froid, froid (le), froidure (la). Confus, confusion. Blanc, blancheur. Aigu, acuité. Étroit, étroitesse. Mince, minceur. Courbe, courbure. Oblique, obliquité. Plein, plénitude. Continu, continuité. — Vital, vitalité. Jeune, jeunesse. Décrépit, décrépitude. Maigre, maigreur. Vif, vivace, vivacité. Bouffi, bouffissure. — Débile, débilité. Pâle, pâleur. Savoureux, saveur. Fade, fadeur. Prompt, promptitude. Brusque, brusquerie. Impétueux, impétuosité. Hardi, hardiesse. Glouton, gloutonnerie. Friand, friandise. Sobre, sobriété. Furieux, fureur. Enragé, rage. Nu, nudité.

Semblable, similitude. Différent, différence. Correct, correction. Laconique, laconisme. Synonyme, synonymie. Beau, beauté. — Sensible, sensibilité. Constant, constance. Indécis, indécision. Opiniâtre, opiniâtreté. — Idolâtre, idolâtrie. Juste, justice. Méchant, méchanceté. Coupable, culpabilité. Dévot, dévotion. Vain, vanité. Sacrilége, sacrilége (le).

R. Peser, poids. Tomber, chute. Mouvoir, mouvement. Tourner, tour. Tendre, tension. Détendre, détente. Submerger, submersion. Imbiber, imbibition. Filtrer, filtration. Bouillir, ébullition. Éclater, éclat. Dissoudre, dissolution. Pétrifier, pétrification. Placer, placement. Poser, position, pose. Saillir, saillie. Compter, compte. Soustraire, soustraction. Rompre, rupture. Interrompre, interruption. — Naître, naissance. Dégénérer, dégénération, dégénérescence. Croître, croissance. Absorber, absorption. Fleurir, floraison. Couver, incubation. Eclore, éclosion. Tremper, trempe. Imbiber, imbibition. Cuire, cuisson. — Marcher, marche. Courir, course. Sauter, Saut. Arriver, arrivée. Rencontrer, rencontre. Descendre, descente. Promener, promenade. Arrêter, arrêt. Opposer, opposition. Fléchir, flexion. Etendre, extension. Cueillir, cueillette. Mâcher, mastication. Secouer, secousse. Tirer, traction. Tordre, torsion. Casser, cassure. Broyer, broiement. Chanter, chant. Eveiller, éveil. Exercer, exercice.

Concevoir, conception. Observer, observation. Comparer, comparaison. Dépendre, dépendance. Exprimer, expression. Ecrire, écriture. Epeler, épellation. — Emouvoir, émotion. Intimider, intimidation. Confier, confiance. Souffrir, souffrance. — Convertir, conversion. Invoquer, invocation. Bénir, bénédiction. Transgresser, transgression. Mentir, mensonge.

CHAPITRE III.

DE LA PERSONNALITÉ.

310. De la réunion de l'âme et du corps dans une vie commune, résulte la *personne* humaine. Le caractère de *personnalité*, que Dieu a imprimé à l'homme en le créant à son image et à sa ressemblance, l'élève à une hauteur incommensurable au-dessus des animaux. L'homme est *capable de volonté*. Il est *libre* de choisir entre le bien et le mal, et, par conséquent, *responsable* de ses actes et de ses pensées. Il peut, par son action personnelle, influer, en bien ou en mal, sur son sort et sur celui de ses semblables.

311. Non-seulement chaque homme est soutenu par le sentiment de sa personnalité propre, qui l'empêche de se laisser abattre au milieu des difficultés ; mais encore l'idée de personnalité peut seule donner de la vie à la société dont l'homme est membre. La société n'agit que par l'action des hommes qui la composent ; et l'ordre qui y règne repose sur

leur bonne volonté. Si les hommes oublient ce qu'ils doivent à leur devoir personnel, leur réunion n'agira pas comme un être humain, mais elle deviendra une sorte de masse aveugle, d'instrument dont chacun voudra se servir pour entraîner les autres ; et l'homme, au lieu d'y trouver de l'appui, s'y sentira plus faible pour le bien.

312. Les hommes, réunis en familles, en nations, en sociétés diverses, forment des *personnes collectives*, qui ont aussi leur *responsabilité collective* à laquelle ils doivent songer. Chaque membre d'une société, d'une famille, d'une nation, est individuellement responsable, dans les limites de son influence, des actes qui s'y produisent. Plus l'homme est puissant dans la société, dans la nation, dans la famille, de quelque manière que ce soit, plus il lui revient de part dans la responsabilité.

313. Toute personne collective, famille, nation ou société quelconque, s'exprime par l'organe d'un *chef*, qui la *personnifie*, et qui prend divers noms, suivant le rôle qu'il remplit et les circonstances qui le lui donnent. Elle aura d'autant plus de dignité, qu'il en aura davantage lui-même. Si celui qui domine, momentanément ou par état, une réunion d'hommes, entend bien son devoir personnel, il ennoblit la personnalité de tous ceux qui composent cette réunion ; s'il l'entend mal, il la dégrade en faisant, de la réunion, l'instrument aveugle de sa volonté : et il en résultera tôt ou tard un abaissement pour lui-même, par suite de la mauvaise impulsion qu'il aura donnée à ceux qu'il dominait, et qui le domineront à leur tour.

314. L'homme qui a de l'autorité sur ses semblables doit toujours les rappeler au sentiment de la dignité personnelle, aussi bien lorsqu'il veut les contenir que lorsqu'il veut les stimuler. Le père de famille, le chef de travailleurs, celui qui gouverne une nation, ont un devoir émanant d'un principe unique, qui régit aussi le devoir de leurs subordonnés. Celui qui se trouve opprimé de quelque façon que ce soit, n'a pas de plus sûr recours que d'en appeler à la dignité personnelle de son supérieur, en se pénétrant lui-même du sentiment des devoirs personnels de sa position. Fût-il même dans l'esclavage, le principe de sa conduite ne changerait pas, car tous les tristes résultats de l'esclavage ne peuvent se redresser que par l'appel aux devoirs personnels de celui qui

domine et de celui qui est dominé. Ce n'est pas en proclamant la liberté qu'on rend l'homme libre, mais en l'élevant à la hauteur de sa position ; et cette hauteur ne peut être atteinte que par l'esprit, éclairé de la lumière religieuse. Cette lumière, jetant seule un jour vrai sur les misères et sur les joies de l'humanité, peut seule montrer à l'homme où est la véritable grandeur.

315. On comprend que l'esprit personnel ne saurait exister réellement sans l'idée sociale. L'homme qui oublie qu'il a des semblables, rétrécit son esprit aux mesquines proportions de l'égoïsme, qui est l'opposé de la vraie personnalité, quoiqu'on emploie souvent, à tort, ces deux mots l'un pour l'autre. Ne pensant qu'à son étroit intérêt du moment, il ne développera jamais qu'incomplètement ses puissances personnelles.

316. Quand bien même l'homme serait séparé de ses semblables et hors d'état de leur être utile, cette idée sociale n'en serait pas moins indispensable au développement de son esprit personnel. En effet, il ne peut se dissimuler que l'inégalité est en lui, et qu'il se trouve tantôt puissant et tantôt faible, en tel ou tel point. Là où il se sent faible, il doit se souvenir de ses puissances ; là où il se sent fort, il doit se souvenir de ses faiblesses. Tous les moments et tous les actes de sa vie se tiennent comme une chaîne dont les anneaux dépendent les uns des autres. Seul, comme avec ses semblables, il doit toujours éviter de se laisser emporter par le sentiment de sa force, ou abattre par celui de sa faiblesse ; et pour cela, il éprouve le besoin de se soumettre à une règle ferme et solide : cette règle est tirée de son association à l'œuvre de Dieu, association sur laquelle repose l'harmonie de ses actions. C'est donc toujours la même grande idée de société qui élève l'esprit de l'homme au-dessus des vues étroites du moment, en le remplissant du sentiment vrai de son existence, mélange de force et de faiblesse. Si l'homme, dans sa puissance, méconnaissait qu'il est faible, ou, dans sa faiblesse, oubliait qu'il est fort, il ne serait pas dans la vérité, et, par conséquent, il n'aurait aucune force réelle, puisqu'il agirait contre Dieu, qui est toute puissance et toute vérité.

317. L'idée de personnalité, grandie ainsi par l'idée de société, dont la Religion est l'âme, fait rayonner en l'homme cette dignité, cette noble fierté dont la conscience même rend

témoignage, et qui n'a rien de commun avec l'orgueil. Cette dignité revêt des caractères variés suivant le sexe et l'âge, suivant les qualités naturelles et les conditions sociales. Avec elle, chacun sent le bien qu'il peut faire et le mal qu'il peut empêcher. Rien n'est plus admirable que la puissance qu'elle donne au plus humble enfant, à l'homme que la fortune semble avoir mis au plus bas degré de l'échelle sociale.

318. L'homme, à tous les âges et dans toutes les conditions de la vie, ne saurait trop se pénétrer de la force qui réside dans ce ferme bon sens, résultant du sentiment de la personnalité appuyé sur le devoir. Par elle il fait son sort lui-même, et il domine les circonstances au lieu de subir leur domination. Il est vrai que les circonstances tendent souvent à le contrarier, à accabler sa faiblesse : mais en se souvenant qu'elles ne sont que passagères ; qu'il existe en lui quelque chose d'immortel qui leur survit ; et que Dieu, infiniment puissant, infiniment bon, infiniment juste, et connaissant seul la raison finale de toutes choses, lui réserve une récompense après ses épreuves bien supportées, il devient invincible, parce qu'il a mis de son côté la puissance divine, la suprême personnalité qui l'a créé à son image.

319. Faute du véritable esprit de personnalité, les hommes ont souvent méconnu Dieu, sa bonté, sa providence, et se sont avilis jusqu'à adorer les objets les plus matériels, à placer la divinité en tout, sauf en Dieu même, et à ne reconnaître pour arbitre du monde qu'une aveugle et inintelligente fatalité ; on les a vus ainsi trembler devant leur ombre, s'abaisser aux superstitions les plus dégradantes. Avec l'idée vraie de personnalité, l'esprit de l'homme, échappant à ces sombres et stériles illusions, se dilate et s'agrandit. Il sent ce qu'il peut, parce qu'il est assuré que Dieu le soutient. Il comprend que ce Dieu personnel, qui l'aime et qui veut en être aimé, ne l'a pas créé à son image et racheté de son sang pour l'abandonner, quelles que soient les traverses qui obscurcissent sa destinée. L'homme alors possède une véritable hardiesse dans l'accomplissement de son œuvre quelle qu'elle soit, et il la rapporte continuellement, par toutes les voies, à l'œuvre du Créateur. Ainsi seulement il a le sens du véritable travail ; ainsi seulement il peut donner aux mots *science, art, industrie,* la signification noble et élevée qui leur convient.

MOTS TIRÉS DE L'IDÉE DE PERSONNALITÉ.

NOMS.

NOMS DÉSIGNANT LES PERSONNES. — *1° En elles-mêmes.* — Personne. *f.* Gens. *m.* et *f. pl.* Enfant. *m. f.* Adolescent. *m.* Vieillard. *m.* Garçon. *m.* Fille. *f.* Peuple. *m.* Nation. *f.* Gent. *f.* Tribu. *f.* Famille. *f.* — Noms propres d'individus, de familles, de nations.

2° Par leur position dans la famille. — Père. *m.* Mère. *f.* Grand-père, grand'mère. Aïeul, aieule. Bisaïeul, bisaïeule. Trisaïeul, trisaïeule. Aïeux. *m. pl.* Ancêtres. *m. pl.* Fils, fille. Petit-fils, petite-fille. Arrière-petit-fils, arrière-petite-fille. Orphelin, orpheline. Frère. *m.* Sœur. *f.* Mari. *m.* Époux, épouse. Gendre. *m.* Bru. *f.* Beau-fils, belle-fille. Beau-père, belle-mère. Beau-frère, belle-sœur. Oncle, grand-oncle. Tante, grand'tante. Neveu, petit-neveu. Nièce, petite-nièce. Arrière-neveu. Cousin, cousine. Parrain, marraine. Filleul, filleule. Parent. *m.* Ascendant. *m.* Descendant. *m.* Collatéral. *m.* Postérité. *f.* Patriarche. *m.*

3° Par leur rôle dans la maison ou dans l'éducation. — Maître. *m.* Dame. *f.* Demoiselle. *f.* Serviteur. *m.* Servante. *f.* Domestique. *m. f.* Esclave. *m. f.* — Hôte, hôtesse. Commensal. *m.* Convive. *m.* Parasite. *m.* — Nourrisson. *m.* Nourrice. *f.* Pupille. *m. f.* Tuteur, tutrice. Élève. *m. f.* Disciple. *m.* Précepteur. *m.*

4° Par leur rapprochement ou leur opposition entre elles. — Ami, amie. Ennemi, ennemie. Émule. *m. f.* Rival, rivale. Adversaire. *m.* Antagoniste. *m.* Compétiteur. *m.* Compagnon. *m.* Compagne. *f.* Camarade. *m. f.* Voisin, voisine. Confident, confidente. Arbitre. *m.* Médiateur, médiatrice. Guide. *m.* Aide. *m. f.* Témoin. *m.* Groupe. *m.* Coterie. *f.* Compagnie. *f.* Assemblée. *f.* Cohue. *f.* Multitude. *f.*

5° Par leurs actes, leurs qualités, leurs défauts. — Héros, héroïne. Bienfaiteur, bienfaitrice. Protecteur, protectrice. Consolateur, consolatrice. Fondateur, fondatrice. Malfaiteur. *m.* Scélérat, scélérate. Traître, traîtresse. Meurtrier. *m.* Assassin. *m.* Incendiaire. *m. f.* Voleur, voleuse. Larron, larronnesse. Fripon, friponne. Filou. *m.* Coquin, coquine. Libertin, libertine. Ivrogne, ivrognesse. Dissipateur, dissipatrice. Fat. *m.* Fanfaron. *m.* Ergoteur, ergoteuse. Auteur. *m.* Amateur. *m.* Auditeur. *m.* Auditoire. *m.* Interprète. *m. f.*

(Plusieurs de ces substantifs sont de véritables adjectifs, se rapportant au mot *homme* ou *femme*, exprimé ou sous-entendu.)

NOMS DÉSIGNANT LES ATTRIBUTS ET LES QUALITÉS DES PERSONNES. — Activité. *f.* Liberté. *f.* Volonté. *f.* Responsabilité. *f.* Caractère. *m.* Naturel. *m.* Physionomie. *f.* Perfection. *f.* Imperfection. *f.* Qualité. *f.* Défaut. *m.* Travers. *m.* Nom. *m.* Sobriquet. *m.* Prénom. *m.* Surnom. *m.* Épithète. *f.* Renom. *m.* Renommée. *f.*

Honnêteté. *f.* Intégrité. *f.* Probité. *f.* Improbité. *f.* — Modestie. *f.* Candeur. *f.* Naïveté. *f.* Pudeur. *f.* Impudeur. *f.* Frugalité. *f.* Vanité. *f.* Amour-propre. *m.* Suffisance. *f.* Sensualité. *f.* Gourmandise. *f.* Opiniâtreté. *f.* Bassesse. *f.* Abjection. *f.*

Dignité. *f.* Gravité. *f.* Majesté. *f.* Décence. *f.* Héroïsme. *m.* Bravoure. *f.* Vaillance. *f.* Ambition. *f.* Violence. *f.* Turbulence. *f.* Audace. *f.* Témérité. *f.* Etourderie. *f.* Espièglerie. *f.* Légèreté. *f.* Bouffonnerie. *f.* Indignité. *f.* Indécence. *f.* Lâcheté. *f.*

Capacité. *f.* Discernement. *m.* Pénétration. *f.* Sagacité. *f.* Expérience. *f.* Inexpérience. *f.* Erudition. *f.* Sagesse. *f.* Folie. *f.* Sottise. *f.*

Originalité. *f.* Talent. *m.* Habileté. *f.* Savoir-faire. *m.* Inhabileté. *f.* Impéritie. *f.* Ineptie. *f.* — Prudence. *f.* Circonspection. *f.* Prévoyance. *f.* Imprudence. *f.* Imprévoyance. *f.* Insouciance. *f.* — Vigilance. *f.* Zèle. *m.* Diligence. *f.* Empressement. *m.* Ponctualité. *f.* Exactitude. *f.* Docilité. *f.* Application. *f.* Persévérance *f.* Persistance *f.* Négligence. *f.* Incurie. *f.* Inadvertance. *f.* Inattention. *f.* Paresse. *f.* Fainéantise. *f.* Oisiveté. *f.* Inaction. *f.* Désœuvrement. *m.*

Humanité. *f.* Cordialité. *f.* Mansuétude. *f.* Douceur. *f.* Aménité. *f.* Affabilité. *f.* Amabilité. *f.* Politesse. *f.* Enjouement. *m.* Gentillesse. *f.* Mélancolie. *f.* Morosité. *f.* Indulgence. *f.* Longanimité. *f.* Bonhomie. *f.* Sévérité. *f.*

Véracité. *f.* Duplicité. *f.* Perfidie. *f.* Astuce. *f.* Dissimulation. *f.* Curiosité. *f.* Indiscrétion. *f.* Loquacité. *f.* — Bienveillance. *f.* Malveillance. *f.* Sollicitude. *f.* Dévouement. *m.* Obligeance. *f.* Bienfaisance. *f.* Munificence. *f.* Libéralité. *f.* — Reconnaissance. *f.* Gratitude. *f.* Ingratitude. *f.* — Susceptibilité. *f.* Jalousie. *f.* Animosité. *f.* Animadversion. *f.* Rancune. *f.* Cruauté. *f.*

Magnificence. *f.* Luxe. *m.* Faste. *m.* Ostentation. *f.* Affectation. *f.* Forfanterie. *f.* Profusion. *f.* Dissipation. *f.* Economie. *f.* Parcimonie. *f.* Avidité. *f.* Avarice. *f.*

Noms désignant les actes, les pensées et les sentiments des personnes. — Acte. *m.* Action. *f.* Consentement. *m.* Acquiescement. *m.* Assentiment. *m.* Participation. *f.* Connivence. *f.* Velléité. *f.* Omission. *f.* Abstention. *f.* Choix. *m.* Option. *f.* Dessein. *m.* Projet. *m.* Entreprise. *f.* Commencement. *m.* Fin. *f.* Essai. *m.* Epreuve. *f.* Tentative. *f.* Préparatif. *m.* Apprêt. *m.* Exécution. *f.* Soin. *m.* Suggestion. *f.* Instigation. *f.* Provocation. *f.* Permission. *f.*

Usage. *m.* Abus. *m.* Conduite. *f.* Façon. *f.* Manière. *f.* Disposition. *f.* Modification. *f.* Changement. *m.* Variation. *f.* Relâche. *m.* Retard. *m.*

Affirmation. *f.* Négation. *f.* Interprétation. *f.* Aveu. *m.* Témoignage. *m.* Dénégation. *f.* Réticence. *f.* Persuasion. *f.* Confirmation. *f.* Répétition. *f.* Rétractation. *f.* Mensonge. *m.* Démenti. *m.*

Confidence. *f.* Insinuation. *f.* Récit. *m.* Citation. *f.* Anecdote. *f.* Explication. *f.* Eclaircissement. *m.* Entretien. *m.* Conversation. *f.* Babil *m.* Babillage. *m.*

Question. *f.* Réponse. *f.* Réplique. *f.* Répartie. *f.* Objection. *f.* Prédiction. *f.* — Plainte. *f.* Doléance. *f.* Lamentation. *f.* — Injonction. *f.* Exhortation. *f.* Recommandation. *f.* Remontrance. *f.* Réprimande. *f.*

Proposition. *f.* Demande. *f.* Réclamation. *f.* Exigence. *f.* Supplication. *f.* Sollicitation. *f.* Démarche. *f.* Acceptation. *f.* Refus. *m.* Déni. *m.*

Don. *m.* Largesse. *f.* Promesse. *f.* Menace. [illegible]
tion. *f.* Reddition. *f.* Restitution. *f.*
Service. *m.* Bienfait. *m.* Aide. *f.* A[illegible]
Education. *f.* Instruction. *f.* Délivrance. [illegible]
mage. *m.* Lésion. *f.* Préjudice. *m.* Abandon. [illegible]
don. *f.*
Accueil. *m.* Respect. *m.* Égard. *m.* Déférence[?] [illegible]
f. Complaisance. *f.* Faveur. *f.* — Rebut[illegible]
tion. *f.* Mortification. *f.* Avanie. *f.* Dédain. [illegible]
Louange. *f.* Éloge. *m.* Panégyrique. *m.* [illegible]
Adulation. *f.* Blâme. *m.* Reproche. *m.* Invective. *f.* Outrage. *m.* Affront. *m.* [illegible]
Contentement. *m.* Mécontentement. *m.* [illegible]
f. Tracasserie. *f.*
Fête. *f.* Réjouissance. *f.* Festin. *m.* [illegible]
m. Déjeuner. *m.* Dîner. *m.* Souper. [illegible]
vation. *f.* Abstinence. *f.* Jeûne. *m.*
Excès. *m.* Abrutissement. *m.* Débauche[?]
f. Attentat. *m.* Forfait. *m.* Vol. *m.* [illegible]
nat. *m.* Homicide. *m.* Suicide. *m.* Parricide. [illegible]
tricide. *m.* Régicide. *m.*
Jeu. *m.* Enjeu. *m.* Gageure. *f.* Perte. *m.* [illegible]
Déception. *f.* Tromperie. *f.* Imposture. *f.* [illegible]
son. *f.* Feinte. *f.* Simulacre. *m.* Artifice. [illegible]
f. Falsification. *f.* Sophistication. *f.*
Soupçon. *m.* Conjecture. *f.* Supposition. *f.* [illegible]
m. Prévision. *f.* Pressentiment. *m.* Précaution[illegible]
Trouvaille. *f.*
Soumission. *f.* Obéissance. *f.* Désobéissance[illegible]
Punition. *f.* Excuse. *f.* Amendement. *m.* [illegible]
magement. *m.*
Amitié. *f.* Inimitié. *f.* Fréquentation. *f.* [illegible]
des nous[?] Conversation. *f.* Entretien. *m.* [illegible]
m. Colloque. *m.* Soliloque. *m.* Caquet. *m.* [illegible]
dage. *m.* — Médisance. *f.* Calomnie. *f.* Dif[illegible]
Moquerie. *f.* Sarcasme. *m.* Mystification. *f.* [illegible]
[illegible] *f.* Hâblerie. *f.* Vanterie. *f.* Jactance. [illegible]
Farce. *f.* Facétie. *f.* Fredaine. *f.* Escapade. *f.* [illegible]
[illegible] *m.* Caprice. *m.* Minauderie. *f.* Simagrée. *f.*
Débat. *m.* Contestation. *f.* Malentendu. *m.* [illegible]
m. Altercation. *f.* Brouillerie. *f.* Dispute. *f.* Querelle[?]
Défi. *m.* Tort. *m.* Grief. *m.* Rancune. *f.* Ressentiment[illegible]
f. [illegible] *f.* Réconciliation. *f.*
Illusion. *f.* Fantaisie. *f.* Caprice. *m.* Lubie. *f.* [illegible]

NOMS DÉSIGNANT DES ÉTATS DE LA PERSONNE. — Préséance[?] *f.* [illegible]
f. Captivité. *f.* Occupation. *f.* Inaction. *f.*
Aînesse. *f.* Enfance. *f.* Adolescence. *f.* Jeunesse. *f.* Virili[té]
Vieillesse. *f.* Décrépitude. *f.* — Célibat. *m.* Veuvage. *m.*
Prééminence. *f.* Prépondérance. *f.* Splendeur. *f.* Riches[se]
Aisance. *f.* Opulence. *f.* Gêne. *f.* Pauvreté. *f.* Indigence *f.* Pénu[rie]

Détresse. *f.* Dénuement. *m.* Dépendance. *f.* Indépendance. *f.* Décadence. *f.* Ignorance. *f.*

Joie. *f.* Ravissement. *m.* Aise. *f.* Plaisir. *m.* Quiétude. *f.* Ennui.
m. Tristesse. *f.* Gêne. *f.* Malaise. *m.* Chagrin. *m.* Souci. *m.* Dépit.
m. Colère. *f.* Anxiété. *f.* Angoisse. *f.* Perplexité. *f.* Désolation. *f.* —
Honneur. *m.* Déshonneur. *m.* Honte. *f.* Confusion. *f.* Ignominie. *f.*
Opprobre. *m.* Infamie. *f.*

Etonnement. *m.* Surprise. *f.* Ebahissement. *m.* Stupéfaction. *f.*

Accord. *m.* Désaccord. *m.* Intimité. *f.* Concorde. *f.* Discorde. *f.*
Trouble. *m.* Zizanie. *f.* Antagonisme. *m.* Rivalité. *f.* Emulation. *f.*

Noms désignant les circonstances, conditions, événements, acci-
dents. — Prospérité. *f.* Adversité. *f.* Décadence. *f.* Bonheur. *m.*
Félicité. *f.* Malheur. *m.* Succès. *m.* Insuccès. *m.* Revers. *m.* Réussite. *f.* Echec. *m.* Gain. *m.* Perte. *f.* Dommage. *m.* Victoire. *f.*
Défaite. *f.* Déroute. *f.* Agrément. *m.* Désagrément. *m.* Malencontre.
f. Désappointement. *m.* Mécompte. *m.* Embarras. *m.* Tribulation.
f. Affliction. *f.* Contrariété. *f.* Calamité. *f.* Catastrophe. *f.* Désastre.
m. Répit. *m.* Danger. *m.* Péril. *m.* Intempérie. *f.*

Evénement. *m.* Accident. *m.* Incident. *m.* Aventure. *f.* Vicissi-
tude. *f.* Désuétude. *f.*

Condition. *f.* Occasion. *f.* Occurrence. *f.* Circonstance. *f.* Conjonc-
ture. *f.* Situation. *f.* Cas. *m.* Alternative. *f.* Chance. *f.* Hasard. *m.*
Sort. *m.* Fortune. *f.*

Noms désignant les choses, leurs qualités et leurs états par
rapport à la personne. — Chose. *f.* Dénomination. *f.* Sujet. *m.*
Objet. *m.* Bagatelle. *f.* Vétille. *f.* Minutie. *f.* Fait. *m.* Appareil. *m.*
Prodige. *m.* Merveille. *f.* Délice. *m.* –*f. pl.* Chère. *f.* Denrée. *f.*
Primeur. *f.* Prémices. *f. pl.*

Jouet. *m.* Nippe. *f.* Harde. *f.* Bijou. *m.* Joyau. *m.* Trousseau. *m.*
Cadeau. *m.* Présent. *m.* Etrenne. *f.*

Lieu. *m.* Place. *f.* Endroit. *m.* Local. *m.* Localité. *f.* Demeure. *f.*
Logement. *m.* Loge. *f.* Logis. *m.* Appartement. *m.* Pied-à-terre. *m.*
Lointain. *m.* Voisinage. *m.* Proximité. *f.* Environs. *m pl.* Alentour.
m. Solitude. *f.* Labyrinthe. *m.*

Ajustement. *m.* Accoutrement. *m.* Habillement. *m.* Toilette. *f.*
Parure. *f.* Coiffure. *f.* Chaussure. *f.* Déguisement. *m.* Masque. *m.*

Mets. *m.* Entremets. *m.* Ragoût. *m.* Hors-d'œuvre. *m.* Bonbon.
m. Miette. *f.* Bribe. *f.*

Moment. *m.* Instant. *m.* Durée. *f.* Veille. *f.* Avant-veille. *f.* Len-
demain. *m.* Surlendemain. *m.*

Nouvelle. *f.* Particularité. *f.* Spectacle. *m.* Mode. *f.* — Galimatias.
m. Amphigouri. *m.* Equivoque. *f.* Quiproquo. *m.* Coq-à-l'âne. *m.*
Anachronisme. *m.*

Maxime. *f.* Précepte. *m.* Axiome. *m.* Exemple. *m.* Modèle. *m.*
Mœurs. *f. pl.* Coutume. *f.*

Besoin. *m.* Besogne. *f.* Motif. *m.* Prétexte. *m.* Mobile. *m.* But. *m.*
Moyen. *m.* Ressource. *f.* Expédient. *m.* Part. *f.* Portion. *f.*

Nécessité. *f.* Importance. *f.* Urgence. *f.* Utilité. *f.* Inutilité. *f.*
Superfluité. *f.* Puérilité. *f.* Commodité. *f.* Incommodité. *f.* Variété. *f.*

Diversité. *f.* Vague. *m.* Indécision. *f.* Bigarrure. *f.* Stabilité. *f.* Instabilité. *f.* Uniformité. *f.* Nouveauté. *f.* Ancienneté. *f.* Vétusté. *f.* Antiquité. *f.* Propreté. *f.* Malpropreté. *f.* Saleté. *f.* Atrocité. *f.* Noirceur. *f.* Convenance. *f.* Inconvenance. *f.* Décence. *f.* Indécence. *f.* Licence. *f.*

Ressemblance. *f.* Dissemblance. *f.* Vraisemblance. *f.* Apparence. *f.* Réalité. *f.* Portrait. *m.* Effigie. *f.*

Immondice. *f.* Ordure. *f.* Décombres. *m. pl.* Débris. *m.*

ADJECTIFS.

ADJECTIFS EXPRIMANT DES QUALITÉS DE LA PERSONNE. — Actif. Libre. Responsable.

Digne. Noble. Ingénu. Franc. Sincère. Naïf. Candide. — Doux. Bienveillant. Bénin. Débonnaire. — Chaste. Honnête. Probe. Intègre. Equitable. Consciencieux. — Généreux. Libéral. Magnanime. Brave. Vaillant.

Enclin. Malin. Malicieux. Malhonnête. Malveillant. Egoïste. Avide. Improbe. Pusillanime. Efféminé. Lâche. Poltron. Voluptueux. Sensuel. Impudique. Gourmand. Cruel. Sanguinaire. Dénaturé.

Austère. Sévère. Stoïque. Sérieux. Enjoué. Distrait. Oublieux. Capricieux. Fantasque. Têtu. Entêté. Opiniâtre. Obstiné. Tenace. Irascible. Atrabilaire. Quinteux. Morose. Mélancolique.

Modeste. Prudent. Imprudent. Téméraire. Audacieux. Ambitieux. Fier. Superbe. Vain. Vaniteux. Suffisant.

Intelligent. Savant. Instruit. Docte. Erudit. Spirituel. Sage. Judicieux. Circonspect. Sagace. Avisé. Apte. Habile. — Sot. Fou. Insensé. Ignorant. Ignare. Inepte. Inhabile. Imbécile. Niais. Dupe. Crédule. Bonasse.

Diligent. Laborieux. Studieux. Soigneux. Assidu. Zélé. Expert. Minutieux. — Négligent. Indolent. Paresseux. Fainéant. Oisif. Insouciant. — Prodigue. Econome. Ménager. Parcimonieux. Chiche. Avare. Avaricieux.

Affable. Avenant. Sociable. Hospitalier. Obligeant. Complaisant. Serviable. Officieux. Prévenant. Obséquieux. Respectueux. Communicatif. Poli. Gentil. Joli.

Fier. Altier. Hautain. Dédaigneux. Boudeur. Bourru. Brutal. Maussade. Insolent. Impertinent. Impudent. Effronté. Ehonté. Servile.

Paisible. Pacifique. Docile. Soumis. Obéissant. — Indocile. Insoumis. Désobéissant. Revêche. Espiègle. Mutin. Taquin. Tracassier. Haineux. Envieux.

Brave. Vaillant. Martial. Belliqueux. Turbulent. Querelleur. Impatient. Fougueux. Violent.

Humain. Indulgent. Accommodant. Désintéressé. — Rigoureux. Inflexible. Inexorable. Implacable. Impitoyable. Inhumain.

Rancunier. Vindicatif. — Susceptible. Pointilleux. Minutieux. Exigeant. — Avide. Intéressé. Mercenaire.

Franc. Loyal. Fidèle. Véridique. Discret. — Sournois. Cauteleux. Dissimulé. Déloyal. Infidèle. Menteur. Trompeur. Fourbe. Perfide. Intrigant. Traître. — Indiscret. Curieux. Importun. Fâcheux.

Aimable. Estimable. Louable. Recommandable. — Haïssable. Détestable. Blâmable. Répréhensible. Suspect. — Reconnaissant. Ingrat.

Majestueux. Imposant. Eminent. Héroïque.

Vigilant. Circonspect. Prévoyant. Matineux. Ponctuel.

Moqueur. Railleur. Plaisant. Goguenard. Badin. Bouffon. Facétieux. Licencieux. Mondain. Pédant. Sententieux. Bavard. Babillard. Jaseur. Hâbleur. Braillard.

ADJECTIFS EXPRIMANT DES ÉTATS DE LA PERSONNE. — Présent. Absent. Prêt. Seul. Isolé. Sauf. Sédentaire. Stationnaire. Originaire. Nomade. Vagabond. Insulaire. Montagnard. Riverain. Connu. Inconnu. Ignoré. Coi. (f. coite.) Solitaire. — Exempt. Dispos. (sans féminin.)

Heureux. Malheureux. Misérable. Content. Satisfait. Mécontent. Gai. Triste. Affligé. Chagrin. Indigné. Fâché. Irrité. Stupéfait. Soucieux. Insoucieux. Distrait. Rêveur. Pensif.

Riche. Opulent. Pauvre. Indigent. Nécessiteux. Esclave. Captif.

— Victorieux. Vainqueur. Invincible.

Célibataire. Marié. Veuf.

Contemporain. Centenaire. Nonagénaire. Octogénaire. Septuagénaire. Sexagénaire. Quinquagénaire.

ADJECTIFS EXPRIMANT LES QUALITÉS ET LES ÉTATS DES CHOSES PAR RAPPORT AUX PERSONNES. — Originel. Paternel. Maternel. Fraternel. Germain. Patriarcal. Matrimonial. Patrimonial. Héréditaire.

Personnel. Impersonnel. Volontaire. Involontaire. Spontané. Exprès. Fortuit. Arbitraire. Mutuel. Réciproque. Commun. Familier. Pareil. Semblable. Dissemblable. Différent.

Réel. Nul. Chimérique. Illusoire. Factice. Imaginaire. Douteux. Certain. Incertain. Positif. Négatif. Vague. Indécis. Possible. Impossible. Praticable. Impraticable. Applicable. Inapplicable. Limité. Illimité. Réparable. Irréparable. Révocable. Irrévocable. Concevable. Inconcevable. Compréhensible. Incompréhensible. Compatible. Incompatible. Effaçable. Ineffaçable.

Initial. Final. Moyen. Intermédiaire. Actuel. Prochain. Habituel. Continuel. Quotidien. Journalier. Ordinaire. Régulier. Périodique. Perpétuel. Passager. Ephémère. Temporaire. Momentané. Instantané. Accidentel. Occasionnel. Extraordinaire. Merveilleux. Prodigieux. Inouï. Irrégulier. Passé. Futur. Précédent. Préliminaire. Suivant. Ultérieur. Subséquent. Médiat. Immédiat. Rare. Fréquent. Abondant. Nouveau. Récent. Ancien. Antique. Immémorial. Suranné.

Dernier. Avant-dernier. Pénultième. Antépénultième.

Enfantin. Puéril. Viril. Sénile.

Substantiel. Intrinsèque. Extrinsèque. Apparent. Secret. Clandestin. Anonyme. Pseudonyme. Mensonger.

Bref. Succinct. Strict. Affirmatif. Négatif. Interrogatif. Dubitatif. Conditionnel. Immanquable.

Utile. Salutaire. Nécessaire. Indispensable. Précieux. Agréable. Favorable. Propice. Prospère. Commode. Spacieux. Opportun. Avantageux. Tutélaire. Efficace. — Inutile. Superflu. Vain. Nuisible. Malfaisant. Pernicieux. Désagréable. Défavorable. Adverse. Inopportun. Désavantageux. Incommode. Gênant. Supportable. Insupportable. Dangereux. Périlleux. Funeste Désastreux. Calamiteux. Lamentable. Déplorable. — Propre. Impropre. Malpropre. Sale. — Suffisant. Insuffisant. Complet. Incomplet. Parfait. Imparfait. Usité. Inusité.

Aisé. Malaisé. Facile. Difficile. Pénible. Ardu. Abstrus. Maniable. Compatible. Incompatible. Explicable. Inexplicable.

Important. Principal. Marquant. Remarquable. Délicat. Urgent. Insigne. Significatif. Insignifiant. Futile. Frivole. Nul. Accessoire. Secondaire.

Exquis. Excellent. Suprême. Transcendant. Admirable. Ravissant. Délicieux. Ineffable. Pathétique. Touchant. Poétique. — Magnifique. Splendide. Pompeux. Fastueux. Luxueux. Somptueux. — Frêle. Chétif. Mesquin. Sordide. Vil. Abject. Honteux. Ignoble. Trivial. Vulgaire. Ridicule. Risible. Pitoyable.

Vieux. Usé. Intact. Durable. Inépuisable. Intarissable.

Singulier. Original. Particulier. Spécial. — Exclusif. Excessif. Abusif. Exorbitant. Extrême. Effréné. — Uniforme. Varié. Divers. Bigarré. — Bizarre. Etrange. Drôle. Fantastique. Puéril. — Ironique. Sarcastique. Equivoque.

Séant. Messéant. Malséant. Convenable. Inconvenant. Décent. Indécent. Déshonnête. Immoral. Odieux.

Acceptable. Inacceptable. Plausible. Admissible. Inadmissible. Favori.

Excusable. Inexcusable. Pardonnable. Impardonnable.

Attrayant. Intéressant. Amusant. Charmant. Enchanteur. Persuasif. — Spécieux. Captieux. Décevant. Fallacieux. Insidieux. Evasif. — Affligeant. Humiliant. Répugnant. Choquant. Ennuyeux. Fastidieux. Fâcheux. Malencontreux. — Supportable. Insupportable. Tolérable. Intolérable. — Injurieux. Outrageant. Offensant. Insultant. Révoltant.

Redoutable. Terrible. Horrible. Atroce. Effrayant. Effroyable. Hideux. Sinistre.

VERBES.

Sembler. Ressembler. Paraître. Apparaître. Disparaître. Varier. Devenir. Exceller. Personnifier. Représenter.

Vouloir. Daigner. Souhaiter. Convoiter. Jalouser. Envier. Répugner. Devoir.

Dire. Affirmer. Prétendre. Avouer. Citer. Conter. Raconter. Interpréter. Professer. Interroger. Questionner. Répondre. Indiquer. Désigner. Montrer. — Dédire. Rétracter. Nier. Contester. Objecter. Mentir. Démentir. Cacher. Taire. — Contredire. Discuter. Acquiescer. Convenir. Disconvenir.

Faire. Effectuer. Accomplir. Réaliser. Exécuter. Pratiquer. Essayer. Tenter. Imiter. — Défaire. Supprimer. Anéantir. Réduire. Restreindre. — Abstenir (s'). Omettre. Eviter. — Persévérer. Persister. Hâter. Anticiper. Différer. Tarder. Manquer. — Participer. Consentir. Acquiescer. Réciproquer. Choisir. Préférer. Comporter (se). Adonner (s'). Affecter.

Laisser. Permettre. Tolérer. Autoriser. Favoriser. Provoquer.
Instiguer. Suggérer. Proposer. Inviter. Concerter. — Empêcher.
Détourner. Dissuader. — Accoutumer. Habituer. Déshabituer.

Rester. Demeurer. Séjourner. Résider.

Demander. Réclamer. Solliciter. Implorer. Mendier. Exiger.
Rechercher. — Offrir. Présenter. Promettre. Donner. Céder. Accorder. Procurer. Occasionner. — Recevoir. Accepter. Admettre.
Adopter. Remercier. Refuser. Dénier. — Rendre. Restituer. Remettre. Aliéner. Partager.

Nommer. Renommer. Dénommer. Surnommer.

Avoir. Posséder. Acquérir. Conquérir. Gagner. Perdre. Enrichir.
Appauvrir. Ruiner. Amasser. Thésauriser. Dissiper.

Deviner. Conjecturer. Reconnaître. Supposer. Soupçonner. Suspecter. Accroire. — Consulter. Conseiller. Influer. Influencer. In-i-
nuer. Persuader. Convaincre. Charmer. Enchanter. Instruire. Enseigner. Egayer. Attrister.

Commander. Enjoindre. Dominer. Obéir. Désobéir. Obtempérer.
Céder.

Approuver. Improuver. Désapprouver. Louer. Blâmer. Admirer.
Apprécier. Déprécier. Dédaigner. Mépriser. Dénigrer. Flatter.
Aduler. Calomnier. Médire. Maudire. — Rehausser. Ennoblir. Amoin-
drir. Ravaler. — Rivaliser. Surpasser. Vaincre.

Corriger. Amender. Remontrer. Réprimander. Récompenser.
Punir. Châtier. Venger. Pardonner. Excuser.

Présenter. Patroner. Recommander. Introduire. Conduire.
Accueillir. Agréer. Congédier. Exclure. Econduire. — Visiter.
Fréquenter. Hanter. Accompagner. Quitter. Abandonner.

Jouer. Parier. Risquer. Gager. Tricher.

Respecter. Révérer. Vénérer. Redouter.

Aider. Assister. Faciliter. Dégager. Alléger. Soulager. Réconforter. Secourir. Délivrer. Accompagner. Escorter. — Désorienter.
Egarer. Abandonner. Délaisser. Déserter.

Asservir. Assujettir. Soumettre. Séduire. Enjoler. Tromper.
Duper. Abrutir. Abêtir. Abasourdir. — Affranchir. Emanciper.

Egayer. Réjouir. Charmer. Enchanter. Amuser. Intéresser. Con-
soler. Plaindre. — Affliger. Attrister. Ennuyer. Gêner. Fâcher.
Bouder. Désoler. Agacer. — Jouir. Festoyer. — Plaire. Complaire.
Déplaire.

Léser. Nuire. Offenser. Choquer. Injurier. Insulter. Outrager.
Défier. Affronter. Braver. Menacer. Intimider. — Maltraiter. Mal-
mener. Opprimer. Torturer. Tourmenter. Tracasser. — Protéger.
Rassurer. Rasséréner.

Converser. Causer. Babiller. Bavarder. Jaser. Caqueter. Badiner.
Plaisanter. — Moquer (se). Railler. Persifler. Mystifier. Diffamer.
Défigurer. Dénaturer. — Embarrasser. Dépayser.

Parer. Ajuster. Affubler. Déguiser. Travestir. — Ensevelir. In-
humer.

User. Abuser. Employer. Remplacer. Suppléer.

Considérer. Examiner. Exposer. Observer. Remarquer. Prévoir.
Prévenir.

Préparer. Apprêter. Débarrasser. Accommoder. Ranger. Arranger. Disposer. Façonner. Former. Transformer. Renouveler. Modifier. Assembler. Rassembler. Grouper. Partager. Conserver. — Décorer. Orner. Embellir. Laver. Nettoyer. Purifier. — Déranger. Brouiller. Embrouiller. Altérer. Souiller. Salir. Dégrader. Détériorer. Falsifier. Sophistiquer.

Consister. Comporter. Appartenir. Servir. Suffire. Convenir. Différer. Ressembler.

EXERCICE.

On fera d'abord des exercices analogues à tous ceux que nous avons indiqués jusqu'ici, et qui en seront, en quelque sorte, la récapitulation, en rapportant à la personne humaine les différents ordres de notions parcourus. Voici quelques exemples de questions dans ce sens.

EXEMPLES DE QUESTIONS.

D. Citez des noms qui désignent les personnes, — prises en elles-mêmes, — par leur position dans la famille, — par leur rôle dans la maison, — par leur opposition ou leur rapprochement entre elles, — par leurs actes, qualités, défauts.

R. Vieillard, homme avancé en âge. — *Père,* le chef de la famille. — *Maître,* le chef de la maison. — *Émule,* celui qui cherche à égaler ou surpasser un autre pour un but louable. — *Protecteur,* celui qui protége. — *Ivrogne,* celui qui a coutume de s'enivrer.

(On indiquera le genre de ces noms, en les faisant précéder de l'article. On distinguera ceux qui ont un féminin, et l'on fera observer que la plupart de ces derniers sont de véritables adjectifs.)

D. Citez des noms exprimant des qualités ou des défauts des personnes, dans leur caractère, dans leurs actes, dans leurs relations.

R. Honnêteté, attachement à ce qui est juste et honorable. — *Vanité,* amour des choses vaines. — *Habileté,* disposition à bien exécuter un travail. — *Ostentation,* affectation de montrer le bien qu'on fait, ou les avantages qu'on possède. — *Cordialité,* disposition affectueuse du cœur dans les relations. — *Duplicité,* penchant à feindre et à tromper.

D. Citez des noms désignant des actes ou des pensées de la personne, en bonne ou en mauvaise part.

R. Délivrance, action de retirer une personne d'un mal ou d'un danger. — *Dédain,* action de dédaigner, de mépriser avec hauteur. — *Récompense,* le bien qu'on reçoit en retour de celui qu'on a fait. — *Médisance,* action de dire du mal d'une personne. — *Démarche,* tentative auprès de quelqu'un dans une affaire. — *Rancune,* sentiment d'amertume contre une personne, à cause du mal qu'on en a reçu.

D. Citez des noms désignant des états de la personne.

R. Présence, existence de la personne en face d'une autre personne. — *Pauvreté,* état de la personne qui manque de biens. — *Étonnement,* impression produite sur l'âme par une chose inattendue. — *Ravissement,* état où se trouve l'âme transportée de joie ou d'admiration.

D. *Citez des noms indiquant des événements qui peuvent arriver à la personne, ou des circonstances dans lesquelles elle peut se trouver.*

R. *Insuccès*, défaut de réussite dans une entreprise. — *Victoire*, succès d'un combat. — *Danger*, situation où l'on est menacé d'un malheur. — *Occasion*, circonstance favorable à un acte quelconque. — *Alternative*, situation où l'on est forcé de choisir entre deux décisions.

D. *Citez des noms désignant les choses, leurs qualités et leurs états, par rapport à la personne.*

R. *Bagatelle*, chose de peu d'importance. — *Prodige*, ce qui étonne l'imagination. — *Solitude*, lieu où l'on est seul ; état de celui qui est seul. — *Primeur*, première saison des fruits et autres produits de la terre. — *Moment*, une parcelle du temps. — *Vétusté*, état d'ancienneté des choses, qui les met hors d'usage. — *Immondice*, se dit de ce qu'on rejette des habitations comme malpropre.

D. *Joignez à chacun de ces noms, à l'aide de la préposition de, un autre nom qui y ait rapport.*

R. Le respect du vieillard. — L'autorité du père. — Le pouvoir du maître. — L'émule du fils. — Le protecteur de l'orphelin. — La honte de l'ivrogne.

L'honnêteté du confident. — La vanité de la coquette. — L'habileté de l'orateur. — Le ridicule de l'ostentation. — La cordialité de l'ami. — La duplicité du fourbe.

La délivrance du captif. — L'inconvenance du dédain. — L'éloquence de la plainte. — La récompense du bienfait. — Le danger de la médisance. — La difficulté de la démarche. — L'amertume de la rancune.

La présence de l'émule. — La pauvreté de la veuve. — L'étonnement de l'élève. — Le ravissement de la mère.

L'insuccès du projet. — La joie de la victoire. — L'imminence du danger. — L'opportunité de l'occasion. — L'incommodité de l'alternative.

Le souci des bagatelles. — Les prodiges de l'héroïsme. — La tristesse de la solitude — La primeur des hommages. — Le moment des explications. — La vétusté de la demeure. — Le dégoût des immondices.

D. *Citez des noms collectifs tirés de l'idée de personnalité.*

R. Nation. Famille. Tribu. Gens. Assemblée. Coterie.

D. *Citez des noms propres de personnes.*

R. Louis. Pierre. Thérèse. César. Virgile. Démosthène. Colomb. Newton. Le Tasse. La Bruyère.

D. *Citez des adjectifs exprimant des qualités de la personne.*

R. *Libre*, qui peut choisir entre les diverses actions. — *Modeste*, qui ne fait point parade de ses qualités. — *Savant*, qui possède beaucoup de science. — *Belliqueux*, qui aime la guerre. — *Ingrat*, qui oublie les bienfaits, ou qui rend le mal pour le bien. — *Louable*, digne d'être loué.

D. Citez des adjectifs exprimant un état de la personne.

R. *Heureux*, qui possède le bonheur. — *Pensif*, absorbé dans ses pensées. — *Indigent*, qui manque du nécessaire. — *Captif*, privé de sa liberté. — *Dispos*, qui est dans un état où le corps et l'esprit sont bien disposés à agir. — *Sexagénaire*, âgé de soixante ans.

D. Citez des adjectifs exprimant des qualités ou des états des choses par rapport aux personnes.

R. *Patrimonial*, ce qu'on tient de son père ou de ses aïeux. — *Volontaire*, ce qu'on fait par sa volonté. — *Légitime*, ce qui est en rapport avec la loi du bien. — *Utile*, ce qui peut servir à l'homme. — *Captieux*, se dit d'un raisonnement faux qui a l'apparence du vrai. — *Risible*, qui prête à rire. — *Ridicule*, qui mérite d'attirer le rire. — *Malencontreux*, qui arrive mal à propos.

D. Joignez à chacun des noms : vieillard, probité, délivrance, présence, insuccès, bagatelle, un adjectif qui lui convienne.

R. Le vieillard vénérable. — La probité scrupuleuse. — La délivrance inattendue. — La présence importune. L'insuccès fâcheux. — La bagatelle insignifiante.

D. Joignez à chacun des adjectifs : libre, modeste, heureux, pensif, patrimonial, volontaire, un nom auquel il convienne.

R. La confidence libre. — Le caractère modeste. — Le peuple heureux. — Le lecteur pensif. — Le bien patrimonial. — Le consentement volontaire.

D. Formez des propositions ayant pour attribut un adjectif, et dont les noms : mérite, insuccès, choix, orphelin, enfant, élève, soient les sujets.

R. Le mérite est modeste. L'insuccès est fâcheux. — Le choix est libre. — L'orphelin est malheureux. — L'enfant est capricieux. — L'élève est docile.

On fera de même, toujours en se tenant dans les termes tirés de l'idée de personnalité, des propositions dont l'attribut sera un substantif; puis on leur donnera un sujet ou un attribut complexe ou composé, comme dans les exemples suivants : *Le père est un ami.* — *Le père est un ami dévoué.* — *Le maître est l'ami de l'élève.* — *L'oubli du devoir est coupable.* — *L'oncle et le beau-frère sont des parents.* — *Le domestique est fidèle et laborieux*, etc.

On formera également des propositions négatives ou interrogatives, qui seront, comme les autres, analysées rapidement.

Ici comme ailleurs, certaines questions pourront être posées sous forme de propositions incomplètes, dont l'élève remplira les termes laissés en blanc.

D. Citez des verbes attributifs exprimant des actes de la personne prise en elle-même, — de la personne envers d'autres personnes, —

R. *Vouloir*, faire acte de volonté. — *Demeurer*, continuer d'être où l'on est. — *Persévérer*, soutenir une résolution. — *Tarder*, ne pas faire un acte au moment où il est attendu.

Autoriser, prendre la responsabilité d'un acte que l'on permet à une personne. — *Ensei-*

dé la personne envers les choses.

D. Donnez à ces verbes un sujet.

D. Donnez un complément direct à ceux de ces verbes qui en comportent.

gner, communiquer à une personne des connaissances qu'on possède. — *Vaincre,* avoir l'avantage dans une lutte. — *Aider,* prêter l'appui de ses forces ou de ses ressources.

Affirmer, soutenir qu'une chose existe. — *Approuver,* trouver bon un acte ou une parole, une pensée. — *Préparer,* mettre une chose dans les conditions favorables à un acte quelconque. — *Ranger,* mettre des objets dans l'ordre où on veut les avoir.

R. Le maître veut. — Le voyageur demeure. — L'élève persévère. — Le vieillard tarde. — Le chef autorise. — Le précepteur enseigne. — La bravoure vainc. — Le bienfaiteur aide. — Le témoin affirme. — Le père approuve. — L'hôte prépare. — Le domestique range.

R. Le maître veut le bien. — Le chef autorise le subordonné. — Le précepteur enseigne les convenances. — La bravoure vainc les obstacles. — Le bienfaiteur aide l'orphelin. — Le témoin affirme le fait. — Le père approuve le fils. — L'hôte prépare le dîner. — Le domestique range les meubles.

On pourra donner aussi, aux propositions formées par les verbes attributifs, des sujets et des attributs complexes ou composés, et exprimer sous la forme passive celles qui en sont susceptibles.

Revenant sur les termes des différents ordres précédemment parcourus, on les mêlera aux termes tirés de l'idée de personnalité, ce qui variera considérablement les exercices. Voici quelques exemples, où nous mettons en italique les mots tirés de l'idée de personnalité, afin de les distinguer :

Le blé est un *bienfait* du *Créateur.* — Le chien est l'*ami* de l'*homme.* — Le cheval, le bœuf et l'âne sont *utiles* au *travail* des champs. — La *jactance* des *fanfarons* étourdit les *gens sérieux.* — Les *personnes compatissantes* ne *maltraitent* pas les animaux. — La *persévérance* des *soins obtient* la guérison des maladies, etc.

Nous avons maintenant à tirer de l'idée de personnalité les développements grammaticaux qu'elle comporte. Par elle nous nous rendrons compte des pronoms, des adjectifs déterminatifs, de la conjugaison du verbe, et nous serons conduits naturellement aux exercices sur ces matières.

I. Pronom sujet.

La personne humaine se distingue du monde extérieur en s'appelant moi. Ce mot *moi,* qui a pour usage propre de désigner la personne qui parle, est appelé *pronom,* parce qu'il se place à cet effet *devant le nom* (1), exprimé ou sous-entendu : Moi, *Pierre*. Si celui qui parle veut désigner la personne de son semblable à qui il parle, il lui dira : TOI : *Moi, Pierre ;* TOI *Paul*. Si une personne, parlant à une autre, en désigne une troisième, elle l'appellera LUI (au féminin ELLE) : *Moi, Pierre ; toi, Paul ;* LUI, *Charles ;* ELLE, *Louise*. Ce sont là les trois rôles que la personne peut jouer dans le discours : on les appelle *les trois personnes du discours*. Les noms employés dans les exemples ci-dessus sont à la première, à la deuxième ou à la troisième personne, suivant le pronom qui les précède.

Si une personne parle au nom de plusieurs personnes, elle dit : NOUS. Si elle parle à plusieurs personnes, elle dit : VOUS. Si elle parle de plusieurs personnes, elle dit : EUX, ELLES. Ce sont les trois *personnes du pluriel*.

La personne considérant l'existence avec ses différents attributs, en soi-même ou dans ses semblables, donne au verbe des formes particulières. Ainsi, si Pierre veut exprimer son étonnement, il dira : JE *suis étonné* (pour JE *Pierre, suis étonné*). S'il considère l'étonnement en Paul, à qui il parle, il lui dira : TU *es étonné* (pour TU *Paul, es étonné*). Si Pierre veut dire la même chose à Charles, en parlant de Paul, il lui dira : IL *est étonné*, (pour IL, *Paul, est étonné*), ou simplement : *Paul est étonné*. Nous observons, dans ces exemples, que le nom n'est jamais exprimé pour les deux premières personnes : c'est que la personne qui parle et celle à qui elle s'adresse, sont suffisamment désignées l'une pour l'autre ; à la troisième personne, au contraire, le nom peut être exprimé ou sous-entendu, suivant le besoin : *Paul est étonné*. — *Il est étonné*.

Au pluriel on dira : NOUS *sommes étonnés,* VOUS *êtes étonnés,* ILS *sont étonnés*.

Les objets inanimés, ainsi que les diverses vues de l'esprit formant des êtres abstraits, sont aussi personnifiés dans le discours : mais rarement on les fait parler ou on leur adresse la parole ; le plus souvent on en parle à la troisième personne.

Nous remarquons que le pronom, sujet du verbe, prend une forme particulière, sauf aux deux premières personnes du pluriel : JE, pour *moi ;* TU pour *toi ;* IL, ELLE, pour *lui, elle ;* ILS, ELLES, pour *eux, elles*.

Ces différentes terminaisons du verbe pour les différentes personnes, forment ce qu'on appelle la *conjugaison*.

On fera un premier exercice sur la conjugaison, en mettant aux trois personnes du singulier et du pluriel des propositions qui en soient sus-

---

(1) On dit ordinairement que le *pronom* est ainsi appelé parce qu'il s'emploie *pour le nom*, afin d'en éviter la répétition. Il est vrai que l'emploi du pronom évite la répétition du nom ; mais ce n'est pas là la raison essentielle de son existence : il sert proprement à *désigner la personne ;* en cela il ne peut être remplacé, et il ne remplace rien. C'est pourquoi nous regardons comme la plus juste théoriquement l'explication qui consiste à traduire le mot *pronom* par *devant le nom* (exprimé ou sous-entendu), au lieu de *pour le nom*.

ceptibles par le sens, telles que celles-ci : *Je suis heureux,* — *je suis l'ami du maître,* — *je suis un élève attentif,* etc.

Les actions ou les états exprimés par les verbes attributifs pouvant être considérés dans les différentes personnes, ces verbes ont aussi leur conjugaison : *Je travaille, tu travailles, il travaille,* etc. ; — *je finis, tu finis, il finit,* etc. ; — *j'aperçois, tu aperçois, il aperçoit,* etc. ; — *j'entends tu entends, il entend,* etc. Nous remarquons qu'il y a quatre formes différentes de conjugaison dans les verbes attributifs. Nous nous occuperons spécialement, dans la quatrième partie, d'étudier ces variétés propres à la langue.

L'élève mettra aux trois personnes du singulier et du pluriel des propositions formées à l'aide de verbes attributifs, et dont il trouvera une ample matière dans tout ce que nous avons vu jusqu'ici. On prendra des verbes des quatre conjugaisons, qu'on s'habituera à reconnaître, sans toutefois en faire, pour le moment, l'objet d'un exercice spécial. Voici quelques exemples de propositions à conjuguer : *Je commence un travail.* — *Je nourris le chien de la maison.* — *Je reçois une agréable récompense.* — *J'entends une exhortation utile,* etc. — Les verbes seront ensuite employés interrogativement, aux trois personnes du singulier et du pluriel. Cette conjugaison interrogative pourra se faire également pour tous les exemples qui viendront par la suite.

II. Pronom complément.

La personne n'est pas seulement auteur des actes exprimés par les verbes, mais encore elle peut recevoir l'effet de ces actes, faits par elle-même ou par autrui. Pour exprimer ce cas, le pronom prend encore une forme particulière. Ainsi, Pierre veut remercier Paul ; il lui dit : *je* TE *remercie.* S'il veut exprimer la même action faite par Paul envers lui, il dit : *tu* ME *remercies.* S'il veut dire à Charles qu'il remercie Paul, il dit : *je* LE *remercie.* Et au pluriel : *je* VOUS *remercie, tu* NOUS *remercies, je* LES *remercie.* ME, TE, LE, LA, NOUS, VOUS, LES, seront les formes du pronom employé comme complément. On voit qu'à la première et à la deuxième personne du pluriel, la forme est la même que pour le pronom sujet.

Quand le sujet qui fait l'action la reçoit en même temps, on dit que le verbe est *réfléchi,* parce que l'action s'y réfléchit, en quelque sorte, sur son auteur. Le verbe réfléchi, qu'on appelle aussi *pronominal,* nous offre, pour la troisième personne du singulier et du pluriel, une forme particulière de pronom : SE, qui, n'étant employé que dans ce cas, est appelé *pronom réfléchi.*

Pour exercice sur le pronom complément, on cherchera, dans les différents ordres de verbes énumérés jusqu'ici, ceux qui peuvent prendre la forme réfléchie, et on les conjuguera aux trois personnes du singulier et du pluriel. En voici quelques-uns : *Se réunir, se fortifier, se défendre, se comprendre, se calmer, se convertir, se rassurer,* etc. On les conjuguera aussi interrogativement.

Certains verbes ne s'emploient que sous la forme des verbes

réfléchis, quoique n'ayant pas le sens réfléchi. C'est ce qu'on appelle *verbes essentiellement pronominaux*, les autres n'étant pronominaux qu'*accidentellement*.

On cherchera et on conjuguera des verbes essentiellement pronominaux. En voici quelques exemples : *Se repentir, s'enorgueillir, se souvenir, s'enfuir, s'encourir, s'écrouler*, etc.

Enfin il est des verbes qu'on appelle *impersonnels*, parce qu'ils n'ont pour sujet ni un nom de personne ni un nom de chose personnifiée. Ils se conjuguent à la troisième personne du singulier, avec le pronom IL.

On cherchera des exemples de verbes *essentiellement* impersonnels, tels que : *il faut, il pleut, il grêle*, etc.; et *accidentellement* impersonnels, tels que : *il arrive, il survient, il se confirme*, etc.

Pour compléter ce qui concerne la notion du pronom, il reste à parler du pronom *complément indirect*. Si Pierre donne un livre à Paul, il lui dit : *je* TE *donne un livre* (pour *je donne* A TOI.) De même il dira : *tu* ME *donnes un livre* (pour *tu donnes* A MOI); *je* LUI *donne* (pour *je donne* A LUI, A ELLE); *tu* NOUS *donnes* (pour *tu donnes* A NOUS); *je* VOUS *donne* (pour *je donne* A VOUS); *je* LEUR *donne* (pour *je donne* A EUX, A ELLES); *il* OU ELLE SE *donne* (pour *il ou elle donne* A SOI); *ils ou elles se donnent* (pour *ils ou elles donnent* A EUX-MÊMES, A ELLES-MÊMES). Les exercices relatifs à cet emploi du pronom trouveront leur place lorsqu'il s'agira particulièrement des *compléments*. Contentons-nous de les mentionner ici.

Mentionnons également les deux mots EN et Y, en ce qui concerne leur emploi comme pronoms : *Cette affaire est importante, je m'*EN *occupe* (c'est-à-dire *je m'occupe* D'ELLE) ; *j'*Y *donne mes soins* (c'est-à-dire *je donne mes soins* A ELLE.)

III. ADJECTIFS DITS PRONOMINAUX.

La notion des pronoms et de leur emploi dans le discours pour désigner la personne, nous conduit à l'emploi des adjectifs que certains grammairiens ont appelés *pronominaux*, et qui expriment certaines nuances de la dépendance des choses à l'égard des personnes.

Adjectif possessif.

L'adjectif *possessif* vient en première ligne, puisqu'il exprime la possession même que la personne exerce sur ce qui l'entoure. Pierre appelle : MON *livre*, le livre qui lui appartient; il dit : MES *livres*, s'il y en a plusieurs ; NOTRE *livre*, NOS *livres*, s'il partage la possession avec une ou plusieurs autres personnes. De même il dira, en parlant de ce qui appartient à autrui : TON *livre*, TES *livres*, VOTRE *livre*, VOS *livres* ; SON *livre*, SES *livres*, LEUR *livre*, LEURS *livres*.

Pour s'exercer sur l'emploi de l'adjectif possessif, il suffira de conjuguer des propositions où il entre. Ainsi, par exemple : *Je donne* MON *livre ou* MES *livres*, — *tu donnes* TON *livre ou* TES *livres*, — *il donne* SON *livre ou* SES *livres*, — *nous donnons* NOTRE *livre ou* NOS *livres*, etc.

Voici d'autres propositions à conjuguer : — *J'aime* MON *père.* — *Je chéris* MA *patrie.* — *J'aperçois* MA *demeure.* — *Je sais* MES *leçons.* — *Je conduis* MES *frères.* — *Je reconnais* MON *image.*

On observera le changement de MA en MON devant une voyelle ou une *h* muette.

Pour varier l'exercice, on emploiera, aux trois personnes du singulier et du pluriel, des exemples tels que ceux-ci : MON *père m'aime.* — MES *serviteurs m'écoutent.* — MA *mère me console.* — MON *étude m'instruit,* etc.

A l'adjectif possessif se rattache le *pronom possessif,* qui, lui-même, n'est qu'un adjectif. Il donnera lieu à des exercices tels que ceux-ci : *Paul aime son père,* — *j'aime* LE MIEN, — *tu aimes* LE TIEN, — *il ou elle aime* LE SIEN, — *nous aimons* LE NÔTRE, — *vous aimez* LE VÔTRE, — *ils ou elles aiment* LE LEUR.

De semblables exercices pourront être faits sur les exemples suivants : *Chérir sa patrie.* — *Faire son devoir.* — *Étudier ses leçons.* — *Achever son travail.* — *Remercier son bienfaiteur.* — *Soutenir ses vieux parents.* — *Prévoir sa délivrance,* etc.

On fera remarquer, par des exemples faciles à multiplier, la distinction de NOTRE et de NÔTRE ; de LEUR, pronom, et de LEUR, adjectif possessif : NOTRE *ami nous a montré sa maison, et nous lui avons montré la* NÔTRE. — *On* LEUR *a donné* LEURS *aliments.*

Adjectif démonstratif.

Lorsque la personne veut montrer les objets dont elle parle, elle emploie, devant le nom qui les désigne, l'adjectif démonstratif CE, CETTE. Ainsi, Pierre, montrant à Paul un livre qu'il lui donne, dit : *je te donne* CE *livre.* S'il s'agit de plusieurs livres, il dit : CES *livres.* S'il veut désigner un livre ou des livres qui sont près de lui, par opposition à un ou plusieurs autres plus éloignés, il dit : *je te donnes* CE *livre-*CI, CES *livres-*CI ; *je garde* CE *livre-*LA, CES *livres-*LA,

Il sera facile de s'exercer à l'emploi de ce genre de mots, en les appliquant à différents objets et à différents actes. Exemples :
Prendre un chemin. — *Habiter une maison.* — *Cueillir des fleurs.* — *Aimer une occupation.* — *Abandonner un séjour,* etc.
Je prends CE *chemin,* CE *chemin-*CI, CE *chemin-*LA. — *J'habite* CETTE *maison,* CETTE *maison-*CI, CETTE *maison-*LA, etc.

On observera qu'il faut changer CE en CET devant une voyelle ou une *h* muette.

On fera aussi quelques exercices particuliers pour distinguer l'adjectif démonstratif CE du pronom réfléchi SE, et l'adjectif démonstratif CES de l'adjectif possessif SES. Voici quelques sujets pour ces exercices :
Se livrer à un travail. — *Se couvrir d'un manteau.* — *Se chercher dans un labyrinthe.* — *Se perdre dans un bois,* etc.
Il SE *livre à* CE *travail.* — *Il* SE *couvre de* CE *manteau.* — *Ils* SE *cherchent dans* CE *labyrinthe.* — *Il* SE *perd dans* CE *bois.* — CES *ouvrages sont* SES *titres de gloire,* etc.

A l'adjectif démonstratif correspond un pronom appelé aussi

démonstratif : CELUI, CELLE, CEUX, CELLES; CELUI-CI, CELLE-CI, CELUI-LA, CELLE-LÀ; CE, CECI, CELA.

CELUI, CELLE, CE, étant toujours suivis du *pronom relatif* QUI, QUE, DONT, mieux nommé *adjectif conjonctif*, les exercices qui les concernent trouveront leur place lorsqu'il s'agira des *conjonctions*. On ne fera ici que quelques exercices sur CELUI-CI, CELUI-LA, CECI, CELA, qui rentreront dans ceux qui précèdent : *Je prends* CE *chemin-ci je ne prends pas* CELUI-LA ; — *j'aime* CETTE *occupation-ci, je n'aime pas* CELLE-LA ; — CECI *me concerne,* CELA *ne me concerne pas ;* etc.

IV. ADJECTIFS NUMÉRAUX ET INDÉFINIS.

Les exercices sur ces adjectifs trouvent naturellement ici leur place, puisque c'est par rapport à la personne que les objets se comptent ou qu'ils sont envisagés d'une manière indéfinie.

Pour exercer l'élève sur l'emploi des adjectifs indéfinis, on lui donnera des propositions où le sens les indiquera et où ils seront laissés en blanc ; ainsi, par exemple :

... bienfait n'est jamais perdu (*un* bienfait).
... maître, . . . valet (*tel* maître).
... personnes se plaignent (*certaines, plusieurs, quelques* personnes).
... obligé oublie son bienfaiteur (*maint* obligé).
... auditeur ne comprend le discours (*aucun, nul* auditeur).
... les auditeurs comprennent le discours (*tous* les auditeurs).
... homme vertueux sera récompensé (*tout* homme vertueux).
A ... jour sa peine (*chaque* jour).
Conseiller le mal et le faire, c'est la ... chose (la *même* chose).
Je varie une occupation par une ... (une *autre*).
... peine vous vous êtes donnée ! (*quelle* peine).
Il s'est donné... peine pour réussir (*quelque* peine).
Pour un travail facile, il suffit d'un ouvrier... (ouvrier *quelconque*).

On pourra également placer ici quelques exercices sur les mots *on, chacun, autrui, personne, quelqu'un, rien, quiconque, l'un l'autre, les uns les autres, l'un et l'autre,* qui sont appelés *pronoms indéfinis.*

... dit souvent ce qu'... ne sait pas (*on*).
... tient à son pays (*chacun*).
Il ne faut pas prendre le bien d'... (*autrui*).
... ne veut être malheureux (*personne*).
Si ... a besoin d'aide, notre ami est toujours prêt (*quelqu'un*).
L'homme ruiné ne possède plus ... (*rien*).
... fait le mal sera puni (*quiconque*).
L'aveugle et le paralytique peuvent se servir... (*l'un l'autre*).
Les méchants se détestent ... (*les uns les autres*).
L'... dit oui, et l'... dit non (*l'un et l'autre*).

Il est aisé de varier ces exemples. Quant aux adjectifs numéraux, on en trouvera autant d'emplois qu'on le voudra, en arrêtant l'esprit de l'élève sur le nombre de certains objets, et en formulant certains calculs ; ainsi, par exemple :

La main compte ... doigts (*cinq* doigts).
Vingt chevaux et un cheval font ... chevaux (*vingt-un* chevaux).
Quatre fois vingt font ... (*quatre-vingts*).
Quatre-vingts et huit font... (*quatre-vingt-huit*).
Deux fois cent hommes font ... hommes (*deux cents* hommes).
Trois cents, augmentés de vingt, font... (*trois-cent-vingt*).
Un bataillon est composé d'environ... hommes (*mille* hommes).
Mardi est le ... jour de la semaine (le *troisième*)
Samedi est le ..., ou le ... (le *septième* ou le *dernier*).
Vendredi est le ..., ou le ..., ou le... (le *sixième* ou *l'avant-dernier* [ou le *pénultième.*)
Jeudi est le .. ou le .. (le *cinquième* ou *l'antépénultième*).

(Les exemples ci-dessus présentent les différentes difficultés relatives à l'orthographe de certains adjectifs numéraux.)

V. Temps du verbe.

Ce n'est pas seulement dans le temps présent, que la personne envisage l'existence, l'état, l'action qu'exprime le verbe ; elle l'envisage aussi dans le temps passé et dans le temps à venir. Le verbe prend, à chacune de ses personnes, des formes spéciales pour exprimer ces différences du temps. Ainsi, tandis qu'on dira : *je parle*, pour exprimer l'action de *parler* dans le temps présent, on dira : *j'ai parlé, je parlerai*, pour l'exprimer dans un temps passé ou à venir.

Les formes que prend le verbe pour marquer les différences de temps, s'appellent les *temps du verbe*. Il y a trois temps : le *présent*, le *passé* et le *futur*. Le temps présent n'ayant qu'un moment, qui est indivisible, il ne peut y avoir qu'une seule espèce de présent. Au contraire, le temps passé et le temps à venir pouvant être divisés par périodes, le verbe présente plusieurs sortes de passés et de futurs, correspondant à ces différentes nuances. Nous nous occuperons plus loin de ces variétés, dont l'emploi est lié à celui des adverbes, des prépositions et des conjonctions, et nous ne conjuguerons ici que les trois formes dont nous avons donné l'exemple plus haut.

Observons que l'une de ces trois formes : *j'ai parlé*, prend le titre de *temps composé*, parce qu'elle se compose à la fois du verbe *parler* et d'un autre verbe, *avoir*, appelé pour cela *verbe auxiliaire*.

Pour exercice on conjuguera, aux trois temps indiqués, les propositions déjà conjuguées, et d'autres qu'on pourra former suivant le besoin — On s'exercera sur la conjugaison interrogative.

VI. Modes du verbe.

La forme du verbe ne change pas seulement suivant le temps, mais encore suivant le *mode*, c'est-à-dire la manière dont on affirme l'existence ou l'action qu'il exprime. Quand on l'affirme purement et simplement, comme nous l'avons vu jusqu'ici, c'est le mode *indicatif : Je parle, — j'ai parlé, — je parlerai.* Quand on ne l'affirme que sous une condition, c'est le mode *conditionnel : Je parlerais si je pouvais.* Quand on l'affirme comme subordonnée à une autre action, à une autre existence, c'est le mode *subjonctif : Vous voulez que je parle, vous vouliez que je parlasse.* Quand on la commande, c'est le mode *impératif : Parle, parlons, parlez.* Enfin, quand on n'exprime l'action que d'une manière générale, sans acception de personne, c'est le mode *infinitif : Parler, finir, voir, entendre.* Il y a encore un sixième mode, c'est le *participe* présent ou passé. *Parlant, parlé; — finissant, fini.* On appelle ainsi ce mode, parce qu'il participe de la nature du verbe et de celle de l'adjectif.

Les exercices sur le conditionnel et sur le subjonctif se présenteront à propos des conjonctions. Nous trouverons aussi plus loin des exercices spéciaux sur l'emploi des participes présent et passé, ainsi que sur celui de l'infinitif.

Cependant nous pouvons aisément nous exercer, dès à présent, à employer l'infinitif comme sujet, dans ces propositions : *Mentir est honteux, — travailler est louable, — aider est une bonne action,* etc.

Nous pouvons aussi employer le participe présent dans des propositions telles que celles-ci *Le soleil, échauffant la terre, mûrit les moissons; — le cerf, fuyant les chiens, traverse la rivière; — l'étude, fatiguant l'esprit, demande du repos;* etc.

Les propositions de forme passive donnent des exercices sur l'emploi du participe passé; on en fera la conjugaison, qui n'est autre que celle du verbe *être.*

Quant à l'impératif, il suffit, pour s'exercer à l'usage de ce mode, de prendre les différents verbes, et de commander l'action qu'ils expriment. Il est évident qu'on ne peut commander qu'à une personne ou à des personnes à qui l'on parle, soit que l'on s'associe ou non à l'action commandée. Il n'y a donc d'impératif possible que pour la deuxième personne du singulier et du pluriel, et pour la première personne du pluriel : *parle, parlons, parlez.* Il est évident aussi que l'impératif ne peut avoir qu'un seul temps, le présent.

———

Maintenant que nous avons une idée de la personnalité et de ce qu'elle répand de lumière dans le langage, en rapportant à soi comme à un centre tout ce qui existe dans la nature, il nous reste, pour compléter cette première partie, à tracer le tableau rapide de l'industrie et de la société, et à recueillir les termes qui en naissent. Il nous suffira d'indiquer brièvement les propositions auxquelles ces éléments nouveaux donnent lieu, tant par les nouveaux termes que par les significations nouvelles des termes déjà connus, pour que l'on y trouve une ample matière au développement des exercices.

LIVRE II.

De l'Industrie.

320. Nous avons vu quelle puissance réside dans la volonté de l'homme, lorsqu'il sait mettre cette volonté en harmonie avec celle du Créateur.

Nous avons vu comment l'activité personnelle de l'homme, employant dignement les facultés de son intelligence, arme son corps de tous les moyens nécessaires pour dominer la nature, et comment cette nature, répandant autour de lui les richesses les plus variées, lui offre en abondance tout ce qui peut servir à ses besoins.

321. Les besoins de l'homme concernent à la fois son corps et son esprit. Son corps a besoin d'abri, de nourriture, d'exercice ; son esprit a besoin de méthode pour l'intelligence, de poésie pour le sentiment, et de règle pour la conscience. Tous les besoins du corps et de l'esprit se résument dans le besoin suprême d'accomplir sa haute destination, et de conserver sa personnalité saine et sauve à travers les périls de la vie. L'homme pénétré de son devoir ne satisfait les besoins du corps que pour le rendre apte à bien servir l'esprit, afin d'accomplir la haute destination humaine ; tous les élans de son intelligence et de son cœur sont dirigés dans le sens de ce noble but.

Tout le travail de l'homme, à quelque degré qu'on le considère, doit tendre à cette fin. Les plus humbles travaux du corps et les travaux les plus élevés de l'intelligence s'ennoblissent mutuellement par cette vue commune ; sans elle, ils s'aviliraient inévitablement, et ne mériteraient plus le nom de travail.

322. A mesure que la société humaine devient plus nombreuse, les travaux des hommes se multiplient, se divisent entre eux, sans cependant cesser de tendre au même but. Dans cette commune pensée, ils travaillent chacun selon position et selon leurs moyens, pour échanger entre eux les fruits de leur peine. Les uns se livrent particulièrement aux travaux de l'esprit, les autres à ceux du corps ; chacun suivant son aptitude, le pays qu'il habite, sa position sociale et les circonstances dont il est entouré. Il en est qui possèdent de grands moyens, matériels ou intellectuels; d'autres, à qui ces moyens font plus ou moins défaut. Tous sont obligés par leur devoir de se proposer des œuvres en rapport avec leurs ressources afin d'employer ces ressources à faire le plus de bien possible aux autres et à eux-mêmes.

323. La nécessité matérielle oblige le plus grand nombre des hommes à se donner de la peine pour satisfaire aux besoins de leur existence corporelle; et cette nécessité de chaque jour stimule puissamment leur industrie. Mais elle ne pourrait les entraîner qu'à leur perte, et faire servir leur génie inventif à satisfaire les passions de ceux qui possèdent des richesses, si une nécessité plus élevée et plus invincible, la loi de la charité, qui pèse également sur tous les hommes, ne venait rétablir l'équilibre. Par cette loi, l'homme riche est obligé d'employer ses peines et ses ressources de manière à soutenir et à diriger le travail de ses semblables dans la voie du bien; et ceux dont l'existence dépend de sa richesse, doivent employer leur industrie non à flatter ses passions, ce qui le conduit avec eux à l'abîme, mais à satisfaire noblement ses vrais besoins, de manière à assurer la continuité et la solidité de ses bienfaits.

324. Lorsque les travaux sont animés de cet esprit élevé, il en résulte la *magnificence*, c'est-à-dire l'accomplissement de grandes choses; lorsque, au contraire, ils prennent pour mobile la vanité et la cupidité, il n'en résulte que le *luxe*, c'est-à-dire la fausse magnificence, qui, gaspillant les ressources, augmente la gêne et la misère en paraissant donner de l'activité au travail.

325. L'industrie, qui comprend l'ensemble des travaux humains, ne saurait être à la hauteur de son titre si elle ne rapporte cet ensemble aux travaux supérieurs qui en sont l'âme. Ainsi seulement elle pourra découvrir et comprendre les lois qui assurent une prospérité vraie et durable.

326. Ces principes étant bien reconnus, voyons comment ils s'appliquent à tous les développements du travail.

Le travail, à quelque degré qu'il appartienne, doit être considéré : 1° en lui-même, dans la *production* de son œuvre; 2° dans l'*échange* que les hommes se font entre eux du fruit de leur travail; 3° dans la *valeur* que prennent, les uns vis-à-vis des autres, les divers travaux.

CHAPITRE PREMIER.

DE LA PRODUCTION.

327. Il y a, dans la production, trois choses à considérer : *l'invention*, qui fournit à l'homme le fond de tout ce qu'il produit ; le *travail*, c'est-à-dire la peine plus ou moins intelligente qu'il se donne pour féconder ce fond ; le *capital*, qui comprend tout ce que l'homme emploie comme instrument de son travail.

I. DE L'INVENTION.

328. Toutes les œuvres que produit l'homme, tirent leur substance du fond des forces naturelles que le Créateur a répandues en lui et autour de lui. La première condition de toute production est donc que l'homme aperçoive, dans les forces naturelles qu'il doit mettre en œuvre, ce qui peut lui être utile ; qu'il en fasse la *découverte*.

L'*invention* est la base de tout travail ; sans invention, le travail s'exercerait à vide. Et l'invention doit être continuelle ; car les besoins de l'homme, les difficultés qu'il rencontre, revêtent des formes toujours nouvelles, par les accroissements de la société humaine.

329. Tout ce que trouve l'esprit de l'homme, rentre dans le domaine de l'invention. Elle découvre les terres inconnues ; les propriétés diverses qu'elles tirent de l'air et des eaux ; les matériaux qu'elles renferment ; leurs conditions de fertilité, ainsi que les espèces végétales et animales qui y vivent ; les facilités et les difficultés de communication qu'elles présentent. S'élevant plus haut, l'invention trouve, dans chacune de ces choses, l'inspiration de grandes pensées, intellectuelles, morales et religieuses, qui, élaborées par le travail, feront naître des œuvres de tout genre.

Mais l'invention ne se borne pas à découvrir ce qui apparaît au premier coup-d'œil dans les choses et dans les idées. Dès que les premières découvertes sont acquises, l'esprit en aperçoit d'autres qui les suivent, ou qui sont, pour ainsi dire, renfermées en elles.

330. Ainsi, dans l'ordre physique, il distingue les éléments que lui offrent la terre et l'air; il en pénètre les propriétés intimes, et découvre les combinaisons qui naissent de ces propriétés. Dans l'ordre organique, après avoir reconnu les espèces vivantes, il reconnaît les conditions de leur vie et de leur culture; les transformations dont leur substance est susceptible; les propriétés nutritives qu'elles ont les unes pour les autres, etc. Dans l'ordre animal, l'invention aperçoit tout ce qui est favorable à la domination de l'homme sur les animaux, tout ce qui peut faciliter et perfectionner ses mouvements et l'exercice de ses sens.

331. De même, dans l'ordre immatériel, nous voyons l'invention tirer de chaque idée, de chaque impression du sentiment, de chaque inspiration de la conscience, les éléments de travail qui s'y trouvent renfermés, et reconnaître le parti que l'homme en peut tirer pour sa haute destination.

332. Toutes ces découvertes s'opèrent par le génie inventif de l'homme, qui est lui-même la force naturelle la plus puissante de la création. Cette force doit se reconnaître, se découvrir comme elle découvre les autres forces, car le Créateur a réparti dans les différents hommes les dons les plus variés, les plus inépuisables.

333. Rien de plus intéressant que de suivre la marche de l'invention dans les divers ordres de choses et d'idées, et d'observer les résultats prodigieux qui en naissent.

334. Ainsi prenons, par exemple, un des éléments les plus usités, le fer. Sa dureté offre tout d'abord un agent précieux pour diviser les autres corps. Cette propriété devient bien plus précieuse encore, lorsque l'homme a reconnu les effets de la trempe du métal, chauffé à un certain degré. Dans la combinaison du fer avec une faible proportion de charbon, il trouve l'*acier*, qui lui donne des instruments d'une puissance réellement prodigieuse, dont les différents degrés de dureté, acquis par la trempe, lui permettent d'agir sur les corps les plus résistants. L'élasticité de l'acier trempé lui donne des ressorts, forces motrices puissantes et commodes, auxquelles il trouve mille formes ingénieuses, servant à d'innombrables usages. La même élasticité, mise en jeu différemment, fait rivaliser le fer avec les métaux les plus sonores pour la construction d'instruments harmonieux.

Les propriétés magnétiques du fer étant reconnues, on

découvre que l'aimant se tourne vers le nord ; et la *boussole*, simple aiguille aimantée mobile sur un pivot, permet aux navigateurs de s'élancer dans les régions inconnues. La notion des rapports du magnétisme avec l'électricité donne l'électro-aimant, âme de la *télégraphie électrique*, invention si précieuse pour l'administration et le commerce.

335. L'invention de la *poudre à canon*, simple application des notions chimiques, renouvelle tout l'art militaire ; celle de *l'imprimerie*, application ingénieuse de la mécanique à la reproduction de l'écriture, amène des résultats non moins vastes dans l'administration et dans l'instruction publique.

336. D'une simple vue dans la coupe des pierres, l'invention tire la construction si ingénieuse des voûtes, où le poids même des materiaux qui tend à entraîner la ruine de l'édifice, a pour effet de le consolider.

337. Mais c'est surtout dans les découvertes de l'ordre immatériel, que l'invention présente les plus riches effets. Qui pourrait compter les résultats d'une idée scientifique heureuse, ou d'une juste appréciation des forces morales qui concourent aux travaux ! Ces résultats se font sentir jusque dans les œuvres mêmes qui en paraissent les plus éloignées.

338. Que l'on parcoure donc le champ du travail dans quelque sens que ce soit, on trouve partout l'invention comme source profonde de tout ce qui se produit, et l'on voit que rien ne s'opère sans invention, même dans les choses les plus communes et les plus ordinaires. La même force inventive qui fait les grandes découvertes, tient l'esprit ouvert devant les mille petits détails qui se présentent à lui chaque jour, dans le cours de ses travaux.

II. Du travail.

339. Pour que l'invention porte ses fruits, il faut que l'activité de l'homme fasse un effort, afin d'obliger les forces de la nature, qui sont à son service, à agir dans le sens de son but. C'est cet effort que l'on appelle spécialement le *travail*. Sans lui, les plus belles ressources de l'invention demeureraient stériles. C'est le travail qui ouvre, en quelque sorte, la voie à l'invention ; c'est lui qui, réalisant ce qu'elle a conçu, la mettant continuellement en présence de nouvelles forces à découvrir, lui permet de prendre ses développements.

340. Le travail peut revêtir autant de formes qu'il y a de forces naturelles à mettre en action, et de résistances à vaincre.

341. C'est ainsi, par exemple, qu'on voit, dans l'ordre physique, l'homme fouir la terre pour y trouver des matériaux, ou pour disposer favorablement le sol en vue de ses travaux de culture. C'est ainsi qu'on le voit traiter de toutes manières, et à la sueur de son front, les matériaux que la terre lui a fournis : tailler, broyer les pierres ; polir les marbres ; pétrir les terres et la chaux ; fondre, forger, écrouir, tremper, aiguiser, polir les métaux ; puiser les eaux ou les conduire ; solliciter et attendre avec une patience vigilante les réactions des agents chimiques. Dans toutes ces actions, auxquelles l'invention donne la vie, il y a une peine prise qui constitue le travail.

342. Dans l'ordre organique, l'homme emploie sa peine à semer, à planter, à transplanter les végétaux ; à réunir et à déposer dans le sol les substances fertilisantes ; à soigner, à nourrir les animaux qu'il exploite, et dont il doit recueillir les divers produits comme ceux de la terre. Non-seulement il s'applique à favoriser la croissance des organismes qui lui sont utiles, mais encore une partie de son temps s'emploie à réprimer ceux qui lui sont nuisibles. De plus, il occupe ses efforts à la transformation des substances que lui offre le règne organique. C'est ainsi qu'il réduit le blé en farine, puis en pain ; qu'il fait cuire les légumes et les viandes ; qu'il les assaisonne, les prépare, les conserve de mille manières ; qu'il extrait les sucs des fruits, les fait fermenter, les distille, etc. Ce sont là autant de travaux, qui lui coûtent des peines sans lesquelles tout demeurerait tel qu'il est, et qui, par conséquent, prennent une part importante dans le résultat.

343. Dans l'ordre animal, nous voyons l'activité de l'homme se déployer encore à d'autres points de vue. Elle s'occupe à maîtriser, à dompter, à apprivoiser les espèces qui peuvent lui être utiles ; à chasser, à éloigner celles qui peuvent l'incommoder ou lui nuire. Elle applique la force humaine aux instruments, et exerce la dextérité dans leur emploi. De là une variété immense de travaux, où la peine de l'homme prend toutes les formes imaginables.

344. Les forces du corps, dans les différents travaux, sont dirigées par l'esprit. Si l'esprit n'était pas continuellement présent, la main gâterait son ouvrage. Lors même que le travail est très-actif et très-régulier, s'il s'exécute sans une participation suffisante de l'esprit, et si l'homme s'assimile ainsi à un mécanisme, on voit le produit s'arriérer peu à peu, et la peine finit par ne plus suffire au besoin. On appelle *routine* ce travail mécanisé où l'esprit cesse d'être présent. Non-seulement la routine est nuisible en ce qu'elle donne une production qui n'est pas à la hauteur du besoin, mais elle rend même mauvais ce qui primitivement se faisait bien, parce que l'homme ne saurait rester stationnaire, et qu'il recule nécessairement dès que les puissances de son esprit cessent d'être en éveil.

345. Dans le plus grand nombre des travaux, l'effort de l'activité se porte principalement sur le corps : mais il en est où cet effort s'exerce particulièrement dans l'esprit, et où le corps ne prête qu'une simple assistance. Tels sont ceux où l'homme cherche et creuse les idées, s'efforce d'en mesurer la portée, de les peser et de les classer ; ceux où il recherche les applications des idées aux travaux : ceux où il fait servir les ressources du raisonnement, de l'imagination, et tous les moyens d'expression que donnent la littérature et les arts, à produire des effets dans l'ordre moral et religieux. Ces travaux sont les plus élevés ; ceux où la peine, quoique peu apparente au premier coup-d'œil, tend le plus à user les forces du corps : aussi exigent-ils l'hygiène la plus délicate et la plus sévère. Lorsque l'homme, sachant se mettre à la hauteur de pareils travaux, règle son genre de vie de telle sorte que rien ne vienne offusquer les facultés de son esprit, il évite les excès de tout genre, et trouve la santé dans les études mêmes qui semblaient devoir l'affaiblir.

346. La loi du travail étant éminemment religieuse, et le but du travail ne pouvant légitimement être, pour l'homme, que d'accomplir dignement sa haute destinée, il s'ensuit que la prière, rappelant continuellement l'homme à l'élévation de son but, que mille causes tendent à lui faire oublier, est l'âme et la vie de tous les travaux humains. Le prêtre, qui fait profession de prier, en vertu d'une mission sacrée, accomplit donc le plus saint des travaux ; et ce serait une erreur, autant qu'une impiété, de le comparer à un homme oisif. Rien n'est plus imposant que la bénédiction du prêtre descendant sur le travail, soit qu'elle implore la Providence en faveur des biens de la terre, soit qu'elle appelle l'esprit de Dieu sur les vastes

entreprises qui font communiquer les peuples entre eux, ou qui approfondissent le pouvoir de l'homme sur la nature. On sent que le travail, dépourvu de ce principe vivifiant, perdrait son lustre et sa dignité.

III. Du capital.

347. Mais le travail de l'homme ne peut agir sans instruments. L'homme a reçu ses premiers instruments de la nature : ce sont les forces mêmes de son corps, dont sa main, ce merveilleux mécanisme, est le résumé. Sa première instruction, instrument de son esprit, est celle que le Créateur même lui a donnée par la révélation. C'est avec ces ressources premières, que l'homme a commencé ses travaux. A mesure qu'ils avancent, ce qu'il a acquis lui sert d'instrument pour aller plus loin ; et son travail devient d'autant plus fructueux, qu'il sait mieux convertir en instruments d'action les fruits de ses travaux passés. C'est là ce qu'on appelle *capitaliser* ; et l'ensemble des moyens acquis que l'homme sait tourner à l'avantage de ses travaux ultérieurs, est désigné sous le nom général de *capital*. Ce terme, de même que celui de travail, doit être envisagé grandement si l'on veut en avoir une idée juste.

348. Les produits du travail, considérés comme servant au travail ultérieur, peuvent se diviser en deux grandes catégories, suivant qu'ils deviennent les *matériaux* sur lesquels ce travail s'exerce, ou les *instruments* à l'aide desquels il s'opère. Il est aisé de voir qu'au fond ces deux catégories n'en forment qu'une seule, puisqu'une même chose peut, suivant la manière dont l'homme l'emploie, être la matière ou l'instrument du travail.

349. Si l'on considère comme matériaux ou comme instruments les différentes richesses qui sont le fruit de l'invention et du travail, on les voit prendre un sens industriel qui leur donne un intérêt nouveau, s'ajoutant à celui qu'elles reçoivent de leur nature même.

350. Ainsi, dans l'ordre physique, un gisement de pierres reconnu devient une *carrière*, où de nombreux ouvriers trouvent l'aliment de leur travail. Les fragments de pierre extraite deviennent des *blocs*, des *dalles*, etc., suivant la forme qui leur est donnée pour servir aux travaux de construction et d'art. Le gisement découvert d'un métal s'appellera une *mi-

nière. Là minière exploitée devient une *mine*. Le minerai réduit prend le nom de *fonte*; on peut le façonner en *ingots*, en *barres*, qui sont ensuite les matériaux de travaux plus avancés. La chaux pétrie avec l'eau, l'argile, le sable et diverses autres substances, forme le *mortier*, le *ciment*, le *stuc*. Les substances élaborées par la chimie nous donnent les *drogues*, et tout ce qu'on désigne sous le nom de *produits chimiques*, matériaux d'un usage immense.

351. Si nous prenons des exemples dans l'ordre organique, nous trouvons, comme matériaux du travail, les terrains accommodés aux différentes cultures : *champs, guérets, prairies, prés, vignobles, jardins, vergers, pépinières, sapinières, chenevières, rizières*, etc., ainsi que les engrais préparés avec diverses substances, résultats de cultures antérieures. Les différentes séries d'élaboration des substances organiques deviennent les matériaux des élaborations subséquentes : ainsi les graines des céréales sont les matériaux de la farine; celle-ci fournit ceux du *pain* et de différentes *pâtes* qui deviennent, comme lui, les matériaux de la nutrition. Sous le nom de *moût*, de *malt*, de *drèche*, on désigne les matériaux de fermentation donnés par le raisin ou le grain. Les graisses et les huiles sont les matériaux d'un grand nombre de travaux qui, eux-mêmes, ne font souvent que préparer des matériaux pour des travaux ultérieurs.

352. Dans l'ordre de la vie animale, nous voyons les animaux, élevés et développés, devenir les matériaux du travail de celui qui les dresse. Les forces appropriées de la nature physique, les phénomènes reconnus d'optique et d'acoustique, fournissent des matériaux au mécanicien, et à ceux qui construisent les instruments destinés à aider la vue et l'ouïe.

353. Tous les matériaux deviennent, en dernière analyse, l'instrument du travail : soit en servant à entretenir, directement ou indirectement, les forces et les aptitudes de l'homme, qui sont ses premiers instruments ; soit en fournissant la matière des instruments proprement dits.

354. Il serait trop long de détailler ici toutes les formes d'instruments que construit le travail de l'homme ; contentons-nous de les indiquer par grandes divisions.

Les uns agissent sur les propriétés physiques, les autres sur les propriétés organiques ou animales. Les uns servent à diviser la matière, en la brisant, la broyant, la coupant ; à la dissoudre, à y appliquer la chaleur ou le froid, etc. D'autres déterminent, au gré de l'homme, des fermentations et des transformations diverses dans les substances organiques. D'autres servent à conduire, à dresser les animaux ; à donner plus de force ou d'étendue aux mouvements de l'homme ou à l'action de ses sens, etc., etc.

355. Parmi les instruments les plus importants du travail, on peut citer les *outils* des différentes professions, et dont les plus élémentaires sont la *bêche*, le *ciseau*, le *marteau* ; les machines, dont la *charrue*, la *charrette*, la *brouette*, le *rouet*, sont les plus simples et les plus usuelles ; les instruments qui servent à conduire et à exciter les animaux domestiques, notamment la *bride*, le *mors*, le *licol*, le *joug*, le *fouet*, l'*aiguillon*, etc. ; ceux qui renforcent l'action des sens ou qui servent à donner des signaux au loin, tels que les *lunettes*, les *télescopes*, les *porte-voix*, etc ; les ustensiles de ménage, dont chacun connaît les noms ; divers réactifs chimiques, tels que le *savon*, la *levure*, etc.

356 Observons que les locaux bien disposés pour le travail sont de véritables instruments. Une route est aussi un instrument, au même titre que la roue qui roule sur sa surface, et dont elle facilite le jeu. Perfectionner les locaux ou les routes, c'est travailler au perfectionnement de tout ce qui ne peut marcher qu'à leur aide ; c'est créer des instruments puissants, qui redoublent la promptitude du travail, et qui en multiplient les fruits.

357. On comprend comment, par l'attention et la prévoyance, tout devient capital, tout devient instrument, et comment chaque pas du travail, en faisant vivre l'homme pour le présent, assure une plus grande force à son travail à venir. La prévoyance est l'âme du travail et la source du capital. Ceci nous conduit à examiner le capital à un troisième point de vue, celui de la *provision*.

358. Tous les matériaux, tous les instruments, sont, par leur nature même, des *provisions*, puisque le travail y accumule son produit en vue d'un travail futur ; et l'idée de provision, qui se confond avec celle de prévoyance, règne dans tout ce qui est capital. Mais elle se fait surtout sentir dans les accumulations de ce qui soutient directement l'existence de l'homme, et, en général de tout ce dont le manque peut compromettre cette existence à certains moments décisifs. Grâce

aux provisions, l'homme n'est pas exposé à devoir interrompre
son travail pour chercher sa nourriture ou pour se procurer
des matériaux, construire des instruments indispensables.
Observons, à ce sujet, que le blé, cette humble graine, par la
facilité d'en faire des approvisionnements qui assurent la sub-
sistance des peuples, est un des plus fermes appuis de l'industrie et de la civilisation.

359. Faisons ici une remarque importante : c'est que
toutes les choses qui servent à l'usage domestique de l'homme
doivent être unies, dans la pensée, à celles qui s'emploient
spécialement pour le travail proprement dit. Loin qu'il y ait
confusion à les classer ainsi, c'est, au contraire, ce qui fait
cesser une confusion très-nuisible. Sans cela, en effet,
l'homme s'habitue à voir en lui-même deux hommes : l'un,
dans le travail, qui suit les lois sévères de l'économie ; l'autre,
dans l'emploi des fruits du travail, ne suivant que les lois
vagues de la fantaisie individuelle. Or, l'emploi des fruits du
travail est lui-même le travail le plus important, et le couron-
nement de tous les travaux. Sans doute il n'est pas toujours
facile, pour l'esprit, de ramener exactement aux lois du travail
telle ou telle satisfaction personnelle, permise cependant par
le devoir : mais, on ne saurait trop y penser, tout ce qui est
bon en soi doit concourir, en dernière analyse, au but final
du travail ; et rien, dans le travail ni dans l'usage de ses fruits,
ne saurait être bon s'il ne tend vers la haute destination de
l'homme.

360. Et en effet, à la tête de tous les capitaux de l'homme
nous trouvons la personne de l'homme lui-même, dont les
aptitudes corporelles, intellectuelles et morales, composent
son premier et son dernier capital, celui sans lequel les autres
deviennent nuls, et pour la conservation duquel tous doivent
se sacrifier. On voit ici combien l'esprit domine la matière.
Toutes les ressources accumulées par le travail de l'homme,
et l'adresse corporelle qu'il aurait acquise, ne seraient rien si
son intelligence n'en conservait la connaissance et l'usage ; et
ce précieux capital de son instruction ne serait rien lui-
même, si le courage et la vertu ne le mettaient en œuvre.

361. C'est par la puissance morale seule, que l'homme est
capable d'*épargner*, c'est-à-dire de s'abstenir d'employer les
choses suivant son désir du moment, en vue d'un désir plus
élevé dont la satisfaction est dans l'avenir. Or, l'épargne est

la condition indispensable du capital. Et si l'esprit religieux n'animait pas le zèle de l'épargne, elle n'aurait lieu que dans des vues étroites, sans pouvoir aboutir à rien de vivant ni de durable.

Non-seulement l'esprit religieux donne la patience et le courage nécessaires pour épargner les ressources dont on compose le capital ; mais encore, en éclairant et en élevant les vues de l'homme sur toutes choses, il lui fait apercevoir et apprécier des ressources qu'il eût méconnues et dédaignées. Trop souvent, en effet, l'homme envie ce qu'il ne possède pas, et se plaint d'être dépourvu de moyens tandis qu'il en possède de précieux, qu'il n'a qu'à vouloir mettre en œuvre.

CHAPITRE II.

DE L'ÉCHANGE.

362. Ainsi que nous l'avons dit, les hommes, ayant reçu du Créateur des dons variés, multiplient leur puissance de production par l'échange, qui leur permet de participer aux avantages les uns des autres.

363. Non-seulement les différentes localités, par la diversité de leur sol et les aptitudes différentes de leurs habitants, donnent lieu à des produits variés qui s'envoient des lieux où ils abondent vers ceux où ils manquent ; non-seulement les hommes d'une même localité ont des aptitudes variées, d'où résultent des produits variés s'échangeant entre eux ; mais encore, tel homme, telle nation, telle classe d'hommes, possède plus particulièrement, à un moment donné, tel ou tel élément de la production, qui rend son secours nécessaire aux autres sur ce point, en même temps qu'il a besoin du leur sur d'autres points.

364. Ainsi, l'un dispose d'une somme plus considérable de moyens matériels ou d'expérience ; l'autre est surtout fort par son activité, sa vigueur personnelle, la pénétration de son esprit ; un troisième brille par la richesse de son génie inventif, ou par la fertilité, l'heureuse exposition du domaine qui lui est échu en partage. Or, comme l'activité du travail a besoin de la richesse du fond et du levier des moyens

acquis ; comme, réciproquement, le fond et les moyens de tout genre ne se mettent en œuvre que par l'activité du travail, il y a là des éléments innombrables d'échange, dont la combinaison multiplie à l'infini les puissances productives de chacun.

365. Chose admirable, le travail et les ressources de tout homme deviennent matière première et instrument pour l'activité de ses semblables ; et les divisions que la science reconnaît entre les idées de travail, de capital, d'invention, sont fondues, par le mouvement de la vie, dans une grande et féconde unité, qui associe et combine tous les éléments entre eux.

366. La première condition pour que l'échange s'établisse, c'est évidemment de reconnaître, pour chaque but que poursuit le travail de l'homme, quels éléments peuvent s'associer en vue de ce but. Ainsi, le laboureur qui produit le blé, le meunier qui le réduit en farine, le boulanger qui en fait du pain, sont associés dans une œuvre qui profite à tous trois ; aussi, ont-ils d'étroites relations d'échange. Ils sont également associés à tous ceux qui, nourris du pain qu'ils ont produit, s'occupent de leur fabriquer des vêtements, des instruments et autres choses nécessaires, ou qui, en les payant de l'argent gagné par divers travaux, leur fournissent les moyens de continuer leur profession. Et dans tous les travaux des diverses professions, quelle multitude d'associations variées pour atteindre leurs différents buts particuliers, qui tous doivent se rapporter, en dernière analyse, au but suprême de la haute destination de l'homme, lien de toute association et de tout échange.

367. Si l'on considère chaque œuvre de l'homme, on voit que les moyens des différents hommes peuvent s'associer pour mieux la réaliser ; si l'on considère chaque ordre de moyens, on voit qu'en réclamant le concours des autres ordres, il produit des effets plus puissants. Si l'on étudie chacune des parties d'une même œuvre, on découvre que, par le développement naturel du travail, elle devient une œuvre particulière, qui appelle à son secours tous les genres de moyens et forme un nouveau lien de leur association. De toutes parts, la puissance de l'association éclate dans celle de l'invention. Et non-seulement l'association recherche quels sont les travaux qui peuvent concourir à un même but, mais encore, dans les

différents travaux, elle reconnaît et réunit ce qui se fait de la même manière; de là encore un accroissement d'effet.

368. Rien de plus frappant que les résultats de l'association. Ainsi, par exemple, l'homme qui, dans l'enfance de l'art, construit de ses propres mains toutes les parties de sa demeure, trouve bientôt moyen, par les progrès de l'association, d'y faire concourir tous ceux dont le travail s'exerce sur les différents matériaux propres à bâtir, ou sur les ordres d'idées qui dirigent l'arrangement de ces matériaux; et il arrive bientôt à élever des édifices merveilleux, qu'il n'eût jamais conçus sans cette puissance féconde. De même, chacun des objets dont il se sert, d'abord informe à sa naissance, lorsque celui qui en avait eu la première idée était seul pour l'exécuter, acquiert un haut degré de perfection lorsque, chacune de ses parties étant considérée à part, et l'invention venant à rayonner dans tous les détails, différents talents, différents peuples s'associent pour le produire, afin que le fruit perfectionné de tous leurs efforts se réunisse dans une œuvre commune qui profite à tous. Et à mesure que les capitaux s'accumulent, grâce à cette fécondité des travaux unis, ceux qui les possèdent les prêtant à ceux qui peuvent les mettre en œuvre, et leur épargnant ainsi le temps qui eût été nécessaire pour les acquérir, la production prend une rapidité, une fécondité de plus en plus grande, et l'on voit affluer une abondance prodigieuse de produits.

369. Le génie de l'association est, on peut le dire, la source vive de l'échange, comme celui de l'invention est la source vive du travail; plus l'esprit aperçoit de points par lesquels les hommes et leurs moyens peuvent s'associer entre eux, plus il rend possibles d'échanges, avec les avantages qui leur sont inhérents. L'association n'est donc, en définitive, qu'un degré plus élevé de l'invention, découvrant les rapports des puissances productives entre elles.

370. Mais nous avons vu que l'invention serait stérile, si l'effort de l'activité ne mettait en jeu les ressources qu'elle découvre. De même, pour réaliser les échanges dont le génie de l'association découvre la possibilité, il faut faire un effort, se donner du mouvement, de la peine; sinon, les vues de l'association ne seraient que des illusions vaines. L'échange n'est donc qu'un degré plus élevé du travail, portant les uns vers les autres les éléments de la production; cherchant, nouant

les relations, rattachant entre eux les hommes et les travaux.

371. C'est cet effort qui ouvre les routes par lesquelles les travailleurs et les produits se transportent les uns vers les autres. C'est lui qui porte d'un homme et d'un lieu à l'autre des matériaux, les instruments, les ordres, les renseignements, les avis ; qui rassemble ce qui était disséminé, ou dissémine ce qui était réuni, suivant que le succès du travail l'exige ; qui mesure la part de capital, de travail et d'invention nécessaire à une œuvre, et qui met ces éléments en rapport en facilitant leur liaison. C'est lui, enfin, qui répand dans toutes les voies de l'échange la clarté et la sûreté qui en sont des conditions indispensables.

372. Si, dans ce grand mouvement de l'échange où tant d'hommes travaillent les uns pour les autres, à des distances et dans des proportions si variées, chacun n'avait à donner, en retour de ce qu'il reçoit, que son travail ou les produits particuliers qu'il possède, il arriverait souvent que l'échange serait impossible, parce que ceux qui travaillent pour lui n'ont pas toujours besoin, au même moment, de ces produits ou de ce travail. Il fallait donc que chacun eût, pour payer les autres, une marchandise générale dont tous eussent un besoin commun et journalier. Or, cette marchandise est la *monnaie*.

373. La monnaie n'est autre chose qu'un produit ayant une assez grande valeur sous un petit volume, et qui puisse aisément et avec exactitude se diviser en petites parcelles ou se rassembler en grandes masses. L'or et l'argent sont les matières dont on fait ordinairement la monnaie, à cause de leur inaltérabilité, de leur divisibilité, et de leur grande valeur commerciale sous un petit volume, valeur peu sujette aux variations brusques, parce que la production de ces métaux est assez régulière.

374. Mais le paiement en monnaie, qu'on y fasse attention, n'est pas le paiement définitif ; et l'on ne se trouve pleinement payé que lorsqu'on a employé sa monnaie à acheter, par un second échange qui achève le premier, les objets dont on doit faire usage.

Recevoir de la monnaie en échange de son travail, c'est déjà faire *crédit*, puisque c'est remettre à un certain temps la rémunération définitive de ce travail. On voit bien par là que le crédit est l'âme de l'échange.

375. Et en effet, le mouvement si fécond de l'échange serait impossible si les hommes ne se faisaient des avances les uns aux autres, s'ils ne se faisaient mutuellement crédit. Si chacun prétendait attendre, pour travailler en vue de ses semblables, que ceux-ci lui eussent mis en main ce qui doit lui revenir en échange, nul ne commencerait à travailler pour les autres, et tout serait borné au point de vue étroit du moment. Le crédit, si peu étendu qu'on le suppose, est donc indispensable à l'échange comme le capital au travail. Plus le crédit sera étendu, plus l'échange se développera.

376. Le crédit se présente sous une multitude de formes. Ainsi, lorsque l'homme avance des matières premières, des instruments de travail, de la monnaie; lorsqu'il remet aux mains d'autrui une invention ou un domaine quelconque à exploiter; lorsqu'il *commande* des travaux, c'est-à-dire qu'il promet d'en couvrir les frais, il se confie, il *fait crédit* à celui qui travaille sur ce fond, avec ces moyens, avec ces instruments, et qui lui rendra, en échange de ce service, une partie du fruit de son travail.

De même, celui qui place son travail sur un fond, sur des capitaux appartenant à un autre, se confie aussi à celui-ci, lui fait crédit en même temps qu'il le reçoit; car il se charge de la responsabilité et de la conservation de ces biens, qu'il doit rendre intacts, et il en assure, en outre, un certain produit à leur propriétaire. Ce sont là des services, qu'il rend en échange de celui qu'il reçoit par le prêt auquel il a recours. Il y a dans le crédit une réciprocité continuelle.

377. Le crédit, on le conçoit, est d'autant plus grand, que les échanges ont été plus actifs et mieux suivis, puisqu'il n'est, au fond, que le fruit des échanges précédents.

378. Grâce au crédit et à la monnaie, qui rend les comptes faciles, les capitaux se concentrent ou se disséminent avec la plus grande aisance, suivant les besoins de la production. Chacun peut donner, en paiement, les ordres de paiement qu'il est en droit d'émettre pour les divers temps et lieux, et rentrer ainsi dans son capital sans attendre plus qu'il ne lui plaît. Chacun peut se livrer, avec toute son activité, au genre d'occupation qui convient le mieux à ses moyens : les uns aux recherches de l'invention; les autres, au travail proprement dit; d'autres, enfin, à la formation, à la distribution, à la conservation des divers genres de capitaux : et tous

s'avancent entre eux leurs services, en épargnant chaque peine qui peut être épargnée. La monnaie, toujours suffisante et jamais en excès, circule rapidement, donnant du jeu à tous les rouages du travail.

379 On comprend aisément quel grand rôle remplissent, dans l'expansion du crédit, les forces de l'intelligence, du cœur et de la conscience. Sans elles, en effet. chacun voulant tirer les avantages à soi et rejeter les désavantages aux autres, il en résulterait un défaut complet de confiance et d'entente. qui ferait inévitablement abandonner toutes les positions difficiles du travail ; et l'échange deviendrait impossible.

CHAPITRE III.

DE LA VALEUR.

380. Nous venons de voir combien l'échange donne d'accroissement à la production de toutes choses, en associant, par mille combinaisons ingénieuses, toutes les ressources, toutes les forces. toutes les pensées des hommes, en vue de chacun des buts que le travail se propose.

Par le mouvement de l'échange, les hommes viennent au-devant les uns des autres, se demandant et s'offrant mutuellement leurs services ; et de la combinaison de ces services, se payant entre eux, résulte une immense abondance d'objets utiles, parmi lesquels la consommation n'a qu'à choisir.

Mais le génie de l'échange a besoin d'une règle et d'un point d'appui pour ne pas s'égarer. Il ne suffit pas de produire grandement et d'une manière qui étonne l'imagination ; il ne suffit pas d'envoyer aux extrémités du monde les fruits de son travail, et de recevoir des produits des contrées les plus éloignées : il faut que l'on produise ce qui est nécessaire ; il faut que chacun puisse vivre de son travail, et retirer de l'échange un résultat proportionné à ce qu'il y a apporté de peine, de ressources et d'invention heureuse. Il faut que chaque travail, chaque fruit du travail. soit mis en *valeur*.

381. Si l'on ne se préoccupe pas continuellement de cette idée dans le mouvement de l'échange et dans la conception même du travail, une multitude d'efforts et de sacrifices seront perdus. Pendant que l'homme offrira infructueusement le fruit de ses peines au prix le plus bas, il demandera en vain certains produits nécessaires, que nul ne pourra lui offrir à un prix qui soit en harmonie avec ses moyens. Une disette véritable règnera, au milieu de la profusion de certains produits. L'*offre* et la *demande* se chercheront de toutes parts sans se trouver, et finiront par tomber dans le vide, par s'éteindre faute d'aliment.

382. Mettre en valeur le fruit de chaque travail, ou, en d'autres termes, mettre en rapport l'*offre* et la *demande*, tel est donc le problème le plus élevé du travail, celui dont la solution résume toute l'industrie humaine.

383. On comprend tout d'abord que la valeur de chaque travail, de chaque produit du travail, sera d'autant plus grande et plus assurée, que l'ensemble de tous les travaux qui concourent avec lui à l'échange sera plus satisfaisant. Évidemment, lorsque tout se produit dans une juste mesure, et que, dans le développement des travaux, on n'oublie pas le travail spécial qui s'occupe de répandre et de faire connaître les produits, chacun doit trouver par l'échange tout ce dont il a besoin.

384. Dans notre société si complexe, où tous les échanges se font par l'intermédiaire de la monnaie, le principe n'en est pas moins vrai. La monnaie, qui sert de mesure commune aux valeurs, a une valeur elle-même; et cette valeur ne se développera qu'à proportion de la production de ce qui est utile. Ainsi, dans un lieu où le travail et le commerce s'exercent sans intelligence, une somme d'argent considérable ne procurera qu'avec peine des objets qu'il serait facile de produire; tandis qu'on trouvera à vil prix des productions auxquelles le commerce pourrait donner une valeur très-haute, en les transportant ailleurs.

385. La première condition que l'homme doit remplir pour assurer la valeur de son travail, c'est de savoir si ce qu'il fait ou ce qu'il se propose de faire lui convient, convient aux autres, et si c'est ce qui convient le mieux; ou, en d'autres termes, il doit saisir, dans ses travaux, la pensée d'*appropriation*, pensée qui ne saurait être exacte que par la considération des deux faces de chaque intérêt.

Ainsi, celui qui place son travail sur un terrain, sur une idée, ou qui prête son terrain, son idée à un travail : celui qui prête ou qui emprunte un instrument, un moyen de travail quelconque, doit considérer si les éléments qu'il associe ainsi se conviennent. Tel fond de terre ou d'idées ne peut être fécondé que par tel genre de capital ou de travail. Là où de petits moyens échouent, quelque nombreux et bien combinés qu'ils soient, de grands moyens, concentrés dans la main d'un seul homme, réussiront ; et réciproquement, de petits moyens, convenablement dirigés, pourront réussir dans des entreprises où auraient échoué de grands moyens, parce que ceux-ci n'auraient pas réveillé tant d'efforts individuels, intéressé tant de personnes dans l'entreprise. Tel résultat doit être recherché par l'échange éloigné, tel autre par l'échange prochain ; tel autre doit être demandé au travail intérieur de la famille. Le temps doit aussi être pris en considération : car ce qui est impraticable dans un temps sera praticable dans un autre ; ce qui, dans tel temps, se poursuivra par tels moyens, demandera des moyens différents dans un autre temps ; ce qui ne s'obtient aujourd'hui qu'avec des frais énormes, s'obtiendra demain à peu de frais, et, réciproquement, ce qui est aujourd'hui peu coûteux deviendra coûteux demain.

386. Cette vue d'appropriation, qui n'est que le plus haut degré de l'invention, pénétrant intimement dans les difficultés des choses, ne pourra elle-même se réaliser que par un effort, une peine, un travail, qui est le travail le plus élevé. S'il faut un effort intelligent pour produire un résultat quelconque, on conçoit qu'il en faut un plus intelligent encore pour lui assurer sa valeur.

387. Ce travail de mise en valeur poursuit deux conditions qui rentrent en une seule : restreindre le plus possible les *frais de production*, et étendre le plus possible l'*usage* du produit. Il est évident que si les frais de production sont peu considérables, le produit, devenu peu coûteux, sera acheté par un plus grand nombre de personnes, ce qui assurera une abondante rémunération au travail ; il n'est pas moins clair que, si beaucoup de personnes font usage du produit, les frais, répartis ainsi sur un grand nombre, paraissent minimes quelque grands qu'ils soient, et se couvrent facilement.

C'est pour remplir cette double condition, que l'homme

doit avoir sans cesse l'esprit en éveil ; là est la haute direction de son travail.

388. Pour réduire les frais de son œuvre à leur plus simple expression, on le voit rechercher les conditions d'habitation, de voisinage, de communications, qui font abonder la matière de son travail et lui donnent l'aisance de se prêter au travail d'autrui. On le voit continuellement modifier ses procédés, tantôt se réunissant à d'autres travailleurs, qui coopèrent avec lui ou le stimulent ; tantôt se retirant à l'écart pour être plus libre et plus recueilli. On le voit rechercher tel ou tel genre de capital, de préférence à tel autre ; recevoir en échange tantôt de la monnaie, tantôt d'autres produits. On le voit demander plus ou moins à son génie inventif, à l'activité de son travail, à son expérience et aux divers moyens acquis que l'on désigne sous le nom de capital. Que de soins et d'intelligence il lui faut pour trouver le meilleur chemin, en présence de difficultés si variées !

389. Il n'en faut pas moins pour donner à l'utilité de son travail le plus d'étendue possible, pour faire qu'il profite à un grand nombre d'hommes, qui, en le payant, l'aideront à couvrir les frais de production. Chaque travail est comparable à un livre, rapportant d'autant plus à son auteur, et coûtant d'autant moins aux acheteurs, qu'il en sera répandu un plus grand nombre d'exemplaires. Pour que l'utilité du produit se répande, il ne suffit pas qu'on ait étudié le besoin auquel il satisfait ; il faut encore que ce produit soit connu et apprécié de ceux auxquels il est destiné : et certes, ce n'est pas sans beaucoup de peine et de vigilance qu'on parvient à obtenir ce résultat.

390. Ainsi que nous l'avons vu, la valeur des choses s'estime le plus souvent en monnaie ; c'est l'expression de cette estimation que l'on appelle le *prix* des choses. L'échange n'étant achevé que lorsque, avec la monnaie reçue, on a acheté ce dont on a besoin, la monnaie devient naturellement la matière d'une sorte de travail économique, par lequel on donne plus ou moins de valeur à ce qu'on a gagné, en l'employant avec plus ou moins de discernement. Que de familles vivent difficilement avec une somme de monnaie qui permet à d'autres de vivre aisément, dans des conditions identiques ! Aussi est-il vrai de dire que l'économie domestique, hautement entendue, est le pivot de toute l'économie industrielle

et sociale, et que les vertus intérieures sont le principe de toute valeur vraie et durable.

391. Ceci s'applique à l'économie de tous les ménages; mais l'économie intérieure d'une famille riche agit d'une manière encore plus décisive sur la valeur. Non-seulement elle donne aux petits l'exemple de l'ordre, qui leur est si nécessaire pour tirer tout le parti possible de ce qu'ils ont gagné; mais encore, par le choix de ses acquisitions, elle encourage les travaux dans l'ordre de leur nécessité et de leur noblesse, et elle ménage ses propres ressources pour pouvoir étendre plus loin le bien qu'elle fait. Une maison riche qui dirige mal son économie intérieure, loin d'aider le commerce à vivre, l'entraîne dans les impasses du luxe et du caprice, où l'attendent les vicissitudes les plus douloureuses. On voit donc que, dans toutes les classes de la société, l'activité doit s'exercer sans relâche, pour que tout travail, toute ressource, tout sacrifice ait sa valeur et produise ses fruits.

392. Mais cet effort de l'activité pour mettre les travaux en valeur, doit s'appuyer sur quelque chose. La valeur qu'on cherche à établir prend pour point de départ les valeurs déjà établies et reconnues. Une mine d'or qu'on découvre, ne prend une valeur que parce que la valeur de l'or comme matière précieuse, et surtout comme métal à monnayer, est déjà établie; cette valeur de l'or elle-même n'a pris rang, que parce que les produits auxquels elle sert d'intermédiaire d'échange avaient déjà une valeur établie entre eux, et ainsi de suite jusqu'à la première valeur. Un perfectionnement dans l'agriculture n'acquiert de valeur que par le lien qui le rattache à la valeur du blé, dont l'abondance augmentée viendra couvrir les frais et rétribuer les travaux que ce perfectionnement a coûtés, couronner l'idée heureuse dont il est le fruit. Si ce lien n'était pas bien compris, la valeur du perfectionnement ne s'établirait pas. La valeur du blé lui-même ne s'établit à la hauteur qu'elle occupe, que par la certitude des transports, lesquels permettent de l'appuyer sur la valeur des objets qui se produisent dans les lieux où le blé manque; il en est de même de celle de la monnaie, qui diminue à proportion du manque de production des différentes choses, dont l'échange donne à la monnaie son importance.

393. Cet appui des valeurs les unes sur les autres constitue ce qu'on appelle la *garantie*. Plus les valeurs sont étroitement

liées entre elles, de manière à se prêter garantie les unes aux autres, plus elles tendent à se développer, sans avoir à craindre les secousses qui les troublent, et qui troublent par là l'échange et le travail.

394. La garantie se présente sous une multitude de formes, qui toutes ont pour objet d'enchaîner les valeurs entre elles, afin d'aider, par l'appui des anciennes, la création des nouvelles.

Ainsi, un homme connu pour solvable, répondant d'un autre moins connu, c'est-à-dire garantissant la valeur du travail de ce dernier, lui fait obtenir les matériaux, les moyens et les relations dont il a besoin pour mettre son travail en valeur. Plusieurs hommes réputés probes répondent les uns des autres; et la valeur générale qu'on reconnaît à leur travail, garantit à chacun en particulier le crédit dont il a besoin. Celui qui n'est pas suffisamment connu, engage ce qu'il possède et dont la valeur est connue, pour garantir les avances de valeurs qu'on lui fait, et à l'aide desquelles il créera des valeurs nouvelles par son entreprise. Et ces différents genres de garanties se combinent de mille manières diverses, suivant les personnes, suivant leur richesse, leur probité et leur intelligence.

395. On voit qu'au fond de toute garantie, il y a toujours la personne qui la donne. Si cette personne est reconnue capable et de bonne foi, n'affirmant jamais que ce dont elle est sûre, on se contentera le plus souvent de sa parole; et c'est ainsi que se traitent la plupart des affaires du haut commerce, dont le plus léger doute, en matière de probité, ralentirait, paralyserait même toutes les opérations, si importantes pour la société entière. C'est ainsi que devraient pouvoir se traiter toutes les affaires en général; car, lorsqu'il y a doute sur la bonne foi des personnes, on se défie des gages mêmes les plus matériels, et l'on perd beaucoup de temps et de peine à les examiner, à en assurer la solidité par toutes sortes de mesures. Observons d'ailleurs que les garanties matérielles les plus solidement assises dans la loi, celles même qui sont inhérentes à la propriété du sol, deviennent précaires dans les moments de crise, par le mauvais état des esprits : tant il est vrai que c'est l'homme qui fait la valeur des choses.

396. On voit donc, en terminant ces considérations sur l'industrie, que l'esprit, un bon esprit, doit dominer partout,

et que sans lui, ce qu'il y a de plus solide semble se dissoudre et s'évanouir. On comprend, par conséquent, que la vertu chrétienne est l'âme de toute véritable industrie. Seule, elle peut donner une impulsion durable au travail; seule, elle peut inspirer la constance de l'épargne, la confiance du crédit. Sans l'abnégation chrétienne, qui voudrait affronter les difficultés et les dégoûts qu'on rencontre dans la mise en valeur d'une chose utile méconnue? Qui voudrait rendre les services élevés, si souvent payés d'ingratitude et d'oubli, sans lesquels la chaîne des travaux se briserait à chaque instant? Disons enfin que la vertu chrétienne peut seule élever l'esprit à une hauteur suffisante pour voir et apprécier la garantie là où elle se trouve. Faute de la connaître, on voit l'homme dédaigner des garanties morales excellentes, pour poursuivre avec acharnement des garanties matérielles, impossibles ou inutiles dans un grand nombre de cas. Ceci paraîtra d'une évidence incontestable, si l'on se représente le tableau magnifique de puissance qui résulte de la confiance complète entre gens profondément probes et religieux, et les grandes choses qu'on a pu accomplir avec ce levier si simple.

CHAPITRE IV.

DE LA PROPRIÉTÉ.

397. Dans ses travaux, dans ses combinaisons d'échange, dans tous ses calculs pour obtenir chaque chose aux moindres frais possibles, l'homme se propose un but : c'est de posséder le fruit de ses peines, ainsi que des chances heureuses qui lui sont échues, afin d'en disposer d'une manière conforme à ses intentions. Nul homme n'a le droit d'enlever à un autre ce qui lui appartient La société elle-même n'a le droit de dépouiller personne : la part plus ou moins grande qu'elle exige de chacun, comme contribution à la chose commune, n'est que le paiement de ce qui lui est dû à elle-même; car, le travail et le domaine de chacun s'étant développés dans le travail et dans le domaine de la société, nul ne saurait avoir de droit légitime qu'autant qu'il aura rendu à la société ce qui lui revient.

Ce rapport des choses aux personnes à qui elles appartiennent, est ce qu'on appelle la *propriété*. Chez le premier homme, on comprend déjà la distinction de la propriété sociale et de la propriété particulière : il possède, comme père de la société humaine, toute la terre que Dieu lui a donnée ; comme particulier, il possède ce qu'il est parvenu à approprier à ses besoins, et ce dont il se servira pour aider ses enfants à aller plus loin que lui. Chez l'homme qui fait partie de la société actuellement développée, on distingue ce qu'il doit à la société dans le sein de laquelle il vit, et ce qui lui revient à lui-même comme fruit de son travail, de son invention et des circonstances favorables où il s'est trouvé. Il y a aujourd'hui bien de la complication dans le développement des propriétés ; mais toutes sont basées sur le même principe inébranlable ; toutes doivent à la société un tribut proportionné à leur importance, et c'est ce tribut même qui les fait reconnaître et leur assure la protection sociale.

398. Pour bien apprécier ce qui revient à chacun, au milieu des variétés de travaux qui composent l'œuvre commune dont vivent les membres de la société, il convient de se reporter à la plus simple et à la plus fondamentale des propriétés, celle du sol, qu'on appelle *propriété foncière*.

Dans une société qui commence, par exemple, dans une colonie à l'état le plus simple, on partage le terrain en lots qui sont distribués au hasard ou choisis par les premiers occupants. La distribution étant faite, chacun, en vertu de cette première occupation, est propriétaire de sa part, et des avantages qui y sont inhérents : seulement, la société s'est réservé la propriété des voies et des terrains communs ; elle s'est réservé aussi le droit perpétuel de changer la disposition de ces voies et de ces terrains, pour utilité publique reconnue, en indemnisant, au nom de tous, celui ou ceux aux dépens de qui la modification sera faite.

399. Prenons maintenant la propriété des fruits de la terre. Lorsque ces fruits sont produits, l'homme, comptant avec lui-même, considère ce qui est dû à la richesse naturelle du fond sur lequel il a travaillé ; ce qui est dû aux efforts de son travail ; et enfin, ce qui doit être attribué aux avances qu'il a faites et aux instruments dont il s'est servi. Dans certains cas, le fond aura presque tout fait, et il aura fallu peu de travail ; dans d'autres, le produit aura été spécialement dû

à de grands efforts sur un fond plus ou moins ingrat; dans
d'autres, enfin, l'emploi de puissants moyens aura épargné
du travail et compensé les dispositions défavorables de la
nature. On voit donc s'indiquer ici la part bien distincte qui
revient à l'invention, au travail et au capital dans la propriété
du produit. La première part à compter est évidemment
celle du capital, car, tant que l'avance faite n'est pas couverte, il y a perte et non production; vient ensuite la rétribution du travail; enfin, ce qui reste est dû à la disposition
naturelle plus ou moins heureuse du terrain.

400. Si le même homme a approprié le fond, fait le travail et les avances nécessaires, il est propriétaire de tout le
produit, et ne doit compter qu'avec lui-même, par pur esprit
d'ordre. Si plusieurs, au contraire, ont participé à la production, ils doivent compter entre eux, et ils sont proprié-
taires de parts plus ou moins inégales, suivant ce que chacun
a apporté.

401. Pour bien comprendre le principe de la propriété,
nous avons pris le travail et l'invention à leur état le plus
simple : la découverte d'un terrain propre à la culture, et le
travail qu'a exigé cette culture. Mais que de découvertes à
faire, dans le sein de cette découverte fondamentale, qui
deviennent la base d'innombrables travaux, la source d'innombrables capitaux, dont les combinaisons compliquent les
applications de la propriété sans jamais en changer le principe ! Après l'exploitation de la superficie du sol, vient celle
des richesses minérales; après les qualités les plus apparentes
des corps, celles qu'on découvre en eux par une étude plus
approfondie, etc., etc. Nous avons vu, en parlant de l'invention, combien il y a là de sources variées de production;
nous voyons ici que ce sont autant de sources de propriétés,
qu'il importe non-seulement de rapporter à leurs auteurs,
mais encore d'assujettir au tribut que chaque propriété particulière doit au domaine public, dans lequel elle est née.

402. Observons que celui qui possède un fond de terrain
favorable, une découverte heureuse, un capital de quelque
nature que ce soit, n'a pas toujours lui-même approprié ce
fond, fait cette découverte, amassé ce capital, et qu'il peut
le tenir d'un héritage, d'un don ou d'une vente; cela ne
change rien au droit, puisque le possesseur actuel représente
le propriétaire primitif, qui avait le droit de transmettre sa

propriété. Observons aussi que, par les développements du travail, le capital se trouve plus ou moins intimement incorporé au fond : ainsi, par exemple, en vendant une terre, on vend les améliorations qui y ont été faites, et qui sont un capital.

403. Dans la forme compliquée d'association qui résulte de notre état social, il arrive assez rarement que les hommes s'associent purement et simplement pour partager ensuite le produit d'après ce que chacun a apporté. Le plus ordinairement, chacun prend d'avance sur soi une part de responsabilité ; et l'on voit, par exemple, le capitaliste assurer un salaire convenu au travailleur ; celui-ci payer une somme fixe, à titre de *rente*, de *loyer*, de *fermage*, au propriétaire du fond ou du capital dont il se sert ; le marchand acheter et payer une foule de produits, dont il se fait ensuite rendre le prix par ses clients, avec la rétribution due à son propre travail. Chacun est ainsi plus libre dans les limites de son domaine. Mais, dans toutes ces transactions, il est encore facile d'apercevoir le principe fondamental de la propriété. Celui qui paie le salaire doit le proportionner au travail, et celui qui fait le travail doit gagner consciencieusement le salaire ; celui qui débat un prix de vente ou de loyer doit s'arrêter aux limites de la raison et de l'équité. Celui qui abuse de sa position pour peser sur la propriété d'autrui, pour retenir ou arracher à son semblable ce qui lui revient, tombe sous le blâme de la conscience publique : et le nom d'*usure* et de *vol* s'attache à toutes les formes de lésions volontaires de la propriété, qu'elles soient directes ou détournées.

404. On conçoit qu'au milieu de tant de complications et de combinaisons, où les droits de propriété des particuliers s'entrecroisent dans tous les sens, il devient de plus en plus difficile de reconnaître la part de la société, qui a mission de protéger toutes ces transactions à l'aide du tribut qu'on lui doit de ce chef. Aussi l'économie sociale est-elle l'objet le plus élevé de tous les travaux, et c'est vers elle que tendent les plus sublimes esprits, occupés sans relâche de combattre les funestes tendances de l'égoïsme, qui trouble les intérêts pour les exploiter à son profit.

MOTS TIRÉS DE L'ORDRE INDUSTRIEL.

Un grand nombre des mots que nous avons énumérés jusqu'ici, prennent un sens industriel en s'appliquant à l'idée de travail. Ainsi, par exemple, le mot *terre* exprimera un champ à cultiver ou la matière terreuse dont on fait des produits céramiques : — *De bonnes terres,* — *de la terre à modeler ;* le mot *fer* désignera divers objets faits de ce métal : *Un fer à repasser,* — *un fer à cheval,* — *de beaux fers ;* les verbes *peser, chauffer, nourrir, saler, pousser, tirer,* et une multitude d'autres qui expriment des actes de l'ordre naturel, se spécialiseront pour désigner des actes de l'ordre industriel. Mais il est des termes qui naissent de l'ordre industriel même. Ce sont particulièrement des noms et des verbes, exprimant des actes ou des produits du travail, de l'échange, de l'évaluation, et dont nous énumèrerons ici les plus employés.

Noms.

NOMS AYANT PARTICULIÈREMENT RAPPORT A L'IDÉE D'INVENTION. — *Application des connaissances physiques, chimiques et géométriques.* — Contre-poids. *m.* Marteau. *m.* Meule. *f.* Mortier. *m.* Pilon. *m.* — Estampage. *m* Ecrouissage. *m.*

Aérostat. *m.* Ballon *m.* Parachute. *m.* Voile. *f.* Pompe. *f.* Soupape. *f* Seringue. *f.* Soufflet. *m.* Chalumeau. *m.* — Siphon *m.* Robinet. *m.* Jet-d'eau. *m.* — Filtre. *m* Filtrage. *m.* Filtration. *f.* Tamis. *m.* Tamisage. *m.*

Métallurgie. *f.* Forge. *f.* Fonderie. *f.* Fonte. *f.* Laminage. *m.* Tréfilerie. *f* Soudure. *f.* Alliage. *m* Etamage. *m.* Ferblanterie. *f.* Placage. *m.* Polissage. *m.* Brunissage *m.* Dorure. *f.* Argenture. *f.* Ferrure. *f.* Vermeil. *m.* Garniture. *f.* Incrustation. *f.*

Poêle. *m.* Calorifère. *m.* — Trempe. *f* Cuite. *f.* Recuite. *f.* Soufflage (du verre). *m.*

Ressort *m.* Arc *m.* — Tous les instruments et armes fondés sur l'élasticité des solides et des gaz.

Boussole. *f.* Paratonnerre. *m.* Télégraphe. *m.* Télégraphie. *f.*

Anche. *f.* Archet. *m* Clavier. *m.* — Divers instruments de musique dont le nom viendra plus loin.

Perspective. *f.* Chambre claire. *f.* Chambre obscure. *f.* Calque. *m.* Silhouette. *f.* Lunette. *f.* Télescope. *m.* Microscope. *m.*

Typographie. *f.* Imprimerie. *f* Gravure. *f.* Taille-douce. *f.* Moule. *m.* Moulage. *m.* — Instruments divers de géométrie. — Voûte. *f.* Arc-boutant. *m* Voussoir *m.* Ogive. *f.* Claveau. *m.* Mortaise. *f.* Tenon. *m.* Châssis. *m* Rainure. *f.* Tiroir. *m.* Vis et écrous de divers emplois. Clou. *m.* Cheville. *f.* Croc. *m.* Crochet. *m.* Boulon. *m.* Tringle *f.* Douve. *f.* Tonneau. *m.* Cerceau. *m.* — Jauge. *f.* Jaugeage. *m.*

Mortier *m.* Ciment. *m.* Stuc. *m.* Béton. *m* Pilotis. *m.* — Vitrification. *f.* Verre. *m.* Verrerie. *f.* Email. *m.* Porcelaine. *f.* Faïence. *f.* Frite. *f.* Céramique. *f.* — Encre. *f.* Vernis. *m.* Teinture. *f* Teinturerie. *f.* Crayon. *m.* Lavis. *m.* Aquarelle. *f.* Gouache. *f.* Détrempe. *f.*

Fresque. *f.* Lithographie. *f.* Photographie. *f.* — Saline. *f.* Saunerie. *f.* Raffinage. *m.* Raffinerie. *f.*

Application de la chimie organique. — Pain. *m.* Panification. *f.* Levain. *m.* Levure. *f.* — Féculerie. *f.* Amidonnerie. *f.* Sucrerie. *f.* — Brasserie. *f.* Distillerie. *f.* Vinaigrerie. *f.* Soutirage. *m.* Décautation. *f.* Clarification. *f.* — Papeterie. *f.* Papier. *m.* Carte. *m.* Carton. *m.* Cartonnage. *m.* — Vélin. *m.* Parchemin. *m.* Mégisserie. *f.* Tannerie. *f.* Corroierie. *f.* — Colle. *f.* Empois. *m.* — Savonnerie. *f.* Lessive. *f.* Dégraissage. *m.* — Rouissage. *m.* Teillage. *m.*

Application des connaissances botaniques. — Greffe. *f.* Marcotte. *f.* Bouture. *f.* Serre. *f.* Couche. *f.* Engrais. *m.* Jachère. *f.* Assolement. *m.*

Application des connaissances zoologiques. — Joug. *m.* Mors. *m.* Frein. *m.* Muselière. *f.* Eperon. *m.* Aiguillon. *m.* Fouet. *m.* — Incubation. *f.* — Piége. *m.* Trappe. *f.* Trébuchet. *m.* Traquenard. *m.* Cep. *m.* Glu. *m.* Gluau. *m.* Filet. *m.* Rets. *m.* Réseau. *m.* Lacs. *m.* Lacet. *m.* Appât. *m.* Appeau. *m.* Hameçon. *m.* Harpon. *m.* — Echelle. *f.* Echelon. *m.* Escalier. *m.*

Application des connaissances mécaniques. — Brouette. *f.* Char. *m.* Chariot. *m.* Charrette. *f.* Rouet. *m.* Rouage. *m.* Engrenage. *m.* Horloge. *f.* Pendule. *f.* Montre. *f.* Balancier. *m.* Volant. *m.* Manivelle. *f.* Bielle. *f.* Pivot. *m.* Gond. *m.* Girouette. *f.* Clef. *f.* Serrure. *f.* Passe-partout. *m.* Balances de diverses formes. *f.* Bascule. *f.*

Application des connaissances de l'ordre intellectuel. — Ecriture. *f.* Lettre. *f.* Chiffre. *m.* Sténographie. *f.* Télégraphie. *f.* Hiéroglyphe. *m.* — C'est ici que se placent les noms des produits artistiques, qui sont d'ingénieuses combinaisons, où l'invention brille au plus haut degré pour faire parler les objets matériels, pour les revêtir de l'empreinte de la pensée : ordres d'architecture, colonnes, pilastres, cariatides, arabesques, bas-reliefs, coloris, glacis, etc.

(Quoique l'invention se montre d'une manière plus frappante dans certains actes et certains produits, que nous venons de citer pour éveiller l'attention de l'élève, elle existe à un degré non moins élevé dans un grand nombre des produits dont nous donnerons le nom ci-après.)

NOMS DÉSIGNANT DIVERS PRODUITS DU TRAVAIL. — *Terrains appropriés à la culture.* — Champ. *m.* Guéret. *m.* Sillon. *m.* Pré. *m.* Pelouse. *f.* Jardin. *m.* Verger. *m.* Plantation. *f.* Vignoble. *m.* Houblonnière. *f.* Pépinière *f.* Sapinière. *f.* Chenevière. *f.*

Matériaux. — Tuile. *f.* Brique. *f.* Briquette. *f.* Moëllon. *m.* Plâtre. *m.* Plâtras. *m.* Gravois. *m. pl.* Dalle. *f.* Carreau. *m.* — Mortier. *m.* Ciment. *m.* Mastic. *m.* Stuc. *m.* — Planche. *f.* Poutre. *f.* Solive. *f.* Soliveau. *m.* Madrier. *m.* Sommier. *m.* — Barre. *f.* Barreau. *m.* Lingot. *m.* Platine. *f.*

Aliments préparés. — Vivres. *m. pl.* Pain. *m.* Gâteau. *m.* Biscuit. *m.* Echaudé. *m.* Beurrée. *f.* Tartine. *f.* Rôtie. *f.* Biscotte. *f.* Tarte. *f.* Tourte. *f.* Massepain. *m.* Meringue. *f.* Gaufre. *f.* Crêpe. *f.* Beignet. *m.* Raton. *m.* Pudding. *m.* Omelette. *f.* — Panade. *f.* Soupe. *f.* Semoule. *f.* Vermicelle. *m.* Bouillie. *f.* Bouillon. *m.* Consommé. *m.* Coulis. *m.* Potage. *m.* — Eclanche. *f.* Longe. *f.* Aloyau. *m.* Rouelle.

f. Fricandeau. *m.* Godiveau. *m.* Hachis. *m.* Tripes. *f. pl.* — Rôt. *m.* Grillade. *f.* Ragoût. *m.* Sauce. *f.* Fricassée. *f.* Blanquette. *f.* Civet. *m.* Gibelotte. *f.* Matelote. *f.* Miroton. *m.* Friture. *f.* — Rissolle. *f.* Pâté. *m.* Vol-au-vent. *m.* Saucisse. *f.* Saucisson. *m.* Boudin. *m.* Andouille. *f.* Andouillette. *f.* Cervelas. *m.* — Chocolat. *m.* Caramel. *m.* Bonbon. *m.* Dragée. *f.* Praline. *f.* Pastille. *f.* Nougat. *m.* — Confiture. *f.* Marmelade. *f.* Compote. *f.* Pulpe. *f.* Raisiné. *m.* — Noms propres des divers vins. — Anisette. *f.* Curaçao. *m.* Grog. *m.* Punch. *m.* Orgeat. *m.* Bavaroise. *f.* Limonade. *f.* Citronade. *f.* Orangeade. *f.* Sorbet. *m.*

Ouvrages relatifs à l'habitation de l'homme et des animaux. — Bâtiment. *m.* Edifice. *m.* Maison. *f.* Hôtel. *m.* Château. *m.* Manoir. *m.* Palais. *m.* Pavillon. *m.* Belvédère. *m.* Tente. *f.* Barraque. *f.* Echoppe. *f.* Aubette. *f.*

Mur. *m.* Muraille. *f.* Fondements. *m. pl.* Toit. *m.* Comble. *m.* Faîte. *m.* Rez-de-chaussée. *m.* Etage. *m.* Entre-sol. *m.* Façade. *f.* Fronton. *m.* Péristyle. *m.* Perron. *m.* Portique. *m.* Arcade. *f.* Cintre. *m.* Arceau. *m.* Pilier. *m.* Pilastre. *m.* Colonne. *f.* Chapiteau. *m.* Fût. *m.* Piédestal. *m.* Socle. *m.* Plinthe. *f.* Entablement. *m.* Architrave. *m.* Corniche. *f.*

Vestibule. *m.* Vestiaire. *m.* Antichambre. *f.* Salle. *f.* Salon. *m.* Place. *f.* Pièce. *f.* Cabinet. *m.* Chambre. *f.* Alcove. *f.* Niche. *f.* Corridor. *m.* Galerie. *f.* Couloir. *m.* Escalier. *m.* Palier. *m.* Grenier. *m.* Mansarde. *f.* Soupente. *f.* Cave. *f.* Caveau. *m.* Souterrain. *m.* Cuisine. *f.* Office. *m.* Garde-manger. *m.* Laverie. *f.* Buanderie. *f.* Fournil. *m.* Fruitier. *m.* Bûcher. *m.* Cellier. *m.*

Porte. *f.* Seuil. *m.* Linteau. *m.* Chambranle. *m.* Battant. *m.* Vantail. *m.* Gond. *m.* Penture. *f.* Serrure. *f.* Clef. *f.* Pommeau. *m.* Fenêtre. *f.* Croisée. *f.* Vitrail. *m.* Vitrage. *m.* Espagnolette. *f.* Balcon. *m.* Lucarne. *f.* OEil-de-bœuf. *m.* Soupirail. *m.* Volet. *m.* Persienne. *f.* Jalousie. *m.* Contre-vent. *m.* Abat-jour. *m.*

Pavé. *m.* Carrelage. *m.* Plancher. *m.* Parquet. *m.* Plafond. *m.* Panneau. *m.* Cloison. *f.* Trumeau. *m.* Travée. *f.* Lambris. *m.* Boiserie. *f.*

Fontaine. *f.* Bassin. *m.* Vasque. *f.* Lavoir. *m.* Citerne. *f.* Aqueduc. *m.* Gouttière. *f.* Gargouille. *f.* Rigole. *f.* Egout. *m.* Cloaque. *m.* Puisard. *m.* Fosse. *f.* Latrine. *f.*

Grille. *f.* Balustre. *f.* Balustrade. *f.* Barrière. *f.* Garde-fou. *m.* Parapet. *m.* Borne. *f.* Palissade. *f.* Lattis. *m.* Treillis. *m.* Treillage. *m.* Haie. *f.* Clôture. *f.*

Cour. *f.* Parc. *m.* Enceinte. *f.* Enclos. *m.* — Haras. *m.* Basse-cour. *f.* Ecurie. *f.* Etable. *f.* Chenil. *m.* Bergerie. *f.* Bercail. *m.* Porcherie. *f.* Garenne. *f.* Poulailler. *m.* Pigeonnier. *m.* Colombier. *m.* Volière. *f.* Cage. *f.* — Crèche. *f.* Mangeoire. *f.* Râtelier. *m.* Auge. *f.* Abreuvoir. *m.*

Locaux de diverses destinations. — Grange. *f.* Aire. *f.* Remise. *f.* Hangar. *m.* Usine. *f.* Manufacture. *f.* Atelier. *m.* Laboratoire. *m.* Chantier. *m.* Quai. *m.* — Tour. *f.* Tourelle. *f.* Donjon. *m.* Clocher. *m.* Beffroi. *m.* — Observatoire. *m.* Conservatoire. *m.* Musée. *m.* Bibliothèque. *f.*

Objets relatifs au chauffage et a l'éclairage. — Foyer. *m.* Atre. *m.*

Cheminée. *f.* Poêle. *m.* Calorifère. *m.* Four. *m.* Chaufferette. *f.* Chauffe-pieds. *m.* Bassinoire. *f.* — Soufflet. *m.* Ventilateur. *m.* Vasistas. *m.* Écran. *m.* Paravent. *m.*

Objets relatifs à l'éclairage. — Lampe. *f.* Quinquet. *m.* Lustre. *m.* Chandelle. *f.* Bougie. *f.* Bougeoir. *m.* Veilleuse. *f.* Chandelier. *m.* Candélabre. *m.* Binet. *m.* Mouchettes. *f. pl.* Lanterne. *f.* Réverbère. *m.* Réflecteur. *m.* — Gazomètre. *m.*

Objets d'ameublement. — Lit. *m.* Chevet. *m.* Ruelle. *f.* Hamac. *m.* Literie. *f.* Matelas. *m.* Paillasse. *f.* Sommier. *m.* Oreiller. *m.* Taie. *f.* Traversin. *m.* Couverture. *f.* Drap. *m.* Courte-pointe. *f.* Édredon. *m.* — Berceau. *m.* Barcelonnette. *f.*

Chaise. *f.* Dossier. *m.* Fauteuil. *m.* Canapé. *m.* Sofa. *m.* Coussin. *m.* Tabouret *m.* Pliant. *m.* Escabeau. *m.* Escabelle. *f.* Sellette. *f.* Banc. *m.* Banquette. *f.*

Armoire. *f.* Garde-robe. *f.* Buffet. *m.* Bahut. *m.* Secrétaire. *m.* Commode. *f.* Tiroir. *m.* Caisse. *f.* Cassette. *f.* Coffre. *m.* Coffre-fort. *m.* Coffret. *m.* Layette. *f.* Malle. *f.* Cadenas. *m.*

Table. *f.* Tablette. *f.* Serviette. *f.* Nappe. *f.* Console *f.* Guéridon. *m.* Pupitre. *m.* Bureau. *m.* — Lavabo. *m.* Aiguière. *f.* Essuie-mains. *m.*

Tapis. *m.* Tapisserie. *f.* Tenture. *f.* Draperie. *f.* Frange. *f.* Crépine. *f.* Torsade. *f.* Houppe. *f.* Patère. *m.* Rideau. *m.* Store. *m.*

Objets d'habillement et d'équipement. — Étoffe. *f.* Endroit. *m.* Envers. *m.* Doublure. *f.* Tissu. *m.* Fil. *m.* Écheveau. *m.* Filoselle. *f.* Toile. *f.* Coutil. *m.* Canevas. *m.* Batiste. *f.* Dentelle. *f.* — Calicot. *m.* Nankin. *m.* Indienne. *f.* Basin. *m.* Cotonnette. *f.* Cotonnade. *f.* Percale. *f.* Mousseline. *f.* Gaze. *f.* Crêpe. *m.* Tulle. *m.* — Drap. *m.* Casimir. *m.* Ratine. *f.* Futaine. *f.* Flanelle. *f.* Molleton. *m.* Serge. *f.* Calmande. *f.* Cachemire. *m.* — Soierie. *f.* Taffetas. *m.* Satin. *m.* Levantine. *f.* Foulard. *m.* Velours. *m.*

Coiffure. *f.* Chapeau. *m.* Chaperon. *m.* Bonnet. *m.* Calotte. *f.* Toque. *f.* Turban. *m.* Béret. *m.* Casquette. *f.* Béguin. *m.* Coiffe. *f.* Serre-tête. *m.* Bandeau. *m.* Voile. *m.*

Chaussure. *f.* Soulier. *m.* Escarpin. *m.* Pantoufle. *f.* Mule. *f.* Savate. *f.* Sandale. *f.* Botte. *f.* Bottine. *f.* Brodequin. *m.* Sabot. *m.* Socque. *m.* Galoche. *f.* — Semelle. *f.* Empeigne *f.* — Bas. *m.* Chausse. *f.* Chaussette. *f.* Chausson. *m.* Jarretière. *f.* Guêtre. *f.*

Linge. *m.* Lingerie. *f.* Chemise. *f.* Jabot. *m.* Manchette. *f.* Col. *m.* Collerette. *f.* Guimpe. *f.* Fraise. *f.* Canezou. *m.*

Habit. *m.* Gilet *m.* Veste *f.* Frac. *m.* Redingote. *f.* Capote. *f.* Paletot *m.* Soutane. *f.* Simarre. *f.* Toge. *f.* Casaque. *f.* Houpelande. *f.* Souquenille. *f.* Blouse. *f.* Sarrau. *m.* Manteau. *m.* Cravate. *f.*

Robe. *f.* Jupe. *f.* Jupon. *m.* Camisole. *f.* Mantelet. *m.* Pelisse. *f.* Palatine. *f.* Capuchon. *m.* Coqueluchon. *m.* Châle. *m.* Fichu. *m.* Écharpe. *f.* Peignoir. *m.* Tablier. *m.* Corset. *m.*

Manchon. *m.* Gant. *m.* Mitaine. *f.* Mouchoir. *m.* — Parapluie. *m.* Parasol *m.* Ombrelle. *f.* Éventail. *m.* — Besicles. *f. pl.* — Bourse. *f.* Tabatière. *f.* Bonbonnière. *f.*

Bouton. *m.* Boutonnière. *f.* Bretelle. *f.* Ruban. *m.* Nœud. *m.*

Rosette. *f*. Cordon. *m*. Lacet. *m*. Boucle. *f*. Ardillon. *m*. Agrafe *f*. Porte-agrafe. *m*. Épingle. *f*.

Écrin. *m*. Bijou. *m*. Joyau. *m*. Bague. *f*. Anneau. *m*. Collier. *m*. Bracelet. *m*. Aigrette. *f*. Chaton. *m*. Paillette. *f*. Panache. *m*.

Maillot. *m*. Lange. *m*. Bavette *f*. Bourrelet. *m*.

Sac. *m*. Bissac. *m*. Besace. *f*. Valise. *f*. Porte-manteau. *m*.

Harnais des animaux. Licol. *m*. Bride. *f*. Bridon. *m*. Guides. *f*. *pl*. Rênes. *f*. *pl*. Bât. *m*. Croupière. *f*. Selle. *f*. Chabraque. *f*. Caparaçon. *m*. Étrier *m*. Joug. *m*. Muselière. *f*.

Ustensiles de ménage — Pot. *m*. Marmite. *f*. Bouilloire. *f*. Bouillotte. *f*. Chaudron. *m*. Chaudière *f*. Poissonnière. *f* Couvercle. *m*. Écumoire. *f*. Passoire. *f*. Poêle. *f* Poêlon. *m*. Casserole. *f*. Lèchefrite. *f*. Broche. *f*. Tourne-Broche. *m*. Crémaillère *f*. Pincettes. *f*. *pl*. — Cafetière. *f*. Théière. *f*. Chocolatière. *f*. Tourtière. *f*. Carafe. *f*. — Vaisselle. *f*. Plat. *m*. Assiette. *f*. Soupière. *f*. Terrine. *f*. Saucière. *f*. Tasse. *f*. Soucoupe. *f*. Écuelle. *f*. Gamelle. *f*. Jatte. *f*. Verre. *m*. Coupe. *f*. Gobelet. *m*. Huilier. *m*. Moutardier. *m*. Compotier. *m*. Salière. *f*. Poivrière. *f*. Sucrier. *m*. — Cuiller. *f*. Fourchette. *f*. Couvert. *m*. Argenterie. *f*. Couteau. *m*. Hachoir. *m* Couperet. *m*. Tire-bouchon. *m*. — Réchaud. *m*. Fourneau. *m*. Trépied. *m*. Bain marie. *m*. — Brosse. *f*. Balai. *m*. Torchon. *m*.

Différentes espèces de vases et leurs accessoires. — Tonneau. *m*. Tonne. *f*. Foudre. *m*. Baril. *m*. Barrique *f*. Futaille. *f*. Feuillette. *f*. Cuve. *f*. Cuvier. *m*. Cuvette. *f* Baignoire. *f* Bac. *m*. Baquet. *m*. Seau. *m*. Douve. *f*. Cerceau. *m* Bonde. *f*. Bondon. *m*. Tampon. *m*. Anse. *f*. — Cruche *f*. Urne. *f*. Amphore. *f*. Dame-jeanne. *f*. Jarre. *f*. Bouteille. *f*. Boutillon. *m*. Flacon. *m*. Carafon. *m*. Fiole. *f* Goulot. *m*. Bouchon. *m*. Gourde. *f*. Calebasse. *f*. — Capsule. *f*. Boite. *f*. Sébile. *f*.

Instruments du travail agricole. — Bêche. *f*. Rateau. *m*. Houe. *f*. Hoyau. *m*. Serpe. *f*. Sarcloir. *m*. Charrue. *f*. Soc. *m*. Herse. *f*. Rouleau. *m*. Binoit. *m*. Semoir. *m*. Pelle. *f*. Pioche. *f*. Fourche. *f*. Houlette. *f*. Faulx. *f*. Faucille. *f*. Fléau. *m*. Van. *m*. Arrosoir. *m*.

Instruments du travail manufacturier. — Outil. *m*. Outillage. *m*. Attirail. *m*. Hache. *f*. Cognée. *f*. Ciseau. *m*. Ciseaux. *m*. *pl*. Cisailles. *f*. *pl*. Gouge. *f*. Plane. *f*. Tranchet. *m*. Scie. *f* Rabot. *m*. Varlope. *f*. Doucine. *f*. — Vrille *f*. Foret. *m*. Perçoir. *m*. Tarière. *f* Vilebrequin. *m*. Lime. *f*. Râpe. *f*. — Marteau. *m* Martinet. *m*. Maillet. *m*. Chasse-clou *m*. Tourne-vis. *m*. — Enclume. *f*. Étau. *m*. Tenaille. *f*. Pince. *f*. Croc. *m*. Crochet. *m*. Crampon. *m*. Clou. *m*. Cheville. *f*. Truelle. *f*. — Manche. *f*. Hampe. *f*. Virole. *f*. Bricole. *f*. Courroie. *f*. Gaine. *f*. Fourreau. *m*. Custode. *f*.

Quenouille. *f*. Fuseau. *m*. Broche. *f*. Bobine. *f*. Rouet. *m*. Dévidoir. *m*. Navette *f*. Dé *m*. Aiguille. *f*. Chas. *m* Poinçon. *m* Alène. *f* Ficelle. *f*. Corde. *f*. Cordage. *m*. Cable. *m*. Courroie. *f*. Lanière *f*.

Laminoir *m*. Filière. *f*. Taraud. *m*. — Brunissoir. *m* Polissoir. *m*. — Presse. *f*. Casse. *f*. Composteur. *m*

Poulie. *f*. Moufle. *m*. Cabestan. *m*. Cric. *m*. Grue. *f*. Chèvre. *f*. Mouton. *m*.

Alambic. *m*. Cucurbite. *f*. Serpentin. *m*.

Moyens de transport. — Hotte. *f*. Brancard. *m*. Civière. *f*. Brouette. *f*. Char. *m*. Charrette. *f*. Chariot. *m*. Tombereau. *m*. Fourgon. *m*. Tricycle. *m*. Voiture. *f*. Carrosse. *m*. Calèche. *f*. Cabriolet. *m*. Tilbury. *m*. Berline. *f*. Coupé. *m*. Landau. *m*. Fiacre. *m*. Char-à-bancs. *m*. Corbillard. *m*. Train. *m*. Roue. *f*. Rais. *m*. Jante. *f*. Essieu. *m*. Moyeu. *m*. Avant-train. *m*. Timon. *m*. Palonnier. *m*. Limon. *m*. Limonière. *f*. Brancard. *m*. — Route. *f*. Chaussée. *f*. Chemin. *m*. Sentier. *m*. Pont. *m*. Viaduc. *m*.

Barque. *f*. Nacelle. *f*. Esquif. *m*. Canot. *m*. Pirogue. *f*. Chaloupe. *f*. Bateau. *m*. Radeau. *m*. Navire. *m*. Vaisseau. *m*. Yacht. *m*. Yole. *f*. Tartane. *f*. Paquebot. *m*. Flotte. *f*. — Poupe. *f*. Proue. *f*. Carène. *f*. Quille. *f*. Tillac. *m*. Gaillard. *m*. Cale. *f*. Mât. *m*. Misaine. *m*. Artimon. *m*. Beaupré. *m*. Vergue. *f*. Voile. *f*. Gouvernail. *f*. Aviron. *m*. Rame. *f*. Agrès. *m. pl*. Ancre. *f*. Amarre. *f*. — Navigation. *f*. (Roulis. *m*. Tangage. *m*. Dérive. *f*.) — Port. *m*. Bassin. *m*. Canal. *m*. Écluse. *f*. Vanne. *f*. Embarcadère. *m*. Débarcadère. *m*.

Instruments d'étude, de dessin, de peinture, de musique. — Livre. *m*. Page. *f*. Marge. *f*. Verso. *m*. Recto. *m*. Exemplaire. *m*. Tome. *m*. Volume. *m*. Bouquin. *m*. Signet. *m* Cahier. *m*. Tablettes. *f. pl*. Porte-feuille. *m*. Fermoir. *m*. Format. *m*. (In-folio, in-quarto, in-octavo, in-douze, in-dix-huit, in-trente-deux.) — Règle. *f*. Compas. *m*. Equerre. *f*. Niveau. *m*. Octant. *m*. Sextant. *m*. — Canif. *m*. Grattoir. *m*. Plioir. *m*. Encrier. *m*. Ecritoire. *f*. Sablier. *m*. Tireligne. *m*. — Crayon. *m*. Estompe. *f*. Pinceau. *m*. Palette. *f*. Ebauchoir. *m*. Chevalet. *m*. Appui-main. *m*. Mannequin. *m*.

Chalumeau. *m*. Flageolet. *m*. Sifflet. *m*. Fifre. *m*. Flûte. *f*. Musette. *f*. Cornemuse. *f*. Haut-bois. *m*. Clarinette. *f*. Basson. *m*. — Cor. *m*. Cornet. *m*. Clairon. *m*. Trompette. *f*. Bugle. *m* Buccin. *m*. Trompe. *f*. Trombone. *f*. Ophycléide. *f*. — Luth. *m*. Théorbe. *m*. Lyre. *f*. Cithare. *f*. Harpe. *f*. Guitare. *f*. Mandoline. *f*. — Violon. *m*. Viole. *f*. Violoncelle. *m*. Contre-basse. *f*. — Orgue. *m*. Piano. *m*. Harmonium. *m*. Clavecin. *m*. Clavier. *m*. Pédale. *f*. — Tambour. *m*. Timballe. *f*. — Vielle. *f*. Serinette. *f*.

OEuvres de science et d'art. — Manuscrit. *m*. Alinéa. *m*. Paragraphe. *m*. Partition. *f*. Tableau. *m*. Estampe. *f*. Gravure. *f*. Lithographie. *f*. Paysage. *m*. Portrait. *m*. Ebauche. *f*. Croquis. *m*. Esquisse. *f*. Original. *m*. Copie. *f*. Statue. *f*. Statuette. *f*. Buste. *m*. Torse. *m*. Piédestal. *m* Socle. *m*. Mausolée. *m*. Obélisque. *m*. Bas-relief. *m*. — Camée. *m*. Médaille. *m*. Exergue. *m*. Médaillon. *m*.

Armes et travaux de défense. — Forteresse. *f*. Fortification. *f*. Citadelle. *f*. Retranchement. *m*. Rempart. *m*. Créneau. *m*. Bastion. *m*. Ravelin. *m*. Redoute. *f*. Courtine. *f*. Parapet. *m*. Fossé. *m*. Poterne. *f*. — Glacis. *m*. Talus. *m*. Esplanade. *f*. Tranchée. *f*. — Casemate. *f*. Arsenal. *m*. Poudrière. *f*. — Gabion. *m*. Fascine. *f*. Pieu. *m*. Piquet. *m*. Barricade. *f*.

Canon. *m*. Pierrier. *m*. Couleuvrine. *f*. Affût. *m*. Caisson. *m*. Projectile. *m*. Gargousse. *f*. Bourre. *f*. Boulet. *m*. Ecouvillon. *m*. Bourroir. *m*. — Bombe. *f*. Mortier. *m*. Obus. *m*. Obusier. *m*. Grenade. *f.* — Mousquet. *m.* Arquebuse. *f.* Fusil. *m.* Carabine. *f.* Mousqueton. *m.* Tromblon. *m.* Pistolet. *m.* Cartouche. *f.* Tire-bourre. *m.* Capucine. *f.* Sougarde. *f.* Détente. *f.* Bassinet. *m.* Baïonnette. *f.* Dard. *m.* Javelot. *m.* Trait. *m.* Flèche. *f.* Carquois. *m.* Arc. *m.* Arbalète. *f.* Baliste. *f.* Catapulte. *f.*

Glaive. *m.* Epée. *f.* (Pommeau. *m.* Garde. *f.* Lame. *f.*) Fleuret. *m.* Espadon. *m.* Sabre. *m.* Cimeterre. *m.* Coutelas. *m.* Poignard. *m.* Stylet. *m.* Pique. *f.* Lance. *f.* Hallebarde. *f.* Pertuisane. *f.*

Armure. *f.* Cuirasse. *f.* Casque. *m.* (Cimier. *m.* Visière. *f.*) Armet. *m.* Salade. *f.* Heaume. *m.* Haubert. *m* Schako. *m.* Képi. *m.* Cotte de mailles. *f.* Brassart. *m.* Cuissart. *m.* Bouclier. *m.* Baudrier. *m.* Ceinturon. *m.* Bandoulière. *f.* Buffleteries. *f. pl.* Havre-sac. *m.* Giberne. *f.*

Galère. *f.* Brick. *m.* Corvette. *f.* Frégate. *f.* Trois-mâts. *m.* Brûlot. *m.* Escadre. *f.* Sabord. *m.* Bâbord. *m.* Tribord. *m.*

Noms tirés de l'idée d'échange. — Relation. *f.* Commerce. *m.* Trafic. *m.* Négoce. *m.* Négociation. *f.* Intérêt. *m.* Affaire. *f.* Change. *m.* Troc. *m.* Achat. *m.* Emplète. *f.* Marché. *m.* Vente. *f.* Acheteur. *m.* Vendeur. *m.* Marchand. *m.* Marchandise. *f.* Chaland. *m.* Achalandage. *m.* Associé. *m.* Actionnaire. *m.* Agent. *m.* Agence. *f.*

Voyage. *m.* Voyageur. *m.* Messagerie. *f.* Coche. *m.* Poste. *f.* Relais. *m.* Itinéraire. *f.* Auberge. *f.* Hôtellerie. *f.* Paquebot. *m.* Embarquement. *m.* Embarcation. *f.* Equipage. *m.* Cargaison *f.* Paquet. *m.* Balle. *f.* Colis. *m.* Fret. *m.* Nolis. *m.* Traversée. *f.* Trajet. *m.* Cabotage. *m.*

Correspondance. *f.* Lettre. *f.* Missive. *f.* Dépêche. *f.* Suscription. *f.* Adresse. *f.* Message. *m.* Pourparler. *m.* Annonce. *f.* Prospectus. *m.* Envoi. *m.* Convoi. *m.* Destination. *f.* Expédition. *f.* Réception. *f.* Livraison. *f.* Distribution. *f.*

Magasin. *m.* Boutique. *f.* Echoppe. *f.* Comptoir. *m.* Encan. *m.* Assortiment. *m.* Echantillon. *m.* Spécimen. *m.* Débit. *m.*

Crédit. *m.* Vogue. *f.* Discrédit. *m.* Créance. *f.* Créancier. *m.* Dette. *f.* Commande *f.* Commandite. *f.* Commanditaire *m.* Prêt. *m.* Emprunt. *m.* Avance. *f.* Location. *f.* Abonnement. *m.* Souscription. *f.* Billet. *m.* Echéance. *f.* Escompte. *m.* Traite. *f.* Endos. *m.* Endossement. *m.* Facture. *f.* Paiement. *m.* A-compte. *m.* Quittance. *f.* Reçu. *m.* Monnaie. *f.* Banque. *f.* Entrepôt. *m.* Warrant. *m.*

Noms tirés de l'idée de valeur. — Utilité. *f.* Appropriation. *f.* Placement. *m.* Consommation. *f.* Consommateur. *m.*

Prix. *m.* Coût. *m.* Frais. *m. pl.* Cherté. *f.* Hausse. *f.* Renchérissement. *m.* Baisse. *f.* Rabais. *m.* Tare. *f.* Déduction. *f.* Défalcation. *f.* Tarif. *m.* Tarification. *f.* Loyer. *m.* Intérêt. *m.* Rente. *f.* Salaire. *m.* Rétribution. *f.* Profit. *m.* Bénéfice. *m.* Gain. *m.* Usure. *f.*

Evaluation. *f.* Estimation. *f.* Appréciation. *f.* Dépréciation. *f.* Avarie. *f.* Rebut. *m.*

VERBES.

Actes concernant la production. — Creuser. Excaver. Miner.

Déblayer. Remblayer. Bêcher. Piocher. Marteler. Scier. Raboter.
Planer. Equarrir. Enfoncer. Défoncer.

Piler. Broyer. Fouler. Moudre. Râper. Tamiser. Pétrir. Gâcher.

Construire. Edifier. Bâtir. Démolir. Maçonner. Plâtrer. Plafonner.
Paver. Daller. Carreler. Crépir. Sabler. Charpenter. Planchéier.
Marteler. Scier. Raboter.

Dorer. Argenter. Aciérer. Plomber. Etamer. Polir. Brunir. Sou-
der. Dessouder. Mouler. Aiguiser. Acérer. Affiler. River. Ficher.
Tarauder. Forer. Ferrer. Déferrer.

Défricher. Labourer. Herser. Râteler. Semer. Ensemencer. Plan-
ter. Déplanter. Replanter. Sarcler. Fumer. Arroser. Moissonner.
Récolter. Cueillir. Vendanger. Faucher. Jardiner. Tailler. Greffer.
Enter. Boiser. Déboiser. Reboiser. — Traire. Tondre. Plumer.
Engraisser. Dégraisser. Extraire. Exprimer. — Chasser. Pêcher.

Distiller. Brasser. Décanter. Soutirer. — Frire. Mitonner. Mijoter.
Flamber. — Ecorcher. Ecorcer. Décortiquer. Ecosser.

Teindre. Déteindre. Lessiver. Laver. Rincer. Coller. Décoller.
Empeser. Gommer. Goudronner. Calfeutrer. Enduire. Graisser.
Savonner.

Filer. Dévider. Bobiner. Tricoter. Ourdir. Tisser. — Coudre.
Faufiler. Ourler. Border. Ressarcir. Remailler. Ravauder. Rape-
tasser. Raccommoder.

Imprimer. Brocher. Rogner. Relier. Incruster.

Crayonner. Colorier. Graver. Peindre. Lithographier. Photo-
graphier. Rentoiler. Ebaucher. Esquisser.

Radouber. Charger. Décharger. Transporter. Voiturer. Char-
rier. Haler. Naviguer. Louvoyer. Convoyer. — Equiper. Harnacher.
Seller. Brider. Atteler. Museler. — Ficeler. Emballer. Engainer.
Empaqueter. Envelopper. Bourrer. Fourrer.

Etudier. Rédiger. Copier. Collationner. Vérifier. Surveiller.

Travailler. Manœuvrer. Opérer. Commencer. Continuer. Achever. Finir. Terminer. Interrompre. Chômer. — Confectionner.
Exploiter. Epargner. Capitaliser.

Actes concernant l'échange. — Echanger. Troquer. Acheter.
Vendre. Commercer. Trafiquer. Négocier.

Expédier. Adresser. Envoyer. Livrer. Fournir. Distribuer. Annoncer.

Voyager. Relayer. Freter. Noliser. Embarquer. Débarquer.
Transborder.

Achalander. Accréditer. Discréditer. Créditer. Endosser. Avancer. Emprunter. Prêter. Débourser. Rembourser.

Actes concernant la valeur. — Servir. Approprier. Consommer.
Coûter. Valoir. Evaluer. Estimer. Apprécier. Déprécier. Décrier.
Rétribuer. Coter. Tarifer. Déduire. Défalquer. Tarer. Enchérir.
Surenchérir. Spéculer. Consigner. Nantir. Engager. Hypothéquer.
Signer. Parapher. Cautionner.

ADJECTIFS.

Un certain nombre d'adjectifs naissent aussi de l'ordre industriel.
Tels sont les suivants :

Industriel. Manufacturier. Agricole. Commercial. Foncier. Mobilier. — Exploitable. Labourable. Cultivable. Arable. — Distillatoire. Culinaire. — Sculptural. Architectural. Pictural Lithographique. Photographique. — Transportable. Carrossable. Navigable. Guéable. — Echangeable. Négociable. Marchand. Coursable. Solvable. Payable. Remboursable. Vénal. Monétaire. Pécuniaire. Courant. Comptant. — Cher. Coûteux. Onéreux. Aléatoire. Chanceux.

EXERCICE.

Nous donnerons seulement ici quelques exemples de définitions de termes, et des propositions dans lesquelles les différents ordres de mots parcourus jusqu'ici seront rapportés à la pensée du travail. Pour le reste, les exemples donnés précédemment suffiront à faciliter les exercices dont ces propositions pourront devenir la base.

D. *Citez et définissez différentes inventions tirées de l'ordre physique, de l'ordre organique, de l'ordre animal, de l'ordre immatériel.*

R. *Etamage*, opération qui consiste à revêtir un métal d'une mince couche d'étain, afin de donner à sa surface les propriétés de ce dernier métal. — *Calorifère*, appareil économique de chauffage, dont le but est de répandre régulièrement la chaleur, en évitant que rien ne s'en perde. — *Soufflage*, opération qui consiste à souffler, à l'aide d'un long tube, dans le verre ramolli par le feu, pour en faire des bouteilles de diverses formes, ou des feuilles minces qui deviennent des vitres. — *Photographie*, reproduction de l'image des objets, à l'aide de l'action chimique que produit sur certaines substances la lumière plus ou moins vive qu'ils réfléchissent. — *Voûte*, construction en arc, formée de pierres taillées de telle sorte, qu'elles se soutiennent les unes les autres au-dessus de l'espace, en ne prenant appui qu'aux deux extrémités de l'arc. — *Moulage*, reproduction des corps en relief, à l'aide d'une substance molle qui en prend l'empreinte. — *Tannage*, transformation des peaux en cuir, à l'aide du tannin contenu dans diverses écorces, et qui rend ces peaux plus résistantes. — *Greffe*, implantation d'une jeune pousse d'arbre ou d'arbuste sur le corps d'une autre espèce. — *Mors*, sorte de traverse que l'on place dans la bouche du cheval, et qui sert à le maîtriser, à l'aide de la bride qui y est attachée. — *Brouette*, machine simple et ingénieuse, formant un levier du deuxième genre appuyé sur une roue, et qui permet de transporter aisément de grands fardeaux. — *Ecriture*, représentation de la pensée par des lettres formant des syllabes et des mots. — *Sténographie*, écriture abrégée, dont les signes représentent des syllabes et des mots entiers.

D. *Citez et définissez des noms exprimant : une destination de la terre au travail ; — des matériaux ; — des aliments préparés ; — des ouvrages relatifs à l'habitation ; — des locaux pour une destination industrielle ; — des objets relatifs à l'aérage, au chauffage, à l'éclairage : — des objets d'ameublement ou d'habillement ; — des ustensiles de ménage ; — des instruments du travail agricole et manufacturier ; — des moyens de transport ; — des instruments d'étude, de dessin, de musique ; — des œuvres de science et d'art ; — des actes ou des objets relatifs à l'échange et à la valeur.*

R. *Jardin*, terrain planté de fleurs, de légumes, d'arbres fruitiers ou d'agrément. — *Tuile*, plaque en terre cuite, servant à la couverture des édifices. — *Civet*, ragoût de lièvre. — *Palais*, édifice d'une grande magnificence, destiné a l'habitation des princes et des grands dignitaires, à la Justice, aux Beaux-Arts, etc. — *Grange*, local où l'on conserve les récoltes. — *Four*, espace fermé et fortement chauffé pour diverses cuissons. — *Mouchettes*, instrument qui sert à enlever, en la coupant, la mèche charbonnée des chandelles. — *Courte-pointe*, couverture de lit plus ou moins ornée. — *Percale*, fine toile de coton. — *Chaudron*, petite chaudière qu'on soulève au moyen d'une anse. — *Tonneau*, grand vase de bois composé de planchettes contenues par des cerceaux, et qui se maintiennent les unes les autres comme les pièces d'une voûte. — *Fourche*, instrument à deux dents qui sert particulièrement dans le travail agricole, pour saisir le foin, la paille, etc. — *Rabot*, outil composé d'un tranchant monté sur une pièce de bois plane, et qui sert à aplanir le bois. — *Bateau*, construction de bois flottant sur l'eau, et servant au transport. — *Cahier*, assemblage de feuilles de papier formant des pages qui se suivent. — *Compas*, instrument composé de deux branches articulées, qui peuvent s'écarter à volonté pour prendre des mesures exactes. — *Cor*, instrument de musique formé d'un long tuyau de cuivre roulé sur lui-même, et dont l'embouchure est plus large que celle de la trompette. — *Paysage*, tableau d'un site champêtre. — *Cuirasse*, arme défensive qui revêt la poitrine et le dos. — *Echantillon*, petite pièce d'une marchandise, qu'on montre pour en donner une idée. — *Prix*, expression en monnaie de la valeur comparée des choses.

D. *Citez des verbes exprimant des actes relatifs au travail, à l'échange, à la valeur, et expliquez-en la signification.*

R. *Miner*, creuser plus ou moins avant sous le sol. — *Râper*, réduire un corps en poudre ou en pulpe, en le déchirant au moyen d'une râpe. — *Paver*, revêtir le sol de pierres ou de carreaux, pour y marcher à pied ferme. — *Dorer*, revêtir un corps quelconque d'une mince couche d'or, pour lui donner l'éclat de ce métal. — *Vendanger*, faire la récolte du raisin. — *Distiller*, séparer, à l'aide de l'ébullition, les parties volatiles d'un liquide, d'avec celles qui le sont moins ou ne le sont pas. — *Teindre*, imprégner un corps d'une matière colorante, en le plongeant dans un bain contenant cette matière. — *Tricoter*, former un tissu de mailles à l'aide de longues aiguilles autour desquelles ces mailles s'enchaînent. — *Rentoiler*, renouveler la toile d'un tableau. — *Radouber*, réparer le corps d'un navire. — *Etudier*, appliquer son esprit à une chose pour la connaître à fond. — *Epargner*, mettre des ressources en réserve pour l'avenir. — *Vendre*, échanger un objet contre de la monnaie. — *Achalander*, attirer les acheteurs à un établissement commercial. — *Tarifer*, établir un tableau de prix à payer. — *Hypothéquer*, engager une propriété immobilière en garantie de ce qu'on doit.

D. *Formez des propositions, où des termes empruntés à l'ordre physique, organique, animal, intellectuel, moral, religieux, soient employés dans un sens qui ait rapport à l'industrie.*

R. ORDRE PHYSIQUE. — L'eau courante de la rivière est la force motrice du moulin. — Le limon des inondations du Nil féconde le sol de l'Egypte. — Le contact de l'air durcit certaines pierres tendres.

ORDRE ORGANIQUE. — La garance, plante de la famille des Rubiacées, renferme une précieuse matière tinctoriale. — Le sculpteur emploie la cire, produit des abeilles. — La distillation du vin, suc fermenté du raisin, donne l'eau-de-vie.

ORDRE ANIMAL. — Le cheval tire des chariots chargés, transportant les personnes et les marchandises. — La pêche du hareng et de la baleine enrichit les peuples du nord. — Le vol rapide des pigeons transmet des avis et des messages.

ORDRE INTELLECTUEL L'attention sérieuse est la condition des bonnes affaires. — L'expression claire de la pensée facilite les transactions commerciales. — Les beaux-arts sont l'ornement et l'inspiration de l'industrie.

ORDRE MORAL — La confiance soutient le crédit, âme du commerce. L'irrésolution affaiblit l'esprit d'invention et de travail. — Le mépris des petits détails empêche la réussite des grandes entreprises.

ORDRE RELIGIEUX. — La probité consciencieuse peut seule entretenir des relations durables. — La résignation religieuse soutient le courage abattu par les insuccès, et facilite la réparation des pertes. — Consacrer au culte de Dieu les chefs-d'œuvre de l'industrie et des arts, est le plus fécond emploi des fruits du travail.

Dans ces diverses nuances de l'emploi des termes, on peut construire des propositions à conjuguer, pour s'exercer à l'usage des pronoms, des adjectifs pronominaux, et des temps du verbe. Il suffit, pour cela, que la personne qui parle s'applique une pensée qui puisse être appliquée ensuite à toutes les personnes du discours. Ainsi, par exemple :

Je taille moi-même les arbres de *mon* jardin.
Tu tailles toi-même les arbres de *ton* jardin (ou *du tien*).
Il taille lui-même les arbres de *son* jardin (ou *du sien*).
Nous taillons nous-mêmes les arbres de *notre* jardin (ou *du nôtre*).
Vous taillez vous-mêmes les arbres de *votre* jardin (ou *du vôtre*).
Ils taillent eux-mêmes les arbres de *leur* jardin (ou *du leur*).

A l'aide d'une légère variante dans l'exemple ci-dessus, il est facile d'y introduire le féminin et le pluriel de l'adjectif possessif :

Je cultive moi-même ma vigne.
Tu cultives toi-même ta vigne (ou *la tienne*), etc.
Je fauche moi-même mon herbe.
Tu fauches toi-même ton herbe (ou *la tienne*), etc.
Je taille moi-même mes arbres.
Tu tailles toi-même tes arbres (ou *les tiens*), etc.

On pourra s'exercer, en même temps, sur l'emploi du pronom démonstratif CELUI, CELLE, CEUX, CELLES :

Je répare le mur de mon jardin, tu répares celui du tien, etc.
Je taille les arbres de mon jardin, tu tailles ceux du tien, etc.
Je soigne l'écriture de mon devoir, tu soignes celle du tien, etc.
Je cueille les poires de mon poirier, tu cueilles celles du tien, etc.

On conçoit que ces exemples peuvent être variés à l'infini, et simplifiés ou compliqués suivant le besoin. L'analyse logique et l'analyse grammaticale y trouveront ample matière à s'exercer.

LIVRE III.

De la Société.

405. L'idée de société, nous l'avons vu, est inséparable de toute notion sur la destinée humaine et sur le travail. L'homme, ainsi que nous l'avons remarqué, ne saurait bien comprendre sa propre personnalité s'il ne pense à ses semblables, que Dieu lui commande d'aimer. Il ne peut arriver à aucun résultat s'il ne s'appuie sur leur aide ; tandis qu'avec cette association, il produit de grandes choses.

Enfin, en considérant la propriété, nous avons vu qu'il est impossible de la concevoir et de la faire respecter dans chaque homme en particulier, sans concevoir et faire respecter en même temps une propriété sociale, appartenant à une personnalité supérieure et souveraine, qui représente le propriétaire primitif dont tous les autres sont sortis. Il a été évident pour nous que la force prépondérante et la lumière supérieure qui résultent de cette grande propriété sociale, sont indispensables pour maintenir les propriétés particulières dans leurs limites ; pour empêcher qu'elles ne se nuisent les unes aux autres, et ne violent ainsi leur propre principe.

406. Cette propriété et cette personnalité souveraine ne peut subsister que par le concours de tous les particuliers, apportant avec exactitude à la société le *tribut* des forces, des ressources et des lumières dont ils ont trouvé le germe en elle. Soit que la souveraineté repose sur la tête d'un homme, soit qu'elle se trouve représentée, comme en certains pays, par l'image idéale de la patrie, le principe ne cesse pas d'être le même. La propriété sociale est la propriété par excellence, sacrée et antique entre toutes.

407. Lorsque chacun fait son devoir dans sa position particulière, la société marche avec aisance : car tous ceux qui sont capables de la conduire, se livrent à ce travail avec amour, en respectant scrupuleusement la personnalité souveraine ; et ceux qui lui doivent les services de différents ordres, les rendent avec zèle et intelligence. Si quelque péril

menace l'ordre social, toutes les forces et tous les esprits, mus par une seule et suprême pensée, se portent, pour le conjurer, sur le point où leur concours est nécessaire.

408. Mais, pour que tous ces efforts sociaux s'opèrent avec entente et harmonie, il faut que l'on considère quels sont les éléments constitutifs de la société, les lois de sa vie et de sa collaboration avec les particuliers.

La société se maintient et protége ses membres en constituant une *force publique*, qui s'oppose aux abus de la force, et un *esprit public*, qui s'oppose aux abus de la pensée. Deux ordres d'*institutions* tendent à ce double but : institutions d'ordre matériel, institutions d'ordre immatériel.

CHAPITRE PREMIER.

DES INSTITUTIONS D'ORDRE MATÉRIEL.

409. Pour que la puissance matérielle de la société soit bien constituée, trois conditions doivent être remplies : il faut que tout intérêt particulier contribue exactement aux services publics, c'est-à-dire que la société soit bien *administrée;* il faut que les différents travaux, par lesquels se développent les intérêts publics et particuliers, se relient entre eux avec aisance, c'est-à-dire que la société soit bien *organisée;* il faut enfin qu'une loi commune, appuyée directement sur le grand principe social de la propriété, domine le mouvement des intérêts en régularisant l'action de la puissance publique, c'est-à-dire que la société soit bien *gouvernée.*

De là, trois genres d'institutions d'ordre matériel : les institutions *administratives*, qui relient les intérêts ; les institutions *professionnelles*, qui relient les travaux : et les institutions *gouvernementales*, qui relient les pouvoirs.

1. DES INSTITUTIONS ADMINISTRATIVES.

410. Les institutions administratives constituent ce qu'on appelle la *Commune*, c'est-à-dire la mise en commun des forces et des ressources particulières. L'administration sera

d'autant meilleure, que les membres de la société retireront plus d'avantages réels du tribut qu'ils lui paient.

411. La commune comprend la société tout entière, envisagée au point de vue administratif; mais on emploie ordinairement ce terme pour désigner les localités particulières, qui sont comme des individus. des familles distinctes dans la grande commune générale. C'est qu'en effet le génie administratif doit prendre la localité pour base de son action. La grande commune formée par la société entière ne saurait bien s'administrer, qu'en provoquant la bonne administration intérieure des communes locales, lesquelles, à leur tour, ont à développer celle des familles particulières contenues dans leur sein.

412. L'action administrative doit s'exercer à trois points de vue distincts : susciter le développement des ressources publiques et particulières; rechercher les moyens les moins onéreux pour arriver à ce développement; tenir un compte exact de ce que la société et le particulier se doivent réciproquement. De là trois grands départements administratifs, dont chacun peut être subdivisé suivant les éléments qu'il comprend.

413. Dans le premier se réunissent tous les efforts qui tendent à l'étude et à l'exploitation du sol, au développement du génie et du travail des habitants, à l'extension de leurs relations, aux remèdes à employer contre les misères et les calamités publiques, etc., etc.

414. Au second aboutissent toutes les combinaisons plus ou moins ingénieuses par lesquelles on conduit ces efforts à leur but, suivant les moyens dont on peut disposer, en laissant le plus libre possible l'initiative de chacun.

415. Ainsi, pour exécuter tel ou tel ouvrage d'utilité publique, on peut requérir directement le travail de tous, ou charger quelques particuliers de l'ouvrage en les rétribuant aux frais des autres, ou simplement autoriser un ou plusieurs particuliers à l'entreprendre, moyennant une redevance à payer par ceux qui en profiteront.

416. De même, pour l'organisation de la force publique, on peut appeler tous les particuliers au service militaire, ou dispenser jusqu'à un certain point la majorité d'entre eux, moyennant une indemnité en faveur de ceux qui paient de leur personne. Et dans l'équipement, dans l'armement, dans

l'entretien de ceux qui composent cette force publique, que de combinaisons possibles, suivant les circonstances, pour réduire les frais à leur plus simple expression !

417. S'agit-il de développer, dans la société, tel ou tel genre de travail? On voit l'administrateur, suivant les nécessités, commander ce travail à ses propres agents; donner des subsides à des particuliers pour l'entreprendre; ou bien garantir à ces particuliers certains bénéfices; ou bien encore leur assurer, par divers genres de mesures, le marché intérieur, pour que la concurrence inattendue de l'extérieur ne vienne pas tout-à-coup paralyser leurs efforts. Tous ces moyens ne sont, en quelque sorte, que des degrés d'un même développement, qui, bien conduit, finit par la libre concurrence de ce travail, abandonné à l'initiative des particuliers, tant de l'intérieur que du dehors.

418. On voit, d'autre part, le génie administratif, suivant les circonstances, réaliser une entreprise aux frais de l'époque présente, ou répartir le sacrifice sur plusieurs générations en contractant des emprunts.

419. Mais quels que soient les moyens employés pour arriver aux différents buts; soit qu'on ait eu recours aux emprunts, aux subsides, aux priviléges, aux réquisitions de toutes formes, il faut toujours qu'un compte exact soit tenu, afin que nul intérêt, public ou particulier, ne puisse être lésé par un autre sans qu'on s'en aperçoive. De là un troisième département administratif, celui qui comprend la comptabilité et le contrôle. C'est le plus élevé et le plus important, quoiqu'il semble ne rien créer. Sans lui, en effet, tous les efforts et toutes les combinaisons les plus fécondes pourraient n'arriver, en dernière analyse, qu'à des désastres: sans lui, aussi, la crainte illusoire de se trouver en perte lorsqu'il y a gain réel, arrêterait la société dans ses entreprises.

420. Le signe le plus certain d'une bonne administration, c'est le bon état des personnes administrées. Si la population est saine, intelligente et morale, l'administration est dans la bonne voie; si le contraire s'observe, l'administration est défectueuse, au moins en certains points.

421. On ne saurait trop se pénétrer de l'importance sociale d'une comptabilité scrupuleuse et délicate. Rien n'est plus puissant qu'elle pour atteindre le but suprême d'une bonne administration, qui est de relever sur tous les points l'initia-

tive personnelle de l'homme. Plus l'homme se sent pénétré par le regard clairvoyant de la société, plus il redouble d'efforts afin de ne pas demeurer en arrière de ce qu'il lui doit. Les secours, les subsides, les priviléges quelconques dont il profite, ne sont pour lui que des avances dont la responsabilité le stimule; et celui qui serait tenté d'exploiter en égoïste les ressources sociales, recule devant les conséquences de cette responsabilité.

422. Une bonne comptabilité assure la prépondérance légitime de la puissance publique sans amoindrir arbitrairement aucune puissance particulière, en empêchant simplement que la société ne soit frustrée d'aucun tribut. De plus, en faisant rendre à chacun ce qui lui revient, elle assure une haute rémunération à ceux que la Providence a favorisés de qualités supérieures, ce qui tend à consolider la société en rapprochant, autant que possible, les inégalités de position sociale, de celles qu'il a plu à la Providence d'établir entre les différents hommes. Puis, la Religion exigeant que ceux qui sont dans la force et dans la prospérité se fassent volontairement les serviteurs des faibles et des malheureux, il en résulte une douce tendance à l'égalité par la bienveillance mutuelle.

423. Là même où la comptabilité est obligée de reconnaître ses limites, et de s'arrêter devant ce qui ne peut se compter ni se mesurer, devant les causes de l'ordre moral et de l'ordre intellectuel, elle s'élève à des hauteurs sublimes en faisant apercevoir clairement, dans les limites de son domaine, l'étendue des résultats, favorables ou défavorables, qui sont dus à ces causes; et c'est ainsi que l'administration se met en rapport immédiat avec les institutions de l'ordre le plus élevé, les aidant à trouver les directions dans lesquelles leur action est nécessaire.

II. Des institutions professionnelles.

424. Les intérêts publics et privés, objet de la sollicitude administrative, ont pour source commune le travail, s'exerçant en vue des différents besoins du public ou des particuliers. L'administration, elle-même, résulte du concours intelligent de ce qu'il y a de plus élevé dans tous les travaux. Les travaux trouvent donc déjà en elle un principe fécond

de ralliement. Mais s'ils n'étaient ralliés qu'au point de vue des nécessités administratives, ils ne pourraient s'élever à une grande puissance, ni, par conséquent, rendre de grands services; car les besoins du moment, pesant continuellement sur eux, leur ôteraient la latitude nécessaire pour rechercher les conditions de leur perfectionnement.

425. Il faut donc que les travaux soient rattachés entre eux par des liens tirés de leur nature, de leur essence même, et indépendants des intérêts qu'ils doivent servir, précisément afin de mieux servir ces intérêts. C'est là le but des institutions professionnelles. Par elles, chaque travail reconnaît son caractère et sa place parmi les travaux; il se relie à ceux dont il dépend, et il relie dans son sein les travaux secondaires contenus en lui. Tous les travaux s'harmonisent ainsi entre eux comme les fonctions d'un même organisme, nourrissant la société et vivant d'une vie commune.

426. Les travaux humains forment une multitude de professions, dont chacune est une corporation naturelle où les hommes sont unis par le lien commun du perfectionnement de leur travail. Ces corporations, se reliant et se coordonnant entre elles, rentrent dans la grande corporation universelle qui comprend toutes les professions.

427. Dans l'enfance des sociétés, le législateur est souvent obligé d'établir lui-même le classement des professions, et d'y attacher certains priviléges pour qu'elles se développent; plus tard, elles sont laissées de plus en plus à leur entière liberté, le législateur se confiant dans l'émulation des individus. Quel que soit le degré de civilisation de la société, il importe toujours que le classement des professions repose sur ses bases naturelles; car, sans cette condition, nulle disposition législative ni administrative, si sage qu'elle puisse être, ne saurait porter ses fruits.

428. Quelles sont donc les bases naturelles du classement des professions? Évidemment, puisque toutes les professions sont sorties du travail d'un seul homme, et que toutes doivent pouvoir y rentrer, c'est dans le travail d'un seul qu'on trouvera le principe de la division et de l'harmonie des professions qu'exercent tant d'hommes différents.

Dans le travail de tout homme on trouve trois éléments : le *labeur*, exercice du corps ; l'*étude*, exercice de l'esprit, la *discipline*, pensée d'ordre qui assure l'harmonie entre l'action de l'esprit et celle du corps. Ces trois éléments, grandis de la grandeur sociale, se retrouvent dans l'ensemble des travaux humains.

Or, par la division du travail dans la société, il y a des hommes, et c'est le plus grand nombre, dont le travail est spécialement corporel; d'autres, qui travaillent surtout de l'esprit; d'autres enfin, qui s'occupent exclusivement de faire régner, aux divers degrés du labeur ou de l'étude, la pensée de discipline. De là, trois ordres naturels de professions, qu'on peut appeler : *laborieuses, studieuses, disciplinaires.*

Chacun de ces ordres de professions peut se subdiviser en ordres secondaires, que nous ne ferons qu'indiquer succinctement, mais dont il importe de se faire une idée nette.

429. Ainsi, dans les professions laborieuses, nous distinguons le *manouvrier*, dont le travail se spécialise dans la *manœuvre*, dans le maniement d'une matière, d'un instrument particulier, dans l'exercice d'un tour de main; l'*ouvrier*, qui se préoccupe d'une *œuvre*, à laquelle diverses manœuvres peuvent concourir; le *fabricant*, qui combine entre elles les différentes œuvres, de manière à produire plus grandement et plus abondamment. Ainsi, par exemple, dans l'industrie agricole, celui qui bêche la terre ou qui conduit un animal est un manouvrier; celui qui se charge de tout ce qui contribue à une culture quelconque, ou à l'éducation des animaux domestiques, est un ouvrier; et celui qui combine entre elles les différentes cultures, l'éducation des différents animaux, de manière à faire valoir toutes ces œuvres l'une par l'autre, est un fabricant. Dans l'industrie manufacturière, celui qui bat le fer est un manouvrier; celui qui gouverne cette manœuvre en vue de la construction d'un outil, d'un ustensile quelconque, est un ouvrier; celui qui rapporte à l'exécution de l'œuvre les ressources variées que lui présentent la mécanique et les progrès des autres professions, pour produire avec abondance, est un fabricant. On comprend comment les espèces si nombreuses de manœuvres, d'œuvres et de fabrications que l'homme peut imaginer, donnent lieu à une multitude de professions, qu'il est facile de ramener à un même principe. On comprend aussi que, dans beaucoup de cas, le même homme est à la fois manouvrier, ouvrier et fabricant, dans toute la force du terme.

430. Dans les professions studieuses, nous distinguons

l'*artiste*, qui cherche dans l'ordre intellectuel, comme le manouvrier dans l'ordre matériel, les moyens de produire un effet voulu; le *savant*, qui réunit les effets de manière à les faire concourir à une œuvre qui ait un but; le *critique*, enfin, qui, prenant les choses de plus haut encore, soumet toutes les œuvres de l'esprit à la pensée supérieure et commune qui doit les animer, et rejette tout ce qui pourrait faire, des procédés de l'art ou des vues de la science, un objet d'idolâtrie stérile, sans influence pour le bien de l'humanité. On voit ici que ce qu'on appelle ordinairement un grand artiste, un grand poète, un grand capitaine, etc., est avant tout un grand critique, passant au creuset d'une haute pensée toutes ses combinaisons, ainsi que tous les moyens, tous les procédés qu'elles mettent en jeu.

La division des professions studieuses n'est pas aussi apparente dans la pratique que celle des professions laborieuses, parce qu'un grand nombre de ceux qui les exercent sont obligés d'avoir d'autres moyens d'existence, le propre de l'étude étant d'être ordinairement peu appréciée par le commun des hommes, aussi longtemps que ses effets éloignés ne se sont pas fait sentir. De là le nom de professions *libérales*, donné aux professions studieuses. Cette dénomination, impropre en ce sens qu'aucune profession, si humble qu'elle soit, n'est indigne d'un homme libre, a quelque chose de juste si l'on considère que celui qui les pratique doit s'élever très-haut, par l'esprit, au-dessus de la servitude des intérêts, sous peine d'être au-dessous de lui-même.

431. Nous pouvons également distinguer trois subdivisions bien caractérisées dans les professions que nous avons appelées *disciplinaires*. Ainsi, nous y voyons les uns *instruire* les travailleurs de tous les degrés, et leur tracer des règles; les autres, *coordonner* les travailleurs, les travaux, les produits; les autres, enfin, *conserver*, dans tous les ordres de travaux, ce qui a vie et valeur. Et dans ces trois subdivisions, que de variétés, par lesquelles le grand principe d'ordre et de discipline répand ses effets dans toutes les profondeurs du travail et de l'étude!

432. Nous venons de voir, au sommet de la hiérarchie professionnelle, la pensée de *conservation*. Cette pensée, si modeste, si étroite en apparence, est assez grande pour contenir le monde. C'est elle qui a animé de tout temps ces

grands génies, qui ont donné les fortes impulsions aux travaux. Sachant partout découvrir et ranimer l'étincelle de la vie, on les a vus relier le présent au passé, et sauver de l'oubli tous les nobles efforts qui trop souvent se perdent dans le vide. Là est le secret de la puissance et de la fécondité du génie supérieur.

433. Tous les efforts auxquels se livrent les hommes dans le labeur, dans l'étude, dans la discipline, n'ont pas seulement pour but de produire ce qui est nécessaire à la société; ils tendent, en même temps, à la défense du travail et des travailleurs. La corporation du travail est aussi la corporation armée. L'armée n'est pas un corps distinct du corps social; c'est le corps social lui-même, revêtu de ses armes et luttant pour protéger son œuvre. Une même vie doit donc animer la lutte et le travail, quoique, pour diverses raisons qui varient suivant les circonstances, les armes ne soient ordinairement portées que par une fraction des membres de la société, choisie à cette fin. L'armée est comme l'abrégé héroïque de la société. Tous les travaux concourent à lui donner sa force, matérielle et morale; et, réciproquement, la protection de cette force s'étend sur tous les travaux.

III. DES INSTITUTIONS GOUVERNEMENTALES.

434. Tous les élans du génie de l'homme, pour perfectionner son travail et pour développer les intérêts, tant privés que publics, ont pour règle suprême le respect de la propriété et de la personne. Ce respect seul peut les maintenir dans la bonne voie, et leur assurer une véritable réussite. Mais, par la faiblesse de sa nature, l'homme, voyant de trop bas ses intérêts et ses travaux, est exposé à oublier ce grand principe social, à sortir de la droite route et à créer de faux principes d'intérêt et de travail, conformes à ses idées du moment. Il faut donc qu'au-dessus de tous les intérêts et de tous les travaux, le principe immuable qui les domine soit érigé en loi, et la société constituée en *pouvoir*, afin d'empêcher qu'on ne s'écarte de la loi sous aucun prétexte.

435. Le pouvoir de la loi se décompose en trois pouvoirs : le pouvoir *législatif*, le pouvoir *judiciaire* et le pouvoir *exécutif*, qui doivent être animés d'un même esprit.

436. La première chose à faire pour établir le bienfait de

la loi, c'est de formuler ses prescriptions, dont l'ensemble constitue ce qu'on appelle le *code*. Un bon code de lois n'est autre chose que l'application pratique du grand principe du respect des personnes et des propriétés, aux intérêts et aux travaux de l'époque et de la nation pour laquelle il est rédigé. Plus un code est parfait, plus il est simple, et par conséquent applicable à un grand nombre de nations et d'époques différentes. Mais pour arriver à cette simplicité embrassant tant de choses, il faut souvent passer par bien des essais, qui font loi pour un certain temps, jusqu'à ce qu'enfin on ait trouvé la législation définitive de la matière dont il s'agit. Ce travail est celui du *législateur*, qui ne peut y réussir, quelle que soit la forme du gouvernement, qu'en étudiant et interrogeant attentivement les travaux et les intérêts qu'il s'agit de soumettre à la loi. Pour qu'un code soit bon, il faut qu'à côté des *droits* qu'il donne, il établisse des *obligations* proportionnées, et des *puissances* capables de protéger les droits en les maintenant dans les limites des obligations.

La transgression des lois prend les noms de *crime, délit, contravention* suivant son degré plus ou moins haut de gravité. Le pouvoir législatif établit, contre cette transgression, des *pénalités*, qui constituent la *sanction* de la loi. Les pénalités, comme tout ce que la loi établit, doivent, même dans leurs dispositions les plus sévères, s'appuyer sur le respect de la personnalité et de la propriété.

437. Mais il ne suffit pas que les prescriptions de la loi soient formulées ; il faut encore que les cas particuliers de leur application journalière soient *jugés*. C'est là l'attribution du pouvoir *judiciaire*. Celui qui exerce le pouvoir judiciaire s'appelle *juge*, et le lieu où se rend le jugement s'appelle *tribunal*. Lorsqu'il s'agit de questions spéciales, le jugement s'appuie sur une *expertise*, c'est-à-dire sur l'avis raisonné des hommes reconnus experts sur ce point. L'expertise est donc un élément de la plus haute importance dans l'exercice du pouvoir judiciaire.

Le recours devant le tribunal prend le nom de *procès*. On appelle *procédure* la forme qu'on suit pour procéder en justice. *Instruire* un procès, c'est réunir tous les éclaircissements nécessaires pour qu'on puisse le juger. *Plaider* une cause, c'est faire valoir les raisons qui militent en faveur de cette cause. Celui qui plaide s'appelle *avocat*, soit qu'il défende les intérêts d'un particulier ou ceux de la société.

438. Il faut enfin, pour que l'effet de la loi se produise, pour que son bienfait ne devienne pas illusoire, que la puissance publique soit toujours prête à la soutenir, à assurer l'exécution de ce qu'elle a prescrit. C'est là la mission du pouvoir *exécutif*, qu'on appelle tout spécialement le *pouvoir*, parce que sans lui les deux autres pouvoirs seraient, par le fait, comme s'ils n'étaient pas.

Celui qui exerce le pouvoir exécutif s'appelle *ministre*. De nombreux ministres secondaires ou *officiers* travaillent, sous sa direction, à assurer l'exécution de la loi. Les uns ont pour mission d'enregistrer les *actes*, les *contrats* de tout genre, qui se font sous la protection de la loi, et de leur donner le caractère de l'*authenticité;* les autres s'occupent de *requérir* l'application de la loi dans les divers cas où elle ne se ferait pas d'elle-même; les autres, enfin, sont chargés de diverses *missions*, qui toutes ont pour but de rapporter au centre gouvernemental l'impression de tous les points du corps social, et de porter à ces divers points l'impulsion du centre, afin que la pensée d'unité soit présente partout.

439. De l'ensemble des pouvoirs légaux résulte le *gouvernement*. On voit bien ici la différence qui existe entre l'action gouvernementale et l'action administrative. L'action administrative part du fond des intérêts, tandis que l'action gouvernementale part des prescriptions de la loi; et toutes deux reçoivent leur vie du génie professionnel, génie organisateur, qui réduit en *fonctions* harmonieusement enchaînées entre elles, tous les *emplois* de l'administration et tous les *offices* du gouvernement.

On voit aussi comment, lorsque l'idée de toutes ces choses est claire et distincte dans les esprits, il devient facile de concilier les titres acquis des fonctionnaires avec les exigences du service public.

440. La société, considérée au point de vue des pouvoirs légaux qui en assurent l'équilibre, s'appelle *État*, parce que c'est par l'observation de la loi qu'elle se tient debout (*stare*), et qu'elle se meut avec ensemble. Tout peuple ou ensemble de peuples soumis à une législation commune, prend le nom d'État. Il y a *fédération* ou *État fédératif*, si chaque fraction a ses lois particulières, sous une loi collective qu'on appelle *fédérale*.

441. Les États indépendants se lient entre eux par des

traité, qui sont des lois internationales. Le *droit des gens* est une loi commune reconnue entre les nations, et dont elles travaillent de commun accord à assurer le maintien par tous les moyens dont elles disposent. Le droit des gens, comme le droit particulier de chaque nation, s'adoucit de plus en plus, à mesure que les principes du Christianisme pénètrent dans les mœurs des sociétés.

442. Il existe bien des formes de gouvernement, dans lesquelles les trois pouvoirs de l'Etat se trouvent plus ou moins distincts, plus ou moins libres, plus ou moins harmonieusement unis. Dans toutes, le principe d'un bon gouvernement est le même. Le gouvernement dit *absolu* se distingue en ce que le législateur n'interroge que dans son esprit les intérêts qu'il s'agit de soumettre à la loi; le gouvernement dit *représentatif* ou *parlementaire*, en ce que les intérêts, directement consultés, *parlementent* en quelque sorte entre eux pour rédiger la loi à laquelle ils seront soumis. Entre ces deux types opposés se remarquent divers types intermédiaires. Dans tous, la marche de l'Etat ne sera bonne que pour autant que, d'une part, les intérêts seront scrupuleusement consultés, et que, d'autre part, le principe supérieur d'autorité imprimera à la loi le caractère de l'unité. Dans toutes, il faudra surtout que le pouvoir judiciaire ait une indépendance réelle, et que la *chose jugée* soit entourée d'un respect inviolable.

443. La sanction des lois humaines réside dans la force disciplinée et soumise à ces lois. Or, cette force dépend de chacun des hommes qui y concourent; et il est nécessaire qu'ils soient animés d'un bon esprit pour bien exécuter la loi, sans fausser ni exagérer son action. Il faut donc des institutions destinées à gouverner les esprits, afin qu'ils contribuent de tous leurs moyens à former un esprit public sain et éclairé. Non-seulement le développement de ce bon esprit public est nécessaire au peuple, pour obéir loyalement et avec intelligence à la loi; mais il l'est encore au législateur pour l'améliorer, et au souverain pour se diriger dans l'adoption des lois qui lui sont présentées, dans le choix des ministres chargés d'en assurer l'exécution, et dans l'octroi des grâces par lesquelles leurs imperfections sont adoucies. D'ailleurs, les nations n'ayant point de moyens matériels certains pour assurer dans tous les cas l'exécution des traités, que devien-

drait le droit des gens, s'il n'existait rien au-dessus des institutions d'ordre matériel?

CHAPITRE II.

DES INSTITUTIONS D'ORDRE IMMATÉRIEL.

444. L'esprit de l'homme, ainsi que nous l'avons vu, présente trois ordres de puissances : les puissances de l'intelligence, celles du sentiment et celles de la conscience. Tout homme doit les rallier en lui-même, afin qu'elles concourent efficacement au but de sa haute destination. La société les rallie à son tour, afin que, du concours des esprits particuliers, résulte un bon esprit public. C'est là l'objet des institutions d'ordre immatériel, qui présentent naturellement trois degrés, répondant aux trois ordres de puissances : institutions *académiques*, ralliant les pensées ; institutions *héraldiques*, ralliant les sentiments ; institutions *ecclésiastiques*, ralliant les consciences et affermissant les vertus.

I. DES INSTITUTIONS ACADÉMIQUES.

445. On appelle généralement *académies* les réunions où s'élaborent les idées : de là, la qualification d'*académique* donnée à tout ce qui concourt, de près ou de loin, à cette élaboration.

On comprend que le génie académique doit tendre à retirer, du fond des intérêts et des travaux, tout ce qui donne lieu à la discussion, afin que cette discussion s'opère de plus haut, sous les auspices d'institutions particulières. Si, en effet, la discussion des idées, vive et délicate de sa nature, n'était pas élevée au-dessus de l'ordre matériel, et si elle se passait dans le sein même des travaux et des intérêts, on la verrait, tantôt ébranler avec violence ce qu'elle doit éclairer, tantôt se perdre ou se dénaturer sous le poids matériel qui pèserait sur elle. Les institutions académiques, appelant à elles toutes les discussions, et les obligeant à se tenir à la hauteur d'où elles dominent le monde matériel, assurent le caractère social au travail de la pensée, sur quelque ordre d'objets qu'il s'exerce.

446. L'effort de l'intelligence se présente à un triple point de vue : concevoir la pensée, l'exprimer et la juger. C'est aussi à ce triple point de vue que le génie académique s'exerce ; et les assemblées académiques peuvent être distinguées en trois ordres : celles qui recueillent les notions sur les choses et sur les idées, et qui en font ressortir les conséquences ; celles qui recherchent les formes sous lesquelles la pensée s'exprime, et qui déterminent les conditions de leur éclat, de leur force et de leur élégance ; celles, enfin, qui concentrent sur les pensées et sur leurs formes variées toutes les puissances du jugement, et qui ont pour objet de fixer l'opinion. Ces dernières résument les autres, et elles frappent, en quelque sorte, la monnaie courante des idées.

447. La société entière peut être considérée comme une immense assemblée, où chacun émet son opinion, fait connaître les idées et les faits qu'il a recueillis, et exprime sa pensée sous les formes qui lui paraissent les plus frappantes. Près de chaque foyer domestique la pensée s'élabore ; de là, elle passe dans le courant de l'opinion publique. L'écriture et l'imprimerie facilitent la diffusion de cette discussion, qui, lorsqu'elle est sage et régulière, apporte aux assemblées spéciales de riches tributs d'idées.

Dans le travail des idées, comme dans le travail matériel, chacun a son domaine, qui se développe dans le sein du domaine public. Chacun peut et doit apporter son contingent de vérités, c'est-à-dire d'applications de la vérité immuable aux faits qu'il a occasion d'observer. C'est au génie académique d'assurer à ces éléments si variés la part qui leur revient, et d'établir en quelque sorte l'état-civil des idées ; car il est à l'ordre immatériel ce que le génie administratif est à l'ordre matériel.

448. De même que les institutions administratives peuvent être appelées *institutions de la commune*, on pourrait appeler les institutions académiques *institutions de la tribune* ; car chaque position que l'homme occupe, et d'où il exprime sa pensée, est pour lui une véritable tribune, qui lui impose une responsabilité proportionnée à son influence.

449. Sous les différentes formes de gouvernement, on voit le mouvement de l'opinion publique se produire avec plus ou

moins de calme, de régularité, de franchise, suivant l'état des esprits, et aussi suivant les facilités que les institutions leur donnent de s'éclairer, d'éviter les illusions. Quelle que soit la forme du gouvernement, et le degré de latitude qu'il laisse à l'expression publique des opinions, il doit toujours veiller avec soin à ce qu'il y ait en toutes choses une *publicité* vraie, c'est-à-dire à ce que la connaissance des faits dont le public doit être informé lui arrive franchement dans tous les ordres de faits, et à ce qu'aucune obscurité, aucun faux jour ne s'établisse entre la masse du peuple et ceux qui le conduisent. Les erreurs de l'opinion publique, et les perturbations qui en résultent dans l'ordre matériel, viennent le plus souvent de ce que les faits sur lesquels les esprits se disputent sont mal connus du public. La condition fondamentale d'une bonne discussion dans l'ordre académique, est donc que chaque ordre d'institutions se pénètre lui-même de l'esprit académique, pour mettre dans un jour vrai les faits qui se passent dans son domaine, ainsi que les idées qui y naissent.

450. On appréciera l'importance des institutions académiques, si l'on se représente les conséquences fécondes d'une idée vraie sur la marche des intérêts, des travaux, de la législation. Que de ressources viennent au jour, que de peine et de froissements sont évités, par la simple connaissance d'une vérité quelconque! Que d'obstacles, que de lenteurs amène le moindre sujet de doute! Que de ressources inactives et stériles par le seul effet de l'ignorance; et surtout, que de forces vives employées en pure perte par suite d'une simple erreur! On ne saurait donc accorder trop d'attention aux institutions académiques, par lesquelles les idées sont appréciées, approfondies, mises en lumière, répandues sous toutes les formes.

451. Mais la puissance de l'intelligence humaine a ses limites, et l'acte le plus haut de la raison est de savoir les reconnaître. Non-seulement il est des choses que notre raisonnement ne peut et ne pourra jamais atteindre; mais encore, parmi celles qui sont de son ressort, il en est qui ne sont pas encore saisissables par lui au moment où notre esprit les aperçoit dans leur vérité. Tantôt, une chose se reconnaît comme vraie en pratique, sans qu'on puisse encore remonter à son principe théorique, tantôt le contraire a lieu, et c'est une haute vérité théorique qui est aperçue, sans

qu'on puisse encore la relier logiquement aux applications pratiques qui sont évidemment sous sa dépendance. L'esprit de l'homme serait donc incertain et vacillant, s'il ne mettait au-dessus du travail raisonné de son intelligence, la conviction du sentiment, éclairée par la conscience. Nous allons voir comment les institutions héraldiques rallient les sentiments ; nous verrons ensuite comment les institutions ecclésiastiques rallient les consciences, et couronnent ainsi l'édifice social en le mettant à l'abri de l'erreur.

II. Des institutions héraldiques.

452. Ainsi que nous venons de le voir, la conviction est au-dessus de l'intelligence qui la sert ; et l'homme peut être intimement convaincu de l'excellence d'une chose, sans pouvoir la démontrer par le raisonnement. Cette conviction, il faut qu'il la tienne haute et ferme au-dessus des vicissitudes de la discussion.

La conviction de chaque homme en particulier se fortifie en s'unissant à celles des autres hommes, sous le grand principe social de la dignité personnelle. Les institutions qui rallient ainsi les aspirations généreuses, ont été appelées *héraldiques*, du nom de *héraut* donné à ceux qui étaient les interprètes de la noblesse, dans les temps héroïques où de fortes convictions, devançant les raisonnements de la science, ont posé les bases de la civilisation moderne.

453. La source de toute conviction, c'est le sentiment vrai de soi-même et de sa dignité personnelle. Or, quiconque veut descendre en soi-même, doit reconnaître une grande dette envers la société, qui l'a reçu faible et impuissant, et dans le sein de laquelle se sont développées toutes les puissances personnelles qu'il possède. Tout homme doit donc, sous peine de rougir devant soi-même, rendre à la société cette protection qu'il a reçue d'elle. Et comme le bienfait en est incalculable, la reconnaissance doit aussi se mettre au-dessus de tout calcul. De là, tous les élans de l'héroïsme ; de là, cette obligation illimitée de protéger le faible, obligation dont tout homme a la conviction en soi. Cette conviction est la mère de toutes les convictions, de toutes les aspirations nobles et élevées.

454. Par l'obligation de faire servir à la protection du

faible toutes les puissances qu'il possède, et dont il doit compte à la société, l'homme trouve l'emploi de tous les surcroîts de ressources dont la Providence l'a favorisé ; il trouve en même temps le stimulant nécessaire pour développer ce qui semblait faible en lui.

455. Il suffit de parcourir les différents ordres de ressources, pour voir combien est féconde la fidélité à cette obligation ; combien elle engendre de convictions fortes, qui ouvrent les idées sur tous les points.

456. Considérons l'homme dans la simple liaison des intérêts qui naît du voisinage. Il a vu le jour dans une localité. Le toit qui abrita son berceau s'y trouve auprès du tombeau de ses pères. Les premiers services dont il a vécu viennent des habitants de ce lieu, et c'est à eux qu'il a rendu ses premiers services ; c'est avec eux qu'il a eu ses premières relations, c'est avec eux sans doute qu'il passera la majeure partie de sa vie. Que de liens ce simple rapport d'agglomération établit entre l'homme et le lieu natal ! Que d'obligations intimes il lui impose ! Et quand même ces personnes qui ont ainsi vécu de sa vie auraient eu de graves torts envers lui, il doit à sa propre dignité de travailler à leur amélioration, puisqu'il existera toujours en elles quelque chose de lui-même. Il a de même des obligations envers le pays auquel appartient le lieu de sa naissance ; il en a aussi, de divers degrés, envers les localités dans lesquelles il a vécu : et le sentiment de toutes ces obligations ne peut qu'agrandir et élever son esprit.

457. Mais ce n'est pas seulement par les rapports de voisinage et d'intérêt, qu'il s'est trouvé associé à ses semblables ; il a été aussi rapproché de certains hommes par les affinités du travail. Il a appris avec eux ; il a concouru avec eux aux mêmes œuvres, et il a lutté contre les mêmes difficultés. De là un nouvel ordre d'obligations sociales, qu'un cœur droit n'oublie jamais. De là une variété de nuances délicates dans ces obligations, soit que l'homme ait surpassé ses émules ou ses maîtres, soit qu'il n'ait pu s'élever très-haut dans la hiérarchie du travail.

458 De plus, il a vécu sous certaines lois, dans certaines positions sociales, dont il a partagé les joies et les peines avec d'autres hommes : il a exercé sur certains de ses semblables un pouvoir, ou ils en ont exercé un sur lui : de toutes ces circonstances il reste dans son âme une trace, tantôt

douce, tantôt pénible, qui doit toujours tourner à l'élévation du sentiment, en lui inspirant le désir de remédier au mal et d'étendre l'action du bien.

459. Enfin, il a été en communauté d'idées ou de sentiments avec certains hommes; il a connu leurs lumières et leurs erreurs : de là encore des obligations sociales particulières qui appellent son dévouement, soit qu'il s'agisse de mettre dans leur jour les idées saines de ces hommes, soit qu'il s'agisse de corriger leurs erreurs.

460. A tous les points de vue, on le voit, l'homme trouve un devoir de dévouement à remplir, devoir auquel sa fidélité est due. Lorsqu'il manque à ce devoir, lorsqu'il ne prend de chaque situation sociale que les avantages, en laissant retomber les désavantages sur la société, il sent intérieurement qu'il s'amoindrit, de quelque éclat apparent qu'il puisse se couvrir. La société, en recherchant dans les actions des hommes ce qui porte à un degré éminent le caractère de la fidélité, et en accordant à cette fidélité une considération spéciale, donne un puissant stimulant à la force d'initiative que toutes les institutions ont pour but de développer.

461. Mais il ne suffit pas d'être fidèlement attaché à la société dans les différents liens qu'elle nous présente; il faut être prêt à lutter courageusement contre tout ce qui fait obstacle aux services que nous lui devons. La fidélité ne serait pas réelle si elle ne s'appuyait sur l'*honneur*, ne reculant devant aucun péril lorsqu'il s'agit du devoir.

462. Enfin, dans les différentes luttes que doit soutenir l'homme, il y a une multitude de situations délicates, où la décision la plus honorable, la plus conforme à la véritable dignité, n'est pas toujours celle qui paraît la plus belle au premier abord : soit qu'il s'agisse de s'abstenir quand le torrent de l'opinion nous entraîne à agir avec éclat; soit, au contraire, qu'il faille se montrer avec éclat là où l'opinion nous comprendra mal. On appelle *loyauté* la disposition supérieure qui nous soutient dans ces difficultés, et qui réunit en soi l'essence de la fidélité et de l'honneur. La loyauté est ce qui touche de plus près à la conscience; et c'est sur elle que la société doit concentrer son attention la plus soutenue, son estime la plus haute.

463. Soit que la société se personnifie dans une famille occupant le trône, et concentrant autour de soi toutes les manifestations de la fidélité, de l'honneur et de la loyauté, soit que l'on se contente de placer au sommet social l'image idéale de la patrie et de la famille, le même principe est de rigueur. C'est toujours le respect inviolable du faible, dans toutes les situations possibles, qui est le lien suprême de l'ordre social, le point culminant auquel doivent aboutir tous les élans de la générosité humaine. Seulement, lorsque l'idée abstraite de la famille brille seule au-dessus de la société, elle est exposée à subir le sort de toute abstraction, que chacun interprète suivant son idée, sans qu'elle puisse prendre, pour se plaindre, une autre voix que celle qu'on veut lui prêter ; tandis que, lorsqu'une famille réelle occupe le trône, exigeant le respect de tous par le seul fait de son existence, et indépendamment du mérite personnel de ses membres, c'est réellement le principe incarné du respect de la famille, de l'enfant, du vieillard, de l'homme, en un mot, quelque faible qu'il puisse être. En présence d'une famille réelle, sujette aux mêmes misères que les autres familles, chacun conserve le véritable sens du dévouement social, qui repose sur l'humble esprit du foyer ; chacun est prêt à approprier ce dévouement, non à sa fantaisie, ce qui ne serait pas un dévouement, mais aux véritables nécessités.

464. Il est aisé de comprendre comment cette devise suprême de la protection du faible, s'imprimant dans toutes les manifestations de la puissance de l'homme, — soit que cette puissance réside dans sa fortune, dans son travail, dans les droits dont il est investi, dans les dons élevés de son intelligence, — se développe en une multitude de devises qui en sont comme les rayons et se résument en elle. On comprend, de même, comment toutes ces nobles devises se traduisent, par la puissance de l'art et de la poésie, en emblèmes ingénieux qui parlent à l'imagination. C'est ainsi que les familles, les corporations, les communes, les pouvoirs publics, résument leur pensée de vie dans des blasons dont la pureté leur est chère, et marquent leurs actes d'un sceau hautement avoué ; c'est ainsi que des bannières élèvent au-dessus des masses, réunies pour la lutte ou pour le travail, leurs devises et leurs emblèmes innombrables, exprimant toutes les nuances de la fidélité, de l'honneur, de la loyauté ; c'est ainsi qu'un caractère de majesté s'imprime sur les édifices des cités, faisant respirer et parler la civilisation jusque dans les pierres

et le marbre. Rien n'égale l'émotion profonde que produisent, dans toutes les classes sociales, ces manifestations extérieures; rien n'égale le respect que répand autour de soi le plus humble débris marqué du sceau héraldique. Le génie héraldique, qu'on le reconnaisse ou non, est toujours vivant dans la société; et les institutions qui lui assurent une saine direction méritent toute la sollicitude sociale.

165. Mais la véritable fidélité, le véritable honneur, la véritable loyauté, repose sur une pureté d'intention qu'une bonne conscience peut seule donner. Ceci nous conduit à dire quelques mots des institutions sacrées qui ont spécialement pour objet l'esprit religieux, et qui répandent l'essence de la pensée divine dans toutes les institutions humaines.

III. Des institutions ecclésiastiques.

166. Chacun des différents ordres d'institutions humaines que nous avons passés en revue, a pour but de maintenir l'homme dans la bonne voie par un mobile qui lui est propre. Ainsi, les institutions administratives l'obligent au bien par la saine intelligence de ses intérêts; les institutions professionnelles, par le besoin de réussir dans ses travaux; les institutions gouvernementales, en opposant, au mal qu'il serait tenté de faire, la force majeure et le regard clairvoyant de la loi; les institutions académiques, en établissant la raison logique de ce qui est bien; les institutions héraldiques, enfin, en mettant en jeu la dignité personnelle. Mais la puissance de ces institutions, et la rectitude de leur action, dépendent de la conduite des hommes, qui agissent sur elles comme elles agissent sur eux. Nul ordre d'institutions ne saurait fonctionner sans un appel continuel à la probité consciencieuse; et en ce sens toutes les institutions, indépendantes dans leur sphère propre, dépendent intimement des institutions religieuses, qui rappellent l'homme au sentiment du devoir, dans quelque position qu'il se trouve.

167. L'homme, en effet, ne saurait que fausser et vicier tous les ordres d'institutions, si la Religion, par ses exigences inflexibles et sublimes, n'allumait dans son cœur un foyer d'action qui seul peut donner la vie aux institutions humaines.

168. Cette force vive que la Religion met dans le cœur de tous les hommes, a besoin d'un point de ralliement.

Ce point de ralliement est l'Autel, qui domine toutes les institutions, toutes les sociétés, toutes les époques. C'est au pied de l'Autel, que les hommes de toute condition viennent reconnaître leurs faiblesses et retremper leurs forces, en sacrifiant les passions et les ressentiments qui tendent à les aveugler, à les affaiblir, à déchirer par leurs mains la famille sociale.

469. Au point de vue suprême de la Religion, la société prend le nom d'*Eglise*. Les institutions ecclésiastiques, étendant les rayons de leur hiérarchie immuable dans toutes les profondeurs de la société, assurent l'unité sociale à travers les vicissitudes et les transformations que subissent les institutions humaines.

470. L'autorité ecclésiastique a pour mission spéciale de maintenir la notion de la vérité suprême et inaltérable, à travers le mouvement des innombrables applications que l'homme prétend faire de cette vérité. Cette mission est difficile entre toutes; car elle exige à la fois une grande douceur et une sévérité inflexible, une susceptibilité exquise et vigilante. Elle oblige à intervenir continuellement dans les intérêts et dans les luttes des hommes, tout en restant détaché de ces intérêts et de ces luttes. Elle impose le respect scrupuleux de la personnalité dans ce qu'elle a de plus humble, et en même temps le devoir de la censurer dans ce qu'elle a de plus éclatant et de plus impétueux.

471. Les progrès réalisés dans la science du gouvernement et dans toutes les sciences humaines, ne diminuent en rien la grandeur, l'importance et les difficultés de la mission ecclésiastique. En effet, si ces progrès apportent des puissances nouvelles, ces puissances développées apportent le danger de leurs écarts; et la loi divine doit être prêchée à l'homme sous des faces d'autant plus multiples, qu'il devient plus puissant par le développement de ses travaux et de ses pensées.

472. L'action ecclésiastique se manifeste sous un triple aspect : faire connaître et propager la loi religieuse, toujours immuable, absolue et semblable à elle-même; veiller à son application aux différents cas, aux différents caractères, aux différentes localités; assurer l'unité de son interprétation, à travers les difficultés de tout genre qui tendraient à la vicier, à la dévier. Apostolat, épiscopat, pontificat, sont les trois aspects du gouvernement spirituel de la société.

473. Lorsque l'autorité ecclésiastique est bien respectée, à chacune de ses craintes, à chacun de ses avertissements, les consciences s'éveillent, s'examinent sous tous les points de vue, se redressent, éclaircissent leurs positions douteuses : chacun s'oriente avec précision et rigueur vers la divine étoile, et à l'instant même une clarté douce et sereine se répand dans toutes les régions de la société; les violences deviennent impossibles, chacun exerçant la contrainte sur soi-même et la persuasion sur les autres. Lorsque, au contraire, le respect de l'autorité ecclésiastique vient à manquer, les hommes, se laissant aller à leurs impulsions particulières, soutiennent leurs opinions avec une violence qui les empêche de s'écouter mutuellement. Chacun prétendant faire autorité, nul ne s'éclaire réellement, et la société se trouve plongée dans la confusion, fertile en ébranlements, en calamités de tout genre, qui détruisent ses forces vives.

CHAPITRE III.

DE LA SOUVERAINETÉ.

474. En jetant un rapide coup-d'œil sur les institutions qui assurent l'ordre social, nous avons vu de tous côtés une pensée supérieure dominer la conduite de l'homme, et l'élever, en quelque sorte, au-dessus de lui-même. pour qu'il puisse agir non-seulement comme individu, mais encore comme membre de la société, prenant à cœur l'intérêt social, la dignité sociale. fondement de tout intérêt particulier et de toute dignité particulière. Cette pensée suprême est celle de la SOUVERAINETÉ.

475. Dieu a donné à l'homme l'empire de la terre; mais l'homme ne peut exercer cette domination, qu'en la rapportant à Dieu et en reconnaissant sa propre faiblesse. Si l'homme oublie que toutes ses puissances viennent de Dieu, on le voit devenir la victime de sa faiblesse qu'il a méconnue; et les puissances que Dieu lui avait données se stérilisent dans ses mains.

476. Ces puissances que Dieu a données à l'homme sont

bien variées, bien diverses. L'homme est puissant par les qualités naturelles du corps et de l'esprit; par les différents degrés d'habileté acquise; par la force de la volonté; par le pouvoir plus ou moins grand qu'il tient de la loi; enfin, par la position sociale où Dieu l'a fait naître, et qui peut rallier autour de lui les forces d'un grand nombre d'hommes. De tous ces genres de puissances l'homme abuserait inévitablement, s'il ne songeait à les reporter vers le souverain Auteur de toutes choses, et s'il ne se souvenait que Dieu, en daignant s'appeler le Père de la grande famille humaine, a élevé le principe de la Famille au-dessus de toutes les supériorités personnelles de l'homme.

477. C'est ainsi qu'une simple famille, n'ayant d'autre titre que la naissance, c'est-à-dire ce qui dépend le moins du pouvoir de l'homme, est établie au-dessus d'une nation comme lien suprême de toutes ses forces vives. Le respect inviolable de cette famille souveraine, imposé aux plus puissants comme aux plus faibles, assure la dignité de toutes les familles dont la nation se compose, et les réunit dans la grande idée de *patrie*, qui remonte jusqu'à la patrie céleste et spirituelle. Quand bien même le trône royal n'existerait pas chez une nation, le principe souverain de la famille n'en serait pas moins de rigueur; la société ne se soutiendrait pas, s'il n'était hautement établi que nulle puissance ne vit pour se servir seule, et que toutes sont appelées à servir la patrie. Seulement, ainsi que nous l'avons déjà observé, lorsque cette grande pensée n'existe qu'à l'état d'abstraction, elle est sujette aux vicissitudes de la pensée humaine, tandis que lorsqu'elle est personnifiée dans une famille réelle, tous les systèmes doivent respecter cette réalité, qu'ils ne peuvent façonner à leur gré, et qui représente la destinée humaine telle qu'elle est.

478. Le respect de la souveraineté devient le lien de l'union sociale en imposant, par sa propre force, la modération aux différents *partis* entre lesquels se partage l'action sociale.

479. Le mot *parti*, pour être pris dans une acception favorable, doit désigner les divisions naturelles de l'action sociale des hommes, suivant leurs positions diverses et les qualités de leur caractère. Ainsi, les uns sont plus à même de connaître les intérêts de l'ordre matériel; les autres,

...voir de l'ordre immatériel. Il en est qui sont plus aptes à la conservation de ce que le passé nous a laissé; d'autres qui sont mieux placés pour développer les ressources du présent. Et dans chaque ordre d'intérêts, il y a place pour le travail propre à chaque caractère, à chaque position sociale. Si le respect de la souveraineté n'était inviolable, chacun ne songeant qu'au besoin social qu'il aperçoit ou croit apercevoir, la société serait tiraillée dans tous les sens. Au contraire, avec ce respect, tous les partis semblent n'en faire qu'un seul, parce qu'ils marchent dans une vue commune, et qu'en outre, la crainte de blesser la souveraineté leur inspire, dans leurs rapports entre eux, une délicatesse de procédés qui évite beaucoup de malentendus. La société, remplie de l'idée de famille, agit dans son ensemble comme une famille véritable, et chaque particulier jouit d'une grande somme de vraie liberté, dont il sait user noblement.

MOTS TIRÉS DE L'ORDRE SOCIAL.

NOMS.

Administration. *f.* Administrateur. *m.* Commune. *f.* Municipe. *m.* Municipalité. *f.* Canton. *m.* Arrondissement. *m.* District. *m.* Département. *m.* Province. *f.* Colonie. *f.* — Magistrat. *m.* Magistrature. *f.* Maire. *m.* Mairie. *f.* Mayeur. *m.* Bourgmestre. *m.* Echevin. *m.* Echevinage. *m.* Adjoint. *m.* Edile. *m.* Edilité. *f.* Secrétaire. *m.* Secrétariat. *m.* Président. *m.* Présidence. *f.* Assemblée. *f.* Conseil. *m.* Conseiller. *m.* Comice. *m.* Comité. *m.* Convocation. *f.* Délibération. *f.* Vote. *m.* Suffrage. *m.* Scrutin. *m.* Election. *f.* Brigue. *f.* Prédécesseur. *m.* Successeur. *m.* Collègue. *m.* Patron. *m.* Patronage. *m.* — Recette. *f.* Dépense. *f.* Revenu. *m.*

Cité. *f.* Ville. *f.* Village. *m.* Bourg. *m.* Bourgade. *f.* Faubourg. *m.* Banlieue. *f.* Hameau. *m.* Voisinage. *m.* Voisin. *m.* Capitale. *f.* Métropole. *f.* Chef-lieu. *m.* Port. *m.* Borne. *f.* Limite. *f.* Frontière. *f.* Rue. *f.* Ruelle. *f.* Impasse. *f.* Place *f.* Placette. *f.* Marché. *m.* Carrefour. *m.* Quartier. *m.* Section. *f.* Domicile. *m.* Hôtel. *m.* Caserne. *f.* Casernement. *m.* Hôpital. *m.* Hospice. *m.* Dispensaire. *m.* Infirmerie. *f.* Ambulance. *f.*

Particulier. *m.* Citadin. *m.* Bourgeois. *m.* Bourgeoisie. *f.* Citoyen. *m.* Villageois. *m.* Paysan. *m.* Campagnard. *m.* Journalier. *m.* Ménager. *m.* Population. *f.* Populace. *f.* Milice *f.* Milicien. *m.* Conscrit. *m.* Conscription. *f.* Recrue. *f.* Recrutement. *m.* Recruteur. *m.* Contingent. *m.* Renfort. *m.* Elite. *f.* Vétéran. *m.* Invalide. *m.*

Rôle. *m.* Enrôlement. *m.* Inscription. *f.* Transcription. *f.* Cadastre. *m.* Recensement. *m.* Notoriété. *f.* Publicité. *f.* Ménage.

m. Approvisionnement. *m.* Famine. *f* Disette. *f.* Emigration. *f.* Immigration. *f.* Transmigration. *f.*

Contribution. *f.* Contribuable. *m* Impôt. *m.* Redevance. *f.* Péage. *m.* Tribut. *m.* Rançon. *f.* Cotisation. *f.* Quote-part. *f.* Subside. *m.* Douane. *f.* Douanier. *m.* Accise. *f.* Excise. *f.* Adjudication. *f.* Abonnement. *m.* Accensement. *m.* Arrentement. *m.* Bail. *m.* Appointement. *m* Emolument. *m.* Gratification. *f.* Indemnité. *f.* Paie. *f.* Solde. *f.* Salaire. *m.* Pension. *f.* Arrérages. *m. pl.* Ferme. *f.* Fermier. *m.* Fermage. *m.* Métayage. *m.* Métayer. *m.* Métairie. *f.* Monopole. *m.* Concurrence. *f.* Importation. *f.* Exportation. *f.* Transit. *m.* Bourse. *f.* Foire. *f.* Marché. *m.* Amortissement. *m.*

Compte. *m.* Comptable. *m.* Comptabilité. *f.* Balance *f.* Bilan *m.* Solde. *m.* Liquidation. *f.* Acquit. *m.* Appoint *m.* Boni. *m.* Reliquat. *m.* Echéance. *f.* Trimestre. *m.* Semestre. *m.* Déconfiture. *f.* Faillite. *f.* Banqueroute. *f.*

Intendant. *m.* Intendance. *f.* Receveur. *m.* Trésorier. *m.* Régisseur. *m.* Régie. *f.* Gérant. *m.* Gestion. *f.* Vérificateur. *m.* Vérification. *f.* Inspecteur. *m.* Inspection. *f.* Emploi. *m.* Employé. *m.* Commis. *m.* Bureau. *m.* Agent. *m.* Consul. *m.* Avancement. *m.* Promotion. *f.*

Note. *f.* Document. *m.* Copie. *f.* Circulaire. *f.* Affiche. *f.* Annonce. *f.* Passavant. *m.* Quittance. *f.* Reçu. *m.* Récépissé. *m.* Bordereau. *m.* Facture. *f.* Duplicata. *m.* Certificat. *m.* Attestation. *f* Brevet. *m.* Titre. *m.* Journal. *m.* Registre. *m.* Mémorial. *m.* Agenda *m.* Livret. *m.* Carnet. *m.* Portefeuille. *m.* Numéro. *m.* Numérotage. *m.* Visa. *m.* Cachet. *m.* Estampille. *f.* Almanach. *m.* Annuaire. *m.* Statistique. *f.*

Gramme. *m.* Décigramme. *m.* Centigramme. *m.* Milligramme. *m.* Décagramme. *m.* Hectogramme. *m.* Kilogramme. *m.* Livre. *f.* Marc. *m.* Once. *f.* Gros. *m. ou* Drachme. *f.* Scrupule. *m.* Grain. *m.* Quintal. *m.* — Litre. *m.* Décilitre. *m.* Centilitre. *m.* Millilitre. *m.* Décalitre. *m.* Hectolitre. *m.* Chopine. *f.* Pinte. *f.* Setier. *m.* Boisseau. *m.* Rasière. *f.* Muid. *m.* Stère. *m.* — Mètre. *m.* Décimètre. *m.* Centimètre. *m.* Millimètre. *m.* Kilom tre. *m.* Myriamètre. *m.* Pied. *m.* Pouce. *m.* Ligne. *f.* Toise. *f.* Aune. *f.* Palme. *m.* — Are. *m.* Centiare. *m.* Hectare. *m.* Bonnier. *m.* Arpent. *m.* Perche *f* Acre. *m.* — Franc. *m.* Décime. *m.* Centime. *m.* Florin. *m.* Escalin. *m.* Sou. *m.* Patard. *m.* Liard. *m.* Denier. *m.* Kreutzer. *m.* Piastre. *f.* Réal. *m* Maravédi. *m.* Ecu. *m.* Ducat. *m.* Rixdale. *f.* Pistole. *f.* Sequin. *m.* Rouble. *m.* Guinée. *f.* Schelling. *m* Dollar. *m.*

Garde. *m. f.* Gardien. *m.* Escorte. *f.* Patrouille. *f.* Guet. *m.* Guetteur. *m.* Tocsin. *m.* Alarme. *f.* Corps-de-garde. *m.* Passe-port. *m.* Sauf-conduit. *m.*

⁂

Fonction. *f.* Fonctionnaire. *m.* Profession. *f* Métier. *m.* Art. *m.* Labeur. *m.* Manœuvre. *m. f.* Ouvrier. *m.* Manouvrier. *m.* Artisan. *m.* Praticien. *m.* Apprenti. *m.* Apprentissage. *m.* Maître. *m.* Maîtrise. *f.* Sage. *m.* Corporation. *f.* Chef. *m.* Subordonné. *m.* Subalterne. *m.* Discipline. *f.*

Berger. *m.* Pasteur. *m.* Pâtre *m.* Vacher. *m.* Bouvier. *m.* Chevrier. *m.* Porcher. *m.* Muletier. *m.* Palefrenier. *m.* Ecuyer. *m.* Chamelier.

Cornac. m. Chasseur. m. Oiseleur. m. Pêcheur. m. Equarrisseur. m.
Laboureur. m. Agriculteur. m. Cultivateur. m. Semeur. m.
Faucheur. m. Moissonneur. m. Sarcleur. m. Vigneron. m. Jardi-
nier. m. Horticulteur. m. Maraîcher. m. Bûcheron. m.
Fermier. m. Fossoyeur. m. Mineur. m. Houilleur. m.

Batelier. m. Canotier. m. Gondolier. m. Nautonnier. m. Nocher.
m. Marinier. m. Haleur. m. Matelot. m. Mousse. m. Pilote. m.

Messager. m. Courrier. m. Postillon. m. Cocher. m. Voiturier.
m. Bourrelier. m. Roulier. m.
Maçon. m. Couvreur. m. Plafonneur. m. Mouleur. m. Plâtrier.
m. Chaufournier. m. Briquetier. m. Tuilier. m. Marbrier. m.
Charpentier. m. Menuisier. m. Ebéniste. m. Encadreur. m.
Huchier. m. Layetier. m. Bimbelotier. m. Boisselier. m. Vannier.
m. Tourneur. m. Tonnelier. m. Sabotier. m. Charron. m. Carros-
sier. Vitrier. m. Peintre. m. Tapissier. m. Décorateur. m.
Calorifeur. m.
Forgeron. m. Ferronnier. m. Maréchal. m. Serrurier. m. Méca-
nicien. m. Horloger. m. Pompier. m. Machiniste. m. Taillandier. m.
Coutelier. m. Rémouleur. m. Epinglier. m. Cloutier. m. Chaudron-
nier. m. Ferblantier. m. Ciseleur. m. Orfèvre. m. Joaillier. m.
Lapidaire. m. Armurier. m. Arquebusier. m. Fondeur. m. Etameur.
m. Mondoier. m.
Verrier. m. Faïencier. m. Porcelainier. m. Emailleur. m.
Pipier. m.
Bonnetier. m. Chaussetier. m. Tricoteuse. f. Fileur. m. Filateur.
m. Filier. m. Rubanier. m. Passementier. m. Bobineur. m. Ourdis-
seur. m. Tisserand. m. Drapier. m. Haute-lisseur. m. Teinturier. m.
Tailleur. m. Chapelier. m. Couturière. f. Lingère. f. Ravaudeuse.
f. Blanchisseuse. f. Buandière. f. Lavandière. f. Repasseuse. f.
Coiffeur. m. Perruquier. m. Barbier. m.
Cordonnier. m. Bottier. m. Savetier. m. Gantier. m. Bourrelier. m.
Sellier. m. Sellerie. m. Mégissier. m. Mégisserie. f. Peaussier. m.
Peausserie. f. Chamoiseur. m. Fourreur. m. Fourrure. f. Pelletier.
m. Pelleterie. f. Tanneur. m. Corroyeur. m.
Brasseur. m. Distillateur. m. Liquoriste. m. Vinaigrier. m.
Raffineur. m. Confiseur. m. Pâtissier. m. Boulanger. m. Meunier.
m. Boucher. m. Tripier. m. Charcutier. m. Restaurateur. m. Rôtis-
seur. m. Cuisinier. m. Poissonnier. m. Mareyeur. m. Harengère.
f. Ecailler. m. Ecaillère. f. Coquetier. m.
Cantinier. m. Buvetier. m. Cabaretier. m. Aubergiste. m. Hôtel-
lier. m. Maître-d'hôtel. m. Sommelier. m. Cellerier. m. Cavier. m.
Servante. f. Valet. m. Laquais. m. Cocher. m.
Fabrique. f. Fabricant. m. Manufacture. f. Manufacturier. m.
Entrepreneur. m. Négociant. m. Banquier. m. Surveillant. m.
Gérant. m. Contre-maître. m. Courtier. m. Econome. m.
Trafiquant. m. Marchand. m. Colporteur. m. Boutiquier. m. Détail-
lant. m. Débitant. m. Epicier. m. Mercier. m. Quincaillier. m. Fri-
pier. m.
Typographe. m. Imprimeur. m. Prote. m. Correcteur. m. Com-

positeur. *m.* Satineur. *m.* Brocheur. *m.* Relieur. *m.* Cartonnier. *m.*
Editeur. *m.* Libraire. *m.* Bouquiniste. *m.* Lithographe *m.* Photo-
graphe. *m.*

Artiste. *m.* Architecte. *m.* Peintre. *m.* Sculpteur. *m.* Statuaire.
m. Musicien. *m.* Virtuose. *m.* Chanteur. *m.* Cantatrice. *f.* Organiste. *m.* Violoniste *m.* Trompette. *m.* Timballier. *m.* Accompa-
gnateur. *m.* Organiste *m.* Pianiste. *m.* Compositeur. *m.* Ecrivain.
m. Littérateur. *m.* Poète *m.* Critique. *m.* Savant. *m.* Astronome.
m. Antiquaire. *m.* Ingénieur. *m.* Professeur. *m.* Pédagogue. *m.*
Instituteur. *m.* Instructeur. *m.* Précepteur. *m.* Etudiant. *m.* Collé-
gien. *m.* Ecolier. *m.*

Soldat. *m.* Caporal. *m.* Sergent. *m.* Brigadier. *m.* Fourrier. *m.*
Adjudant. *m.* Lieutenant. *m.* Capitaine. *m.* Major. *m.* Colonel. *m.*
Général. *m.* Généralissime. *m.* Maréchal. *m.* Fantassin. *m.* Grenadier. *m.* Voltigeur. *m.* Infanterie. *f.* Cavalier *m.* Cavalerie. *f.*
Hussard. *m.* Lancier. *m.* Dragon. *m.* Cuirassier. *m.* Carabinier *m.*
Gendarme. *m.* Gendarmerie. *f.* Canonnier. *m.* Artilleur. *m.* Artil-
lerie. *f.* Sapeur. *m.* Pontonnier. *m.* Pionnier. *m.* Amiral. *m.* Marine.
f. Flotte. *f.* Flottille. *f.* Escadre. *f.* Trois-mâts. *m.* Frégate. *f.* Corvette. *f.* Brick. *m.* Goëlette. *f.* Brûlot. *m.* Galiote. *f.*

Enseigne. *m.* Cornette. *m.* Sentinelle. *f.* Factionnaire. *m.* Vedette.
f. Eclaireur. *m.* Embuscade. *f.* Espion. *m.* Tactique. *f.* Stratégie. *f.*
Armée. *f.* Grade. *m.* Insignes. *m. pl.* Uniforme. *m.* Epaulette. *f.*

*

Loi. *f.* Législateur. *m.* Législation. *f.* Législature. *f.* Légalité. *f.*
Illégalité. *f.* Constitution. *f.* Institution. *f.* Code. *m.* Texte. *m.* Article. *m.* Décret. *m.* Règlement. *m.* Privilége. *m.* Franchise. *f.* Immu-
nité. *f.* Exemption. *f.* Pouvoir. *m.* Droit. *m.* Obligation. *f.* Fondation. *f.* Jurisconsulte. *m.*

Cité. *f.* Citoyen. *m.* Concitoyen. *m.* République. *f.* Serf. *m.*
Servage. *m.* Affranchissement. *m.* Bourgeois. *m.* Bourgeoisie. *f.*
Tutéle. *f.* Tuteur. *m.* Pupille. *m. f.* Emancipation. *f.*

Traité. *m.* Otage. *m.* Pacte. *m.* Ligue. *f.* Coalition. *f.* Convention
f. Trève. *f.* Alliance. *f.* Capitulation. *f.* Stipulation. *f.* Clause. *f.*
Contrat. *m.* Bail. *m.* Solidarité. *f.* Procuration. *f.* Mandat. *m.* Man-
dataire. *m.* Dot. *m.* Dotation. *f.* Donation. *f.* Donateur. *m.* Donataire. *m.* Testament. *m.* Testateur. *m.* Légataire. *m.* Douaire. *m.*
Apanage. *m.*

Parlement. *m.* Chambre. *f.* Député. *m.* Représentant. *m.* Sénat.
m. Sénateur. *m.* Session. *f.* Séance. *f.*

Crime. *m.* Attentat. *m.* Délit. *m.* Délinquant. *m.* Infraction. *f.*
Récidive. *f.* Complice. *m.* Complicité. *f.* Connivence. *f.* Contravention. *f.* Récalcitrant. *m.* Contrebande. *f.* Contrebandier. *m.* Fraude.
f. Fraudeur. *m.* Braconnier. *m.* Braconnage. *m.* Brigand. *m.* Bri-
gandage. *m.* Pirate. *m.* Piraterie. *f.* Vol. *m.* Voleur. *m.* Faussaire. *m.*
Pénalité. *f.* Amende. *f.* Confiscation. *f.* Prison. *f.* Prisonnier. *m.*
Détention. *f.* Réclusion. *f.* Exil. *m.* Bannissement. *m.* Déportation.
f. Supplice *m.*

Tribunal. *m.* Juge *m.* Assesseur. *m.* Juré. *m.* Jury. *m.* Expert.
m. Expertise. *f.* Greffe. *m.* Greffier. *m.* Huissier. *m.* Clerc. *m.*

Barreau. m. Avocat. m. Avoué. m. Procureur. m. Substitut. m. Bailli. m. Bailliage. m. Prévôt. m. Prévôté. f. Sénéchal. m. Sénéchaussée. f. Prétoire. m.

Litige. m. Procès. m. Procédure. f. Demandeur. m. Demanderesse. f. Défendeur. m. Défenderesse. f. Citation. f. Assignation. f. Comparution. f. Perquisition. f. Information. f. Confrontation. f. Plaidoyer. m. Réquisitoire. m. Accusation. f. Accusateur. m. Dénonciation. f. Dénonciateur. m. Poursuite. f. Arrestation. f. Incarcération. f. Emprisonnement. m. Elargissement. m.

Audience. f. Assises. f. pl. Arrêt. m. Sentence. f. Culpabilité. f. Condamnation. f. Acquittement. m. Délai. m. Expiration. f. Sursis. m.

Gouvernement. m. Gouverneur. m. Ministre. m. Ministère. m. Arrêté. m. Promulgation. f. Proclamation. f. Inauguration. f. Installation. f. Instauration. f. Restauration. f. Préfet. m. Préfecture. f. Commissaire. m. Commissariat. m.

Sceau. m. Scel. m. Contre-scel. m. Signature. f. Signataire. m. Paraphe. m. Seing. m. Contre-seing. m. Charte. f. Chartrier. m. Archive. f. Archiviste. m. Diplôme. m. Diplomate. m. Diplomatie. f. Chancelier. m. Chancellerie. f. Ambassade. f. Ambassadeur. m. Plénipotentiaire. m. Légation. f. Légat. m. Nonce. m. Envoyé. m. Interprète. m. Truchement. m.

Connétable. m. Dictateur. m. Visir. m. Pacha. m. Mandarin. m. Charge. f. Office. m. Officier. m. Nomination. f. Promotion. f. Démission. f. Révocation. f. Rappel. m. Destitution. f.

Sûreté. f. Sauvegarde. f. Sauf-conduit. m. Passe-port. m. Police. f.

Insurrection. f. Soulèvement. m. Révolte. f. Tumulte. m. Emeute. f. Faction. f. Sédition. f. Complot. m. Révolution. f. Subversion. f. Despotisme. m. Tyrannie. f. Vexation. f. Oppression. f. Extorsion. f. Exaction. f.

Réclamation. f. Pétition. f. Requête. f. Apostille. f.

*

Académie. f. Académicien. m. Beaux-arts. m. pl. Belles-lettres. f. pl. Littérature. f. Tribune. f. Conférence. f. Dissertation. f. Discussion. f. Controverse. f. Harangue. f. Thèse. f. Orateur. m. Publiciste. m. Opinion. f.

Ecole. f. Université. f. Institut. m. Amphithéâtre. m. Cours. m. Leçon. f. Chaire. f. Censure. f. Censeur. m. Collège. m. Athénée. m. Lycée. m. Gymnase. m. Humanités. f. pl. Conservatoire. m. Pensionnat. m. Musée. m.

Docteur. m. Doctorat. m. Bachelier. m. Baccalauréat. m. Licencié. m. Lauréat. m.

Livre. m. Chapitre. m. Préambule. m. Préface. f. Postface. f. Avant-propos. m. Prolégomènes. m. pl. Erratum. m. Errata. m. Abrégé. m. Encyclopédie. f. Compendium. m. Brochure. f. Opuscule. m. Pamphlet. m. Libelle. m. Diatribe. f. Bulletin. m. Notice. f. Légende. f. Feuilleton. m. Gazette. f. Inscription. f. Publication. f.

*

Devise. f. Emblème. m. Bannière. f. Drapeau. m. Etendard. m. Oriflamme. f. Pavillon. m. Guidon. m. Blason. m. Cartouche. m.

Ecusson. *m*. Panonceau. *m*. Armoiries. *f. pl.* Armes. *f. pl.* Trophée. *m*. Panoplie. *f*. Insignes. *m. pl.* Costume. *m*. Cocarde. *f*. Diadème. *m*. Couronne. *f*. Sceptre. *m*. Trône. *m*

Honneur. *m*. Patrie. *f*. Fidélité. *f*. Loyauté. *f*. Noblesse. *f*. Anoblissement. *m*. Ennoblissement. *m*. Illustration. *f*. Célébrité. *f*. Généaologie. *f*. Félonie. *f*. Trahison. *f*.

Cérémonie. *f*. Cérémonial. *m*. Etiquette. *f*. Décorum. *m*. Rang. *m*. Préséance. *f*. Cortége. *m*. Triomphe. *m*. Acclamation. *m*. Deuil. *m*.

Chevalier. *m*. Chevalerie. *f*. Ecuyer. *m*. Baron. *m*. Baronne. *f*. Baronnie. *f*. Comte. *m*. Comtesse. *f*. Comté. *m*. Marquis. *m*. Marquise. *f*. Marquisat. *m*. Duc. *m*. Duchesse. *f*. Duché. *m*. Prince. *m*. Princesse. *f*. Principauté. *f*. Altesse. *f*. Hautesse. *f*. Héraut. *m*. Page. *m*.

*

Sacerdoce. *m*. Prêtre. *m*. Prêtrise. *f*. Apôtre. *m*. Apostolat. *m*. Pontife. *m*. Pontificat. *m*. Pape. *m*. Papauté. *f*. Evêque. *m*. Episcopat. *m*. Archevêque. *m*. Archiépiscopat. *m*. Cardinal. *m*. Cardinalat. *m*. Diacre. *m*. Diaconat. *m*. Archidiacre. *m*. Archidiaconat. *m*. Acolyte. *m*. Acolytat. *m*. Clergé. *m*. Clerc. *m*. Hiérarchie. *f*. Eglise *f*.

Curé. *m*. Cure. *f*. Doyen. *m*. Décanat. *m*. Doyenné. *m*. Vicaire. *m*. Vicariat. *m*. Coadjuteur. *m*. Aumônier. *m*. Chapelain. *m*. Sacristain. *m*. Bedeau. *m*. Marguillier. *m*. Chanoine. *m*. Canonicat. *m*. Chapitre. *m*. Evêché. *m*. Archevêché. *m*. Prélat. *m*. Prélature. *f*. Concile. *m*. Synode. *m*.

Couvent. *m*. Monastère. *m*. Communauté. *f*. Congrégation *f*. Confrérie. *f*. Abbaye. *f*. Abbé. *m*. Moine. *m*. Religieux. *m*. Abbesse. *f*. Nonne. *f*. Religieuse. *f*. Novice. *m. f*. Noviciat. *m*. Hermite. *m*. Anachorète. *m*. Pèlerin. *m*. Pèlerine. *f*. Séminaire. *m*. Séminariste. *m*. Missionnaire. *m*. Prédicateur. *m*.

Prédication. *f*. Sermon. *m*. Prône. *m*. Homélie. *f*. Bénédiction. *f*. Absolution. *f*. Excommunication. *f*. Anathème. *m*. Bulle. *f*. Bref. *m*.

Messe. *f*. Vêpres *f. pl.* Complies. *f. pl.* Psaume. *m*. Verset. *m*. Antienne. *f*. Cantique. *m*. Hymne *f*. Oraison. *f*. Absoute. *f*. Offrande. *f*. Oblation. *f*. Rite. *m*. Liturgie. *f*.

Hostie. *f*. Calice. *m*. Ciboire. *m*. Missel. *m*. Lutrin. *m*. Encensoir. *m*. Cierge. *m*. Bénitier. *m*. Goupillon. *m*. Tiare. *f*. Mitre. *f*. Crosse. *f* Aumusse. *f*. Etole. *f*. Surplis. *m*. Chasuble. *f*. Soutane. *f*. Scapulaire. *m*. Cilice. *m*. Haire. *m*. Froc. *m*.

Noël. *f*. Avent. *m*. Epiphanie. *f*. Carême. *m*. Pâques. *f. pl.* Pentecôte. *f*. Ascension *f*. Assomption. *f*. Toussaint. *f*. Nativité. *f*. Procession. *f*. Rogations. *f. pl.* Jubilé. *m*.

Paroisse. *f*. Autel. *m*. Tabernacle. *m*. Chœur *m* Sanctuaire *m*. Nef. *f*. Baptistère. *m*. Baptistaire. *m*. Fonts. *m. pl.* Sacristie. *f*. Chapelle. *f*. Confessionnal. *m*. Basilique. *f*. Cathédrale. *f*. Collégiale. *f*. Succursale. *f*. Clocher. *m*. Dôme. *m*. Portail. *m*. Parvis. *m*. Presbytère. *m*. Cloître. *m*. Cimetiere. *m*. Sépulture. *f*. Sépulcre. *m*. Tombeau. *m*. Tombe. *f*.

*

Souverain. *m*. Souveraineté. *f*. Suzerain. *m*. Suzeraineté. *f*

Sujet. *m*. Vassal. *m*. Hommage. *m*. Avénement. *m*. Sire. *m*. Seigneur. *m*. Dynastie. *f*. Roi. *m*. Reine. *f*. Royaume. *m*. Empereur. *m*. Impératrice *f*. Empire. *m*. Monarque. *m*. Potentat. *m*. Autocrate. *m*. Czar. *m*. Czarine. *f*. Sultan. *m*. Sultane. *f*. Calife. *m*. Dey. *m*. Bey. *m*. Aristocratie. *f*. Démocratie. *f*. République. *f*.

Autorité. *f*. Usurpation. *f*. Amnistie. *f*. Grâce. *f*. Gratuité. *f*. Placet. *m*. Supplique. *f*.

ADJECTIFS.

Administratif. Communal. Municipal. Rural. Urbain. Limitrophe. Riverain. Mitoyen. Voisin. Notoire. Notable. Public. Privé. Forain.

Quitte. Indemne. Solidaire. Réversible. Permanent. Temporaire. Transitoire. Vacant. Banal. Indivis.

Législatif. Légal. Illégal. Périmé. Electoral. Parlementaire. Réglementaire. Judiciaire. Prévôtal. Exécutif. Officiel. Authentique. Apocryphe. Récalcitrant.

Professionnel. Artistique. Scientifique. Littéraire. Disciplinaire. Corporatif. Militaire.

Académique. Universitaire. Polytechnique. Classique. Scolaire. Scolastique.

Chevaleresque. Solennel. Triomphal. Cérémonieux. Noble. Nobiliaire. Illustre. Célèbre. Héraldique. Equestre.

Spirituel. Temporel. Laïque. Ecclésiastique. Canonique. Sacerdotal. Pontifical. Papal. Episcopal. Diocésain. Archiépiscopal. Canonical. Capitulaire. Curial. Pastoral. Diaconal. Archidiaconal. Abbatial. Clérical.

Souverain. Seigneurial. Royal. Impérial. Princier. Ducal. Comtal. Baronnial. National.

VERBES.

Administrer. Enregistrer. Inscrire. Transcrire. Enrôler. Constater. Inventorier. Numéroter. Domicilier. Caserner.

Abonner. Affermer. Accenser. Arrenter. Transférer. Adjuger. Subsidier. Afficher. Placarder. Publier. Convoquer. Notifier.

Accaparer. Acquitter. Solder. Obérer. Endetter. Thésauriser. Vérifier.

Discipliner. Commander. Ordonner. Professer.

Gouverner. Promulguer. Proclamer. Installer. Instaurer. Restaurer. Fonder. Légaliser. Authentiquer. Sceller. Cacheter. Signer. Contre-signer. Parlementer. Traiter. Protester.

Accuser. Dénoncer. Assigner. Confronter. Juger. Condamner. Absoudre. Plaider. Informer. Récuser. Surseoir. Ecrouer. Emprisonner. Incarcérer. Détenir.

Frauder. Transgresser. Violer. Contrevenir. Punir. Sévir. Exiler. Bannir. Déporter. Supplicier.

Discuter. Disserter. Controverser. Opiner. Délibérer. Voter. Présider. Censurer. Enseigner. Haranguer.

Ennoblir. Anoblir. Illustrer. Célébrer. Dédier. Triompher.

Régner. Octroyer. Mander. Abolir. Abroger. Gracier. Amnistier. Sanctionner.

Bénir. Préconiser. Excommunier. Absoudre. Anathématiser. Officier. Psalmodier.

EXERCICE.

Quelques exemples suffiront ici pour faire apercevoir le parti que l'on peut tirer des notions de l'ordre social, dans les exercices déjà indiqués.

D *Citez et définissez des noms qui aient rapport à l'ordre administratif, — professionnel, — légal, — académique, — héraldique, — ecclésiastique, — à la souveraineté.*

R. *Cadastre*, relevé exact des domaines d'une localité, d'une contrée, et de leur valeur productive. — *Stage*, le temps qu'on passe à se perfectionner dans la pratique d'une profession, avant de s'y établir. — *Contrat*, convention passée par écrit sous la sanction de la loi. — *Thèse*, proposition ou ensemble de propositions, que l'on soutient par des arguments. — *Armoiries*, emblèmes héraldiques qui symbolisent la noblesse d'une famille, d'une corporation, d'une cité, d'un état. — *Paroisse*, agglomération d'habitants sous l'autorité spirituelle d'un curé. — *Grâce*, acte de la souveraineté qui exempte de l'exécution de la loi.

D. *Citez et définissez des verbes qui aient rapport aux mêmes ordres d'idées.*

R. *Constater*, établir par des preuves certaines l'existence d'un fait. — *Fabriquer*, exécuter en grand les œuvres industrielles, en s'aidant de tous les moyens d'économie et de perfection que donne l'ensemble de l'industrie. — *Plaider*, faire valoir en justice les raisons favorables à une cause. — *Disserter*, parler en détail et avec méthode sur un sujet. — *Anoblir*, conférer les titres de noblesse. — *Bénir*, appeler sur une personne, sur une entreprise, la protection céleste ; consacrer une chose au service divin ; remercier avec vénération, etc. — *Sanctionner*, donner à une loi le caractère de l'autorité souveraine.

D. *Formez des propositions où soient employés les termes relatifs aux différents ordres d'institutions.*

L'administrateur intelligent assure la sage économie des dépenses de la commune. — L'étude du savant facilite le travail de l'ouvrier. — Une bonne législation protège la personne et la propriété des citoyens. — La sévérité des examens rehausse l'importance des grades académiques. — La noblesse des devises et des emblèmes élève les sentiments du cœur. — Les grandes entreprises de la politique et de l'industrie invoquent les bénédictions de l'Église. — Le respect de la majesté souveraine prévient les dissensions sociales.

Nous avons, dans cette première partie, embrassé d'un coup d'œil rapide toutes les séries d'idées que le langage peut être appelé à exprimer. L'esprit de l'élève, après s'être exercé sur les objets si variés que lui présente la nature, et s'être élevé ensuite à la notion de la domination que sa personnalité y exerce, a terminé sa course en considérant, de ce haut point de vue, les travaux de l'homme et les institutions sociales qui les protégent (1). Dans tous ces ordres d'idées, auxquels l'enseignement maternel, toujours complet par son génie propre, l'avait déjà initié, l'élève s'est habitué à exprimer clairement et avec précision ce qui frappait son esprit ; et le discours s'est concentré pour lui dans la *proposition*, dont il a pu voir les éléments constitutifs se nuancer suivant les différents ordres d'idées. Il a saisi le rôle logique et grammatical des principales parties du discours dans la proposition, et il sait bien ce que c'est qu'un *nom*, un *adjectif*, un *verbe*, un *pronom* ; il conçoit la nécessité des modifications de *temps* et de *personne* du verbe. La notion qu'il possède de la fonction des mots est nette et solide, parce qu'on a eu soin de n'arrêter son esprit que sur ce qui est fondamental, en laissant de côté ce qui, étant secondaire, ne devait être présenté que plus loin.

Dans cette matière inépuisable qui s'est accumulée devant lui, il devient facile de tracer les exercices subséquents.

Deux choses se présentent maintenant à approfondir :

1° Les *compléments* qu'introduisent dans la proposition les divers rapports des idées entre elles : l'étude des compléments nous conduit à la notion des *prépositions*, qui expriment ces rapports, et des *adverbes*, qui peuvent se décomposer en une préposition suivie de son complément.

2° La *liaison des propositions*, et leur dépendance entre elles : de là, la notion des *conjonctions*, qui unissent les propositions, et du mode *subjonctif*, qui exprime la dépendance.

Après ces deux ordres d'exercices, qui composent la deuxième et la troisième partie, il ne restera plus qu'à réunir les diverses particularités propres à la langue, et dont l'usage aura préparé l'étude : ce sera l'objet de la quatrième partie, qui complètera ainsi le cours des exercices.

---

(1) Pour rendre nos tableaux complets, il nous a fallu mentionner bien des choses qui pourraient sembler au-dessus de la portée des jeunes élèves. Cependant, si l'on y réfléchit, on verra que rien n'est au-dessus de leur portée d'une manière absolue, puisque l'enseignement maternel, modèle que l'école doit suivre, est un enseignement encyclopédique, qui entretient l'enfant des choses les plus élevées en même temps que des plus humbles. De même que la mère expose à son élève des notions dont il ne saisit d'abord qu'incomplétement le sens, et sur lesquelles elle revient à mesure que l'intelligence s'ouvre, de même, le tact de l'instituteur, après avoir passé d'abord légèrement sur les points les plus difficiles, les approfondira peu à peu lorsque l'élève viendra chercher, dans cette première partie, des matériaux pour des exercices plus avancés.

DEUXIÈME PARTIE.

Compléments, - prépositions, - adverbes.

En analysant logiquement les propositions que nous avons formées dans les précédents exercices, nous avons vu que leur sujet et leur attribut pouvaient être complétés par un ou plusieurs mots formant ce qu'on appelle un *complément*. Ainsi, dans cette proposition : *une étude soignée de la langue est la base d'une instruction solide*, les mots *soignée* et *de la langue* complètent le sens du sujet : *une étude;* les mots : *d'une instruction solide*, complètent le sens de l'attribut : *la base*. Le complément, ainsi envisagé, prend le nom de *complément logique ;* et l'on appelle *sujet logique* l'ensemble du sujet et de ses compléments, tandis qu'on donne le nom de *sujet grammatical* au seul substantif qui désigne l'être dont l'existence ou l'action est affirmée par la proposition que l'on analyse. Nous reviendrons plus loin sur le complément logique, lorsque nous étudierons la liaison des propositions. Considérons maintenant les compléments par rapport aux espèces de mots dont ils complètent le sens. Nous aurons à examiner les compléments *du substantif, de l'adjectif et du verbe*. Cette étude nous conduit aux exercices sur la préposition et sur l'adverbe.

COMPLÉMENT DU SUBSTANTIF.

Nous avons rencontré, dans la première partie, de nombreux exemples de ce complément. Toutes les fois que nous avons joint un substantif à un autre à l'aide de la préposition *de*, celui des deux substantifs devant lequel se trouvait la préposition était le complément du premier. Nous n'avons fait alors aucune distinction entre ces exemples; et il nous a suffi d'établir un rapport quelconque entre les idées exprimées par les deux substantifs. Il est maintenant à propos de distinguer les différents rapports que cette préposition, la plus employée de toutes, peut exprimer entre deux substantifs.

Un substantif peut devenir le complément d'un autre, par le rapport du tout à la partie; — du contenant au contenu; — du principal à l'accessoire, — de la cause à l'effet; — de l'être à sa substance, à ses attributs ou qualités, à son origine, au temps ou au lieu auquel il est propre, à l'état où il se trouve, aux actes dont il est le sujet ou l'objet; — de la chose à son propriétaire; — de l'œuvre à son auteur.

Prenons, par exemple, le substantif *tonneau*. et appliquons y ces différents rapports:

Le fond du tonneau (*rapport du tout à la partie*).

L'eau du tonneau (*rapport du contenant au contenu*).

La bonde du tonneau (*rapport du principal à l'accessoire*).

Le bois du tonneau (*rapport de l'être à sa substance*).

La voussure du tonneau (*rapport de l'être à ses attributs fonda-mentaux*).

La solidité du tonneau (*rapport de l'être à ses qualités*).

L'inclinaison du tonneau (*rapport de l'être à son état*).

L'arrivée du tonneau (*rapport de l'être à l'acte dont il est le sujet*).

La construction du tonneau (*rapport de l'être à l'acte dont il est l'objet*).

Le maître du tonneau (*rapport de la chose à son propriétaire*).

Le constructeur du tonneau (*rapport de l'œuvre à son auteur*).

En plaçant le substantif *tonneau* avant la préposition, nous trouvons encore d'autres variétés de rapports :

Un tonneau de la Bourgogne (*rapport de l'être au lieu de son origine*).

Un tonneau de l'ancien temps (*rapport de l'être au temps d'où il date*).

Le tonneau du jardinier (*rapport de la chose à son propriétaire*).

Prenons notre exemple dans l'ordre immatériel, soit le substantif *discours*, et faisons le même exercice.

La péroraison du discours (*rapport de la partie au tout*).

Le sens du discours (*rapport du contenant au contenu*).

Les préliminaires du discours (*rapport du principal à l'accessoire*).

La matière du discours (*rapport de l'être à sa substance*).

L'éloquence du discours (*rapport de l'être à ses qualités*).

Le prononcé du discours (*rapport de l'objet à l'acte*).

L'influence du discours (*rapport du sujet à l'acte*).

L'auteur du discours (*rapport de l'œuvre à l'auteur*).

Le discours du président (*rapport de l'œuvre à l'auteur*).

Un discours de la bonne époque littéraire (*rapport de la chose au temps*).

D'après ces exemples, il est facile de multiplier les exercices, en prenant des noms dans les différents ordres de notions que nous avons parcourus, et en examinant, sous leurs différents rapports, les objets que ces noms désignent.

Soient les substantifs : *soleil, — arbre, — bœuf, — attention, — courage, — joie, — travail, — monnaie, — prix, — receveur, — discipline, — tribunal, — livre, — drapeau, — chapelle.* — Si nous considérons les objets que ces substantifs désignent, nous trouvons, entre autres exemples :

Le centre du soleil. Les taches du soleil. La rondeur du soleil. Les dimensions du soleil. La splendeur du soleil. La substance du soleil. L'éloignement du soleil. Le coucher du soleil. Le soleil de l'été. Le soleil des tropiques.

La branche de l'arbre. La sève de l'arbre. Le soutien de l'arbre. Le bois de l'arbre. La vigueur de l'arbre. La forme de l'arbre. L'âge de

‹ l'arbre. Le pays de l'arbre. La croissance de l'arbre. La taille de l'arbre. L'arbre du cultivateur. L'arbre du verger.

La tête du bœuf. Le licol du bœuf. La viande du bœuf. La hauteur du bœuf. La force du bœuf. Le sommeil du bœuf. Le béuglement du bœuf. L'abattage du bœuf. Un bœuf de la Suisse.

La puissance de l'attention. Les résultats de l'attention. L'utilité de l'attention. Les difficultés de l'attention. Les distractions de l'attention. L'attention du disciple.

Les merveilles du courage. L'éclat du courage. La grandeur du courage. L'admiration du courage. Les actes du courage. Le courage de l'enfant.

La fécondité de la foi. La pureté de la foi. L'unité de la foi. La défaillance de la foi. Les miracles de la foi. Les beaux âges de la foi. La foi des martyrs.

La nécessité du travail. La tâche du travail. L'habileté du travail. Les œuvres du travail. La division du travail. Le prix du travail. L'heure du travail. Le lieu du travail. Le travail de l'atelier. Le travail du soir. Le travail du laboureur.

La matière de la monnaie. La valeur de la monnaie. La circulation de la monnaie. La dépréciation de la monnaie. La monnaie du siècle dernier. La monnaie des pays étrangers.

La base du prix. L'instabilité du prix. La hauteur du prix. La diminution du prix. Le prix des denrées. Le prix du jour. Le prix du marché. Les prix de ce négociant.

L'emploi du receveur. La probité du receveur. L'exactitude du receveur. Le commis du receveur. Le bureau du receveur. Le compte du receveur. La nomination du receveur.

L'objet de la discipline. La sévérité de la discipline. Les prescriptions de la discipline. L'efficacité de la discipline. Le lien de la discipline. Le relâchement de la discipline.

Les juges du tribunal. Le siége du tribunal. La juridiction du tribunal. La compétence du tribunal. L'intégrité du tribunal. Le jugement du tribunal. L'institution du tribunal. Le président du tribunal. Le tribunal du canton.

Le sujet du livre. Le texte du livre. Les chapitres du livre. Les notes du livre. La table du livre. Le style du livre. La moralité du livre. L'intérêt du livre. L'auteur du livre. Les feuillets du livre. La couverture du livre. Le dos du livre. Le papier du livre. La grosseur du livre. L'imprimeur du livre. Le relieur du livre.

La devise du drapeau. L'honneur du drapeau. Le gardien du drapeau. La défense du drapeau. La soie du drapeau. Les couleurs du drapeau. La largeur du drapeau. La magnificence du drapeau. Le drapeau de la cité, de la corporation, de l'armée, etc.

La sainteté de la chapelle. Le tabernacle de la chapelle. La consécration de la chapelle. La cloche de la chapelle. La construction de la chapelle. L'ancienneté de la chapelle. La chapelle du hameau.

On comprend combien l'esprit de l'élève se développe et se fortifie en recherchant dans ces exemples, et dans une multitude d'autres qu'il lui est facile de trouver, les différents rapports des choses et des idées.

En rapportant à l'idée de *personne* le rapport de la chose à son propriétaire, de l'acte à son sujet, de l'œuvre à son auteur, nous trouvons la matière d'exercices sur l'*adjectif possessif* et sur le

pronom possessif. Prenons cet exemple : *le travail de l'écolier :* si c'est l'écolier lui-même qui parle, il dira : *mon travail;* MON remplace donc ici : *de l'écolier.* Le même complément pourra être remplacé par toutes les variétés de l'adjectif possessif, si l'on varie la personne :

MON travail, *c'est-à-dire :* le travail DE MOI, l'écolier.

TON travail, *c'est-à-dire :* le travail DE TOI, l'écolier.

SON travail, *c'est-à-dire :* le travail DE LUI, l'écolier.

MES travaux, *c'est-à dire :* les travaux DE MOI, l'écolier.

TES travaux, *c'est-à-dire :* les travaux DE TOI, l'écolier.

SES travaux, *c'est-à-dire :* les travaux DE LUI, l'écolier.

De même, s'il s'agit de plusieurs écoliers, on aura :

NOTRE travail, VOTRE travail, LEUR travail, NOS travaux, VOS travaux, LEURS travaux, *pour :* le travail ou les travaux DE NOUS, DE VOUS, D'EUX, les écoliers.

Il sera facile de faire le même exercice sur d'autres compléments, et de construire des propositions à conjuguer telles que celle-ci : *Je commence mon travail ou mes travaux, tu commences ton travail ou tes travaux;* etc. — *Je commence mon travail, tu finis le tien, finit le sien,* etc.

On trouvera également ici l'occasion de s'exercer sur l'emploi du pronom démonstratif CELUI, CELLE, CEUX, CELLES, qui peut être suivi d'un complément à l'aide de la préposition *de.*

Je finis mon travail, je commence celui de mon frère; tu finis ton travail, tu commences celui de ton frère etc.

Je finis ma tâche, je commence celle de mon frère; tu finis ta tâche, tu commences celle de ton frère, etc.

Le complément du nom est souvent un verbe à l'infinitif : *Le besoin de travailler,* — *la crainte de se tromper,* — *la manie de parler,* — *le moment d'agir,* etc.

Pour s'exercer à ce genre de complément, on rapportera aux différentes circonstances qui les accompagnent, les précèdent ou les suivent, les actes ou les états exprimés par les verbes. On aura ainsi, par exemple, pour le verbe *manquer : la crainte de manquer, la facilité de manquer, la honte de manquer, le regret d'avoir manqué;* — pour le verbe *travailler : le désir de travailler, l'ordre de travailler, l'habitude de travailler, l'art de travailler, l'impossibilité de travailler, le moyen de travailler, la satisfaction d'avoir travaillé;* — et ainsi de suite pour d'autres verbes.

Le complément du substantif est *déterminatif,* c'est-à-dire, qu'il restreint la signification de ce substantif à l'étendue que l'on veut lui donner. Le mot *livre,* par exemple, peut désigner tous les objets appelés de ce nom : en disant : *le livre de l'écolier,* on restreint la signification du mot *livre* au seul objet dont on veut parler; on la *détermine.* De même quand l'écolier dit : *mon livre,* il détermine la signification du mot *livre.* C'est pourquoi l'adjectif possessif est appelé *déterminatif.*

On rencontre souvent après un substantif, un autre substantif précédé de la préposition *de*, sans l'article : *Une maison de bois*, — *mon habit de travail.* Le substantif ainsi employé forme une *expression adjective*, analogue aux adjectifs *qualificatifs*. Nous en reparlerons plus loin, ainsi que de l'emploi de la préposition *de* après un collectif : *Une bouteille de vin*, — *un grand nombre d'hommes.*

COMPLÉMENT DE L'ADJECTIF.

Certains adjectifs n'expriment un sens complet qu'à l'aide d'une préposition, suivie d'un nom ou d'un verbe : *Égal à vingt*, — *sensible à la réprimande*, — *digne de soi*. — *digne de concourir.* etc. C'est ce qu'on appelle le *complément de l'adjectif.* Ce complément ressemble aux compléments indirects et circonstanciels des verbes attributifs, dont nous parlerons plus loin. On dit aussi qu'il est *attributif*, parce qu'il se rapporte à quelque qualité ou état qui peut être attribué à un sujet.

Voici quelques adjectifs sur lesquels on pourra s'exercer :

Dur à... Soluble dans... Long de... Supérieur à... Perpendiculaire à... Divisible par... Plein de ... Opposé à ... Égal à ... Malade de ... Visible à .. Las de ... Abordable à ... Sûr de ... Différent de ... Contraire à ... Relatif à... Conséquent avec ... Responsable de ... Enclin à ... Porté pour ..., à... Apte à.. Expert en... Fidèle à... Suspect de ... Prêt à... Content de.. Utile à...

On appliquera à divers objets les qualités exprimées par ces adjectifs, et l'on fera suivre la préposition d'un nom qui convienne. Il sera facile de trouver encore d'autres adjectifs à complément, en se reportant aux listes de mots que nous avons données dans la première partie.

L'élève s'habituera à distinguer ces compléments des suivants, qui ne sont pas, comme eux, indispensables au sens, mais qui désignent quelque circonstance de la qualité ou de l'état exprimé par l'adjectif : *Courageux dans le danger*,—*boiteux du pied gauche.* — *docile en classe*, etc. — La différence entre ces compléments sera mieux comprise encore lorsqu'on se sera exercé sur les compléments du verbe.

COMPLÉMENTS DU VERBE.

Nous avons vu, dans la première partie, que certains verbes prennent ce qu'on appelle un *complément direct*, c'est-à-dire que l'action qu'ils expriment se porte directement sur un objet, sans l'intermédiaire d'une préposition. Les verbes de ce genre prennent le nom de *transitifs : Je donne un livre.* — *je le donne*, — *ce livre me charme.* — Le complément direct répond à la question *qui* ou *quoi*, faite après le verbe.

Mais le sens de cette proposition : *Je donne un livre*, pourrait être plus complet, puisqu'on peut demander *à qui* le livre est donné, et répondre : *Je donne un livre à cet élève.* — *je lui donne un livre.* — *je le lui donne.* — L'action se porte ici *directement* sur *livre* ou sur *le*, et *indirectement* sur *élève* ou sur *lui. Élève* ou *lui* seront *complément indirect.* Le complément indirect est appelé aussi *terme*, parce que c'est à lui qu'aboutit, c'est sur lui que s'épuise, se *termine* l'action exprimée par le verbe.

Le complément indirect répond le plus souvent à la question *à qui?* Aussi, comme on vient de le voir, il existe une forme du pronom qui renferme la préposition *à* : *Je* LUI *donne* pour *je donne* A LUI ; *tu* ME *donnes, je* TE *donne*, pour *tu donnes* A MOI, *je donne* A TOI : *il nous donne, il vous donne, il leur donne*, pour *il donne* A NOUS, A VOUS, A EUX. Ce cas de l'emploi du nom et du pronom a reçu, dans les langues où il y a des déclinaisons, le nom de *datif*, du mot latin *dare, donner*.

Mais le complément indirect peut aussi répondre aux questions *de qui, de quoi; sur qui, sur quoi; contre qui, contre quoi*, et à quelques autres du même genre. Ainsi, par exemple : *informer quelqu'un d'une chose*, — *poser un objet sur un meuble ou contre un meuble*, — *jeter une pierre sur quelqu'un*, — *lutter contre quelqu'un*, — *médire de quelqu'un*, etc.

Certains verbes, comme *lutter* et *médire*, ne prennent que le complément indirect ; c'est pourquoi on les appelle *intransitifs*, l'action qu'ils expriment ne passant sur une personne ou sur une chose qu'indirectement, et par l'intermédiaire d'une préposition.

Nous venons de voir, pour les compléments indirects formés par un pronom, que la préposition *à* s'y trouve renfermée dans la forme du pronom même. Quant aux autres prépositions, elles s'expriment devant les pronoms comme devant les noms : *Il parle* DE MOI, DE TOI, DE LUI, DE NOUS, etc. ; — *il lutte* CONTRE MOI, CONTRE TOI, etc.

Quelquefois le même verbe a deux compléments indirects : *J'ai parlé* A *cet homme* DE *cette affaire*. On a distingué le *complément indirect de la personne* et le *complément indirect de la chose*.

Les verbes passifs ont un complément particulier, formé par le nom ou pronom qui serait le sujet du verbe dans la forme active, et que l'on relie au verbe passif à l'aide de la préposition *par*. Ce complément doit être distingué du complément indirect. Ainsi, par exemple, si l'on dit : *les parents envoient l'enfant à l'école*, — *à l'école* est le complément indirect du verbe *envoyer* ; si l'on prend la forme passive, on a : *l'enfant est envoyé à l'école par ses parents :* la différence du complément indirect et du complément du verbe passif est là bien sensible.

Un verbe peut avoir pour complément indirect un autre verbe à l'infinitif, précédé de la préposition *à* ou *de* : *Se préparer à partir*, — *autoriser quelqu'un à agir*, — *accuser quelqu'un d'avoir menti*, — *charger un homme de porter une lettre*, etc.

Enfin, les verbes transitifs ou intransitifs, actifs ou passifs, peuvent être accompagnés de compléments *circonstanciels*, qui varient suivant les circonstances où l'action se passe, et qui, répondant à des questions de tout genre, donnent lieu à l'emploi de toutes les prépositions.

Les parents envoient l'enfant à l'école, — *avec ses livres*, — *pour étudier*. — *Avec ses livres* et *pour étudier* sont des compléments circonstanciels. Si l'on emploie la forme passive, on aura : *L'enfant est envoyé* — *par ses parents* — *à l'école*, — *avec ses livres*, — *pour étudier*. Dans cet exemple, l'élève saisit aisément le caractère des divers genres de compléments du verbe. Il aperçoit en même temps comment l'étude des compléments lui facilitera plus tard la construction des phrases.

On pourra s'exercer à faire la distinction des compléments, en analysant les propositions suivantes, ainsi que d'autres qu'on pourra construire en cherchant des sujets dans les différents ordres de notions que nous avons parcourus.

Les glaciers des montagnes fournissent l'eau aux fleuves pendant les chaleurs de l'été (1).

Le sang circule dans les vaisseaux par l'impulsion du cœur.

Le regard de l'aigle se fixe sur le soleil, malgré l'éclat de cet astre.

Le sceptique doute des choses réelles, par suite de ses fausses théories.

Dans les cas les plus urgents, l'irrésolu ne se décide à rien.

L'homme, dans les orages de la vie, est ramené au calme par la Religion.

Cette personne s'introduit près de nous sans nous connaître.

L'homme, par le travail, tire de la terre un produit abondant.

Les fruits du travail sont répandus, par l'échange, dans des localités nombreuses.

Les choses varient dans leur valeur suivant les circonstances.

La force de l'armée, dans un état, dépend de la santé de la population.

Dans toute profession, l'on commence par l'apprentissage.

Le respect de la propriété est inscrit dans la loi chez les peuples civilisés.

L'académie des sciences juge de la justesse des observations scientifiques.

Dans les transactions, la loyauté chevaleresque se garde des moindres équivoques.

La bénédiction du prêtre appelle sur les biens de la terre les faveurs du Ciel.

DES ADVERBES ET DES EXPRESSIONS ADVERBIALES.

Certains compléments circonstanciels qualifient l'action ou l'état qu'exprime le verbe, de la même manière que l'adjectif qualifie l'être désigné par le substantif. Ainsi, lorsqu'on dit : *ces hommes*

---

(1) EXEMPLE D'ANALYSE. — Sujet logique : *les glaciers des montagnes*, complexe à cause du complément : *des montagnes* ; verbe : *sont* ; attribut : *fournissant l'eau aux fleuves pendant les chaleurs de l'été*, complexe à cause des compléments : *l'eau*, — *aux fleuves*, — *pendant les chaleurs de l'été*.

Si nous analysons ensuite les compléments quant aux espèces de mots auxquelles ils se rapportent, nous voyons que *des montagnes* est le complément du substantif *glaciers*, par le rapport de lieu ; que *l'eau* est le complément direct du verbe *fournir* ; que *aux fleuves* en est le complément indirect ; que *pendant les chaleurs de l'été* en est un complément circonstanciel, dans lequel nous trouvons, par l'analyse, un substantif ayant un complément : *les chaleurs de l'été* (rapport de temps).

Toutes les propositions peuvent être analysées de la même manière.

vivent en paix, l'expression *en paix* qualifie l'état dans lequel vivent ces hommes ; de même que, si l'on disait : *ces hommes sont paisibles*, l'adjectif *paisibles* qualifierait les êtres désignés par le substantif *hommes*. Ce genre de complément peut, dans beaucoup de cas, s'exprimer par un seul mot invariable qu'on appelle *adverbe* : ainsi l'on pourrait, dans l'exemple ci-dessus, remplacer les mots *en paix* par le mot *paisiblement*.

Il existe un grand nombre d'adverbes, qui tous peuvent se décomposer, pour le sens, en une préposition suivie de son complément. Par exemple, *antérieurement*, *longtemps*, *loin*, se traduiront par *dans un temps antérieur*, — *pendant un temps long*, — *dans un lieu éloigné*.

Il existe, de plus, un grand nombre de *locutions adverbiales*, composées de prépositions et d'autres mots, et qui s'emploient usuellement comme des adverbes ; telles sont : *à loisir, de bon gré, sans doute, à ravir, à merveille*, etc.

Le nom de *l'adverbe* vient de ce qu'il s'emploie ordinairement avec le verbe. Mais si l'on décompose le verbe en attribut et en verbe substantif, on voit que la modification exprimée par l'adverbe s'applique à l'attribut : *Ces hommes vivent en paix* ou *paisiblement*, c'est-à-dire SONT *vivant en paix* ou *paisiblement*. Aussi l'adverbe s'emploie-t-il également avec l'adjectif, dont la fonction ordinaire est de servir d'attribut. De même qu'on dira : *cet enfant court trop*, — *cet homme mange modérément*, on dira aussi : *cet habit est trop court*, — *ce mets est modérément chaud*.

Pour premier exercice sur l'adverbe, on prendra le tableau des adverbes (*Voir Grammaire française élémentaire*, p. 76), et l'on exprimera le sens de chacun d'eux à l'aide d'une préposition suivie de son complément. Ainsi, par exemple :

Ailleurs, dans un autre lieu. — *Ainsi*, de cette manière. — *Alors*, dans ce temps. — *Après*, dans un temps postérieur. — *Avant*, dans un temps antérieur, — *Assez*, en quantité suffisante. — *Aujourd'hui*, le jour présent, etc.

Puis, on prendra des locutions adverbiales consacrées par l'usage, et l'on rapprochera de ces locutions les adverbes en un seul mot qui ont une signification analogue.

Tout à coup, aussitôt, subitement. — A l'improviste, *inopinément*. — Sans cesse, *continuellement*. — En abondance, à foison, *abondamment, beaucoup*. — Sans doute, à coup sûr, *certainement, certes, assurément*. — Tout de suite, à cette heure, sur l'heure, à l'instant, *immédiatement*.

On emploiera les adverbes et les locutions adverbiales dans des propositions que l'on formera ; et l'élève s'exercera à les classer suivant leur signification, d'après les divisions suivantes :

ADVERBES DE TEMPS. — Hier, avant-hier, récemment, depuis peu, naguère, autrefois, jadis, anciennement. — Aujourd'hui, à présent, présentement, maintenant, à cette heure, à l'instant. — Demain, après-demain, tantôt, bientôt, dans peu, à l'avenir, désormais, dorénavantvant. — Quelquefois, parfois, souvent, fréquemment, rarement, jamais, toujours, à tout moment, sans cesse, continuellement, ordinairement, d'ordinaire, alors, tôt, tard, de bonne heure, longtemps, encore, déjà, de nouveau, à loisir, à temps, en temps, etc.

ADVERBES DE LIEU. — Ici, là, là-bas, là-haut, où, d'où, dedans, dehors, jusqu'ici, jusque là, près, auprès, proche, loin, vis à vis, à côté, devant, derrière, dessus, dessous, partout, quelque part, nulle part, ailleurs, deçà, delà, çà et là, en, y, etc.

ADVERBES D'ORDRE. — Avant, après, d'abord, ensuite, premièrement, deuxièmement, etc., alternativement, en ordre, confusément, pêle-mêle, en foule, sens-dessus-dessous, à rebours, etc.

ADVERBES DE QUANTITÉ — Peu, beaucoup, encore, assez, trop, guère, très, tant, autant, plus, moins, à peine, presque, à peu près, tout à fait, cher, à bon marché, etc.

ADVERBES DE MANIÈRE. — Bien, mal, ni bien ni mal, de travers, à l'aise, volontiers, à dessein, à fond, à tâtons, à reculons, à l'endroit, à l'envers, à la hâte, par mégarde, par hasard, goutte à goutte, au dé-pourvu, à toute force, à l'amiable, en paix, d'accord, à vide, debout, à genoux, volontairement, convenablement, — *et une multitude d'adverbes formés d'adjectifs.*

ADVERBES DE COMPARAISON. — Ainsi, de même, autrement, plus, moins, surtout, principalement, particulièrement, généralement, etc.

(Certains adverbes prennent les degrés de comparaison comme les adjectifs, à l'aide de *plus, moins, aussi* : tels sont certains adverbes de temps indéterminé : *plus souvent, moins souvent, aussi souvent,* etc.; les adverbes de lieu exprimant la distance : *plus loin, moins loin, aussi loin,* etc.; la plupart des adverbes de manière et de qualité : *plus sage-ment, moins sagement, aussi sagement,* etc.)

ADVERBES D'AFFIRMATION ET DE NÉGATION. — Certainement, certes, nullement, ne, pas, point, non (employé devant un autre mot : *non-seu-lement, non avenu,* etc.). — Nous avons vu que les mots *oui* et *non* expriment une proposition complète ; ils sont donc des mots d'une espèce particulière, et ce serait une erreur de les ranger parmi les adverbes.

ADVERBES D'INTERROGATION. — Combien, où, comment, quand, pour-quoi. — Ces adverbes ayant un caractère qui les rapproche de la con-jonction, les exercices qui les concernent viendront dans la troisième partie.

L'élève rapportera d'abord aux divisions ci-dessus les adverbes et les expressions adverbiales qu'il trouvera dans les propositions suivantes, ainsi que dans d'autres qu'on pourra lui présenter :

J'ai visité *hier, pour la première fois,* une maison incendiée. Elle est située *assez loin de chez moi.* Parti *à six heures du matin,* je suis arrivé *seulement à huit heures.* Arrivé *sur les lieux* j'y ai trouvé une foule *très-*considérable, accourue *de tous côtés.* La maison est *bien* triste à voir. Les murailles sont noircies *du haut en bas.* L'une d'elles est *en-tièrement en ruines.* Tous les meubles échappés au feu sont *dehors,* *pêle-mêle* et *sens-dessus-dessous*. Les habitants sont *encore tout* tremblants. On serait *certes* effrayé *à moins*. (1)

Il pourra ensuite former des propositions semblables, soit qu'on lui fournisse des adverbes et des expressions adverbiales à employer, soit qu'il en cherche lui-même.

Beaucoup d'adverbes de manière sont formés des adjectifs, par la terminaison *ment*. L'élève devra s'exercer à former ces mots : voici les règles de leur formation :

Si l'adjectif est terminé par une voyelle, il suffit d'y ajouter la terminaison *ment* : *Aisément, hardiment, sagement, vraiment, absolument* — Exceptions : *impuni* fait *impunément* ; *aveugle*, *commode*, *conforme*, *énorme*, font *aveuglément, commodément, conformément, énormément* ; *fou*, *mou*, *beau*, *nouveau*, font *follement, mollement, bellement, nouvellement*.

Si l'adjectif est terminé par une consonne, on forme l'adverbe en ajoutant la terminaison *ment* au féminin : *fortement, doucement, attentivement*, etc. Par exception, on change en é fermé l'e muet du féminin dans les adjectifs *commun, importun, confus, exprès, obscur, précis, profond* : *Communément, expressément*, etc. — *Gentil* fait *gentiment*.

Dans les adjectifs terminés en *ant* et en *ent*, on change cette terminaison en *amment* et *emment* pour former l'adverbe : *Constamment, brillamment, élégamment*, etc — Cependant l'adjectif *lent*, n'étant que d'une seule syllabe, fait *lentement*, d'après la règle ordinaire des adjectifs terminés par une consonne.

On essaiera de former des adverbes avec les adjectifs qui suivent, en observant pourquoi certains d'entre eux ne donnent pas lieu à cette formation, soit qu'ils ne modifient ni des actes ni des états, soit qu'il n'y ait d'autre raison que l'usage, remplaçant l'adverbe par une locution adverbiale. On observera aussi les cas où l'adverbe ne s'applique pas à toutes les acceptions de l'adjectif.

Chimique. Animal. Rocailleux. Humide. Froid. Aigu. Grave. Gros. Grossier. Contigu. Successif. Bas. Premier. Total.

Organique. Jeune. Vieux. Cortical. Sain. Frais. Délicat. Fécond. Stérile. Fertile. Aigre.

(1, EXEMPLE D'ANALYSE. — *Hier*, adverbe de temps, modifiant le verbe *ai visité*. — *Pour la première fois*, expression adverbiale indiquant l'ordre, et modifiant aussi *ai visité*. — *Assez*, adverbe de quantité modifiant *loin*, adverbe de distance, qui, suivi de la préposition *de*, forme une expression prépositive gouvernant l'expression adverbiale *chez moi* : *assez loin de chez moi* forme une expression adverbiale, modifiant l'adjectif *située*, et marquant le lieu, la distance. — *A six heures du matin*, expression adverbiale marquant le temps, et modifiant le participe *parti*. — *Seulement*, adverbe d'ordre marquant une restriction, et modifiant l'expression adverbiale de temps *à huit heures*, qui modifie le verbe *suis arrivé* — *Sur les lieux*, expression adverbiale, indiquant le lieu où l'on se trouve, et modifiant le participe *arrivé*. — *Y*, adverbe de lieu, modifiant le verbe *ai trouvé*. — *Très*, adverbe de quantité, modifiant l'adjectif *considérable* — *Et ainsi de suite, jusqu'au bout*.

Nerveux. Languissant. Visible. Invisible. Étourdi. Indompté. Timide. Têtu. Vorace. Goulu. Glouton. Convulsif. Riant. Aveugle. Sourd. Muet.

Vrai. Faux. Certain. Douteux. Semblable. Essentiel. Absolu. Relatif. Logique. Conséquent. Figuré.

Constant. Intrépide. Confiant. Énergique. Résolu.

Religieux. Juste. Clément. Méchant. Pervers.

Ingénu. Franc. Vaillant. Obstiné. Négligent. Fainéant. Paresseux. Économe. Fier. Obéissant. Avide. Importun. Fortuit. Utile. Puéril. Exorbitant.

On pourra trouver bien d'autres exemples, en parcourant les longues séries d'adjectifs que nous avons données dans la première partie.

Du complément de certains adverbes.

L'adverbe, pouvant se décomposer, par le sens, en une préposition suivie de son complément, renferme par lui même un sens complet, et ne prend pas de complément. Il n'y a d'exception que pour les quinze adverbes suivants : *dépendamment, indépendamment, différemment*, qui prennent la préposition *de*; *antérieurement, postérieurement, conformément, conséquemment, convenablement, exclusivement, inférieurement, supérieurement, préférablement, privativement, proportionnément* et *relativement*, qui prennent la préposition *à*.

L'élève pourra s'exercer à l'emploi de ces adverbes, en formant quelques propositions dans lesquelles entreront les plus usités, tels que *indépendamment, différemment, antérieurement, postérieurement, conformément, préférablement, relativement*.

Du complément de la préposition.

La préposition, ainsi que nous l'avons vu, sert à former les compléments des mots en établissant les rapports entre les idées qu'ils expriment. Mais le sens de la préposition n'est complet qu'à l'aide du mot qui la suit et qu'elle régit ; c'est pourquoi ce mot est appelé, dans l'analyse grammaticale, le *complément de la préposition*.

Dans les langues anciennes, où les noms se déclinent, un grand nombre de rapports se trouvent exprimés par la seule terminaison de ces mots. Ces inflexions étant rendues, dans notre langue, à l'aide des prépositions, il n'est pas étonnant que cette partie du discours y ait une grande importance. Et en effet, nous voyons que la préposition remplit, en quelque sorte, toute cette seconde partie de nos exercices. C'est pourquoi il ne sera pas inutile, après avoir étudié, comme nous l'avons fait, le rôle de la préposition dans l'adverbe et dans les divers compléments, de considérer son complément à elle, dans les différents genres de rapports qui peuvent y être exprimés.

Parmi ces rapports, infiniment variés, les principaux sont ceux de *lieu, d'ordre, d'union, de séparation, d'opposition, de but, de cause, de moyen*.

Les prépositions *chez, dans, derrière, parmi, sous, sur, vers,* expriment un rapport de lieu.

Avant, après, entre, depuis, dès, un rapport d'ordre.

Avec, durant, outre, pendant, suivant, selon, un rapport d'union.

Sans, hors, excepté, hormis, un rapport de séparation.

Contre, malgré, nonobstant, un rapport d'opposition.

Envers, touchant, pour, un rapport de but.

Par, moyennant, attendu, un rapport de cause ou de moyen.

Quant aux prépositions *à* et *de,* elles expriment une multitude de rapports divers.

À exprime particulièrement un rapport d'attribution : *donner à, dire à, convenir à, propre à* ; mais on voit cette préposition exprimer aussi le lieu, le but, l'ordre, l'état, etc. : *aller à la ville, — viser à réussir, — côte à côte, — être à la gêne,* etc.

De exprime particulièrement un rapport d'origine ou d'*extraction : La fin de l'ouvrage, le coin de la table, la moitié de la somme ;* mais cette préposition marque aussi la propriété, le lieu, l'état, le moyen, etc. : *La maison de mon père, — approcher de la ville, s'éloigner de la ville, — trembler de peur, — se nourrir de pain,* etc.

À et *de* servent, en outre, comme simples particules dans un grand nombre d'expressions propres à la langue française, et dont ce n'est pas le lieu de s'occuper ici.

Pour s'exercer sur le complément de la préposition, l'élève cherchera, dans des phrases qu'on lui donnera à analyser, les prépositions qui s'y rencontrent, et il indiquera, pour chacune d'elles, quel genre de rapport l'unit au mot qui forme son complément :

Je suis sorti de l'école à quatre heures. *Après* m'être reposé *pendant* une demi-heure, j'ai fait une partie *de* mon devoir. La dictée a *pour* sujet les obligations des enfants *envers* leurs parents. Je crois l'avoir écrite *sans* faute, malgré ses difficultés, *par* ma grande attention. J'en ai exprimé ma joie *à* mon père. *Pour* m'encourager, il m'a conduit *à* la promenade. Nous sommes allés *à* une demi-lieue *de* la ville, et nous sommes revenus *à* la fraîcheur *du* soir, contents *de* notre journée.

DES EXPRESSIONS PRÉPOSITIVES.

Un grand nombre d'expressions, composées de deux ou de plusieurs mots, et terminées par une préposition simple, remplissent le rôle de prépositions, et varient ainsi la signification de cette espèce de mots, en exprimant de nombreuses nuances de rapports. Ainsi, par exemple, *devant moi* exprime un rapport de position antérieure ; mais *vis-à-vis de moi* indique que ce rapport est tel, que l'objet a la face tournée vers moi. *Vis-à-vis de chez moi,* exprime la position par rapport au lieu que j'habite.

On reconnaîtra les expressions prépositives dans les propositions suivantes, et dans d'autres qu'il sera facile de construire :

Les rochers *à fleur d'eau* sont très-dangereux pour la navigation. — *À force de* forger, on devient forgeron. — On ne doit pas rire *aux dépens d'*autrui. — Cette maison est située *aux environs du* lac, *à l'opposite de* la vôtre. — *Faute de* précautions, nous avons échoué dans notre entre-prise. — L'enfant ne doit rien faire *à l'insu de* ses parents.

On fera remarquer à l'élève que ces locutions prépositives ou *prépositions composées* sont ramenées, par l'analyse, aux prépositions simples, exprimant des rapports entre les termes dont la locution prépositive se compose. Dans *à la faveur de*, *à* exprime un rapport entre faveur et ce qui précède; *de*, entre le même substantif et ce qui suit. Dans *faute de*, mis pour *à défaut de*, *par le manque de*, nous trouvons un double rapport analogue ; et il en est ainsi dans toutes les locutions prépositives, qui expriment un rapport composé de divers rapports.

EN, préposition, adverbe, pronom.

Le mot EN mérite une attention particulière dans nos exercices, à cause de ses différents emplois. EN, pronom, s'emploie pour *de lui, d'elle, d'eux, d'elles* (en parlant des choses, et parfois aussi des personnes), *de cela.* EN, adverbe, signifie *de là.* EN, préposition, a une signification qui se rapproche de celle de *dans*, mais qui a son caractère particulier.

EN exprime divers rapports : rapport de lieu : *aller en France;* rapport d'état : *être en sûreté* ; rapport de cause : *faire une chose en mémoire de quelqu'un.* Comparé avec les prépositions *dans* et *à*, EN exprime un rapport de circonstance : *aller* A *la ville, aller* EN *ville, aller* DANS *la ville,* sont trois propositions exprimant un sens analogue : mais dans la première il s'agit d'un but à atteindre ; dans la seconde, d'une circonstance de lieu ; et dans la troisième, de la ville considérée quant à son intérieur.

Pour exercice, on construira des propositions où EN sera employé comme pronom, comme adverbe, et comme préposition comparée aux prépositions *dans* et *à*. Exemple :

Vous m'avez parlé de cette affaire, je suis allé à la ville pour m'*en* occuper. Je pensais *en* revenir *en* diligence : mon frère m'a offert une place *dans* sa voiture. J'ai beaucoup couru *dans* la ville, *en* vue de la réussite ; j'*en* espère du succès. Heureusement, toutes les personnes que je désirais voir étaient *en* ville.

La préposition EN, placée devant un participe présent, forme une expression adverbiale qu'on appelle *gérondif : Lire en marchant, — s'enrichir en travaillant, — travailler en chantant.* — Dans le premier exemple, le gérondif marque le temps de l'action exprimée par le verbe ; dans le second, il marque la cause ; dans le troisième, la manière.

L'action qu'exprime le gérondif doit être faite par le sujet du verbe dont il est le complément. Ainsi on ne peut pas dire : *en étudiant ma leçon, une visite m'a interrompu;* il faut exprimer la pensée autrement.

L'élève s'exercera sur l'emploi du gérondif en faisant entrer dans des propositions les gérondifs qu'on lui donnera. Ainsi, par exemple : *en inondant, en chauffant, en mûrissant, en flairant, en réfléchissant, en estimant, en croyant,* etc.

En inondant l'Egypte, le Nil fertilise le sol de cette contrée. — *En chauffant* l'eau à cent degrés, on la fait bouillir. — Le chien de chasse s'avance *en flairant* la trace du gibier. — *En réfléchissant*, on perfectionne ses connaissances. — *En estimant* l'homme de bien, on se rend soi-même estimable. — On triomphe des peines de la vie *en croyant* au bonheur éternel.

Les exercices sur le gérondif rentrent dans ceux qui ont pour objet les compléments circonstanciels du verbe.

Y, *adverbe et pronom*.

Ici viennent naturellement se placer quelques exercices sur le mot y.

Employé comme adverbe, ce mot a la signification de *là*, relativement à un lieu dont on a parlé : *J'y suis, j'y vais*. Comme pronom, on l'emploie, pour *à lui, à elle, à eux, à elles* (en parlant des choses, et parfois aussi des personnes), *à cela*.

On s'exercera sur ce mot comme sur le mot *en*. Exemple :

On m'a proposé un voyage, j'y ai songé. Paris est le but choisi. Nous nous y rendrons par le convoi de vitesse ; on y trouve une économie de temps.

NOMS EMPLOYÉS COMME EXPRESSIONS ADJECTIVES,
A L'AIDE D'UNE PRÉPOSITION.

Lorsqu'on dit : *une tendresse de mère*, — *un esprit à projets*, — *une montre à répétition*, — *une tabatière en or*, — *un expert en écriture*, — *une conscience sans reproche*, — les expressions *de mère, à projets, à répétition, en or, en écriture, sans reproche*, servent à exprimer une qualité du substantif qui précède ; ce sont donc des expressions adjectives, et le nom qu'elles renferment, ne désignant aucun être, c'est-à-dire n'étant pas employé substantivement, ne prend pas l'article. Certaines de ces expressions peuvent même être remplacées par un adjectif en un seul mot : *une tendresse maternelle, une conscience irréprochable*.

Cet emploi de certaines prépositions, et surtout de la préposition *de*, sera l'objet de quelques exercices utiles, où l'on distinguera les noms employés substantivement de ceux qui le sont adjectivement. Voici, par exemple, une suite de propositions où les expressions adjectives sont remarquées :

Nous avons visité la maison *de campagne* de votre oncle, par une belle matinée *d'été*. Le jardin *d'agrément* et le jardin potager étaient verdoyants et *en fleurs*. La façade *en pierres de taille* se dessinait richement sur le fond *de verdure* formé par les grands peupliers *d'Italie*. La rose *de Hollande* et la rose *de la Chine*, humides de rosée, nous réjouissaient de leurs parfums

(On rapprochera, dans cet exemple, l'adjectif *potager* de l'expression adjective d'*agrément*, remplissant le même rôle. On rapprochera également l'adjectif *verdoyants* de l'expression adjective *en fleurs*. On observera que, dans l'expression *de la Chine*, l'article *la* ne compte pas, faisant partie intégrante du nom propre. On remplacera par des adjectifs d'un sens analogue, les expressions adjectives suceptibles de ce remplacement : par exemple, *en fleurs* par *fleuris*, *de verdure* par *verts*.

EMPLOI DE LA PRÉPOSITION *de* DANS UN SENS PARTITIF.

La préposition DE s'emploie souvent devant un substantif employé dans un sens *partitif : De l'eau, des étoffes, de la volonté,* c'est-à-dire *une certaine partie* de l'eau, des étoffes, de la volonté qui existent. Si un nom ainsi employé est précédé d'un adjectif, l'article disparaît, et il ne reste que la préposition, sauf dans les cas où le nom et l'adjectif réunis ne forment en quelque sorte qu'un seul nom. On s'exercera à composer des propositions où ces diverses nuances prendront leur place. Voici un exemple de cet exercice :

Une réunion a eu lieu chez notre ami. On y fait ordinairement *de la bonne musique,* nous en avons entendu *d'admirable.* Il y avait *de nombreux* invités, parmi lesquels *de grands artistes* et des jeunes gens distingués dans divers genres. On a offert *d'excellents rafraichissements.* Cependant, cette fête a peu coûté ; avec *de la bonne volonté* et des soins, notre ami supplée toujours à *de plus grandes* ressources.

On cherchera aussi quelques exemples de l'emploi de la préposition *de* après les adverbes ou noms de quantité, tels que *beaucoup, peu,* ou après un collectif :

Les jardins du pensionnat contenaient hier une foule *d'écoliers,* réunis pour la fête du directeur. Bon nombre *de verres de vin,* ont été vidés à sa santé. Le riche magasin *de vins* appartenant au père d'un des élèves, a fait les frais de la fête. Il n'existe pas *de meilleur vin* dans toute la ville. — (Après l'adverbe de négation employé de cette manière, il faut se représenter un collectif sous-entendu : *il n'existe pas de meilleur vin,* c'est-à-dire, il n'existe pas une bouteille, un verre, une quantité quelconque de meilleur vin.)

Les exercices sur l'emploi du *collectif sujet,* trouveront leur place dans la quatrième partie.

*

On terminera cette deuxième partie par quelques exercices généraux où seront réunis les différents genres de compléments, et dont les sujets seront fournis abondamment par les notions de l'ordre social, de l'ordre industriel et de l'ordre naturel, données dans la première partie. En voici un exemple, tiré d'une vue d'ensemble sur les notions de tout ordre :

Le respect *de la Religion* est le fondement *de la grandeur d'un État. Par la Religion,* l'homme se conduit, *en toute circonstance, avec une loyauté scrupuleuse,* et il ne recule *devant l'accomplissement d'aucun devoir.* Les périls et les difficultés ne sont rien *pour lui.* Cette noble disposition *de son cœur* ouvre son intelligence, et les idées s'y développent *en foule, pour l'accomplissement de ses bonnes intentions.* Les discussions *entre les hommes* produisent *alors* la lumière, et *non* les malentendus. L'opinion publique se montre *avec vérité au gouvernement,* et les lois sont rédigées *de manière à concilier tous les droits, tous les inté-*

rêts. Les travaux des *différentes professions* se soutiennent *mutuellement,* et leur activité s'exerce *avec émulation, sans jalousie.* L'administration, servie *par eux dans tous ses besoins* réalise *à peu de frais* les services publics ; la protection *des personnes et des propriétés* s'exerce *d une manière générale et efficace.*

Par ce bon ordre social, les valeurs *des choses* s'établissent *avec régularité,* et leurs changements ont lieu *sans secousses, par un mouvement libre et naturel. Ainsi,* le travail n'est pas exposé *à de ruineuses vicissitudes.* Le crédit, *indispensable à l'échange,* repose *sur une multitude de garanties, reliées entre elles par la confiance générale. Grâce à ce puissant levier,* les échanges centuplent la valeur du *travail, en multipliant l usage de son produit.* Les hommes sont unis *en une vaste association, où tous conservent cependant* leur entière liberté. Les moindres fruits *de leur économie* peuvent, *au moyen de cette association,* donner naissance *à de grands capitaux,* instruments puissants *du travail ;* et l'on voit, *par eux,* se réaliser *des merveilles impossibles pour l'homme isolé, pour l'homme sans confiance dans ses semblables.* Le génie de *l'invention, stimulé par ces succès,* appuyé *sur leurs résultats,* étend *de plus en plus* ses conquêtes *sur la nature, pour la satisfaction des vrais besoins du corps et de l'esprit.*

L'homme étant ainsi ferme *dans la bonne route,* évite *avec soin* les séductions *du luxe stérile. Occupé seulement de choses utiles,* il produit *des* magnificences vraies, dominant les travailleurs *sans jamais les égarer.* Il trouve les développements *de son industrie, en harmonie avec les nobles sentiments de son cœur* et les *saines idées de son intelligence. Toutes* les choses produites *par le travail pour l'usage de la vie corporelle,* tendent *à donner de l'aisance et des ressources à la vie spirituelle.* Les moyens de *se transporter rapidement, de s'avertir instantanément d'un lieu à un autre ;* les productions *variées* obtenues *par la culture, pour l'alimentation et l'agrément des populations ;* les forces brutes enchaînées *à la volonté humaine par les découvertes de la science,* prennent, *grâce à cette fermeté de principes,* un sens généreux, *moral,* religieux. *Ainsi* tout s'épanouit *par le respect de la Religion dans la société : ainsi,* la recherche *des biens du ciel* peut seule faire fleurir *d une manière vraie et durable* les biens de la terre.

(L'élève pourra déjà dans cette deuxième partie, s'exercer à la ponctuation, en séparant, par la virgule ou le point-virgule, les propositions qui forment un sens suivi, ou les parties d'une même proposition.)

TROISIÈME PARTIE.

Liaison des propositions, - conjonctions, pronoms conjonctifs.

———

Jusqu'ici, nous n'avons formé que des propositions indépendantes les unes des autres pour la construction. Néanmoins, le sens nous a souvent conduits à employer la conjonction *et*, pour lier simplement entre elles ces propositions ainsi que leurs parties. Nous avions aussi employé souvent la préposition *de* avant qu'il fût question des prépositions, son usage étant, comme celui de la conjonction *et*, identifié en quelque sorte avec la vie du langage. L'emploi anticipé de deux mots amenés ainsi par la force des choses, loin d'avoir quelque inconvénient, a eu, au contraire, l'avantage de tenir la place ouverte dans l'esprit pour deux importantes parties du discours, en attendant que le temps fût venu de les étudier en elles-mêmes. Nous avons vu, dans la deuxième partie, se caractériser les fonctions de la préposition *de*, et, par suite, celles des autres prépositions et des adverbes. Nous allons présentement, en prenant pour point de départ la conjonction *et*, qui est la plus élémentaire, aborder l'étude des conjonctions. Cette étude, en nous obligeant à considérer sous ses différents aspects la dépendance des propositions entre elles, nous conduit sur le seuil de la syntaxe, dont elle nous fait apercevoir le domaine.

ET, NI.

La conjonction ET, comme nous l'avons déjà vu par de nombreux exemples, marque une simple liaison entre les propositions, entre les parties de ces propositions. Elle réunit, sous une affirmation commune, deux sujets d'un même verbe, deux actes, deux états, deux qualités d'un même sujet, deux modifications quelconques d'un même objet, d'un même acte, d'une même qualité : *Le père ET la mère soignent leur enfant, — l'enfant est fort ET bien portant, — l'enfant court ET crie, — nous vivons gaiment ET en paix, — il a couru pour aller ET pour revenir.* — Au fond, ces propositions seraient décomposables en propositions plus simples, renfermées en une seule par une sorte d'ellipse, quoique l'on ne compte qu'une proposition pour chaque verbe, quel que soit le nombre des sujets, des attributs et des compléments.

A la conjonction ET répond, dans le sens négatif, la conjonction ʀɪ, qui unit deux idées sous une même négation, comme ᴇᴛ les réunit sous une même affirmation : Nɪ *le père* ɴɪ *la mère ne soignent leur enfant*. — *l'enfant n'est* ɴɪ *fort* ɴɪ *bien portant*, — *l'enfant ne court* ɴɪ *ne crie*, — *nous ne vivons* ɴɪ *gaiment* ɴɪ *en paix*, — *il n'a couru* ɴɪ *pour aller* ɴɪ *pour revenir*.

Quand deux propositions négatives ne sont pas unies par une similitude de sens, elles ne peuvent être liées par la conjonction ɴɪ ; c'est alors la conjonction ᴇᴛ qui convient : *Cet élève ne travaille pas,* ᴇᴛ *il ne saura jamais rien*.

Voici différents sens liés qui feront voir les divers emplois des conjonctions ᴇᴛ et ɴɪ :

Pierre est studieux, / Pierre est studieux. } Pierre est *studieux* ᴇᴛ *actif*.

Pierre n'est pas studieux, / Pierre n'est pas actif. } Pierre n'est ɴɪ *studieux* ɴɪ *actif*.

Pierre est studieux, / Paul est studieux. } *Pierre* ᴇᴛ *Paul* sont studieux.

Pierre n'est pas studieux, / Paul n'est pas studieux. } Nɪ *Pierre* ɴɪ *Paul* ne sont studieux.

Pierre est studieux, / Paul est conciliant. } Pierre est studieux, ᴇᴛ Paul est conciliant.

Pierre n'est pas studieux, / Paul n'est pas conciliant. } Pierre n'est pas studieux, ᴇᴛ Paul n'est pas conciliant.

Pierre obéit, / Pierre étudie. } Pierre *obéit* ᴇᴛ *étudie*.

Pierre n'obéit pas, / Pierre n'étudie pas. } Pierre *n'obéit* ɴɪ *n'étudie*.

Pierre sait sa leçon de grammaire, / Pierre sait sa leçon de géographie } Pierre sait *sa leçon de grammaire* ᴇᴛ *sa leçon de géographie*.

Pierre ne sait pas sa leçon de grammaire, / Pierre ne sait pas sa leçon de géographie. } Pierre ne sait ɴɪ *sa leçon de gr.* ɴɪ *sa leç. de géog.*

Pierre ne sait pas sa leçon de grammaire, / Pierre ne peut étudier sa leçon de géographie. } Pierre ne sait pas sa leç. de gr., ᴇᴛ il ne peut étudier sa leç. de géog.

Pierre travaille pour ses parents, / Pierre travaille pour ses frères et sœurs. } Pierre travaille *pour ses par.* ᴇᴛ *pour ses fr. et s*.

Pierre ne travaille pas pour ses parents, / Pierre ne travaille pas pour ses fr. et s. } Pierre ne travaille ɴɪ *pour ses par.* ɴɪ *pour ses fr. et s*.

Pierre n'est pas attaché à ses devoirs, / Pierre ne travaille pas pour ses parents. } Pierre n'est pas attaché à ses devoirs, ᴇᴛ il ne travaille pas pour ses parents.

Observons que, lorsqu'il y a plus de deux termes à lier, la conjonction *et* ne se place qu'avant le dernier ; tandis que la conjonction *ni* doit se répéter entre tous les termes, sauf entre les verbes, où sa répétition est facultative, parce que la négation s'y trouve déjà répétée. *Ni* se répète même ordinairement devant le premier nom sujet, pour annoncer que la proposition va être négative.

Pierre est studieux, actif *et* obéissant. — Pierre n'est *ni* studieux, *ni* actif, *ni* obéissant.

Pierre, Paul *et* Louis sont studieux.— *Ni* Pierre, *ni* Paul, *ni* Louis ne sont studieux.

Pierre obéit, étudie *et* s'instruit.— Pierre n'obéit, n'étudie *ni* ne s'instruit. — Pierre n'obéit *ni* n'étudie *ni* ne s'instruit.

Pierre ne travaille *ni* pour ses parents, *ni* pour ses frères et sœurs, *ni* pour lui-même.

D'après les exemples ci-dessus, l'élève s'exercera à lier les sens qui suivent :

L'or est inaltérable à l'air, le platine est inaltérable à l'air.— La groseille est acide, la mûre est douceâtre. — La pâquerette n'est pas odorante, le bouillon-blanc n'est pas vénéneux. — Le lion ne se nourrit pas de végétaux, le tigre ne se nourrit pas de végétaux. — Le geai ne chante pas, ne brille pas, n'égaie pas les jardins. — L'insensé ne reconnaît pas le vrai, ne reconnaît pas le faux. — L'homme résolu ne recule pas devant les ennuis, ne recule pas devant les difficultés.— La Religion nous soutient par ses préceptes, nous soutient par ses promesses. — Cet homme travaille par besoin, travaille par goût, travaille par devoir. — Cette entreprise n'est pas bien conçue, n'est pas bien commencée, n'a pas de chances de succès.

Il est facile de multiplier ces exemples, dont les sujets abondent dans les différents ordres de notions.

Mais.

Lorsque, entre deux propositions, qu'elles soient négatives ou affirmatives, il y a une opposition de sens, au lieu de la conjonction *et* on emploie la conjonction MAIS : *Le plomb n'est pas brillant,* MAIS *il est utile;* — *le léopard est beau,* MAIS *il est féroce;* — *le jour est brillant,* MAIS *il n'est pas chaud;* —*je ne sais pas ma leçon,* MAIS *je l'apprendrai.* — Pour s'exercer sur l'emploi de cette conjonction, il suffit de chercher, pour chaque sens, les différents sens qui peuvent former opposition. Ce sera un travail fructueux pour le jugement et l'imagination de l'élève :

Le soleil est très-éloigné, mais... — Une île est difficilement abordable, mais... — Tous les corps sont pesants, mais... Les gaz occupent un très-grand espace, mais... — L'étain est très-brillant, mais... — Le blé est une petite graine, mais...— Le peuplier a une croissance rapide, mais... — Les renonculacées sont de belles plantes, mais... — Le sucre non fermenté est doux, mais... — La nature travaille à entretenir la santé, mais... — L'âne a beaucoup de docilité, mais... — Le papillon brille de vives couleurs, mais... — La chair de l'anguille est bonne à manger, mais... — L'éléphant possède une force redoutable, mais... — L'intelligence de l'homme est un don précieux, mais... — Il est bon d'être sensible à l'enthousiasme, mais... — Le monde peut méconnaître les bonnes actions, mais... — Un grand État est puissant, mais... — La liaison entre les hommes de même profession est avantageuse, mais... — La loi humaine peut beaucoup pour empêcher le mal, mais...

Exemples — Le soleil est très-éloigné, mais son volume est immense, — mais sa lumière est très-brillante, — mais sa chaleur est très-intense. — Une île est difficilement abordable, mais elle offre un asile d'autant plus sûr, — mais les progrès de la navigation ont diminué cette difficulté, etc.

Ou.

Lorsque deux êtres sont présentés de telle sorte, que si l'un n'est pas le sujet, l'objet où le terme d'un certain acte, ce sera l'autre ; de même, lorsque deux qualités, deux états, deux circonstances, deux actes, sont affirmés avec l'alternative que l'existence de l'un suppose la non-existence de l'autre, on emploie la conjonction ou, qu'on appelle pour cela conjonction *alternative* : *Mon père ou mon frère ira chez vous. — Entrez ou sortez. — Je prendrai ce chemin-ci ou celui-là. — Vous n'irez pas vous promener, ou vous ne saurez pas votre leçon.*

Pour exercice, on posera à l'élève des termes entre lesquels il peut y avoir alternative, et il complètera le sens :

Le verre ou le cristal de roche. — La pierre calcaire ou le grès. — Solide ou liquide. — Craindre ou se rassurer. — Blesser ou froisser. — Le bien ou le mal. — S'amender ou être puni. — La guerre ou la paix.

Exemples. — Pour faire des vases transparents, on peut employer *le verre ou le cristal de roche.* Il n'est pas indifférent d'employer, pour la construction d'une route, *la pierre calcaire ou le grès.* — Suivant le degré de température, l'eau est *solide ou liquide,* etc.

Dans certains cas, la conjonction *ou* marque la simultanéité en même temps que l'alternative : *Mon père ou moi serons également prêts à vous être utiles,* — c'est-à-dire, *mon père et moi sommes tous deux disposés, celui de nous deux* qui en aura l'occasion le fera. — Voici divers sujets à employer dans ce sens, avec le verbe au pluriel :

Le chanvre ou le lin. — Le soleil ou la lune. — La sécheresse ou l'humidité extrême. — Le tigre ou le lion. — La lâcheté ou la violence. — Le travail ou l'échange. — La monnaie ou le papier. — L'avarice ou la dissipation. — La guerre ou la maladie.

Dans certains cas on emploie, dans le sens de *ou,* le mot *soit* répété : soit *le verre,* soit *le cristal de roche,* soit *tout autre corps transparent ;* — *il me suffira d'avoir* soit *un prix,* soit *un accessit ;* — *envoyez-moi* soit *l'un,* soit *l'autre.* — L'élève cherchera les cas d'alternative où l'emploi de *soit* convient. Il cherchera aussi ceux où l'on répète la conjonction *ou,* afin de marquer plus fortement l'alternative.

Exercice général sur les conjonctions ET, OU, NI, MAIS. — Ce jeune élève est doué des plus heureuses dispositions... (1) ses parents font pour son éducation tous les sacrifices possibles... (2) il n'est pas assez attentif... (3) assez appliqué. Il n'est... (4) paresseux... (5) ennemi de l'étude... (6) jamais il n'a de querelle avec ses camarades ; ... (7) souvent, pendant les explications du maître, on le voit rire... (8) penser à autre chose... (9) les avertissements... (10) les réprimandes... (11) les punitions mêmes ne parviennent à le rendre attentif. Il doit nécessairement se corriger de ce défaut,... (12) jamais il ne réussira dans sa carrière,... (13) ses bonnes qualités seront perdues pour lui. Sans l'attention,... (14) le travail des mains... (15) celui de l'esprit ne sauraient bien se faire.

(1) Et. (2) Mais. (3) Ni. (4) Ni. (5) Ni. (6) Et. (7) Mais. (8) Ou. (9) Ni. (10) Ni. (11) Ni. (12) Ou. (13) Et. (14) Ni. (15) Ni.

OR, DONC.

Les propositions peuvent être liées par l'argumentation, être la conclusion l'une de l'autre : *Tous les vices sont condamnables :* OR, *le mensonge est un vice ;* DONC *le mensonge est condamnable.* Tout raisonnement peut être ramené à cette forme simple, qu'on appelle *syllogisme*, et qui comprend trois propositions : la première, affirmant une chose en général ; la seconde, rapportant à cette affirmation générale un fait particulier ; et la troisième, appliquant au fait particulier ce qui a été dit en général, c'est-à-dire posant la *conclusion.* Cette conclusion est annoncée par la conjonction DONC ; la conjonction OR annonce la proposition particulière qu'on fait rentrer dans la proposition générale énoncée en premier lieu. Il sera facile d'exercer l'élève sur l'emploi de ces deux conjonctions, en lui posant des conclusions qu'il devra faire remonter au principe dont elles découlent, ce qui contribuera, en même temps, à former le jugement :

L'air est très-élastique. — La bière enivre. — Le serpent a le sang rouge et froid. — L'attention est nécessaire au labourage. La prospérité publique repose sur la confiance. — La science militaire est utile à l'industrie. — La valeur de la monnaie est variable. — L'achat d'un bon outil est une économie pour l'ouvrier habile, etc.

Exemples.— Tous les gaz sont très-élastiques : or, l'air est un gaz ; donc *l'air est très-élastique.* — Tous les alcooliques enivrent : or, la bière est un alcoolique ; donc *la bière enivre.* — Tous les reptiles ont le sang rouge et froid : or, le serpent est un reptile, donc *le serpent a le sang rouge et froid,* etc.

COMME.

Deux propositions peuvent être unies en ce que les actes qu'elles affirment sont comparés l'un à l'autre : *Le marin affronte la mer* COMME *le soldat affronte l'ennemi.* — *L'aérostat rempli d'hydrogène flotte dans l'air* COMME *le bois flotte dans l'eau.* — *Cet homme combat* COMME *un lion* (c'est-à-dire *comme un lion combat*). — Voici des exemples d'exercice :

Le plumage du cygne est blanc comme... ; celui du corbeau, noir comme... — Les machines de l'industrie taillent le fer comme... — L'aigle est la terreur des oiseaux, comme... — L'imagination peut attrister l'esprit, comme... — La trop grande vivacité est nuisible comme... — Un outil est un capital comme... — La peine que se donne un employé est productive comme... — La propriété d'une découverte doit être respectée comme...

LORSQUE.

La dépendance de deux propositions peut consister en ce que l'une détermine le temps où se passe ce qui est affirmé par l'autre : LORSQUE *le soleil se lève je m'éveille*, — *je venais de m'endormir* LORSQUE *vous êtes entré*, — *j'accourrai* LORSQUE *vous m'appellerez*, — *j'aurai fini* LORSQUE *vous reviendrez*, — *je me mis à l'ouvrage* LORSQUE *vous fûtes parti*.

On voit que cette conjonction amène toutes les variétés de temps du mode indicatif. Elle donnera lieu à des exercices conjugables sur ces différents temps. Commençons par chercher des emplois de *lorsque*, abstraction faite de la conjugaison, afin de fixer l'attention de l'élève sur les actes, les phénomènes ou les états qui ont entre eux un rapport de simultanéité.

Lorsque le soleil se lève... — Lorsque la saison est pluvieuse... — Lorsque la lionne a des petits... — Lorsque l'attention se relâche... — Lorsque l'âme est exaltée... — Lorsque la patience fait défaut... — Lorsque le travail a accumulé de nombreuses ressources... — Lorsque la comptabilité n'est pas bien tenue... — Lorsque de bonnes lois ne sont pas exécutées... — Lorsque tous parlent à la fois dans une discussion...

Exemples. — Lorsque le soleil se lève, l'orient rayonne d'une vive clarté, — les sommets des édifices se colorent de ses premiers feux, — la nature entière semble renaître, — les oiseaux saluent son retour par leurs chants, etc., etc.

Le travail ne saurait bien s'exécuter lorsque l'attention se relâche. — Lorsque l'attention se relâche, la leçon ne profite plus, — l'orateur perd son assurance, — l'ennui atteint le professeur, etc., etc.

Voici maintenant des exercices qui peuvent être conjugués, sur les divers temps de l'indicatif :

Je travaillais lorsque le professeur est entré, — tu travaillais lorsque le professeur est entré, — il travaillait, etc.

J'avais fini lorsque le professeur est entré. — J'ai cessé de travailler lorsque le professeur est entré. — Je cessai de travailler lorsque le professeur entra. — Je recommençai à travailler lorsque le professeur se fut assis. — Je cesserai de travailler lorsque le professeur entrera. — J'aurai fini de travailler lorsque le professeur entrera.

Il est facile de construire, d'après ce modèle, autant d'exemples qu'on le voudra ; ainsi :

Je passais dans cette rue lorsque la pluie est arrivée. — Je me rendrai à l'école lorsque l'heure approchera. — Je lus cette lettre lorsqu'elle me fut remise. — Je consulterai le docteur lorsqu'il sera de retour. — Je vous transmettrai cet envoi lorsqu'on me l'aura adressé, etc., etc.

On peut rendre conjugables les deux propositions liées :

Je réfléchissais lorsque je suis entré. — Je réfléchis lorsque j'entrai. — J'avais réfléchi lorsque je suis entré. — Je réfléchirai ou j'aurai réfléchi lorsque j'entrerai, etc.

Ces nombreux exercices de conjugaison ont l'avantage de former l'oreille de l'élève sur la concordance des temps, et de lui faire saisir peu à peu toutes les nuances de la dépendance qu'ils ont entre eux, afin que, lorsqu'il s'agira de raisonner cette dépendance, l'étude ne lui paraisse pas aride. En même temps, ils permettent de familiariser l'élève avec les désinences des quatre conjugaisons, et de placer quelques remarques utiles sur les irrégularités qui se présentent, en attendant que ces irrégularités soient abordées par des exercices spéciaux.

QUAND s'emploie aussi dans le même sens que LORSQUE. Nous reparlerons de ce mot plus loin ; en attendant, on s'exercera à son emploi dans le sens dont il est ici question. Il peut presque toujours s'employer indifféremment pour *lorsque*, tant il y a peu de différence entre eux pour la signification.

Si.

La conjonction si lie deux propositions en indiquant que ce que l'une affirme n'aura lieu qu'à une condition exprimée dans l'autre : *Je partirai si je reçois une lettre ; — je vous donnerai un livre si vous promettez d'être studieux.*

On s'exercera sur l'emploi de cette conjonction, en cherchant des conditions à différentes affirmations :

Vous tomberez si... — Le lièvre nous échappera si... — La glace se fondra si... — L'eau ne bouillira pas si... — Cet élève saura sa leçon si... — Cet enfant sera effrayé si... — Ce travail ne sera pas fini si...

Ou bien on pourra prendre une condition énoncée, et compléter le sens en formant des affirmations qui en dépendent :

Si l'été se passe sans grêle.... — Si vous arrivez à l'heure... — Si cet enfant se conduit bien... — Si le navire n'éprouve pas de vents contraires.

On pourra donner aux propositions un sens qui permette de les conjuguer :

Si je reste dans ce pays, je deviendrai malade ; — si tu restes dans ce pays, tu deviendras malade ; — s'il reste, etc.

Si je parviens à remettre cette lettre, j'aurai accompli un grand devoir. — Si j'ai bien préparé mon travail, je travaillerai avec facilité. — Si je réussis dans ma récolte, j'enverrai beaucoup de blé au marché. — Si j'ai fini ma tâche dans la matinée, je pourrai aller voir la fête.

La conjonction *si* nous conduit naturellement à l'emploi du mode conditionnel. Nous venons de voir le futur affirmer une chose comme devant arriver dans un temps à venir, si telle condition se réalise. Le conditionnel l'affirme comme étant ou ayant été possible sous cette condition : Si *vous vouliez, vous réussiriez ; — si vous aviez voulu, vous auriez réussi ; — si vous me prêtiez ce livre, je le lirais maintenant, je le lirais demain.* Voici quelques sujets d'exercices, qu'il est bien facile de multiplier :

J'apprendrais volontiers à lire, si... — Vous seriez moins souvent malade, si... — Ce cheval serait d'un prix beaucoup plus élevé, si... — Cette maison me plairait, si...

Si vous aimiez la campagne... — Si la route n'était pas pavée... — Si l'on avait allumé de la lumière... — Si vous n'étiez pas parti si tôt...

Propositions à conjuguer. — Je ne nierais pas ces choses, si je les croyais vraies. — Je saurais mes leçons, si je les avais bien étudiées. — Je resterais dans ma maison, si je n'y craignais aucun danger. — J'aurais volontiers accompagné mon ami, si je n'avais été obligé de rester à la maison.

La conjonction *si* a encore d'autres sens que le sens conditionnel : ainsi, quand on dit : *J'ai demandé s'il viendrait ;* ou bien : *Vous êtes si bon pour moi que j'en suis confus.* Ce sont là, en réalité, des conjonctions particulières, qui se traduisent par des mots particuliers dans d'autres langues. Nous parlerons plus loin de ces deux significations de *si.*

PARCE QUE, PUISQUE, CAR.

Une proposition peut se lier à une autre en donnant la raison, la cause, le motif de ce qui y est affirmé. Ce genre de liaison est exprimé par les conjonctions PARCE QUE, PUISQUE, CAR : *L'eau descend les pentes,* PARCE QUE *son poids l'entraine vers les lieux bas ; — l'écureuil n'a pas de dents canines,* CAR *c'est un rongeur ; —* PUISQUE *votre frère a fait cette commission, vous ne devez plus vous en occuper ; — je ne vous offre pas de mon eau,* PUISQUE *la vôtre est meilleure et plus abondante.*

Pour exercice, on énoncera les raisons de certaines affirmations posées ; ou bien, les raisons étant données, on cherchera les affirmations auxquelles elles peuvent répondre :

La rosée se dépose pendant la nuit, parce que . — Les abords des côtes sont dangereux aux navigateurs, parce que... — Nous voyons l'image des objets dans un miroir, parce que... — Le bois du peuplier est peu estimé, parce que... — On donne la chasse au renard, parce que... — Le cheval a besoin d'être ferré, parce que... — Il est bon de lire souvent à haute voix, parce que... — L'irrésolution est très-nuisible, parce que... — La patience est une vertu puissante, parce que...

Je ne passerai point par ce chemin, car... — Il faut visiter votre voiture, car... — Mettez du sucre dans cette tisane, car... — Je voudrais m'asseoir un instant, car... — Allez vite et ne perdez pas de temps, car...

Puisque vous le voulez. ... — Puisque votre cheval est attelé... — Puisque la moisson a été mauvaise... — Puisque nous avons perdu notre livre... — Puisque personne ne m'écoute .. — Je ne puis aspirer à cet emploi, puisque... — Cette promenade doit vous plaire, puisque... — Il est inutile de préparer ce repas, puisque....

En comparant le sens des trois conjonctions PARCE QUE, CAR, PUISQUE, nous voyons que *parce que* annonce une raison qui a besoin d'être expliquée ; *car,* une raison qui n'a besoin que d'être mentionnée ; *puisque,* une raison connue de celui qui écoute, et qui conduit directement à une conséquence.

RÉSUMÉ DES EXERCICES SUR LES CONJONCTIONS QUI PRÉCÈDENT.

La chaleur est généralement favorable aux fruits .... (1) cet été est très-chaud, ... (2) les bons fruits sont rares ... (3) le printemps avait été froid et pluvieux ... (4) cette circonstance a nui à la floraison ; les fruits doivent... (5) en souffrir... (6) le fruit vient de la fleur. Consolons-nous de ce contre-temps,... (7) il serait bien inutile de s'en affliger...

Notre moisson est magnifique :...(8) c'est là un événement important,... (9) tous les pays n'en ont pas une aussi abondante cette année. Nous avons... (10) lieu de nous en réjouir doublement : d'abord... (11) c'est un accroissement de richesse pour nous ; ensuite... (12) c'est un moyen d'être utiles aux autres peuples... (13) ils nous ont été utiles eux-mêmes.

... (14) Je pouvais habiter la campagne, je serais au comble de mes vœux,... (15) j'aime la vie champêtre. Je suis tout heureux... (16) je vois les champs verdir... (17) les épis mûrs se balancer par un zéphyr d'été ... (18) je puis m'asseoir à l'ombre des arbres... (19) j'habite la ville, je tâcherai de m'y plaire... (20) on peut faire partout le bien, dans les villes... (21) dans les campagnes.

(1) Or. (2) Et. (3) Mais. (4) Or. (5) Donc. (6) Car. (7) Puisque. (8) Or. (9) Car. (10) Donc. (11 et 12) Parce que. (13) Comme. (14) Si. (15) Car. (16) Lorsque. (17) Ou. (18) Et lorsque. (19) Mais puisque. (20) Car. (21) Comme.

QUE.

Cette conjonction, par ses nombreux usages, et par la faculté qu'elle a de former un grand nombre de locutions conjonctives, est la plus importante de toutes. C'est en étudiant les diverses nuances de son emploi, que l'on est conduit au mode subjonctif du verbe.

La conjonction QUE s'emploie principalement pour relier une proposition à une autre qui est l'objet de son affirmation : *Je crois* QUE *vous avez raison.* Dans cet exemple, la deuxième proposition est l'objet de l'affirmation exprimée par la première.

Si, dans l'exemple ci-dessus, on rend négative la proposition qui gouverne l'autre, on rencontre un mode nouveau du verbe : *Je ne crois pas* QUE VOUS AYEZ *raison.* Il en serait de même si le verbe de la première proposition exprimait par lui-même la négation, ou seulement l'incertitude : *Je nie* QUE VOUS AYEZ *raison,* — *je conteste* QUE VOUS AYEZ *raison* ; — *je doute* QUE VOUS AYEZ *raison,* — *je souhaite* QUE VOUS AYEZ *raison.* — C'est que, dans le premier exemple, la deuxième proposition est affirmée positivement dans l'esprit de celui qui parle ; tandis que, dans les autres, elle n'est affirmée que comme tout au plus possible, puisque son affirmation est subordonnée au doute, à la négation, au désir de celui qui parle. C'est pourquoi l'on emploie le verbe de cette proposition au mode *subjonctif* c'est-à-dire *joint et subordonné.* Le subjonctif doit être employé dans tous les cas où il y a doute, et par conséquent aussi lorsqu'on exprime un vœu, un souhait, un désir.

Voici divers exemples dont on complétera le sens, en distinguant les cas où il amène l'indicatif, de ceux où il exige le subjonctif :

Pour prendre un parti, l'homme prudent n'attend pas que... — La justice demande que le crime .. — Ce méchant garçon, en frappant son camarade, ne savait pas que... — Quand on regarde attentivement le soleil, on voit que... — Un père qui aime réellement ses enfants, ne permet pas que... — Il convient que les élèves d'une même classe... — On doit redouter les effets du feu, lorsqu'on sait que...—Pour être soupçonné d'une mauvaise action, il suffit parfois que...

Dans certains cas, on peut avoir à employer, la phrase demeurant la même, le subjonctif ou l'indicatif, suivant qu'on veut ou non exprimer un sens de doute :

Cet homme n'avoue pas *qu'il a* commis cette mauvaise action. (Il l'a commise, il ne l'avoue pas.)

Cet homme n'avoue pas *qu'il ait* commis cette mauvaise action. (Il ne l'avoue pas, il peut l'avoir ou non commise.)

La règle à suivre est toujours la même : on emploie l'indicatif si le verbe qui suit *que* exprime l'affirmation d'une manière positive et indépendante, et le subjonctif dans le cas contraire.

Ici viennent naturellement se placer quelques exercices spéciaux sur le subjonctif, qu'il importe de conjuguer à ses différents temps :

Il convient *que j'aille* recevoir cette personne. — Il est douteux *que je puisse* rejoindre mes amis à l'heure indiquée.—Pour terminer ce travail aujourd'hui, il faut *que je sois aidé.* — On ne permet pas *que je sorte* cet après-midi. — Il n'est pas douteux *que je n'obtienne* cette faveur.

Pour exécuter cette commission, il faut *que je sorte* à l'instant, *que je coure* à l'hôtel-de-ville, *que j'y trouve* le magistrat, *que j'attende* sa réponse, et *que je revienne* avant midi.

Comment veut-on *que je fasse,* s'il faut *que j'aille* à ce village, *que j'y voie* le fermier, *que je rapporte* ce qu'il me donnera, et *que je finisse* mon devoir ?

Je doute *que je réussisse* dans cette entreprise. — Je conteste *que je doive* être rendu responsable de cet accident. — Je n'admets pas *que je convienne* à ces fonctions. — Je trouve étonnant *que je ne reçoive* pas aujourd'hui une lettre. — Je ne pense pas *que je recueille* beaucoup de fruit de ce travail. — Je ne doute pas *que je ne recueille,* etc.

Je doute *que je prenne* la route indiquée, et même *que je parvienne* à y arriver. — Je ne conteste pas *que je ne perde* beaucoup d'argent dans cette entreprise, et *que je ne songe* à l'abandonner. — Je ne prétends pas *que je suffise* à conduire cette affaire, ni *que j'aie droit* à en retirer seul les avantages.

Ces exemples à conjuguer pourront être multipliés autant qu'on le voudra. En y mettant au futur, au conditionnel, ou aux différents passés de l'indicatif, le verbe qui précède *que,* on se trouve conduit à des exercices sur tous les temps du subjonctif :

Il convient, il conviendra *que j'aille* voir cette personne. — Il convenait, il a convenu, il avait convenu, il conviendrait, il aurait convenu *que j'allasse* voir cette personne.

Pour exécuter cette commission, il fallait, il fallut, il a fallu, il faudrait, il aurait fallu *que je sortisse, que je fusse sorti.*

Comment voulait-on ou voudrait-on *que je fisse,* s'il fallait *que j'allasse,* etc. — Comment aurait-on voulu *que je fisse,* s'il avait fallu *que j'allasse,* etc.

Je doutais, je doutai, j'ai douté, j'avais douté *que je réussisse* dans cette entreprise. — Je contestais, je contestai, j'ai contesté, j'avais contesté *que je dusse* ou *que j'eusse dû* être rendu repònsable de cet accident, etc.

Je doutais, je doutai, j'ai douté, j'avais douté *que je prisse* la route indiquée. — Je ne contestais pas, je ne contestai pas, je n'ai pas contesté, je n'avais pas contesté *que je ne perdisse* ou *que je n'eusse perdu* beaucoup d'argent dans cette entreprise, etc.

Par la conjugaison assidue de nombreux exemples de ce genre, l'oreille de l'élève s'habituera à saisir d'instinct les cas d'application du subjonctif, en attendant que la syntaxe lui apprenne à les raisonner à fond. Tout en lui indiquant dès à présent les règles générales de la concordance des temps, on aura soin de lui faire apercevoir combien il est nécessaire de consulter le sens.

Quelques verbes donnent lieu à une remarque particulière, relativement à l'emploi de la négation NE après QUE : ce sont les verbes DOUTER, NIER, DISCONVENIR, CONTESTER, CRAINDRE, EMPÊCHER, ÉVITER, PRENDRE GARDE, et les verbes impersonnels IL TIENT A, IL S'EN FAUT.

DOUTER, employé négativement, demande ordinairement qu'on répète la négation *ne* devant le verbe qui suit *que : Je ne doute pas qu'il* NE VIENNE. Quand la phrase est interrogative, le sens exige tantôt que l'on emploie la négation devant le second verbe, tantôt qu'on la supprime : *Doutez-vous que je sois malade?* (c'est-à-dire, *je suis malade, pensez-vous que cela ne soit pas?*) — *Doutez-vous que je* NE TOMBE *malade si je fais cette imprudence?*) c'est-à-dire, *vous ne pouvez douter que je ne tombe malade*).

NIER, DISCONVENIR, CONTESTER, employés négativement, permettent que l'on répète ou que l'on supprime *ne* devant le verbe qui suit *que*.

CRAINDRE, TREMBLER, APPRÉHENDER, AVOIR PEUR, employés affirmativement, demandent la négation devant le verbe subordonné : *Je crains qu'il* NE MANQUE. Employés négativement, ils demandent, suivant le sens, la négation ou sa suppression : *Craignez-vous que le maître* N'ARRIVE *et qu'il vous* PUNISSE? (On craint la punition qui suit l'arrivée du maître, plutôt que cette arrivée même.)

EMPÊCHER, ÉVITER, GARDER, PRENDRE GARDE, demandent la négation après *que*, parce qu'ils renferment le désir que la chose exprimée par le verbe subordonné n'ait pas lieu : *Empêchez, gardez, prenez garde que cet enfant* NE TOMBE. — EMPÊCHER, employé négativement, permet qu'on répète ou qu'on supprime *ne* après *que : Je n'em, êche pas qu'il* SORTE ou *qu'il* NE SORTE.

Les verbes impersonnels TENIR A, S'EN FALLOIR, demandent la négation après *que* lorsqu'ils sont employés négativement : *Il ne tient pas à moi, il ne tient à rien, il tient à peu de chose que je* N'ENTREPRENNE *ce voyage;* — *il tient à moi que cette chose* SE FASSE; — *peu s'en faut, il ne s'en faut pas de beaucoup qu'il* NE VIENNE; — *il s'en faut de beaucoup qu'il* AIT RÉUSSI.

Voici un exemple d'exercice, dans lequel les endroits où il peut être question d'employer ou d'omettre la négation NE, se trouvent indiqués par des points :

Cette maison est belle, mais je doute qu'elle... puisse nous convenir. Je ne nie pas qu'elle... soit grande et bien située, et je ne doute pas qu'elle... soit commode : mais je crains bien qu'elle... soit peu solide. Au reste, rien n'empêche que nous... la fassions visiter par un homme de l'art. On ne peut disconvenir que ce... soit le parti le plus prudent, et il ne tient pas à moi qu'on... le prenne.

Je ne conteste pas que ce champ... nous promette une excellente récolte ; mais il s'en faut que le moment de la moisson... soit proche, et je tremble que la grêle... vienne tromper nos calculs. Je doute même que nous... ayons pas quelque orage avant peu, car il s'en faut que les orages... soient rares cette année. Mais qui empêche que nous .. fassions assurer cette récolte pendant qu'il en est temps ? On ne peut contester que ce... soit ce qu'il y a de mieux à faire : alors nous ne craindrions plus qu'un seul jour... détruise les espérances de toute une année.

Il faut faire observer à l'élève, que l'emploi de *ne* après *que*, dans les cas analogues à ceux indiqués ci-dessus, offre parfois des nuances délicates qui exigent beaucoup de tact, et qu'on apprend à distinguer par l'usage et par la lecture des bons auteurs ; ainsi, par exemple, voici une phrase où la négation est à la fois omise et employée après que : *Ils* NE NIENT PAS *que la douleur* SOIT *un mal, et qu'il* N'Y AIT *de la peine dans la désunion des choses auxquelles nous sommes unis par la nature* (Mallebranche.)

Divers autres emplois de la conjonction QUE. — La conjonction QUE s'emploie pour remplacer les conjonctions *lorsque, comme, quand, si*, lorsqu'elles doivent être répétées : LORSQUE *vous aurez lu ce livre et que vous aurez médité son contenu ; — comme il était robuste, et qu'il ne craignait rien ; — si vous aviez pensé à nous, et* QUE *vous fussiez venu nous voir,* — QUAND *vous voudriez étudier, et* QUE *vous auriez les livres nécessaires.* — Les exercices sur cet emploi de QUE, rentreront dans les exercices-généraux sur les diverses conjonctions.

La conjonction QUE s'emploie aussi pour lier les termes d'une comparaison : *Il étudie autant* QU'il *voyage,* — *Il est aussi instruit* QUE *son frère* (c'est-à-dire QUE *son frère est instruit*).

Dans la comparaison d'*inégalité*, c'est-à-dire celle qui exprime la supériorité ou l'infériorité, nous remarquons que l'un des termes est affirmatif tandis que l'autre est négatif : *Il étudie moins qu'il* NE *voyage, plus qu'il* NE *voyage ; — il n'étudie pas autant qu'il voyage, il ne voyage pas autant qu'il étudie.* C'est qu'en effet, l'on affirme d'un des termes ce qu'on nie de l'autre. Dans la comparaison d'*égalité*, au contraire, on affirme ou l'on nie la même chose des deux termes ; c'est pourquoi ils sont tous deux affirmatifs ou tous deux négatifs : *Il étudie autant qu'il voyage.* — *il n'étudie pas plus qu'il* NE *voyage, — il n'étudie pas moins qu'il* NE *voyage.*

L'adjectif *autre* et l'adverbe *autrement* expriment une comparaison dont les deux termes sont aussi liés par la conjonction *que*, et où la négation joue le même rôle que ci-dessus : *Il est autre que je ne me le figurais, — il n'est pas autre que je me le figurais.*

— Il agit autrement qu'il ne parle, — il n'agit pas autrement qu'il parle.

L'interrogation figurée ayant un sens équivalent à la négation, donne lieu, ici comme ailleurs, à l'application des mêmes règles : *Étudie-t-il autant qu'il voyage? — Voyage-t-il moins qu'il n'étudie? — Est-il autre que je me le figurais?*

Pour exercice, on présentera sous toutes les formes possibles les comparaisons énoncées dans les phrases suivantes, et dans d'autres analogues qu'on pourra chercher :

Cette pierre est aussi dure qu'elle est polie. — Ce métal brille autant qu'il résonne. — Cette fleur est aussi belle qu'elle est odorante. — Ce bois résiste autant qu'il plie. — Ce cheval est aussi agile qu'il est vigoureux. — Ce chien mord autant qu'il aboie. — Cette phrase est aussi obscure qu'elle est longue. — Ce livre amuse autant qu'il instruit. — Ce sentiment est aussi noble qu'il est vif. — Ces frères s'estiment autant qu'ils s'aiment. — Ce travail est aussi pénible que lucratif. — Ce commerce l'honore autant qu'il l'enrichit.

Exemples. — Cette pierre est aussi dure qu'elle est polie. — Cette pierre n'est pas plus dure qu'elle n'est polie. — Cette pierre n'est pas moins dure qu'elle n'est polie. — Cette pierre est plus dure qu'elle n'est polie. — Cette pierre n'est pas moins dure qu'elle est polie. — Cette pierre est moins dure qu'elle n'est polie. — Cette pierre n'est pas aussi dure qu'elle est polie. — Cette pierre n'est pas plus dure qu'elle est polie.

Ce métal brille autant qu'il résonne. — Ce métal ne brille pas plus qu'il ne résonne. — Ce métal ne brille pas moins qu'il ne résonne. — Ce métal brille plus qu'il ne résonne. — Ce métal ne brille pas moins qu'il resonne. — Ce métal brille moins qu'il ne résonne. — Ce métal ne brille pas autant qu'il résonne. — Ce métal ne brille pas plus qu'il résonne.

Et ainsi de suite, en employant aussi l'interrogation figurée dans le sens de la négation.)

Voici des exemples de l'emploi de *autre* et *autrement* : les endroits ou il peut être question d'employer ou d'omettre la négation y sont indiqués par des points. On y trouvera en même temps les adjectifs *tel* et *même*, qui demandent aussi la conjonction *que*, mais qui n'offrent aucune difficulté.

Cet homme n'est pas *autre* aujourd'hui que nous... l'avons toujours connu. Il s'occupe des *mêmes* travaux qu'autrefois. Ces travaux sont *tels*, et *tellement* conduits, que sa santé en est fortifiée. Un homme *tel* que lui ne peut, d'ailleurs, vivre *autrement* qu'il... vit. Son existence n'est pas *autre* que... l'est en général celle de tout savant. S'il avait des habitudes moins régulières, il agirait *autrement* qu'il... écrit, et je ne suppose pas qu'il écrive *autrement* qu'il... pense.

Il est à propos de placer ici quelques exercices sur l'emploi de QUE après *quel* et après *quelque*, ce qui nous donnera occasion de distinguer *quelque*, adjectif, de *quelque*, adverbe. Les endroits où l'esprit de l'élève peut se trouver embarrassé, sont indiqués par des points :

Il est impossible, quel...que soit ma bonne volonté, et quel...que désir que j'en aie, que je puisse étudier dans cette chambre. Quel...

que soit l'heure, et quel... que temps qu'il fasse, on y entend un bruit étourdissant. De quel.. que étude qu'on veuille s'occuper, comment le faire avec quel... que succès au milieu d'un bruit pareil? Ce bruit provient, pendant la journée, de quel... que ateliers de chaudronnerie qui sont près de la maison, et, le soir, de quel... que estaminets toujours pleins. Aussi, quel... que peine que je doive me donner, et quel... que soit la somme que je doive payer pour loyer, j'en louerai quel... que autre le plus promptement possible. Avec quel... que économie, et quel... que travaux qu'un plus grand calme me permettra, je regagnerai aisément ce surcroît de dépense, quel... qu'il soit.

Voici quelques exercices comparés sur *quelque... que*, *tout... que*, dont l'un gouverne le subjonctif et l'autre l'indicatif. Ils feront sentir la nuance qui sépare ces deux expressions.

Quelque belles que... vos fleurs, elles ne sauraient guère l'emporter sur les miennes. Mais celles-ci, toutes belles qu'elles..., le cèdent de beaucoup à celles du jardinier voisin, qui sont cultivées avec plus d'art. Tout habile que... ce jardinier, et quelque intelligents que... ses travaux, il n'aurait cependant que de faibles succès, s'il n'avait cultivé de bonnes espèces. En effet, s'il est vrai que la nature, toute riche qu'elle..., s'embellit par les travaux de l'homme, il ne l'est pas moins que ceux-ci, quelque persévérants qu'ils ..., ne produiraient rien de bon s'ils ne s'appuyaient sur de solides qualités naturelles.

QUE s'emploie souvent, précédé de la négation *ne*, pour *pas autre chose que*, *pas autrement que*, *seulement* : *Je* N'AI QUE *cette chaumière*, — *il* NE *travaille* QU'*avec négligence*, — *il* N'*aime* QU'*à voyager*.

Que s'emploie encore dans diverses autres expressions elliptiques : *Il ne se passe pas de jour que...* c'est-à-dire *sans que ;* — *Vous êtes entré* QUE *je parlais encore*, c'est-à-dire *pendant que ;* — QUE *j'aille ou que je vienne*, c'est-à-dire *soit que...*

Cette expression : *Cet homme serait plus riche*, QU'*il n'en serait pas plus heureux*, est pour : *s'il était plus riche, il n'en serait pas*, etc. — Dans *à quoi puis-je m'occuper*, QU'*à travailler*, QUE est mis pour *si ce n'est*.

Pour tout instrument, l'éléphant n'a que... mais, lorsqu'on l'observe, il ne se passe pas un moment que... Il aurait, comme le lion, des mâchoires formidables, que... Il aurait des mains comme le singe, que... Qu'il s'agisse de ... ou de... sa trompe n'est jamais en défaut.

QUE s'emploie aussi pour exprimer le désir, le commandement, la répugnance, le blâme, etc.: *Qu'il vienne, je l'entendrai*. — *Qu'on obéisse !* — QUE *je me sois rendu coupable d'une telle action !* — QUE *j'accepte de telles conditions!* etc.

Dans ces expressions : QUE *ne le disiez-vous ?* — QUE *vous êtes prompt !* — QUE a le sens de *pourquoi* ou de *combien*.

Dans celle-ci : *c'est se tromper* QUE *de croire*, — QUE n'est employé que pour donner plus de force à ce qu'on dit.

SI DUBITATIF.

Si dubitatif remplit, entre deux verbes, une fonction analogue à celle de QUE : *Je crois* QUE *vous viendrez,* — *je demande* SI *vous viendrez,* — *si vous êtes venu,* etc. Il est toujours suivi de l'indicatif, et son emploi ne présente aucune difficulté. En voici quelques exemples :

Avant de vous donner ce livre, je voudrais savoir si... — Avant de partir pour ce voyage, regardez bien si... — Avant de commencer une entreprise, l'homme prudent calcule si... — Je verrai bien à sa réponse si... — En voyant le peu de résultat de cette étude, je me demande si... — Lorsque je m'embarquai, j'ignorais si...

QUOIQUE.

La conjonction QUOIQUE, indiquant une circonstance qui semble contredire ce qu'on affirme, demande toujours le subjonctif : *Quoique la terre soit immense, elle est bien petite par rapport à l'univers.*

On s'exercera à l'emploi de QUOIQUE, en complétant les phrases suivantes :

Quoique le diamant soit très-dur... — Quoique le fraisier et le poirier soient bien différents en grandeur...— Le hérisson et le porc-épic sont de familles différentes, quoique... — Quoique l'expression juste soit la plus simple lorsqu'elle est trouvée... — L'enfant a une grande importance dans la maison, quoique... — Quoique les vérités religieuses heurtent parfois notre faible raison... — Quoique l'invention soit la source première de toute production... — La lecture de ce livre vous est bien nécessaire, quoique... — Quoique l'amour-propre nous déplaise tant chez les autres... — Quoique l'enthousiasme soit un noble sentiment....

LOCUTIONS CONJONCTIVES.

De même que la préposition DE, à la suite de certains mots ou assemblages de mots, forme la plupart des locutions prépositives, la conjonction QUE forme de nombreuses locutions conjonctives, dont les unes ont un sens analogue à celui des conjonctions simples que nous avons présentées d'abord, et dont les autres ont un sens propre exprimant des nuances particulières de la dépendance des propositions entre elles. Parmi les locutions conjonctives, voici les plus usitées :

Pour marquer une circonstance de temps. — Pendant que ... En même temps que... Dans le temps que... Tant que... Aussitôt que... Dès que... A peine... que. . Depuis que... Avant que... Après que...

Pour marquer une condition. — Pourvu que... A condition que... A charge que. . A moins que...

Pour marquer une opposition. — Cependant. Néanmoins. Pourtant. Toutefois (1).

Pour marquer une alternative. — Soit que...

Pour marquer une restriction... — Bien que... Encore que. . Sans que . .

---

(1) Ces quatre expressions sont rangées par certains grammairiens parmi les adverbes. *Cependant* a quelquefois ce rôle, quand il signifie *pendant ce temps.*

Pour marquer une comparaison. — Ainsi que... De même que... Aussi bien que... Autant que .. Non plus que... Ni plus ni moins que .. Aussi peu que...

Pour marquer la cause ou l'objet. — Attendu que... Vu que... Tellement... que... Si... que .. Afin que .. Pour que.. De peur que...

Pour marquer la conclusion ou une explication. — Par conséquent. En sorte que... De sorte que... Savoir.

Pour marquer une concession. — Quand même. A la vérité. Non que... Non pas que...

Pour marquer l'extension ou la diminution du sens. — D'ailleurs... De plus. Outre que... Au moins. Du moins. Pour le moins.

Pour marquer une transition.—A propos. Au reste. Après tout Quoi qu'il en soit.

(La locution conjonctive *à moins que* demande le subjonctif et la négation *ne* ; *J'irai chez vous, à moins que vous* NE *deviez sortir.* — *De crainte que, de peur que,* demandent aussi la négation, comme les verbes *craindre* et *avoir peur.*)

Voici quelques sujets d'exercices sur ces diverses expressions :

Pendant que le soleil est sur l'horizon...— En même temps que l'homme charitable donne son argent aux pauvres... — Tant que l'on est dans la force de l'âge... — Avant que je ne fusse entré à l'école.... — Après que j'eus fini mon devoir... — Depuis que j'ai planté cet arbre... — Aussitôt que je serai de retour chez moi. — A peine étais-je levé ce matin, que...

Je continuerai de vous protéger, pourvu que... — Je vous prête ce livre, à condition que... — Je vous donne tous les fruits de cet arbre, à la charge que.. — Vous ne perdrez jamais mon amitié, à moins que.. .

L'étude de la grammaire paraît pénible, cependant...— Cet homme est très-généreux, pourtant... — Je n'ai pas puni ces élèves de leur espièglerie, toutefois... — Cet élève travaille difficilement, néanmoins....

Soit que je réussisse, soit que j'échoue dans mon examen... — Soit que je surveille votre travail, soit que je vous laisse travailler seul... — Cette horloge ne marche plus, soit que....

L'école veille sur les élèves confiés à ses soins, ainsi que... — L'aigle est la terreur des oiseaux, de même que...— Les paresseux seront punis, aussi bien que... — Le pauvre aime son humble chaumière, autant que..., ni plus ni moins que...

Cet élève ne peut suivre les cours, attendu que.. — Je n'ai pas parlé plus longtemps à cette personne, vu que... — Je m'avancerai dans l'étude de mes leçons, afin que... Il ne faut mépriser aucune des branches de l'étude, de peur que... — Cet homme avait tellement travaillé, que... — Cet élève a été si peu studieux, que...

J'ai reçu l'ordre de garder la maison, par conséquent... — J'avais accepté cette invitation longtemps d'avance, en sorte que... — On compte en français dix parties du discours, savoir...

Je vous donne cette récompense, non que... — Cet élève ne sait pas sa leçon, à la vérité... — Quand même ce camarade vous aurait fait du mal...

Ce livre n'est pas très-difficile à comprendre, d'ailleurs... — Cette maison est spacieuse, et de plus... — Ces blés ont souffert de la grêle, outre que...— Si vous n'avez pas brisé ce meuble, au moins... — Aidez-moi à porter ce fardeau, ou du moins...

DES PRONOMS CONJONCTIFS (PRONOMS RELATIFS).

Lorsqu'on dit : *l'homme qui remplit son devoir sera récompensé,* il y a là deux propositions : *l'homme sera récompensé, — l'homme remplit son devoir,* ayant pour sujet la même personne, et tellement unies par le pronom QUI, qu'on ne peut les séparer. Aussi a-t-on donné avec raison la qualification de *conjonctif* à ce genre de pronom (1), appelé aussi, moins proprement, pronom *relatif.*

Lorsque le pronom conjonctif doit être complément direct, au lieu de QUI on emploie QUE : *L'élève* QUE *je vous ai envoyé est très-studieux.* S'il est complément indirect, avec les prépositions *de* ou *à,* on dira : DONT, DE QUI, DUQUEL, DESQUELS, DE LAQUELLE, DESQUELLES, A QUI, AUQUEL, AUXQUELS, A LAQUELLE, AUXQUELLES. S'il est complément indirect ou circonstanciel avec d'autres prépositions, on exprime ces prépositions devant QUI ou LEQUEL : *Envers qui, envers lequel.* Qui ne s'emploie ainsi comme complément, que lorsqu'il s'agit des personnes. S'il s'agit des choses, on emploie LEQUEL ; cette dernière forme peut également s'employer pour les personnes : *Le crayon avec lequel j'ai écrit ; — l'homme avec qui ou avec lequel j'ai travaillé.* Observons que, dans certains cas où la clarté l'exige, LEQUEL s'emploie comme sujet au lieu de QUI, ou comme complément direct au lieu de QUE : *Prenez la clef de mon coffre,* LAQUELLE *est déposée sur mon armoire, —* LAQUELLE *vous trouverez sur mon armoire.*

La proposition qui tombe ainsi sur une autre proposition, à l'aide du pronom conjonctif, prend le nom de proposition *incidente.* Elle est incidente *déterminative,* si elle est indispensable pour déterminer le sens ; incidente *explicative,* si elle ne fait que l'expliquer, et si elle peut être retranchée sans qu'il s'altère. Dans cet exemple: *l'homme qui remplit son devoir sera récompensé,* l'incidente est déterminative : dans cet autre, *l'homme, qui est un être doué de raison, a un devoir à remplir,* elle est explicative.

On voit que la proposition incidente, qu'elle soit déterminative ou explicative, sert de complément au membre de la proposition principale sur lequel elle tombe. Elle compte donc tout entière comme complément dans la proposition principale ; mais elle a elle-même ses parties constituantes, que l'analyse logique doit distinguer.

Le pronom conjonctif sera donc pour nous l'occasion de divers exercices intéressants : il s'agira d'abord de bien déterminer le sens des propositions qu'il unit, puis de les analyser logiquement ; de plus, nous aurons à considérer à quel mode doit être le verbe de la proposition incidente ; enfin, le pronom complément direct donne lieu à une difficulté du participe passé. Ce dernier point sera traité dans la quatrième partie, comme particularité propre à la langue française.

---

(1) Nous avons conservé à ce mot le titre de *pronom,* généralement employé, quoique celui d'*adjectif conjonctif* convienne mieux à sa nature.

Commençons par exprimer différents sens susceptibles d'être reliés par le pronom conjonctif, et effectuons cette liaison :

Un élève avait promis de venir, il n'est pas venu. — L'élève qui avait promis de venir, n'est pas venu.

J'ai obligé un élève, il m'a remercié. — L'élève *que* j'ai obligé, m'a remercié.

J'ai prêté un livre à un élève, il me l'a rendu. — L'élève *à qui* j'ai prêté un livre, me l'a rendu.

J'ai emprunté le livre de cet élève, il me l'a redemandé. — L'élève *dont* j'ai emprunté le livre, me l'a redemandé.

J'ai demandé ce livre pour cet élève, il ne l'a pas obtenu. — L'élève *pour qui* j'ai demandé ce livre, ne l'a pas obtenu.

D'après ces exemples, on réunira les sens qui suivent :

Cet homme instruit ses semblables dans le bien, il leur rend un grand service.

Cette personne vous portera ma lettre, elle sera chargée de prendre votre réponse.

Ce bâtiment paraissait très-solide, il s'est écroulé.

Mon ami sauva hier cette petite fille, elle courait un grand danger.

Vous voulez traverser ce fleuve, il est très-rapide.

Vous parlez de ce soldat, il est très-brave.

Vous faites l'éloge de cette dame, elle est la mère de mon ami.

Nous voyons la voile de ce navire, il est très-éloigné.

Je me suis servi hier de cette voiture, envoyez-la moi.

Ce livre appartient à un élève, je connais cet élève.

Ces grandes villes appartiennent à un État, il est très-puissant.

Nous avons donné la chasse à ce renard, il était très-gros.

Je dois à l'école mon instruction, je n'oublierai jamais cette école.

J'ai fait une démarche près d'un protecteur, il m'a bien accueilli.

J'ai fait beaucoup de sacrifices pour une sœur, elle n'est pas très-reconnaissante.

Je me suis endormi au pied d'un arbre, il était très-touffu.

Je m'appuie contre ce mur, il est très-ancien.

On fera l'analyse logique des propositions ainsi réunies ; par exemple, pour la première phrase :

L'homme qui instruit ses semblables dans le bien, leur rend un grand service. — Phrase de deux propositions. — 1° *L'homme leur rend un grand service.* Proposition principale. Sujet, *l'homme qui*, etc. : simple, parce qu'il ne désigne qu'un seul être ; complexe, à cause de l'incidente déterminative *qui instruit*, etc. Verbe, *est.* Attribut, *leur rendant un grand service :* simple, parce qu'il n'exprime qu'une manière d'être du sujet ; complexe, à cause des compléments *un grand service* et *leur* — 2° *Qui instruit ses semblables dans le bien.* Proposition incidente déterminative. Sujet, *qui :* simple, parce qu'il ne désigne qu'un seul être ; incomplexe, parce qu'il n'a aucun complément. Verbe, *est.* Attribut, *instruisant ses semblables dans le bien :* simple, parce qu'il n'exprime qu'une manière d'être du sujet ; complexe, à cause des compléments *ses semblables* et *dans le bien.*

On voit ici combien il a été utile de familiariser l'élève avec l'analyse logique dès le commencement des exercices, et de ne laisser passer aucune forme de proposition isolée sans l'analyser. L'élève a ainsi vu venir les difficultés une à une ; et maintenant que les propositions commencent à se compliquer, il n'en est pas effrayé, la difficulté actuelle se trouvant réduite à sa plus simple expression.

EMPLOI DU SUBJONCTIF AVEC LE PRONOM CONJONCTIF.

Ici comme avec la conjonction *que*, le verbe subordonné se met au subjonctif quand il y a doute, incertitude, souhait dans l'affirmation exprimée par ce verbe : *Donnez-moi un ouvrier* QUI PUISSE *me seconder*, — *un gardien* A QUI JE PUISSE *me fier*, — *un instrument* DONT JE PUISSE *me servir*, etc. — *Avez-vous une maison* QUI SOIT *habitable?*

On s'exercera en unissant par le pronom conjonctif les sens liés qui suivent, et en distinguant ceux qui demandent le subjonctif.

Faites-moi un devoir, que je sois content de ce devoir. — Donnez à cet enfant un travail, qu'il soit capable de ce travail. — Je lui donnerai un travail, il pourra parfaitement s'en acquitter. — Envoyez-nous un cheval, qu'il soit possible de franchir avec lui cette colline. — Je vous enverrai un cheval, il ne sera pas fatigué. — Je lui ai demandé du vin, et que ce vin ne fût pas trop cher. — On nous a donné une fête, rien ne manquait à cette fête. — J'achèterais volontiers de vous un tableau, vous avez terminé ce tableau hier. — J'achèterais volontiers de vous un tableau, je désirerais qu'il fût terminé promptement.

DU PRONOM INTERROGATIF.

Le pronom conjonctif est quelquefois employé pour interroger : *Qui vous a dit cela?* — *Lequel de ces deux hommes est le coupable?* — *Auquel de ces deux élèves faut-il donner le prix?* Devant le pronom employé ainsi, il y a toujours une proposition, sinon exprimée, du moins sous-entendue, renfermant le nom auquel le pronom se rapporte : *Je désire savoir,* — *puis-je savoir.* — *je demande,* — *dites-moi,* — *veuillez me dire,* — *je ne sais,* — *j'ignore,* — QUELLE EST LA PERSONNE *qui vous a dit cela,* etc.

On voit que les fonctions du pronom conjonctif sont ici les mêmes que dans les phrases où il n'y a pas d'interrogation. L'analyse se fera donc de la même manière, lorsqu'on aura rétabli ce qui est supprimé par ellipse.

D'après ces principes, on analysera les propositions interrogatives suivantes, et d'autres qu'on pourra former.

Qui vous a conté ma mésaventure? — Lequel de ces deux livres préférez-vous? — Par lequel de ces deux ouvrages commencez-vous? — A laquelle de ces deux branches d'étude vous appliquez-vous le plus?

Les pronoms QUE et QUOI signifient *quelle chose?* QUE s'emploie comme complément direct : *Que demandez-vous?* QUOI s'emploie ordinairement comme complément indirect : *A quoi pensez-vous?* — *De quoi vous occupez-vous?* — Cependant quoi s'emploie comme complément direct lorsqu'on dit, par exemple : *J'ai quelque chose* à nous demander, et que l'on répond : *Quoi?* Il s'emploie comme sujet lorsqu'on dit : *Quoi de plus admirable?* — Voici quelques exemples de l'emploi de ces pronoms, que l'élève analysera :

Que fait le bon écolier lorsqu'il veut savoir sa leçon? — En quoi l'homme oisif peut-il être heureux? — Que demande au Ciel l'homme sage? — Que retirera l'ambitieux de tant d'efforts insensés? — De quoi s'occupe l'homme riche qui a des sentiments généreux? — Que fait le bœuf lorsqu'il a avalé l'herbe dont il se nourrit? — Quoi de plus beau que ce jardin en fleurs?

Ici viennent naturellement se placer quelques exercices sur l'adjectif indéfini QUEL, qui remplit aussi un rôle conjonctif. Ils consisteront à analyser des phrases dans lesquelles cet adjectif est employé :

Par quelle heureuse circonstance avez-vous échappé à cet accident? — De quelle manière a-t-il accompli ce travail? — Je ne sais jusqu'à quel point vous aurez réussi. — Devant quel tribunal sera appelée cette affaire? — Savez-vous quelles peines cet ouvrage m'a coûtées? — On ne m'a pas dit quel ouvrier viendrait.

Les adverbes d'interrogation QUAND, OÙ, COMMENT, POURQUOI, COMBIEN, signifiant *en quel temps, en quel lieu, de quelle manière, pour quelle raison, en quelle quantité*, renferment dans leur signification l'adjectif conjonctif QUEL, et sont toujours précédés comme lui, du moins dans la pensée, d'un verbe dont le sens est interrogatif ou dubitatif. Ils remplissent donc également un rôle conjonctif, puisqu'ils unissent deux propositions. L'analyse des phrases où ils entrent se fera comme celle de toutes les autres phrases interrogatives :

Comment les oiseaux peuvent-ils se soutenir dans l'air? — On prétend que ce travail réussira, je me demande comment. — Je voudrais savoir quand on commencera l'arrangement de mon jardin. — Vous promettez de venir me voir, mais vous ne me dites pas quand. — Vous craignez d'entreprendre cette étude, je ne sais pas pourquoi. — Pourquoi l'eau d'un jet d'eau s'élève-t-elle dans l'air? — D'où veniez-vous lorsque je vous ai rencontré? — Par où l'eau a-t-elle pénétré dans notre cave? — Nous nous sommes déjà vus, mais je ne me rappelle plus où.

L'élève s'exercera à distinguer, dans les phrases qui suivent, QUE, pronom, de QUE, conjonction ou adverbe.

L'homme *que* la fortune et la naissance n'ont pas favorisé, n'a pour tout bien *que* son travail et sa bonne conduite. Cependant, *que* de ressources il y trouve quand il le veut sérieusement, et qu'il a confiance dans la Providence! Il serait même accablé de disgrâces, qu'avec une conduite conforme à son devoir, il trouverait encore le moyen d'être heureux ; et ce serait une grande erreur, *que* de croire malheureux l'homme juste au milieu des traverses. *Que* valent, en effet, ces succès *que* le monde recherche tant? Il s'en faut bien qu'ils aient les avantages *qu'*on leur suppose. Et puis, *que* durent-ils? Aussi, *que* l'on soit riche ou pauvre, ce *que* l'on doit rechercher, c'est *que* la conscience soit tranquille et ne nous reproche rien.

En construisant d'autres exemples analogues et en les analysant, non-seulement l'élève apprendra à distinguer la conjonction de l'adverbe et du pronom conjonctif, mais encore il saisira l'idée commune qui est au fond de ces termes, et qui les rattache par une sorte de lien de famille. Il verra en même temps combien le sens a de puissance sur la valeur des expressions, en observant quel immense parti le génie de la langue sait tirer d'un simple monosyllabe, dont l'usage malhabile produit cependant des effets si peu harmonieux.

EXERCICE GÉNÉRAL SUR LES CONJONCTIONS ET SUR LES PRONOMS CONJONCTIFS.

On pourra s'exercer à l'emploi des conjonctions et des pronoms conjonctifs, en développant des compositions construites d'abord sans cette espèce de mots, comme celle qui se trouve à la fin de la deuxième partie, page 258 ; ou bien, en cherchant les conjonctions laissées en blanc dans une composition quelconque.

Le respect de la Religion est la base *sur laquelle* repose la grandeur des États. *Lorsque* l'homme est religieux, il se conduit en toute circonstance avec une loyauté *que* rien n'altère, *et* il ne recule devant aucun devoir, *quelque* pénible *qu'*en soit l'accomplissement. Les périls *et* les difficultés n'ont rien *qui* l'effraie, *parce qu'*il sent *que* Dieu est avec lui. Les sentiments nobles *et* élevés *dont* son cœur est rempli, font *que* son intelligence est toujours active pour accomplir le bien ; *et* le calme *qui* règne dans son âme, donne à ses idées la clarté *qui* en fait la force. Les discussions se développent entre les hommes *sans qu'*il en naisse des disputes irritantes *et* stériles. L'opinion publique se manifeste avec *d'autant plus* de vraie liberté, *qu'*elle est animée de plus de respect pour l'autorité, *sans laquelle* nulle société n'est possible. Et *bien que* les lois humaines ne puissent être parfaites, elles sont cependant *le plus* satisfaisantes *qu'*il est possible, *et* en rapport avec les besoins du temps, *parce que* le tribut de toutes les lumières y a été apporté, *et que* les intérêts ont été sainement consultés. Les travaux des différentes professions, *qui* toutes contribuent, *comme* les différents organes d'un corps vivant, à l'entretien de la société, se soutiennent mutuellement ; *et* l'émulation *dont* ils sont animés est exempte de jalousie, *parce qu'*elle est fondée sur des motifs élevés. Il résulte naturellement de cette bonne harmonie, *que* l'administration marche avec aisance, *et* réalise les services publics *sans qu'*il en coûte de grands frais, *puisque* la sagesse des entreprises particulières permet *qu'*on leur confie une grande partie de ces services. Inutile d'ajouter *que* la sécurité est grande pour les propriétés *et* pour les personnes, *non-seulement parce que* peu d'atteintes y sont portées, *mais encore*, *parce que* l'union générale constitue une force imposante contre *qui* voudrait nuire.

(*Et ainsi de suite. —* Voir page 258.)

Autre exemple :

L'avantage ... (1) les élèves retirent des récompenses données à leur assiduité ... (2) est réel ... 3) à la condition ... (4 ils comprennent ... 5 elles ... 6 ont pour but ... 7 de stimuler leur zèle, ... 8, en travaillant à remplir les vues de leurs maîtres, ils ... 9, ont travaillé, en définitive ... (10) pour eux-mêmes ... 11 ils sont jeunes, ils se rendent difficilement compte de cette vérité ; ... (12) ... (13) ils pouvaient voir ... (14) le maître voit, ... (15) ... (16) ils eussent l'avenir devant les yeux, ils en seraient pleinement persuadés ... (17) il n'est pas douteux ... (18) il ... (19) y ait pour eux du mérite à travailler, ... (20) ils ... (21) saisissent ... (22) difficilement l'avantage ... (23) leur en reviendra. Ce serait ... (24) une injustice ... (25) de leur refuser un encouragement ... (26) ils en reconnaissent bien la signification ... (27) ... (28) il s'en faut ... (29) la plupart des élèves la reconnaissent ... (30) ... (31) de succès obtenus dans les études ne portent pas leurs fruits dans l'avenir !

(1) Que. (2) Ne. (3) Que. (4) Que. (5) Que. (6) Ne. (7) Que. (8) Et que. (9) Ne. (10) Que. (11) Comme. (12) Mais. (13) Si. (14) Comme. (15) Et. (16) Que. (17) Cependant. (18) Que. (19) Ne. (20) Puisque. (21) Ne. (22) Que. (23) Qui. (24) Donc. (25) Que. (26) Pourvu que. (27) Mais. (28) Combien. (29) Que. (30) Aussi. (31) Combien.

On pourra aussi prendre simplement un passage d'auteur, y reconnaître les conjonctions ainsi que les pronoms conjonctifs, et constater le genre de liaison qui en résulte entre les propositions, en signalant les cas qui amènent le subjonctif. — L'analyse logique trouve ici tout son développement.

Pour terminer les exercices de cette troisième partie, et les relier aux deux parties précédentes, on exercera l'élève à réduire des phrases, en remplaçant, dans les cas où cela est possible, les expressions conjonctives par des expressions prépositives ou adverbiales, et en substituant parfois à des propositions incidentes de simples appositions ou des adjectifs. Il achèvera ainsi de se faire une idée de la valeur et de l'utilité des différentes parties du discours, de leurs rapports de sens et de caractère, et de la puissance avec laquelle la pensée, dans sa rapidité, réduit le langage à sa plus simple expression. Ces exercices lui feront aussi apercevoir le rôle important de l'ellipse dans l'explication des difficultés du langage.

Voici une série d'exemples, qu'il sera facile d'imiter et de varier :

Vous avez perdu la confiance pour longtemps, *parce que vous avez une fois menti.* — *En mentant une fois, ayant menti une fois,* vous avez perdu la confiance pour longtemps. — *Pour avoir menti une fois,* vous avez perdu la confiance pour longtemps. — *Pour un seul mensonge,* vous avez perdu, etc.

Je l'ai beaucoup blâmé *de ce qu'il avait été trop indulgent,* — ... *d'avoir été trop indulgent,* — ... *de sa trop grande indulgence.*

A moins que vous n'arriviez avant que le convoi ne parte, vous ne me verrez pas. — *A moins d'arriver avant le départ du convoi,* vous ne me verrez pas.

Cet homme a agi *comme agit un vrai militaire,* — ... *comme un vrai militaire,* — ... *en vrai militaire.*

Si l'ouvrier travaille sans goût, il produit peu de chose. — *En travaillant sans goût,* l'ouvrier produit peu de chose.

Hors qu'il ne l'a pas battu, il lui a fait tout le mal possible. — *Hors de le battre,* il lui a fait tout le mal possible.

Lorsque j'ai tout compté, je trouve que j'ai perdu. — *Tout compté*, je trouve que j'ai perdu, *je me trouve* avoir perdu. — *Tout compte fait*, je trouve, etc.

Je crois, je sens *que je suis* malade. — *Je me crois, je me sens* malade.

Vous avez un chien *qu'on ne peut rassasier*, — ... un chien *insatiable*.

D'après ces exemples, on réduira les phrases suivantes :

Je permets que vous sortiez après que vous aurez fini votre devoir. — Je défends que vous fréquentiez cette maison. — Cet enfant a été malade parce qu'il avait trop mangé. — Lorsque j'en juge par ce que je connais de lui, je dois croire qu'il est peu laborieux. — L'homme qui est riche, aussi bien que celui qui est pauvre, doit rendre un jour son compte à Dieu. — Vous étiez certain que vous ne me trouveriez pas chez moi, puisque vous êtes venu l'apres-midi. — Je crains que cette maison ne s'écroule. — J'ai vu cette maison qui s'écroulait — — Il est probable que cette entreprise réussira. — J'ai reconnu que cette action était généreuse. — Nous promettons que nous achèverons demain l'ouvrage. — Vous avez une éloquence à laquelle on ne peut résister. — Voilà un ouvrage qu'on peut présenter.

Ces quelques exercices de réduction, que l'élève fera de sentiment avec l'aide du maître, ne sont, on le comprend, qu'un simple essai, préludant aux exercices de style proprement dits. Ils achèvent de le transporter sur le seuil de la syntaxe, en lui faisant passer en revue, sous toutes leurs faces, les matériaux qu'il devra mettre en œuvre pour l'expression de sa pensée.

Dans cette troisième partie comme dans la deuxième, on appellera continuellement l'attention de l'élève sur la ponctuation, ce qui l'obligera à décomposer scrupuleusement les membres de phrase, et à se faire une idée précise du sens.

QUATRIÈME PARTIE.

Difficultés particulières.

Dans les trois premières parties de cet ouvrage, nous ne nous sommes arrêtés spécialement devant aucune des difficultés particulières à la langue française. Sans exclure de nos exercices les termes où elles se trouvent, pas plus que ne les exclut l'enseignement maternel, toujours si abondant et si simple, nous avons laissé au maître le soin de les signaler en passant, sauf à concentrer plus tard l'attention sur leur étude.

L'esprit de l'élève s'est ainsi trouvé plus libre pour saisir la marche logique des choses ; il a accumulé sans obstacle une ample provision d'idées et de termes ; et les parties du discours se sont présentées à lui dans l'ordre des besoins du langage, sans qu'aucune remarque prématurée sur des particularités toutes secondaires soit venue le distraire de l'étude de leurs fonctions.

La réunion de toutes ces particularités en un seul tout aura, en outre, l'avantage de les présenter sous un jour plus large, de faire mieux pénétrer leur caractère, et d'aider à reconnaître le génie de la langue dans leurs nuances variées, en comparant celles qui sont nées du fond même de ce génie, et celles, plus rares qu'on ne le pense généralement, qui ne doivent leur existence qu'au caprice de l'usage.

Cette quatrième partie des exercices, conduite avec intelligence, pourra devenir un résumé fructueux de toutes les notions contenues dans les trois premières parties. Le plan en sera simple : nous suivrons l'ordre que l'on suit ordinairement pour l'étude des parties du discours ; puis nous indiquerons quelques exercices particuliers sur le vocabulaire, sur les homonymes, les synonymes, les expressions figurées et les gallicismes.

PLURIEL DES NOMS.

L'élève prendra chaque règle en particulier (*Grammaire française élémentaire*, p. 44 et 83), et il cherchera, dans les listes que nous avons données, les noms auxquels elles s'appliquent. On lui demandera de citer, et de mettre au pluriel un certain nombre de noms en *au, eu, ou*, s, x, z, al, ail, ainsi que des noms composés. Il distinguera les noms qui ne s'emploient qu'au singulier ou au pluriel.

On lui fera mettre au pluriel tous les noms singuliers d'une série de propositions, soit qu'ils fassent leur pluriel suivant la règle générale, soit que ce pluriel suive une règle exceptionnelle, et il mentionnera ces cas d'exception. En même temps, il signalera ceux qui ne s'emploient qu'au singulier ou au pluriel.

J'ai reçu de mes parents un bijou de prix. — Le corail se pêche au bord de la mer. — Il me faudrait un clou pour assujettir cette planche. — Ce villageois a placé un épouvantail dans son jardin, pour effrayer le moineau. — Le cheval de ce militaire est fatigué de sa longue course. — Le chasseur qui guette le chamois, a allumé un feu sur la montagne.

Nous avons entouré notre habitation d'un solide enclos.— Le jeu auquel jouent ces écoliers est amusant; mais je vois parmi eux un petit taquin qui donne un croc-en-jambe à son camarade, et qui vient de jeter un caillou dans la fenêtre. Je vais le punir de sa méchanceté. — Le rubis et le diamant sont le plus riche ornement d'un joyau. — Il vaut mieux habiter un plateau élevé que les environs d'un marais.

Le marteau du maréchal retentit sur l'enclume. Son travail est bien rude, mais il est aussi bien utile. — Le porte-lanterne et le ver luisant sont des insectes dont le corps est lumineux dans l'obscurité. — L'attention est nécessaire à l'écolier pour faire son devoir, au gagne-petit pour aiguiser un couteau, au savant pour composer un livre, au peintre pour concevoir et exécuter un tableau.

Il sera facile, avec les nombreux éléments que nous avons donnés dans la première partie, de composer autant d'exercices de ce genre qu'on le voudra, soit que l'on suive, pour les sujets, l'ordre des différentes notions, soit qu'on les combine diversement entre elles.

FÉMININ DES ADJECTIFS.

On cherchera, dans les listes d'adjectifs, ceux dont le féminin offre, dans sa formation, quelque chose de particulier, et on les rapportera aux règles de cette formation (*Grammaire française élémentaire*, p. 19). Les adjectifs en *e* muet, en *gu*, en *er*, en *el*, etc., seront ainsi successivement passés en revue. Puis, on s'exercera à remplacer par des noms féminins les noms masculins qui se trouveront dans des exemples, préparés de telle sorte que la plupart des adjectifs offrent quelque particularité dans la formation de leur féminin :

Un terrain légèrement sablonneux convient à la culture des légumes. — Lorsque l'air est trop sec, les jardins sont en souffrance.— Ce matin, un brouillard épais dérobait la vue des objets — L'appartement contigu au vôtre est un peu plus bas. — Le bâtiment tout entier est construit de cette manière.

Un végétal est plus facile à reconnaître quand il est frais que quand il est sec. — Ce fruit vermeil offre un aspect bien agréable. — Le raisin muscat a un goût fin et délicat. — Il faut se défier de certains végétaux, qui sont vénéneux. — Ce fruit hâtif n'a guère de saveur. — Dans les rhumes, on se trouve bien d'un julep gommeux.

Ce jeune enfant est doux, naïf et candide. — 'Un fol orgueil a fait échouer bien des entreprises — Votre cousin est expert dans l'art architectural. — On ne saurait être heureux lorsqu'on a le cœur rancunier. — Mon frère s'est tenu coi pendant que mon père le grondait.

— Le billet que vous m'avez envoyé était très-bref. — Jamais on ne vit pareil événement. — Dieu s'est montré indulgent pour ce pécheur. — Mon père n'était pas bien dispos ce matin.

Exemples. — *Une terre* légèrement sablonneuse convient, etc. — Lorsque *l'atmosphère* est trop *sèche*, etc. — Ce matin, une *brume épaisse*, etc.

Un assez grand nombre de substantifs ont un féminin : *Jardinier, jardinière, protecteur, protectrice*; etc. Ces substantifs sont, au fond, de véritables adjectifs, devant lesquels est sous-entendu le mot *homme* ou le mot *femme*. L'élève s'exercera à en chercher dans les différentes dénominations applicables aux personnes, et il en donnera le féminin.

PLURIEL DES ADJECTIFS.

On fera pour le pluriel des adjectifs comme pour celui des substantifs : chercher d'abord ceux qui se rapportent à chacune des règles données dans la grammaire (*Grammaire française élémentaire, p. 24*); puis mettre au pluriel, autant que le permet le sens, ce qui est au singulier dans une série d'exemples donnés :

Nous avons visité un pays glacial, où le jour est continuellement nébuleux, et dont nous n'avons rapporté qu'un produit minéral. Ce produit est nouveau pour notre pays, et, sous ce rapport, il est intéressant. — Un bras musculeux peut faire un coup de force, mais il n'est pas le signe certain d'une santé robuste. — Je vous ai fait connaitre le point principal de mon discours. — L'événement fatal arrivé dans notre ville, tient notre esprit continuellement inquiet.

PARTICULARITÉS RELATIVES AUX VERBES.

Mettez au pluriel les exemples suivants :

Pendant que je liais les gerbes sur le champ, l'orage a éclaté. — Il faut que tu replies promptement les étoffes de ce magasin. — Je fuyais la poursuite des ennemis lorsque vous m'avez délivré. — Si je sommeillais un moment, je serais remis de mes fatigues. — Tu te défiais à tort de cet homme. — Pourquoi niais-tu ce qui était vrai? — Je m'ennuyais de ne rien faire, et je priais instamment qu'on me fît travailler.

(Cet exemple appelle l'attention sur les cas où il y a rencontre de deux *ii*, ou de *i* et *y*, qui sont d'ailleurs tout-à-fait réguliers. — *Grammaire française élémentaire*, p. 42.)

Mettez au présent et au futur de l'indicatif les exemples suivants.

Je ne m'effrayais pas d'une tâche quelconque à remplir. Au contraire, l'oisiveté m'ennuyait, et l'idée de travailler m'égayait seule dans ma captivité. Je payais volontiers de mon travail le pain qu'on m'envoyait. Tantôt, je déblayais la cour où tombait la neige, et je frayais le chemin ; tantôt, je broyais des couleurs, et je déployais les divers petits talents acquis dans mon éducation.

(On remarque ici le changement de l'y en i devant l'*e* muet. — *Grammaire française élémentaire*, p. 43.)

Mettez au présent et au futur de l'indicatif les exemples suivants.

J'ai pesé ces marchandises, et j'en ai accéléré l'envoi. — Les grands travaux de la culture ont nivelé ce vaste terrain. — Cette plante a dégénéré par le manque de soins. — On a semé du blé sur ce champ. — La lecture a abrégé vos soirées d'hiver. — Le berger a ramené les moutons au bercail. — On a acheté ces fruits très-cher. — Je me suis levé aujourd'hui de bonne heure, et j'ai siégé dans une assemblée de famille. — Il a gelé quelque peu, et cette gelée a modéré la croissance des végétaux.

(Ces exemples amènent le changement de l'*e* muet et de l'*é* fermé en *è* ouvert devant l'*e* muet de la terminaison. — *Grammaire française élémentaire*, p. 43.)

Tournez au passif les propositions suivantes :

Le prêtre bénit le pain. — Le prêtre bénit l'eau. — Les malheureux bénissent la charité. — Toute la nation bénit cette bonne princesse.

(On remarque ici les deux participes passés du verbe *bénir*. — *Grammaire française élémentaire*, p. 45.)

Mettez au présent de l'indicatif les propositions suivantes :

J'ai étendu la colle sur ce papier. — J'ai éteint cette lumière. — Tu as feint une maladie que tu n'avais pas. — Je fendrai le bois pour allumer le feu. — Je peindrai cette porte en blanc. — Je pendrai le marteau à ce clou. — Tu as enfreint la défense que je t'ai faite. — Je ne t'ai pas astreint à une besogne très-difficile. — J'ai moulu votre grain très-fin. — J'ai résolu le problème que vous m'aviez posé. — Je coudrai ces deux morceaux ensemble. — Je dissoudrai mon sel dans cette eau.

(Ces exemples font remarquer la terminaison des trois premières personnes du singulier du présent de l'indicatif, dans les verbes terminés par *indre* ou par *soudre*. — *Grammaire française élémentaire*, p. 49.)

Mettez au futur les propositions suivantes :

Je vais chaque jour à l'école où vous m'envoyez ; le maître que j'y trouve, me guide dans l'accomplissement de mes devoirs.

Je finis ma lettre en assurant que j'accueille volontiers les observations qui me viennent de cet homme respectable. Je suis certain que, de son côté, il tient la parole qu'il m'a donnée, et qu'il accomplit sa promesse. — Le téméraire court inutilement au-devant du danger, et il meurt sans rendre service à la patrie.

En administrateur vigilant, vous pourvoyez à toutes les nécessités ; vous prévoyez autant que possible les besoins ; vous recevez en temps opportun ce qu'on vous doit ; vous savez obliger vos subordonnés à rendre des comptes en règle, et vous avez soin de les vérifier scrupuleusement. Vous revoyez tout de vos propres yeux, et vous ne voulez pas vous endormir sans être au courant. Cette méthode vaut mieux qu'une confiance molle et trop indulgente. Il faut du malheur pour qu'elle soit mise en défaut, car on ne peut guère être trompé en la suivant.

Chaque jour, je prends le chemin des champs, et je fais le tour du village. Mais pendant qu'on reconstruit le pont, je suis obligé de changer ma promenade.

(Ces exemples exercent l'élève sur les futurs qui se font irrégulièrement dans les quatre conjugaisons. — *Grammaire française élémentaire*, p. 53.)

Mettez les propositions suivantes à l'imparfait de l'indicatif :

En finissant cette page, je finis le cahier. — En sachant cette leçon, je sais ce qu'il me faut pour résoudre le problème donné. — En cachant cette lumière, vous cachez les objets qu'elle éclaire. — En ayant soin de vos parents, vous avez la satisfaction d'une conscience tranquille.

(Ces exemples montrent les exceptions à la formation de l'imparfait de l'indicatif par le participe présent. — *Grammaire française élémentaire*, p. 53.)

Mettez les propositions suivantes au présent de l'indicatif :

En complétant cette série de médailles, nous avons complété la collection. — En étant fidèles à cette consigne, nous avons été les libérateurs de notre prince. — En payant les dettes de notre père, nous avons payé les nôtres. — En ayant peur de cette figure sculptée, nous avons eu peur de notre ombre. — En sachant l'histoire de vos malheurs, nous avons celle de vos exploits. — En nous attachant cet homme, nous nous sommes attaché toute sa famille.

En disant ce mot, vous avez dit ce qu'il vous était ordonné de tenir secret. — En interdisant votre porte à tout le monde, vous l'avez interdite à vos amis. — En redisant cette histoire, vous avez redit ce que nous savions. — En taisant cette circonstance, vous avez tû ce qu'il était le plus important de savoir. — En étant trop indulgent pour cet élève, vous lui avez été nuisible.

En étalant leurs marchandises, ces fripiers ont étalé par mégarde leurs propres effets. — En allant à la ville, ces campagnards sont allés visiter le fort qui en est proche.

En tolérant certains petits défauts de ce jeune enfant, ses parents ont toléré des vices à venir. — En acquérant des richesses, beaucoup d'hommes ont acquis de grands soucis. — En courant après le bonheur, bien des gens n'ont couru qu'après l'ombre. — En mourant malheureux, mes frères sont du moins morts irréprochables. — En revenant de leur long voyage, ces artistes sont venus nous rendre visite.

En prouvant que ces terres sont cultivables, ces agronomes ont prouvé que ce village n'était pas sans ressources. — Pouvant travailler, ces hommes ont pu se mettre à l'abri du besoin. — En mouvant sans levier cette poutre énorme, ces ouvriers ont mû un poids au-dessus de leurs forces. — En moulant ce buste, ces élèves ont moulé le plus bel ouvrage d'un grand sculpteur. — En étayant ce coin, les ouvriers ont étayé toute la maison. — En ayant horreur du vice, les jeunes gens auront la ferme volonté d'y échapper. — En voulant à toute force cette permission, ces jeunes gens ont voulu leur propre malheur. — En arrachant l'espérance à notre ami, ces imprudents lui ont peut-être arraché la vie. — Sachant vivre de peu, ces hommes sages ont su rendre leur existence heureuse. — Ces ivrognes, en recevant de leur pays une barrique d'eau-de-vie, ont reçu un funeste cadeau.

En menant ces enfants vers la rivière, leurs camarades les ont menés au péril. — En prenant ce sentier, ces voyageurs ont pris le plus long chemin. — En se plaisant dans cette mauvaise compagnie, ces jeunes gens se sont plu sur le bord de l'abîme. — En faisant allusion aux fautes passées de cet homme, ses amis lui ont fait beaucoup de peine. — En buvant ces spiritueux qu'ils aiment tant, ces ivrognes ont bu un véritable poison. — Étant si certains de leur fait, ces hommes ont été bien négligents de ne point parler.

En envoyant ces enfants dehors à cette heure avancée, leurs parents les ont envoyés se perdre. — En essayant de remuer ce fardeau, ces hommes ont essayé leur force. — En s'asseyant sur ces chevaux difficiles, ces cavaliers inexpérimentés se sont assis sur leur maître. — En extrayant cette balle de la blessure, les chirurgiens ont extrait la cause du mal

(Ces exercices sont relatifs à la formation des trois personnes plurielles du présent de l'indicatif à l'aide du participe présent. — *Grammaire française élémentaire*, p. 54.)

Mettez au présent du subjonctif ce qui est au passé dans les exemples qui suivent :

Je ne doute pas qu'en ravalant la gloire de cet homme, on n'ait ravalé celle de sa patrie. — Je ne crois pas qu'en allant faire cette commission, votre domestique soit allé au cabaret.

Il est douteux qu'en tenant cette lettre, on ait tenu un papier important. — Je doute que ce jeune homme, en s'entourant de beaucoup de compagnons, se soit entouré de beaucoup d'amis. — Je crains qu'en mourant sur la terre étrangère, mon frère ne soit mort avec de grands regrets. — Je ne pense pas qu'en venant vous rendre visite, ces personnes soient venues dans un but intéressé, ni qu'en amenant ce parent elles aient amené un importun. — Je ne pense pas qu'en acquérant cette maison, j'aie acquis une habitation bien commode, ni qu'en modérant mes prétentions j'aie modéré celles du vendeur.

Quoique pouvant très-bien faire cet ouvrage, je doute que votre ami ait pu le commencer au moment voulu. — En trouvant beaucoup d'or dans cette mine, il n'est pas probable qu'on y ait trouvé le bonheur. — Quoique valant beaucoup pour moi, je doute que le livre qu'on m'a pris ait valu quelque chose pour le voleur. — Nierez-vous qu'en se prévalant de ses avantages naturels, il ne se soit prévalu de ce dont il n'avait aucun mérite ? — Croyez-vous qu'en voulant mettre des obstacles au mal, la loi ait voulu nuire à la liberté des citoyens ? — En créant son œuvre, ce n'est pas qu'un auteur ait créé dans l'acception véritable du du mot. — Cette obligation échéant le dernier du mois, il n'est pas douteux qu'elle ne soit échue aujourd'hui.

Buvant comme nous les avons vus faire, il est douteux que ces hommes aient bu jusqu'au soir. — Ce livre plaisant à tous vos camarades, je ne doute pas qu'il ne vous ait plu aussi. — En faisant du mal à son prochain, doutez-vous que ce jeune homme ne s'en soit fait à lui-même ? — Étant content de mon sort, doutez-vous que je n'aie été heureux ? — Vous ne contesterez pas qu'en menant vos camarades à la ferme, je ne les aie menés dans un lieu fort agréable. — En prenant ce parti, nierez-vous que je n'aie pris le bon ?

(Ces exercices montrent les cas d'exception à la formation du présent du subjonctif par le participe présent. — *Grammaire française élémentaire*, p. 54.)

Mettez à toutes les personnes du présent de l'indicatif ce qui se trouve à la première personne dans les propositions qui suivent :

On croit que je déchois, parce que je travaille sans relâche. Mais tout ce que je sais, c'est que j'acquiers chaque année de nouvelles propriétés. Je fais peu d'éclat ; cependant il me semble, modestie à part, que je vaux autant que ceux qui en font. Je bois peu de vin, et je prends peu d'amusement ; mais je suis plus heureux que ceux qui ne se refusent rien. Je puis, à l'aide de mon économie, faire du bien à beaucoup de personnes, et je tiens à pouvoir en faire de plus en plus, par les grands capitaux que je meus dans un actif commerce. Je vais et viens gaîment pendant toute la journée ; le soir, je m'assieds seul à mon bureau, et je prends note de tout ce que j'ai donné et reçu. Je me dis que ce travail actif est la meilleure manière de passer mon temps.

(Cet exemple peut aussi être mis à toutes les personnes de l'imparfait de l'indicatif.)

Mettez à toutes les personnes du présent du subjonctif ce qui se trouve ici à la première personne de ce temps :

Quoi que je fasse, que je sache ou que je puisse, il faut, telle est la destinée humaine, que je meure un jour. Que j'aille ou que je vienne; que j'acquière ou non des richesses ; que je tienne en main un grand pouvoir, ou que je déchoie au rang des plus humbles mortels; que je boive de l'eau ou les vins les plus exquis ; que je vaille plus ou moins que mes émules; que mes opinions prévalent et meuvent les esprits de mes semblables, ou que je prenne d'eux mes impulsions, il faut toujours que je meure, et que j'aille rendre compte à Dieu de mes pensées, de mes actions, et de tout ce dont j'ai été volontairement cause.

(Cet exercice et le précédent appellent l'attention sur les verbes les plus irréguliers. — *Grammaire française élémentaire*, p. 60.)

EXERCICES SUR LE *Collectif sujet.*

En formant des propositions simples ou composées sur tant de matières variées, nous avons pu considérer, sous ses différents aspects, l'accord du verbe avec son sujet. Cependant il importe de consacrer quelques exercices spéciaux à l'emploi du *collectif sujet*, afin de bien distinguer les cas où le verbe doit s'accorder avec le collectif, de ceux où il a pour véritable sujet le nom qui suit ce collectif. (*Grammaire française élémentaire*, p. 88.)

Les collectifs le plus souvent employés sont : *une foule, une multitude, une troupe, un grand nombre, le tiers, la moitié, une partie, une douzaine, une centaine, un millier,* etc. Nous donnerons quelques exemples sur l'emploi de ces collectifs avec le verbe, puis nous proposerons différents sujets d'exercice. (1)

La foule des gens qui *avaient* assisté à la fête, *se retira* paisiblement.

Une foule des gens qui *avaient* assisté à la fête, *se retira* ou *se retirèrent* paisiblement.

Une foule de gens qui *avaient* assisté à la fête, *se retira* ou *se retirèrent* paisiblement.

---

(1) Les collectifs sont ordinairement distingués en deux espèces : collectif *général* et collectif *partitif*. Mais on a proposé d'en distinguer trois espèces : collectif *général*, collectif *partitif* et collectif *simple* : LA *multitude* DES SOLDATS, — UNE *multitude* DES SOLDATS, — UNE OU LA *multitude* DE *soldats*. — Le collectif général est toujours le sujet du verbe ; le substantif qui le suit ne saurait l'être, parce qu'il est toujours complément déterminatif du collectif : *La multitude des soldats de cette armée* A PASSÉ *par notre ville.* Le collectif partitif et le collectif simple seront sujets du verbe, si l'acte ou l'état qu'exprime celui-ci est attribué à la collection des individus désignés par le substantif qui suit : *Une multitude des soldats de cette armée* A PASSÉ *par notre ville,* — *une multitude de soldats de cette armée* A PASSÉ *par notre ville.* Si, au contraire, l'acte ou l'état qu'exprime le verbe est attribué aux individus, le véritable sujet est le substantif qui suit le collectif, simple ou partitif : *Une multitude des soldats de cette armée, une multitude de soldats de cette armée,* ONT PASSÉ *par notre ville.*

La moitié de mes bestiaux *a été perdue*, ou *ont été perdus* dans ce désastre.

Une douzaine d'œufs *s'est payée* soixante centimes. — Une douzaine d'œufs *ont été cassés*. —La première douzaine d'œufs apportée *a été cassée*.

La moitié de ces offrandes *sera versée* dans la caisse des secours. — La moitié de ces offrandes *proviennent* de personnes peu aisées.

D'après ces exemples, l'élève emploiera les collectifs suivants comme sujets de verbes qu'il choisira, en ajoutant les compléments qui lui paraîtront nécessaires :

L'essaim laborieux de nos élèves. — Un essaim de nos élèves. — Un essaim d'élèves diligents, l'essaim d'élèves diligents qui...

Le grand nombre des ouvriers. — Un grand nombre des ouvriers. — Le grand nombre *ou* un grand nombre d'ouvriers.

Un troupeau *ou* le troupeau de bœufs. — Un troupeau des bœufs de la grande ferme. — Le troupeau des bœufs de la grande ferme.

La bande des brigands. — Une bande *ou* la bande de brigands. — Une bande des brigands.

La multitude des soupçons. — Un grand nombre des soupçons. — La multitude *ou* une multitude de soupçons.

Le trop grand nombre des succès. — Un trop grand nombre des succès. — Le trop grand nombre *ou* un trop grand nombre de succès.

La collection entière des médailles. — Une collection entière des médailles. — La collection *ou* une collection entière de médailles.

La multitude des sources. — Une multitude des sources. — La multitude *ou* une multitude de sources.

La grande quantité des marchandises. — Une grande quantité des marchandises. — La grande quantité, *ou* une grande quantité de marchandises.

Une cargaison *ou* la cargaison d'oranges. — Une cargaison des oranges.

Un tonneau *ou* le tonneau de harengs. — Un tonneau des harengs.

Un boisseau *ou* le boisseau de crevettes — Un boisseau des crevettes.

Un orchestre *ou* l'orchestre de chanteurs. — Un orchestre des chanteurs. — L'orchestre des chanteurs.

Un chœur *ou* le chœur d'élèves. — Un chœur des élèves. — Le chœur des élèves.

L'unanimité, la totalité, la majorité, la minorité des membres de l'assemblée. —Une majorité *ou* la majorité, une minorité *ou* la minorité de membres de l'assemblée. — Une majorité, une minorité des membres de l'assemblée.

Exemples. — L'essaim laborieux de nos élèves *a recommencé* aujourd'hui ses travaux. — Un essaim de nos élèves *s'est chargé* d'accomplir cette tâche — Un essaim de nos élèves *se sont distribué* les différentes parties du travail.—Un essaim d'élèves diligents, l'essaim d'élèves diligents que vous connaissez, *s'est chargé* de cette tâche difficile, — *se sont distribué* les différentes parties du travail.

Le trop grand nombre des succès *a excité* l'orgueil de cet élève. — Un trop grand nombre des succès de cet élève *est dû* à la supercherie, pour qu'on ne soupçonne pas qu'il en est de même de la totalité. — Un trop grand nombre des succès de cet élève *sont dûs* à ses heureuses dispositions naturelles, pour qu'ils puissent lui mériter des éloges. — Un trop grand nombre de succès faciles *énerve* l'activité de l'étude. — Un trop grand nombre de succès *sont dûs* à des circonstances étrangères, pour que la réussite d'un plan prouve toujours sa bonne conception. — Le trop grand nombre de succès vous *a* réellement *nui*.

L'unanimité des membres de cette assemblée *s'est prononcée* favorablement. — La majorité, ou la minorité, des membres de cette assemblée *a volé* pour la loi. — La majorité, ou la minorité, des membres de cette assemblée *ont volé* avec réflexion. — Une faible minorité de membres de cette assemblée *ont prouvé*, par leurs discours, qu'ils comprenaient bien la question. — La totalité des membres de cette assemblée *a été invitée* à la cérémonie.

Exercices sur le participe présent.

Le participe présent est invariable ; mais l'adjectif verbal formé de ce participe, varie comme tout autre adjectif. L'élève s'habituera, par différents exercices, à les distinguer l'un de l'autre. (*Grammaire française élémentaire*, p. 91.)

Employez, dans leur fonction de participe et comme adjectifs verbaux, les participes *rayonnant, pénétrant, menaçant, tranchant, retentissant, rafraîchissant, excitant, nourrissant, fortifiant, dévorant, mordant, caressant, courant, intéressant, convainquant* (1), *frappant, croissant, rassurant, surprenant, obéissant, offensant, imposant, accablant.*

Le soleil, rayonnant à l'horizon, remplit l'Orient de ses feux. — Un soleil rayonnant favorisait cette fête magnifique. — La joie de notre mère, rayonnant autour d'elle, nous invitait à nous réjouir. — Sa physionomie était rayonnante.

Le froid, pénétrant la terre, retarde la végétation. — Le froid pénétrant de cette nuit a fait tort à nos arbustes. — La pluie, pénétrant nos vêtements, nous a glacés. — Cette pluie pénétrante nous a mouillés jusqu'aux os.

L'orage, menaçant la moisson, a jeté la consternation dans le village. — Un orage menaçant se montrait dans le ciel. — La tempête, menaçant notre navire, nous remplissait d'effroi. — La mer menaçante ballottait notre navire comme une faible barque.

(*Et ainsi de suite pour chaque participe.*)

Cherchez des adjectifs, non tirés des verbes, dont le sens soit analogue à celui des adjectifs verbaux.

Un soleil rayonnant, un soleil radieux. — Une physionomie rayonnante, une physionomie radieuse, ouverte.

Un loup dévorant, un loup vorace. — Une peine dévorante, une peine anxieuse.

---

(1) On fera remarquer ici le changement de *qu* en *c* dans l'adjectif verbal.

L'acier tranchant, l'acier acéré. — La lame tranchante, la lame accérée, etc.

D'après ces exemples, l'élève cherchera, dans les listes de mots de la première partie, les verbes dont le participe présent peut s'employer comme adjectif verbal, et il fera les exercices indiqués.

EXERCICES SUR LE PARTICIPE PASSÉ.

(Grammaire française élémentaire, p. 75 et 91.)

Mettez au féminin ce qui est au masculin dans les exemples suivants :

Mon père m'a écrit un billet, que j'ai lu avec bien du plaisir. Je lui avais demandé un jour de congé pour une excursion dans la famille, et il me l'a accordé. Le maître ne s'y est pas opposé, parce que mon travail du mois dernier l'a satisfait. Le premier jour du mois prochain est celui que j'ai choisi.

(On remplacera *père* par *mère, billet* par *lettre, jour* par *journée, maître* par *maîtresse.*)

L'étranger qui a visité ces jours derniers notre village, en a été enchanté. Le village en lui-même ne lui a pas paru très-remarquable ; mais il en a admiré l'exposition, et les environs lui ont beaucoup plu. Il a dessiné un château qu'il a trouvé très-pittoresque, et dont on lui avait beaucoup parlé. Son dessin, que j'ai vu, était parfaitement réussi. Il s'était aussi imposé la tâche de dessiner une vue générale du village ; il y a réussi également.

(On remplacera *étranger* par *étrangère, village* par *ville, château* par *maison de campagne, dessin* par *esquisse.*

Ce carrosse, que j'ai vu construire l'an dernier, a déjà bien servi depuis ce temps. Je l'ai vu conduire d'abord un grand nombre d'étrangers à un château assez éloigné ; et, au retour de ce premier voyage, je l'ai vu verser dans un chemin creux où il a failli se briser. Heureusement, il ne s'est brisé qu'un brancard, que j'ai aidé à remplacer. Depuis, je l'ai entendu plusieurs fois citer par des connaisseurs, pour sa solidité et pour son élégance.

(On remplacera *carrosse* par *voiture, brancard* par *roue.*)

Le loup auquel nous avons donné la chasse, et que nous avons enfin tué, était redouté dans les environs, où il a paru depuis huit jours sans qu'on sache d'où il est venu. On croit que c'est le même qu'on avait vu enlever des moutons à plusieurs lieues à la ronde, et que l'on avait, jusqu'ici, essayé inutilement de prendre. Il est heureux que notre village soit enfin délivré de cet animal dangereux, dont il n'était pas habitué à se défier.

(On remplacera *loup* par *louve, animal* par *bête.*)

Il sera bien facile de multiplier ces petites compositions, où l'on aura l'attention de n'employer d'abord que des noms masculins singuliers, qu'on mettra ensuite au pluriel si le sens le comporte, ou qu'on remplacera par des noms féminins, pour mettre en évidence l'emploi du participe passé.

EXERCICES SUR LE VOCABULAIRE.

Les mots de la langue, si nombreux et si variés, peuvent être rapprochés en groupes, soit qu'ils dérivent d'un radical commun, soit qu'ils aient une même terminaison ou une même initiale.

RADICAL COMMUN.—Nous avons déjà, dans la première partie, fixé l'attention de l'élève sur les rapports de dérivation des mots entre eux. Il sera utile de faire maintenant un exercice spécial à ce sujet. Pour cela, on recherchera, dans les listes de termes données dans la première partie, ceux qui sont radicaux, et l'on groupera autour d'eux leurs dérivés, comme dans les exemples suivants :

ONDE, onduler, onduleux, ondulation, ondoyer, ondoyant, inonder, inondation.

FLOT, flotter, flottant, flotte, flottille, flotteur, flottaison.

ROC, roche, rocher, rocheux, rocaille, rocailleux

TERRE, terrier, terroir, territoire, territorial, terrestre, terreux, terrer, terrage, enterrer, enterrement, déterrer.

MINE, mineur, minéral, minéralogie, minerai, minière, miner.

SON, sonore, sonner, sonneur, consonne, résonner, résonnance, consonnance, dissonance, dissonant, assonance.

FER, ferreux, ferrugineux, ferrer, déferrer, ferraille, ferrailler.

FORME, formule, former, formuler, formalité, formaliste, conforme, difforme, conformer, transformer, déformer, informer, formation, déformation, conformation, etc.

GLOBE, globule, globuleux, global, englober.

POINT, poindre, pointe, pointu, pointer, pointiller, pointilleux, poinçon, appoint, appointer, appointement.

FIXE, fixité, fixer, fixation, préfix.

FORT, force, forteresse, fortifier, fortification, réconforter.

UN, unir, réunir, désunir, uni, unisson, union, unité, unique, commun, aucun, chacun, quelqu'un.

GELER, congeler, dégeler, gelée, engelure, dégel, gélatine, gélatineux.

POSER, déposer, opposer, transposer, interposer, disposer, composer, pose, position, déposition, opposition, etc.

CROITRE, croissance, décroître, décroissance, décroissement, accroître, accroissement, croissant, excroissance.

*

SANG, sanguin, consanguin, consanguinité, sanguinaire, sanglant, ensanglanté, exsangue.

GRAIN, graine, grainetier, grenier, grenu, grenaille, égrener, granule, granuleux, granulation, granivore.

ARBRE, arbuste, arbrisseau, arborescent, arborisé, arborisation.

BOIS, boiser, reboiser, déboiser, boiserie, boisselier.

FERMENT, fermenter, fermentation, fermentescible.

MÉDECIN, médecine, médicinal, médical, médicament, médicamenteux, médication.

MAIGRE, maigreur, maigrir, amaigrir, amaigrissement.

Sain, santé, sanitaire, malsain.

Nourrir, nourriture, nourrisson, nourrice, nourricier.

*

Poule, poulet, poulette, poularde, poulailler.

Serpent, serpenter, serpentin, serpentine, serpe.

Doux, douceâtre, douceur, adoucir, radoucir.

Dent, denture, dentition, édenté, trident, dentelure, dentelle.

Signe, signal, signaler, signer, signature, assigner, consigner, désigner, assignation, etc.

Suivre, poursuivre, suite, poursuite, suivant, suivante.

Mettre, démettre, remettre, admettre, permettre, promettre, mission, admission, commission, démission, permission, rémission, promesse.

Lacher, lâche, lâcheté, relâche, relâchement.

*

Raison, raisonnement, raisonnable, raisonnablement, déraison, déraisonner, déraisonnable, déraisonnablement.

Effet, effectuer, effectif, effectivement, efficient, efficace.

Ordre, ordinal, ordonner, coordonner, ordonnance, ordination, coordination, désordre, désordonné.

Terme, terminer, terminaison, terminal, interminable, déterminé, indéterminé, détermination.

Note, noter, annoter, notifier, notification, notaire, notoire, notoriété.

Faux, fausseté, fausser, faussaire.

Ecrire, écriture, écritoire, écrit, décrire, récrire, transcrire, souscrire, inscrire, inscription, transcription, souscription, suscription.

*

Peuple, populaire, population, populace, peupler, repeupler.

Nom, renom, surnom, nommer, renommer, surnommer, nomination, renommée.

User, us, usage, usure, abuser, abus, utile, inutile, utiliser.

Jeu, enjeu, jouer, jouet, déjouer, enjoué, jovial.

Digne, indigne, dignement, indignement, dignité, indignité, daigner, indigner, indignation.

Triste, tristesse, attrister, contrister, tristement.

Vieux, vieil, vieillot, vieillesse, vieillerie, vieillir.

Faire, défaire, refaire, satisfaire, contrefaire, surfaire, forfaire, façon, contrefaçon, façonner, satisfaction, fait, forfait, forfaiture.

Dire, médire, maudire, dédire, contredire, interdire, diction, médisance, malédiction, bénédiction, contradiction, interdiction, dédit.

Offrir, offre, offrande, offertoire.

*

Filtre, filtrer, filtrage, filtration.

Brique, briquette, briquetier, briqueterie.

Rôtir, rôt, rôti, rôtie, rôtisseur.

MUR, muraille, mural, murer.

FOUR, fourneau, fournil, fournée, enfourner, defourner.

TAPIS, tapisserie, tapisser, tapissier.

BRIDE, bridon, brider, débrider.

TONNE, tonneau, entonner, tonnelier, tonnellerie.

FIL, filet, filer, effiler, affiler, faufiler, défiler, filtier, fileur, filateur, filature, filament, filamenteux, filandre, filandreux, filaire.

CROC, crochet, accroc, accrocher, décrocher.

VALOIR, valeur, évaluer, évaluation, plus-value, prévaloir.

*

CITÉ, citadin, citoyen, concitoyen, civique

PAYS, paysan, paysage, paysagiste, dépayser.

GARDE, garder, gardien, sauvegarder, sauvegarde, sougarde.

DON, donner, donation, donateur, donataire, redonner, médonner

LOI, légal, légalité, illégal, illégalité, légaliser, législateur, législation, législature, légitime, illégitime, légitimité, illégitimité, loyal, loyauté, etc.

NOBLE, noblesse, ennoblir, anoblir, ennoblissement anoblissement, nobiliaire, noblement.

En recherchant de plus en plus profondément, dans nos listes de mots, les radicaux et leurs dérivés, et en remontant parfois même aux racines latines et grecques les plus connues, l'élève se perfectionnera dans l'orthographe, en même temps qu'il retrempera continuellement ses connaissances et ses idées. Les exercices suivants sur les terminaisons et sur les initiales, obligeant à revenir continuellement des dérivés aux radicaux et de ceux-ci aux dérivés, contribueront au même résultat.

TERMINAISON COMMUNE. Les mots provenant de racines différentes peuvent se rapprocher par leur terminaison. Certaines terminaisons comprennent un très-grand nombre de mots : telles sont les terminaisons en *age*, en *tion*, en *ment*, en *er*, en *eur*, en *able*, etc. Quelques divisions, suivant l'espèce des mots et leur signification, rendront les exercices sur cette matière plus faciles et plus fructueux.

Nous distinguerons les terminaisons de substantifs, celles d'adjectifs et celles de verbes. On peut y ajouter les adverbes en *ment*, dont la formation a déjà été l'objet d'exercices.

Terminaisons de substantifs. — Parmi les terminaisons de substantifs, nous distinguerons celles qui appartiennent à des noms désignant des personnes, des qualités, des états, des actes, des instruments ou des objets quelconques.

1º Un grand nombre de substantifs désignant les auteurs de certains actes, sont formés du verbe exprimant l'acte, à l'aide de la terminaison EUR : *Crier, crieur ; demander, demandeur ; chasser, chasseur ; donner, donneur, donateur ; calomnier, calomniateur*, etc. La plupart sont de véritables adjectifs, devant lesquels est sous-entendu le mot *homme* ou *femme*.

Un certain nombre de noms désignant des personnes sous le rapport de leur travail, sont formés du nom de l'objet de ce travail, à l'aide de la terminaison IER : *Charpente, charpentier; botte, bottier; bijou, bijoutier; fer, ferronnier; bois, boisselier*, etc.

D'autres noms analogues, ayant particulièrement rapport à des travaux studieux, se forment par la terminaison IEN : *Physique, physicien; tactique, tacticien; chirurgie. chirurgien*, etc.

2° Un grand nombre de noms désignant des qualités ou des états, se forment de l'adjectif qui répond à ces qualités ou à ces états, à l'aide des terminaisons TÉ, ESSE, EUR, UDE, ISE, ANCE, ENCE :

Bon, bonté; pieux, piété; pervers, perversité; contraire, contrariété; calleux, callosité, etc.

Sage, sagesse; large, largesse; preste, prestesse; ivre, ivresse; allègre, allégresse, etc.

Long, longueur; large, largeur; maigre, maigreur, rond, rondeur; lent, lenteur; lourd, lourdeur. etc.

Inquiet, inquiétude; prompt, promptitude; serf, servitude; ingrat, ingratitude; plein, plénitude, etc.

Franc, franchise; sot, sottise; fainéant, fainéantise; feint, feintise; gourmand, gourmandise, etc.

Abondant, abondance; complaisant, complaisance; ignorant, ignorance; persévérant, persévérance; tempérant, tempérance, etc.

Différent, différence; adhérent, adhérence; compétent, compétence; diligent, diligence; opulent, opulence, etc.

3° Beaucoup de noms d'actes se forment du verbe qui exprime l'acte, à l'aide des terminaisons TION, SION, MENT, AGE, SON, URE, TE :

Agir, action; satisfaire, satisfaction; abdiquer, abdication; composer, composition; réparer, réparation, etc.

Extorquer, extorsion; tendre, tension; admettre, admission; pervertir, perversion; léser, lésion, etc.

Mouvoir, mouvement; remercier, remerciment: étourdir, étourdissement; manier, maniement; renforcer, renforcement, etc.

Laver, lavage; aborder, abordage; louer, louage; souffler, soufflage, etc.

Lier, liaison; flotter, flottaison; décliner, déclinaison; trahir, trahison; saler, salaison, etc.

Mordre, morsure; blesser, blessure; cultiver, culture; bigarrer, bigarrure; éclabousser, éclaboussure, etc.

Rendre, rente; pondre, ponte; poindre, pointe; attendre, attente; atteindre, atteinte; cuire, cuite, etc.

4° Beaucoup de noms d'instruments sont formés du verbe exprimant l'acte auquel ils servent, avec la terminaison OIR ou OIRE : *Gratter, grattoir; dévider, dévidoir; passer, passoire; écrire, écritoire; écumer, écumoire*, etc.

5° Signalons encore ici les noms d'arbres en *ier*, formés du nom de leur fruit, comme *poirier, cerisier*, etc.; les noms de même terminaison désignant des locaux, des ustensiles, des instruments, etc.., et formés du nom des objets qui y rentrent, comme *grenier, compotier, gaufrier*, etc.; les noms en *tée*, désignant un contenu, tels une *pelletée, charretée*, etc.; les noms en *eau*, en *el*, en *aille*, comme *bateau, batelet, ferraille*, etc.

Terminaisons d'adjectifs. — Rappelons d'abord qu'un grand nombre de noms en EUR, désignant les auteurs d'actes exprimés par des verbes, sont de véritables adjectifs.

Un très-grand nombre d'adjectifs se forment des verbes à l'aide de la terminaison ABLE ou IBLE, indiquant la disposition à devenir l'objet de l'action exprimée par le verbe : *Manger, mangeable; remarquer, remarquable;* — *étendre, extensible; pouvoir, possible.*

D'autres se forment de substantifs à l'aide de la terminaison EUX, qui exprime une idée d'abondance ou d'habitude : *Fruit, fructueux; vertu, vertueux; matin, matineux; ténèbres, ténébreux; courage, courageux.*

Signalons encore les terminaisons d'adjectifs en AL, EL, IER, IF, IQUE, AIRE, U : *numéral, proportionnel, coutumier, définitif, énergique, ordinaire, feuillu,* etc.; et les terminaisons en AIS et en OIS, servant à former, à l'aide des noms de pays ou de villes, les noms des habitants : *France, français; Angleterre, anglais; Danemarck, danois; Anvers, anversois; Toulon, toulonais; Caux, cauchois.*

Terminaisons de verbes. — Un grand nombre de verbe se forment de substantifs, à l'aide de la terminaison ER : *Faulx, faucher; herse, herser; marteau, marteler; camp, camper,* etc.

D'autres se forment d'adjectifs avec la terminaison IR : *Faible, faiblir; pâle, pâlir; blanc, blanchir; gauche, gauchir,* etc.

A l'aide des données qui précèdent, l'élève s'exercera à former des substantifs, des adjectifs et des verbes de différentes terminaisons. Nous n'avons indiqué que les terminaisons les plus communes, les plus faciles à saisir, et seulement pour donner une idée de la ressource de cette étude. En les cherchant, l'élève en rencontrera d'autres. Voici quelques exemples de questions, pour faciliter l'exercice :

Formez des substantifs en EUR, à l'aide des verbes *haler, confire, conduire, prendre, diriger, accuser.*

Trouvez des verbes qui donnent lieu à la formation de substantifs en EUR, pour désigner les sujets des actes qu'ils expriment; formez ces substantifs.

Formez des noms en IER, à l'aide des substantifs *peau, joyau, corde, fil, tapis, poêle, miroir.*

Formez des noms en IEN à l'aide des substantifs *optique, mathématiques, académie, mécanique, statistique.*

Trouvez des noms d'objets de travail ou d'étude, d'où l'on puisse former, à l'aide des terminaisons IER et IEN, des substantifs désignant les personnes qui s'occupent de ces objets; formez ces substantifs.

Formez des substantifs désignant les qualités ou les états exprimés par les adjectifs *cher, poli; tiède, plein, friand, dissonant, absent.*

Trouvez des adjectifs qui donnent lieu à la formation de noms en TÉ,

— en EUR, — en TUDE, — en ISE, — en ANCE, — en ENCE, — désignant les qualités ou les états que ces adjectifs expriment ; formez ces noms.

Formez, à l'aide des terminaisons TION, SION, MENT, AGE, SON, URE, TE, des substantifs désignant les actes ou le résultat des actes exprimés par les verbes *diminuer, transmettre, ronfler, soutirer, cuire, scier, contraindre.*

Trouvez des verbes exprimant des actes qui puissent être désignés par des substantifs en TION, — en SION, — en MENT, — en AGE, — en SON, — en URE, — en TE; — formez ces substantifs.

Formez, avec certains verbes, des noms en OIR ou en OIRE, désignant les instruments qui servent à l'acte exprimé par ces verbes.

Formez, à l'aide de la terminaison IER, des noms d'arbres par le nom de leur fruit, ou des noms de locaux, d'ustensiles, par le nom des objets qui y sont contenus.

Trouvez des verbes qui puissent former des adjectifs en ABLE et en IBLE, indiquant la disposition à devenir l'objet des actes que ces verbes expriment.

Trouvez des substantifs d'où l'on puisse former des adjectifs en EUX, — en AL, — en EL, — en IER, — en IF, — en IQUE, — en AIRE, — en U.

Trouvez des substantifs d'où l'on puisse former des verbes, avec les terminaisons ER ou IR.

On conçoit combien les listes de mots que nous avons données dans la première partie, facilitent le travail indiqué par ces questions, et combien, en même temps, les exercices auxquels elles donnent lieu développent l'étude des mots, que cette première partie n'avait qu'ébauchée.

INITIALE COMMUNE. — Les initiales les plus employées sont :

A, exprimant différents sens parce que cette particule répond à des particules grecques et latines différentes : *Anoblir, aplanir, appesantir, attendrir, anéantir ;* — *apporter, appartenir, ameuter, arriver, amener ;* — *abstenir (s'), arracher, abstraire ;* — *anormal, anomalie, acéphale, anarchie,* etc.

COM, CON, COR, CO, exprimant une idée d'union : *Commun, communiquer ;* — *convenir, contribuer ;* — *correspondre, corrélatif ;* — *coaliser, coadjuteur,* etc.

CONTRE, exprimant une idée d'opposition : *Contredire, contremander, contre-ordre, contravention,* etc.

DE, marquant origine, extraction, sortie, et le plus souvent le contraire du radical : *Dériver, déraciner, déballer, défaire, dégonfler,* etc.

DIS, exprimant une idée de séparation, ou la négation de l'idée du radical : *Disjoindre, distribuer, disconvenir,* etc.

EN, EM, exprimant une idée d'intériorité : *Engranger, emmancher, embaumer, envenimer, entonner, embarquer,* etc. Dans certains mots, tels que *embellir, enlaidir,* cette initiale remplit un rôle analogue à celui de l'initiale A dans *anoblir.*

E, EX, exprimant une idée d'extériorité, d'éloignement, d'expulsion : *Exclure, éviter, exonérer, éveiller,* etc.

ENTRE, exprimant différentes idées : *Entresol, entrecroiser, entreprendre, entrevoir*, etc.

IN, IM. exprimant une idée d'intériorité, ou le contraire du radical : *Implanter, interner, infirmer, inutile, immédiat, immanquable*, etc.

MAL, MÉ, exprimant une idée de mal ou d'erreur : *Malfaiteur, malavisé, maladroit, mépris, méprise, mésaventure*, etc.

PRÉ, marquant l'antériorité ou la prééminence : *Prédisposition, prévoir, présidence, préfet.*

PRO, devant, avant, loin : *Promettre, profond, propulsion, produire, professer, profiter*, etc. (Le sens et la composition de ces mots, ainsi que de beaucoup d'autres, s'expliquent par la langue latine.)

RE, exprimant une idée de répétition ou de retour : *Renouveler, refaire, redire, récompenser, rémunérer, repartir, répartir*, etc.

SOUS, SOU, SUB. SUP, SUS, exprimant une idée d'infériorité, de subordination : *Sous-entendre, soumettre, subjonctif, supposer, sustentation*, etc.

SUR, SUS, SUPER, exprimant une idée de supériorité : *Surmonter, susdit, superfin, superposer*, etc.

TRANS, exprimant le passage d'une chose ou d'un lieu à un autre : *Transformer, transporter, transit, transition*, etc.

Les exercices consisteront à rechercher, dans les différents ordres d'idées exposés dans la 4re partie, les mots qui se forment de chaque initiale, et ceux qui se prêtent comme racine à cette formation. Ces exercices seront plus ou moins approfondis, suivant le degré d'avancement des élèves. On aura soin de leur faire remarquer les cas où il y a plusieurs initiales combinées dans un même mot, comme dans *reproduction, désabuser, irréfléchi*, etc.

DES HOMONYMES.

On appelle HOMONYMES, des mots dont le son ou l'orthographe est identique ou presque identique, tandis qu'ils ont un sens différent. Il est utile d'y fixer l'attention, afin d'éviter les confusions auxquelles ils peuvent donner lieu.

Voici la liste des homonymes qu'on rencontre le plus souvent :

A, a. ah, ha, as.	Ane, Anne.
Acquis, acquit.	Antre, entre.
Acre, âcre.	Apelle, appelle.
Affaire, à faire.	Appas, appât.
Aile, elle.	Apprendre, à prendre.
Aine, Aisne, haine.	Apprêt, après.
Air, aire, haire.	Art, hart.
Ais, hais.	Auspice, hospice.
Alène, haleine.	Autel, hôtel.
Amande, amende.	Auteur, hauteur.
An, en.	Avant, avent, à vent.
Anche, hanche.	Bailler, bâiller.
Ancre, encre.	Banc, ban.

Bas, bât.
Batiste, baptiste.
Bête, bette.
Boîte, boîte.
Bon, bond.
Bonace, bonasse.
Bonté, bon thé.
Bout, bout (il), boue.
Brocard, brocart.
Ça, ç'à, sa, sas.
Caisse, qu'est-ce?
Camp, quand, quant, Khan
Canne, cane.
Car, quart.
Carte, quarte.
Cartier, quartier.
Ce, se.
Céans, séant.
Ceint, cinq, sain, saint, sein, seing.
Celle, selle, selle (je), cèle, scel,
  scelle.
Cène, saine, scène, Seine.
Censé, sensé.
Cent, c'en, sang, sans, s'en, sens,
  sent.
Cerf, serf.
Ces, c'est, cet, sept, ses, s'est.
Chair, chaire, cher, Cher (géog.),
  chère.
Champ, chant.
Chaos, cahot.
Chaud, chaux.
Chaîne, chêne.
Chœur, cœur.
Cité, cité (partic.).
Clause, close.
Clair, clerc.
Clou, Cloud.
Coin, coing.
Colomb, colon.
Compte, comte, conte.
Comptant, contant, content, qu'on
  tend.
Cor, corps, qu'or.
Cote, côte, cotte, quote (part).
Cou, coud, coups, coup, coût.
Cour, cours, court.
Crème, Chrême.
Cri, cric.
Crin, craint.
Croix, crois, croie, croît.
Cru, crû, crue.
Cuir, cuire.
Cygne, signe.

Cire, Cyr, Sire, Sir.
Dans, dam, dent, d'en.
Danse, dense.
Date, datte.
Dégoûter, dégoutter.
Delà, de là, de la.
Des, dès, dey, deys.
Deuil, d'œil
Différent, différant, différend.
Divers, d'hiver.
Doigt, dois, doit, d'oie.
Don, donc, dont, dom, don.
Du, dû, dus, dut.
Eau, au, oh, ho, ô.
Echo, écot.
Enter, hanter.
Envie, en vie, envi (à l').
Ere, hère, erre (Voy. Air).
Es, est, aie, haie, bais. (Voy. Ais.)
Et, hé, eh.
Etant, étang, étends.
Etre, hêtre.
Eux, œufs.
Exaucer, exhausser.
Faire, fer, ferre.
Faix, fais, fait.
Faîte, faite, fête.
Faon, fend.
Face, fasse.
Faux, faulx, faut.
Fi, fils, fis, fit.
Fin, faim, feint.
Flan, flanc.
Foi, foie, fois, Foix.
Fond, fonds (subst. et verb.), font,
  fonts.
Forêt, foret.
Fort (subst. et adj. for), (intérieur).
Fosse, fausse.
Fossé, faussé.
Fourmi, fournil.
Frai, frais (subst. et adj.), frêt.
Fumée, fûmes.
Fusse, fut-ce.
Gai, gué, guet.
Gale, galle, Galles.
Gant, Gand.
Geai, jet, j'ai, j'aie, jais.
Gens, gent, Jean, jan, j'en.
Goutte (subst. et verb.), goûte.
Grâce, grasse, Grasse (géog.).
Guerre, guère.
Haut, aux, aulx.
Haute, hôte, ôte.

Héros, héraut, Hérault.
Hochet, hochait.
Homard, Omar.
Horion, Orion.
Hors, or (subst. et conjonct.)
Jeune, jeûne.
Joug, joue.
Jus, j'eus.
La, là, l'a.
Lacer, lasser.
Lacet, laçait, lassait.
Laine, l'aine, l'Aisne.
Laon, l'an, lent.
Lard, l'art.
Larme, l'arme.
L'attention, la tension.
Leçon, le son, le sont.
Lé, lez.
Les, legs, l'es, l'est, laie, l'aie.
Leur, leurs, leurre.
Levain, le vin.
Lice, lisse (adj. et verb.).
Lieu, lieue.
Lion, Lyon, lions (verb.).
Lionne, l'Yonne.
Lire, lyre.
Lit, lis, lis (verb.), lie.
Long, l'on, l'ont.
Loi, l'oie.
Lot, l'eau.
Loup, loue.
Luce, lusse, l'eusse.
Lut, luth, lutte.
Lycée, lissée.
Ma, m'a.
Mai, m'ait, met.
Main, maint, Mein.
Maître, mètre, m'être, mettre.
Mandat, manda.
Mante, Mantes, menthe, mente.
Mare, marc.
Marchand, marchant.
Mari, marri.
Mât, m'a, m'as.
Menton, mentons.
Mer, mère, maire.
Mes, mais, m'aies, m'es, mets (v.
    et subst.) m'est. (*V.* Mai)
Meurs, mœurs.
Mi demi, mi (note), mie, mis, mit,
    m'y.
Mille, mil.
Moi, mois.
Mon, mont, m'ont.

Mort, mors, mord, mors, Maur.
Mot, maux, Meaux.
Mou, moût, moue, mouds.
Mû, m'eus, m'eût.
Mur, mûr, mûre (subst. et adj.).
Naître, n'être.
Naît, nais, n'aie, n'es.
Né, nez.
Négligent, négligeant.
Neige, n'ai-je.
Ni, nid, n'y, nie.
Nœud, neufs.
Noix, noie.
Nom, non, n'ont.
Nourrice, nourrisse.
Noyer (subst. et verb.), noyé.
Nuit, nuis, nui, Nuits (v. de Fr.),
    Nuys (v. d'Allemagne).
Oint, oing.
Ombre, hombre.
On, ont.
Ou, où, août, houe, houx.
Oubli, oublie.
Oui, ouï, ouïe.
Pain, pin, peins, peint.
Pair (subst. et adject.), paire.
Père, perds.
Palais, palet.
Pâle, pal.
Paon, pan, Pan, pend.
Panse (subst. et verb.), pense.
Par, pars, part (subst. et verb.).
Parce que, par ce que.
Paris, Pâris, pari, parie.
Parterre, par terre.
Parti (subst. et particip.), partie.
Pause, pose.
Peau, Pau, Pô, pot.
Peine, pêne.
Pensée, pansée.
Penser, panser.
Perçant, persan.
Perce (subst. et v.), Perse (pays),
    Perse (poète latin).
Persée, percée (subst. et partic.).
Peu, peux, peut.
Peut-être, peut être.
Pinte, peinte.
Plaie, plaid.
Plaine, pleine.
Plainte, plinthe.
Plan, plant.
Plein, plain, plaint.
Plus, plu, plut, plût.

Point (subst. et verb.), poing.
Poids, pois, poix, pouah !
Police, polisse.
Polisson, polissons (v.), poliçons.
Pont, pond.
Pou, pouls.
Précédent, précédant.
Prémices, prémisse.
Président, présidant.
Prêt (adj. et subst.), près.
Prix, pris, prit, prît.
Pouce, pousse.
Puce, pusse.
Puits, puis (adv.), puis (de pou-
　voir), Puy.
Pus (subst. et verb.), put, pue.
Quand, quant, Caen, Khan, camp,
　qu'en.
Quelle, qu'elle.
Queue, queux, qu'eux.
Quoi, coi.
Quoique, quoi que.
Raisonner, résonner.
Rang, rends, rend.
Ras, rat.
Reine, renne, Rennes, rênes.
Rets, raie, Retz.
Rhin, rein.
Ris, riz, rit.
Rond, romps.
Roux, roue.
Rubicond, Rubicon.
Sabbat, Saba.
Saignons, ceignons.
Salle, sale.
Salon, salons (verb. et subst.).
Santé, sentez, sans thé.
Saule, sole.
Sceptique, septique.
Seau, sceau, Sceaux, sol, saut.
Seigneur, saigneur.
Serein, serin, Seraing.
Sentier, sentiez.
Session, cession.
Si, sis, s'y, scie, ci, six.
Sion, scion, si on.
Site, cite, Scythe.
Soc, socque.
Soi, soie, soit, soient.

Soir, seoir.
Son, sont.
Sort, sors, saur.
Soufre, souffre.
Statue, statut.
Sur (adj. et prépos.), sûr.
Surtout (subst. et adverb.).
Sylla, Scylla.
Ta, t'a.
Taie, tais, t'ai, thé, tes, têt, t'est.
Tant, tan, temps, t'en, tends.
Tante, tente (subst. et verb.).
Tapis, tapi.
Tapir (subst. et verb.).
Taux, tôt.
Teint (subst. et partic.), teins,
　thym, tin (laurier-tin).
Teinte, tinte.
Tel, Tell.
Terre, taire.
Toi, toit.
Ton, taon, thon, -t-on, tonds.
Tort, tords, tors.
Tour (le, la), Tours.
Tout, tous, toux.
Trace (subst. et verb.), Thrace.
Trait (subst. et verb.), trais, très.
Tribut, tribu.
Trois, Troie, Troyes.
Trop, trot.
Tyran, tirant.
Vanter, venter.
Veine, vaine.
Vente, vante.
Ver, vair (fourrure), vert, verre,
　vers (subst. et prépos.).
Verrat, verra, verras.
Vêts, vais.
Vice, visse (de voir et de visser),
　vis.
Vil, vile, ville.
Vin, vain, vingt, vins (subst. et
　verb.).
Vœu, veux.
Voix, voie (subst. et verb.).
Vos, Vaud, Vaulx, vaux, veau,
　vau (à-vau-l'eau).
Votre, vôtre, vautre.

Pour s'exercer sur les homonymes, l'élève prendra séparément chacun d'eux, et, après avoir donné leur signification comparée, il exprimera des pensées où ces mots seront employés. Ainsi, par exemple :

A, préposition, prend l'accent grave : *Occupé à lire, aller à Rome.* — A, 3e pers, sing. du prés. de l'indic. du verbe *avoir : Cet homme a de l'expérience.* — As, terme de jeu désignant l'unité : *Ces dés ont amené les deux as, — les as valent plus, au jeu de piquet, que les dix.* — As, 2e pers. sing. prés. de l'indic. du verbe *avoir : As-tu vu ce bel édifice? — tu as ton avenir entre les mains.*

Acquis, participe passé du verbe acquérir : *Cet homme s'est acquis beaucoup d'expérience.* — Acquis, première et deuxième pers., sing. passé défini du même verbe : *J'acquis en cette circonstance la conviction de la vérité de ses paroles, — tu acquis, etc.* — Acquit, 3e pers. sing. du même temps du verbe acquérir : *Il acquit, etc.* — Acquit, substantif désignant l'acte par lequel une personne est déchargée d'une obligation, est déclarée *quitte : J'ai mis mon acquit au bas de cette pièce, — j'ai payé cette somme à l'acquit de mon frère, — j'ai fait cette démarche pour l'acquit de ma conscience,* etc.

Coin signifie l'angle d'un meuble, d'un appartement, d'un bâtiment : *Il s'est blessé sur le coin de cette commode, — prenez la chaise qui est là dans le coin, — je l'ai rencontré au coin de la rue.* — On appelle coins des pièces de fer ou de bois terminées en angle aigu à l'une de leurs extrémités, et dont on se sert pour fendre le bois, ou pour serrer des pièces assemblées. — Coin désigne aussi le type qui sert à frapper une médaille ou une monnaie : *Cette pièce est marquée au coin de tel État.* — Coing désigne une sorte de poire, fruit du *coignassier : Nous avons préparé du sirop de coings.*

Les notions de tout genre que nous avons données dans la première partie, permettront d'approfondir aisément les explications relatives aux différents ordres de termes, et de faire servir, ici comme dans tout le reste de nos exercices, l'étude des mots au développement des idées.

DES SYNONYMES.

Certains mots, comparés entre eux, ont des significations tellement rapprochées, qu'on les emploie souvent l'un pour l'autre. C'est ce qu'on appelle des *synonymes.* Tels sont, par exemple, les mots *langue, langage, idiome,* etc. Mais il ne faut pas croire que la synonymie puisse jamais être réellement complète. Les différents mots qui expriment une même idée, en expriment des nuances différentes. S'il en était autrement, un seul resterait en usage, et les autres tomberaient bientôt en désuétude.

Il est donc utile de s'habituer à comparer entre eux les mots dont le sens se rapproche, afin de savoir jusqu'à quel degré leur signification est la même, et dans quels cas on peut les employer l'un pour l'autre. On apprendra ainsi à nuancer le discours, en même temps qu'à employer toujours l'expression juste.

Les listes de mots que nous avons données dans la première partie, se trouvant classées suivant l'ordre des idées, donneront une grande facilité pour étudier la synonymie, et pour la réduire à sa juste valeur par la comparaison des termes. On les parcourra en signalant les mots dont la signification est analogue, et en recherchant ce qui établit entre eux une différence. Il est entendu que cet exercice sera proportionné à la force dés élèves, et s'approfondira à mesure qu'ils seront plus avancés.

Voici des rapprochements de termes tirés des différents ordres de notions, et sur lesquels on pourra s'exercer :

Matin, matinée.
Jour, journée.
An, année.
Océan, mer.
Air, atmosphère.
Marais, marécage.
Désert, lande, bruyère, steppe, savane.
Vase, limon, boue, bourbe.
Pierre, caillou, silex.
Gaz, vapeur, brume, brouillard, rosée.
Vitesse, prestesse, rapidité, promptitude, hâte, accélération.
Couleur, teint, teinte, nuance, coloris, teinture, coloration.
Saillie, relief, bosse.
Carré, quadrilatéral, quadrangulaire.
Pesant, lourd.
Grand, gros, large, long, étendu, immense.
Mouvoir, remuer, bouger.
Refroidir, glacer, rafraîchir.
Éclairer, éclaircir.
Briller, luire, resplendir, scintiller, étinceler, éclater.
Vibrer, résonner, retentir.

Feuilles, feuillage, verdure.
Branche, rameau.
Semence, grain, graine, pepin.
Germe, bourgeon, pousse, rejeton.
Herbe, herbage, gazon.
Blé, grain, froment.
Aliment, nourriture, mets.
Tempérament, constitution.
Miasme, poison, venin.
Vivacité, vitalité, santé.
Crisper, racornir, dessécher.
Tremper, détremper, imbiber, macérer, baigner.

Volaille, volatile.
Porc, pourceau, cochon, verrat.
Gueule, museau, mufle, groin.
Souffle, haleine.
Attitude, pose, contenance, maintien.

Saut, bond, élan.
Fort, robuste, vigoureux, musculeux, nerveux.
Vif, éveillé, dispos, leste, ingambe, agile, alerte.
Faible, débile, frêle, caduc, languissant, énervé.
Pâle, blême, blafard.
Hâlé, basané, brun.
Odorant, odoriférant, parfumé.
Hargneux, farouche, féroce, furieux.
Voir, regarder.
Entendre, écouter.
Reculer, rétrograder.
Devancer, dépasser, surpasser.
Appuyer, soutenir, étayer, étançonner.
Couper, tailler, trancher.
Pleurer, sangloter, gémir, geindre.
Causer, babiller, bavarder, jaser.
Bredouiller, bégayer.
Dormir, sommeiller, s'assoupir.

Intelligence, entendement, raison, raisonnement.
Preuve, démonstration, argument.
Cause, motif, mobile.
Idée, pensée, conception.
Vérité, certitude, évidence.
Erreur, fausseté, mensonge.
Catégorie, classe, ordre, genre, espèce.
Système, méthode, traité.
Mot, parole, terme, expression.
Langue, langage, idiome, dialecte.
Signification, sens, acception.
Diction, récitation, déclamation, lecture.
Style, rédaction, élocution, éloquence.
Épître, lettre, missive, dépêche.
Résolution, décision, intention.
Exaltation, passion, enthousiasme.
Méchanceté, malignité, iniquité, perversité.
Général, générique, universel.
Consonnant, harmonieux, harmonique, mélodieux, mélodique.
Constant, assidu, persévérant.

Opiniâtre, obstiné, entêté, têtu.

Courageux, brave, intrépide, hardi, audacieux, téméraire.

Nourrisson, pupille, élève, disciple.

Société, compagnie, assemblée, cercle, coterie.

Ami, compagnon, camarade, confident.

Honnêteté, intégrité, probité.

Orgueil, vanité, amour-propre, suffisance, fatuité.

Dignité, gravité, majesté.

Génie, talent, mérite, habileté, savoir-faire.

Zèle, diligence, vigilance, empressement, ponctualité, exactitude.

Négligence, incurie, insouciance, inattention, inadvertance.

Aménité, affabilité, amabilité, politesse, courtoisie.

Duplicité, perfidie, astuce, dissimulation.

Magnificence, luxe, faste, ostentation, profusion, dissipation.

Économie, parcimonie.

Consentement, acquiescement, assentiment, participation, connivance.

Dessein, projet, entreprise, plan.

Changement, modification, variation, variante.

Demande, réclamation, pétition, sollicitation.

Aide, assistance, secours, service, bienfait.

Respect, égards, déférence, vénération.

Louange, éloge, panégyrique, flatterie, adulation.

Injure, insulte, invective, outrage, affront.

Repas, régal, banquet, festin.

Déception, tromperie, imposture, supercherie, duperie.

Soupçon, conjecture, supposition, hypothèse.

Conversation, entretien, dialogue, colloque.

Débat, discussion, contestation, malentendu, conflit, différend, altercation, brouillerie, dispute, querelle, rixe.

Richesse, aisance, opulence, prospérité, fortune.

Gêne, pauvreté, indigence, pénurie, dénuement, misère, adversité, revers.

Étonnement, surprise, ébahissement, stupéfaction.

Événement, accident, incident, aventure.

Équivoque, quiproquo, galimatias, amphigouri.

Maxime, précepte, axiome, règle.

Variété, diversité, bigarrure.

Vieillesse, ancienneté, antiquité, vétusté.

Nécessaire, urgent, indispensable.

Instruit, savant, docte, érudit.

Fier, altier, hautain, dédaigneux, orgueilleux, vain, vaniteux.

Illusoire, imaginaire, chimérique.

Incertain, douteux, vague, indécis.

Extraordinaire, merveilleux, prodigieux, étonnant, surprenant.

Passager, éphémère, momentané, temporaire, transitoire, accidentel, occasionnel.

Spécieux, captieux, fallacieux, décevant.

Effroyable, effrayant, horrible, terrible.

Dire, affirmer, prétendre, soutenir.

Faire, effectuer, accomplir, réaliser, exécuter, pratiquer.

Deviner, conjecturer, supposer, soupçonner, suspecter.

Badiner, plaisanter, railler, moquer (se).

Décorer, orner, embellir.

Renverser, abattre, bouleverser, culbuter.

Potage, soupe, panade, bouillie, bouillon, consommé, coulis.

Mur, muraille, paroi, cloison.

Place, pièce, chambre, salle, salon.

Balustrade, barrière, garde-fou, parapet.

Parc, enclos, enceinte.

Tour, donjon, clocher, beffroi.

Foyer, âtre, cheminée.

Armoire, garde-robe, buffet, bahut.

Tapis, tapisserie, tenture, draperie.

Tonne, tonneau, baril, barrique, foudre, futaille, feuillette.

Char, charrette, chariot, tombereau, fourgon, tricycle.

Barque, nacelle, esquif, canot, pirogue, chaloupe, tartane, gondole.

Fusil, mousquet, mousqueton, escopette, espingole, tromblon, arquebuse, carabine, canardière.

Paiement, paie, rétribution, rémunération, salaire, solde, appointement, traitement, émolument, indemnité.

Valeur, prix, coût, frais.

Hôpital, hospice, infirmerie, ambulance, dispensaire, refuge, asyle, fondation.

Contribution, impôt, redevance, péage, tribut.

Affiche, annonce, publication, avis.

Garde, escorte, patrouille, guet.

Ouvrier, artisan, manouvrier, manœuvre.

Maître, chef, commandant.

Berger, pasteur, pâtre.

Laboureur, agriculteur, cultivateur, métayer, fermier.

Voiturier, charretier, roulier.

Forgeron, ferronnier, maréchal, serrurier, taillandier.

Orfèvre, joaillier, bijoutier, lapidaire.

Cantinier, vivandier, buvetier, cabaretier, aubergiste.

Trafiquant, marchand, négociant, commerçant, boutiquier, détaillant, débitant.

Soldat, milicien, militaire, guerrier.

Arrêt, jugement, sentence, condamnation.

Fonction, charge, emploi, office, place.

Préambule, préface, avant-propos, prolégomènes.

Régir, administrer, organiser, gouverner, régner, commander, diriger.

Discuter, disserter, controverser, délibérer, disputer.

L'élève cherchera d'autres rapprochements dans nos listes de mots. En même temps il s'exercera à distinguer les nuances de signification qui différencient les termes. Voici quelques exemples :

MATIN, MATINÉE. — MATIN, le commencement du jour ; MATINÉE, l'espace de temps compris entre le lever du jour et le midi : *L'air du* MATIN *est frais, — nous sommes allés nous promener par une belle* MATINÉE *de printemps.*

BRANCHE, RAMEAU. — BRANCHE, désigne les grandes divisions de l'arbre ; les RAMEAUX sont les divisions des branches : *Une* BRANCHE *d'arbre, en se détachant tout à coup, a blessé plusieurs personnes; — un* RAMEAU *d'olivier est le symbole de la paix.*

SOUFFLE, HALEINE. — SOUFFLE, se dit de tout mouvement dans l'air, par une cause quelconque ; HALEINE, se dit de l'air qui sort de la poitrine de l'homme ou des animaux : *Il n'y a pas un* SOUFFLE *de vent, — son* HALEINE *a une odeur d'ail, — il lui restait à peine un* SOUFFLE *de vie.*

PREUVE, ARGUMENT, DÉMONSTRATION. — PREUVE, se dit de tout ce qui établit la vérité d'une chose ; ARGUMENT désigne une raison tirée de l'enchaînement de deux ou de plusieurs propositions; DÉMONSTRATION, l'ensemble des arguments et des preuves qui établissent une vérité : — *Ces nombreuses blessures sont les* PREUVES *de sa bravoure : — votre* ARGUMENT *porte à faux, puisque le fait sur lequel il repose n'existe pas ; — cette* PREUVE *est si forte, qu'elle vaut à elle seule toute une* DÉMONSTRATION.

MAÎTRE, CHEF, COMMANDANT. — MAÎTRE, désigne celui qui exerce une domination quelconque, soit par la puissance, soit par la condition sociale, soit par la science ; CHEF se dit de celui qui dirige un travail, une

entreprise ; COMMANDANT désigne un chef militaire : *Les Romains devin-*
rent MAITRES *de tout l'univers connu , — un bon serviteur est dévoué à*
son MAITRE, *— Rubens fut le* MAITRE *de Van Dyck. — cet industriel*
est le CHEF *de nombreux ouvriers, — ce prince est le* CHEF *d'une ligue*
puissante, — ce général est le COMMANDANT *d'un grand corps d'armée,*
— cet officier est le COMMANDANT *de la batterie.*

Par ce genre d'exercice, l'élève saisit de mieux en mieux la valeur
des termes, et il apprend à manier avec justesse ces instruments de
sa pensée. Il est plus important qu'on ne saurait le croire, de
rechercher cette justesse dès le jeune âge ; car rien ne nuit plus au
développement de l'intelligence, que l'indécision dans le choix des
termes, et la mollesse qu'elle amène dans le style.

DES EXPRESSIONS FIGURÉES.

Les figures sont des ornements du discours, nés du besoin de
faire passer dans l'expression toutes les nuances de la pensée, tant
sous le rapport de l'énergie que sous celui de la délicatesse. Certaines figures consistent dans le tour même que la pensée affecte, et
nous n'avons pas à nous en occuper ici. D'autres, au contraire,
résident dans l'arrangement des mots ou dans le sens particulier
qu'on leur donne. Les figures qui détournent les mots de leur signification primitive, ont reçu le nom de *tropes*, d'un mot grec qui
signifie *tourner*. C'est de celles-ci qu'il sera question dans nos
exercices.

Chaque mot a une signification propre, qui s'applique primitivement à une seule chose. Par suite de comparaisons et de rapprochements divers, on arrive à se servir du mot pour exprimer des
choses différentes. Ainsi, par exemple, si, pour dire qu'un homme
est savant, on dit : *c'est un* PUITS *de science*, le mot *puits* est là employé par comparaison, pour exprimer que la science abonde dans
cet homme comme l'eau dans un puits. Cette espèce de trope, reposant
sur une comparaison qui se fait dans l'esprit, s'appelle MÉTAPHORE.
C'est celui dont l'emploi est le plus fréquent. Si la métaphore est
continuée, comme dans cet exemple : *La science est un* LABYRINTHE,
dans lequel je me serais PERDU *si vous ne m'aviez donné un* FIL
conducteur, elle prend le nom d'ALLÉGORIE.

Lorsque, au moyen d'une métaphore hardie, on supplée au manque de mots propres pour désigner certains objets, la figure prend
le nom de CATACHRÈSE, comme dans cet exemple : *Les* PIEDS *d'une*
table.

Si, pour désigner un objet, on prend le nom d'un autre objet avec
lequel il est en rapport : par exemple, le contenant pour le contenu, la cause pour l'effet, le signe pour la chose signifiée, l'instrument ou l'arme pour celui qui s'en sert, on fait ce que l'on appelle
une MÉTONYMIE : *Boire une* BOUTEILLE, *— envoyer un général avec*
deux mille CHEVAUX. *—* On boit ce qui est dans la bouteille ; le général commande les cavaliers qui montent les chevaux.

Si l'on prend la partie pour le tout, le tout pour la partie, le singulier ou le pluriel l'un pour l'autre, le genre pour l'espèce, la matière pour la chose qui en est faite, la figure s'appelle SYNECDOQUE :

Une VOILE, pour *un* VAISSEAU ; — L'HOMME *est mortel*, pour LES HOMMES sont mortels ; — L'AIRAIN *tonne*, pour LE CANON *tonne*, etc.

La métaphore, la catachrèse, la métonymie et la synecdoque, sont les tropes que l'on rencontre le plus souvent. L'élève se familiarisera avec ces figures en cherchant, dans les différents ordres de noms, d'adjectifs et de verbes, dont les listes se trouvent dans la première partie de cet ouvrage, les mots qui peuvent donner lieu à chacune d'elles. Déjà il a été préparé à ce travail dès le commencement des exercices : il ne s'agit plus maintenant, pour lui, que de distinguer les figures les unes des autres, et de s'en rendre compte. Voici des exemples pour le guider :

MÉTAPHORES.

Une PLÉIADE *d'artistes distingués.* — Les artistes sont ici comparés à des étoiles, formant une pléiade par leur réunion.

Le MATIN *de la vie.* — La vie est comparée à un jour, dont la jeunesse est le matin.

Je n'ai trouvé dans sa réponse qu'un FLUX *de paroles.* — Les paroles sont comparées à un fluide qui s'écoule.

La modestie est la PIERRE DE TOUCHE *du talent supérieur.* — Le talent supérieur est comparé à un métal précieux.

Cette fortune S'ÉCROULE. — La fortune est comparée à un édifice.

FIXER *l'attention.* — L'attention est comparée à quelque chose de flottant.

(On analysera, d'après ces exemples, les métaphores suivantes, et l'on construira des phrases dans lesquelles elles entreront. Lorsqu'elles le permettront, on pourra les continuer de manière à ce qu'elles deviennent des allégories.)

Une *nuée* de solliciteurs. — Un *océan* de conjectures. — Des *flots* d'éloquence. — Le *courant* des idées. — Une vie *semée d'écueils.* — Les hautes *régions* de la science. — L'*abîme* du vice. — La *source* de nos malheurs. — Une *mine* d'excellentes idées. — Le *sel* de la plaisanterie. — La *matière* d'un livre, d'un discours, d'une leçon. — La *force* d'un argument. — La *gravité* d'une affaire. — Le *poids* d'une opinion. — Une vie *orageuse.* — Un livre *inépuisable* — Des qualités *solides.* — Un raisonnement *subtil.* — Une volonté *inflexible.* — Une réponse *sèche.* — Des rêves *dorés.* — Un discours *boursouflé.* — Du vin *tombé.* — *Incliner* à croire. — Faire *jaillir* la *lumière* d'une discussion. — *Noircir* une personne dans l'esprit de quelqu'un.

La *fleur* des ouvriers. — De nobles *cœurs.* — Séparer l'*ivraie* du bon *grain.* — Une *forêt* de mâts de navires. — Un *vernis* d'élégance. — Le *fruit* du travail. — La *fièvre* du jeu. — Des sons *maigres.* — Des troupes *fraîches.* — Une expérience *mûre.* — Des paroles *mielleuses.* — *Nourrir* un ressentiment. — *Absorber* l'attention. — *Cicatriser* les plaies de la patrie. — *Enraciner* une habitude.

Un *essaim* d'élèves. — L'*aigle* de l'école. — Une *vue* de l'esprit. — *Agir* avec *tact* — L'*ivresse* de la joie. — La *voix* de la conscience — Un *effort* de la pensée. — Le *choc* des opinions. — Une parole *vive.* — Un style *rapide.* — *Armé* de raisons inattaquables — *Agiter* les esprits. — *Aborder* un sujet. — *Fuir* la discussion. — *Surmonter* des difficultés — *Attacher* le lecteur.

Cette maladie, *hôte* incommode. — La *plainte* harmonieuse du vent dans les arbres. — L'*enfance* de l'art. — La *richesse* de l'expression. — Se perdre dans un *dédale* de raisonnements. — Les *conséquences* éloignées d'une idée. — Un paysage *maussade*. — Un travail *ingrat*. — Un *silence* qui ne dit rien. — Cette affaire *demande* des soins. — Une *allégation* *escortée* de preuves nombreuses. — *Torturer* le sens d'un *discours*.

— Des qualités exemptes de tout *alliage* impur. — *Cimenter* une alliance. — Un caractère bien *trempé*. — Des esprits manquant de *ressort*. — Savoir ce qui se *brasse*. — Mettre un *frein* aux exigences. — Donner la *clef* d'une science. — Ouvrir un large *champ* aux expériences. — Une *pépinière* de bons marins. — Des vers trop *limés*. — La *filière* administrative. — Le *niveau* de la science. — *Creuser* une idée. — *Bâtir* des projets chimériques. — *Coudre* une idée à une autre. — *Prêter* un faux raisonnement à quelqu'un.

— Mettre des *bornes* à ses désirs. — *Recruter* des partisans pour une idée. — Mettre quelqu'un à *contribution*. — Être l'*artisan* de sa ruine. — Le prêtre est le *pasteur* des fidèles. — Être *condamné* à l'inaction. — Se ranger sous la *bannière* de quelqu'un dans la discussion. — Tenir le *sceptre* de la peinture. — Être sous l'*empire* d'une idée.

(Ainsi que nous le disions plus haut, la métaphore est le trope le plus employé. Non-seulement elle sert à donner plus de vie et d'éclat au discours, mais encore c'est sur elle qu'est fondée, en quelque sorte, l'expression des idées d'ordre intellectuel, pour lesquelles on se sert d'un grand nombre de mots appliqués primitivement à des objets sensibles, comme dans ces exemples : *La clarté d'un discours, — la solidité des preuves, — une pensée profonde, — tomber dans le malheur*, etc.)

CATACHRÈSES.

Une FEUILLE *de papier.* — La consistance du papier ayant été comparée à celle d'une feuille sèche et mince, on emploie le mot *feuille* pour désigner les fragments de papier d'une certaine dimension.

Les AILES *d'une armée.* — Une armée pouvant être comparée, dans son ordre de bataille, à un oiseau dont les ailes sont étendues, on désigne par le mot *ailes* les troupes qui s'étendent à droite et à gauche de son centre.

Le LIT *d'un fleuve.* — Le creux dans lequel les eaux coulent, est comparé à un lit, où le fleuve serait couché.

La TÊTE *d'un pont.* — La tête d'un animal étant située en avant et disposée pour sa défense, on appelle, par extension, *tête* d'un pont, l'extrémité par laquelle on se dispose à en défendre l'abord.

(D'après ces exemples, on analysera les catachrèses suivantes, et on les emploiera dans des phrases à construire.)

Les *branches* d'un candélabre. — Une *branche* d'étude. — Un *grain* de sable. — La *face* d'une affaire. — La *gueule* du canon. — Une *bouche* à feu. — A *cheval* sur un bâton. — La *tête* d'un marteau. — Le *front* de bataille. — Les *éperons* d'un coq. — Un *éperon* en maçonnerie. — Un cheval *ferré* d'argent. — La *balance* d'un compte. — Un *foyer* de désordre. — Les *cornes* d'un croissant. — Le *bec* d'une théière. — La *queue* d'un poêlon. — Le *col* d'une bouteille. — Le *dos* d'un livre, d'une chaise.

MÉTONYMIES.

Dire ses HEURES. — Les heures sont mises ici pour les prières qui y correspondent.

Un discours courageux. — Le courage n'appartient pas au discours, mais à son auteur.

Que vous êtes RARE ! — L'idée de rareté s'applique ici, non à la personne, mais à ses visites.

Dix mille BAÏONNETTES. — C'est-à-dire dix mille fantassins, dont la baïonnette est l'arme.

(D'après ces exemples, on analysera les métonymies suivantes, et l'on en fera l'emploi.)

Boire tout un *tonneau*. — Un village de trois cents *feux*. — Un auteur *correct*. — Dix *truelles* se mettant à l'œuvre. — Quitter les *armes* pour la *robe*. — Invoquer le *Ciel*. — Le respect du *trône* et de l'*autel*. — Un discours *adroit*. — Un *crayon* habile. — Une *plume* élégante, spirituelle. — Un *plat* exquis. — Boire du *Bordeaux*. — Acheter un *Rubens*.

SYNECDOQUES.

L'ORANGER *remplit de ses parfums cet immense jardin*. — L'oranger est mis ici pour *les orangers*.

Vous êtes le SANG *des anciens seigneurs de ce pays.* — C'est-à-dire vous êtes leur descendant, *ayant le même sang*.

Une population de deux mille ÂMES. — C'est-à-dire de deux mille personnes.

Un ŒIL *vigilant a tout examiné.* — C'est-à-dire une personne vigilante.

(Analysez, d'après ces exemples, les synecdoques suivantes, et faites-en l'emploi.)

Le cerisier abonde dans cette contrée. — Traverser *d'une aile* rapide. — Avancer *d'un pied* pesant. — Un pain par *tête*. — Des *visages* gais. — Une *main* habile. — Une mauvaise *langue*. — Trop de *bouches* à nourrir. — Une *bouche* sincère. — Le *fer* meurtrier. — L'*airain* résonne. — Coûter beaucoup d'*argent*. — Recevoir quelqu'un à son *foyer*. — Lire de vieux *papiers*, de vieux *parchemins*.

DE L'INVERSION ET DE L'ELLIPSE.

Parmi les figures de mots qui tiennent à la construction, nous mentionnerons ici l'INVERSION et l'ELLIPSE, à cause du grand rôle qu'elles jouent dans le discours.

L'INVERSION consiste à placer les mots dans un ordre différent de l'ordre grammatical. Par exemple si, au lieu de dire : *Paul est le meilleur de tous mes écoliers*, on dit : *De tous mes écoliers, Paul est le meilleur*, il y a inversion. L'inversion est fréquemment employée, soit pour l'harmonie, soit pour donner plus de vivacité à l'expression. Quelquefois elle est indispensable : par exemple, lorsqu'on dit : *je voyais de mon lit, les nuages s'amonceler dans le ciel*, on évite, par une inversion, l'amphibologie que présenteraient les mots : *dans le ciel, de mon lit*, s'ils se suivaient. — Cette simple notion suffira pour montrer à l'élève le parti qu'il peut tirer de l'inversion, en attendant qu'il aborde l'étude spéciale de la construction.

L'ELLIPSE consiste à supprimer les mots qui ne sont pas indispensables à l'intelligence du sens, afin de donner plus de rapidité au discours. Ainsi, par exemple, si l'on dit : *Pierre vient de chez son oncle, et Paul, de chez son père*, il y a ellipse du verbe dans la seconde proposition, sans que la clarté en souffre le moins du monde.

Par l'ellipse s'expliquent aisément un grand nombre des difficultés de la langue. Nous avons déjà pu voir quel rôle important joue l'ellipse dans les phrases interrogatives, et avec quelle facilité on analyse ces phrases en rétablissant les mots sous-entendus. La même remarque s'applique à un grand nombre de gallicismes.

DES GALLICISMES.

Il existe dans chaque langue certaines expressions figurées, certaines tournures particulières, qui sont propres à la langue et qu'on appelle *idiotismes*, du mot grec *idios*, qui signifie *propre*. On nomme *gallicismes* les idiotismes de la langue française, de même qu'on nomme *hellénismes* ceux de la langue grecque; *germanismes* ceux de la langue allemande, etc.

L'étude des idiotismes donne lieu à des analyses fines et délicates, qui tendent à éclairer l'esprit sur le fond de la langue, sur son génie et sur ses origines. Nous nous bornerons ici à en donner une idée, en mentionnant quelques gallicismes des plus employés, et dont les uns s'expliquent assez aisément, tandis que les autres semblent défier l'explication la plus ingénieuse.

Parmi les gallicismes, il en est qui tiennent au sens qu'on donne à un mot ; d'autres consistent dans l'emploi commun et usuel d'une figure ; d'autres enfin résident dans une construction plus ou moins singulière.

Ainsi, par exemple, *plaisant*, participe du verbe *plaire*, prend, comme adjectif, le sens de *risible, ridicule, comique* : *Voilà une* PLAISANTE *prétention !* — *il lui est arrivé une aventure fort* PLAISANTE. De même, on dira : *Ce cheval porte une charge* FORT HONNÊTE, pour *une charge assez lourde*, etc.

Certains adjectifs français ont un sens différent suivant qu'ils précèdent ou suivent le substantif. Ainsi, *un grand homme* est un homme d'un mérite supérieur ; *un homme grand* est un homme de haute taille. *Un brave homme* est un homme probe et obligeant ; *un homme brave* est un homme qui a du courage.

Nous voyons encore certains substantifs ou adjectifs dérivés l'un de l'autre, ne pas pouvoir s'employer dans un sens exactement semblable. Ainsi l'on dira : L'INTÉGRITÉ *d'un tribunal*, L'INTÉGRITÉ *d'un document*, et l'on ne pourra pas dire *un document* INTÈGRE, tandis qu'on dira : *un tribunal* INTÈGRE.

Parmi les figures qui forment des gallicismes, nous citerons celles-ci : *Comment* VOUS PORTEZ-VOUS? — *comment* VA-T-IL? — *être* SUR LE QUI VIVE, — *être* AUX ABOIS, — *réclamer* A COR ET A CRI, — *mordre à l'hameçon*, — TOUT LE MONDE *en convient*, etc. Ces figures sont passées dans le langage usuel, et la plupart d'entre elles ne peuvent se traduire exactement dans d'autres langues.

Certains verbes, tels que *être, avoir, venir, aller*, etc., donnent lieu à des expressions toutes particulières à la langue : *Ils se* SONT *reconnus*, — AVOIR *la fièvre*, — *je* VIENS *de parler*, — *je* VAIS *parler*.

Enfin certaines constructions, dont il n'est pas toujours facile de se rendre compte, donnent lieu à des gallicismes très-remarquables; par exemple : *En imposer, — en agir, — en venir à, — s'en aller, — aimer à, — être homme à, — ne pas laisser de, — être à même, — un bruit à faire peur, — c'est-à-dire, — cela plaît à dire, — n'être rien moins que, — c'est à cela que, — ce sont eux qui*, etc.

Nous ne donnerons pas d'exercices sur les gallicismes, puisque leur analyse exige une connaissance approfondie de la langue. Il suffit de les avoir ici indiqués, afin d'y renvoyer toutes les expressions qui ne s'expliquent pas par les règles ordinaires, et d'habituer l'élève à reconnaître ce genre d'expressions lorsqu'elles se présentent à lui.

FIN.

RENVOI DES MATIÈRES D'EXERCICES

Les matières qui composent ce cours pratique de grammaire, se trouvent disposées suivant l'ordre dans lequel se présentent naturellement les idées et les termes. C'est, en effet, la voie qui convient le mieux à la pratique, parce qu'elle permet de gravir, en quelque sorte, les difficultés d'une manière insensible, et que, tout en facilitant l'étude de chaque partie du discours, elle ne laisse jamais perdre de vue le discours lui-même, tel qu'il sort vivant de la pensée. Mais une saine pratique s'appuie sur une théorie claire et précise ; et il importe de savoir toujours ramener la grammaire pratique à la grammaire théorique, laquelle étudie chaque espèce de mots isolément, en formulant les règles de leur emploi. Le tableau suivant, renvoyant à chaque point du cours théorique les points pratiques qui en tirent la lumière, assure la clarté de l'étude grammaticale, en même temps que sa solidité.

DU SUBSTANTIF.

Du genre dans les substantifs. — Pages 30 à 32, 34. 37, 38, 63 à 66. 68, 69, 120 à 124, 126 à 128, 145 à 147, 156 à 160, 201 à 207, 235 à 244, 285.

Du nombre dans les substantifs. — Pag. 34, 37, 38, 68, 69, 127, 128, 149, 283.

Complément du substantif. — Pag. 244.

Noms propres. — Pag. 2. 4, 5. 45, 76, 134, 165.

Noms collectifs. — Pag. 45. 76, 134, 165, 289.

Noms composés. — Pag. 283.

Noms abstraits. — Pag. 36. 44. 75, 134, 151, 164, 165. 296.

Noms employés comme expressions adjectives. — Pag. 257.

Listes de noms. — Pag. 30. 63, 120, 145, 156, 201, 235.

DE L'ARTICLE.

Accord de l'article avec le nom, élision de l'article, contraction de l'article. — Pag. 5, 34, 37, 38, 68, 69, 127, 149.

Suppression de l'article devant un nom employé dans le sens partitif. — Pag. 258.

DE L'ADJECTIF.

DU PRONOM.

DU VERBE.

DU PARTICIPE.

Participe présent. — Pag. 174, 291.
Gérondif. — Pag. 256.
Participe passé. — Pag. 174, 292.

DE L'ADVERBE ET DE LA PRÉPOSITION.

La deuxième partie, consacrée tout entière à l'étude des compléments (p. 244 à 259), montre l'emploi de ces deux espèces de mots.

DE LA CONJONCTION.

L'emploi de la conjonction est développé dans la troisième partie
(p. 260 à 275, 280), par la liaison des propositions entre elles.

DE L'ORTHOGRAPHE.

Mots ayant un radical commun. — Pag. 293.
   —   une terminaison commune. — Pag. 295.
   —   une initiale commune. — Pag. 298.
Homonymes, p. 299.

DE L'ANALYSE.

Analyse grammaticale. — Pag. 43.
Analyse logique. — Pag. 1 à 3, 39 à 42, 70 à 74, 129 à 132,
250, 253, 277.

DE LA PONCTUATION.

(Pag. 259 et 282.)

TABLE ANALYTIQUE DES MATIÈRES.

DEUXIÈME PARTIE.

COMPLÉMENTS, PRÉPOSITIONS, ADVERBES.

TROISIÈME PARTIE.

LIAISON DES PROPOSITIONS, — CONJONCTIONS, PRONOMS CONJONCTIFS.

QUATRIÈME PARTIE.

DIFFICULTÉS PARTICULIÈRES.

FIN DE LA TABLE ANALYTIQUE.

FIN DE LA TABLE ALPHABÉTIQUE.

Tournai, typ. de H. Casterman.